U0579380

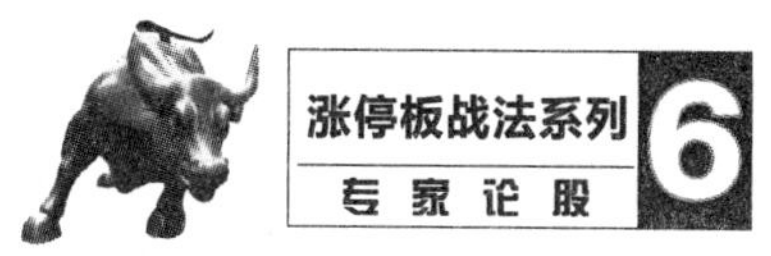


# 主升浪之交易纪律

张华 ◎ 著

四川人民出版社

**图书在版编目（CIP）数据**

主升浪之交易纪律/张华著．—成都：四川人民出版社，2022.1

ISBN 978-7-220-12466-2

Ⅰ.①主… Ⅱ.①张… Ⅲ.①股票交易-基本知识 Ⅳ.①F830.91

中国版本图书馆 CIP 数据核字（2021）第 213790 号

ZHUSHENGLANG ZHI JIAOYI JILÜ

# 主升浪之交易纪律

张华 著

| | |
|---|---|
| 出 品 人 | 黄立新 |
| 策划组稿 | 王定宇 |
| 责任编辑 | 王定宇 |
| 封面设计 | 李其飞 |
| 版式设计 | 戴雨虹 |
| 责任校对 | 李隽薇 |
| 责任印制 | 许 茜 |
| 出版发行 | 四川人民出版社（成都市槐树街 2 号） |
| 网 址 | http://www.scpph.com |
| E-mail | scrmcbs@sina.com |
| 新浪微博 | @四川人民出版社 |
| 微信公众号 | 四川人民出版社 |
| 发行部业务电话 | （028）86259624 86259453 |
| 防盗版举报电话 | （028）86259624 |
| 照 排 | 成都木之雨文化传播有限公司 |
| 印 刷 | 成都蜀通印务有限责任公司 |
| 成品尺寸 | 185mm×260mm |
| 印 张 | 19.5 |
| 字 数 | 335 千 |
| 版 次 | 2022 年 1 月第 1 版 |
| 印 次 | 2022 年 1 月第 1 次印刷 |
| 书 号 | ISBN 978-7-220-12466-2 |
| 定 价 | 56.00 元 |

# 前　言

**这是一本牛散交易纪律的经典，其价值连城，知道得越早越好。**

我所说的牛散，是指那些在股市里把几万元炒到几百万、几十万炒到几千万、几百万炒到几个亿的散户，而与团队、机构没有任何瓜葛。

牛散的背后是孤独、寂寞，是孜孜不倦地学习、思考、总结、提高。没有牛散的精神、思维、技术、心态、纪律，也做不出牛散的成绩。如果你已经成为牛散，从本书中或许也可以看到你的身影；如果你还没有成为牛散，那么本书就是你走向牛散的最佳途径。

**没有人会阻碍你成为牛散，唯一可能阻碍的人就是你自己。**一个思想上无“牛股、妖股、龙头股”的人，一个不知“牛股、妖股、龙头股”背后真相的人，又如何能抓到牛股、妖股、龙头股呢？又如何能成为股市里的牛散呢？本书将为你揭开牛股、妖股、龙头股的真相，为你揭开牛散的真相……

读我的书、听我的课，接受了我涨停板战法的理念、技术、纪律，就可以巧取豪夺主升浪，就可能改变你的人生！

当你接受了我的涨停板战法、掌握了狙击涨停板的规律、看透了主升浪的本质，你就经常会与牛股、妖股、龙头股共舞；哪怕你只用 1 万元炒股，也会成为牛散、成为百万富翁甚至千万富翁……

请你计算一下，用 1 万元、1 周 1 个涨停板，1 年 52 周，1 年的复利是多少？

从下图可以看出，1 年的复利将是 142.0429 万元。

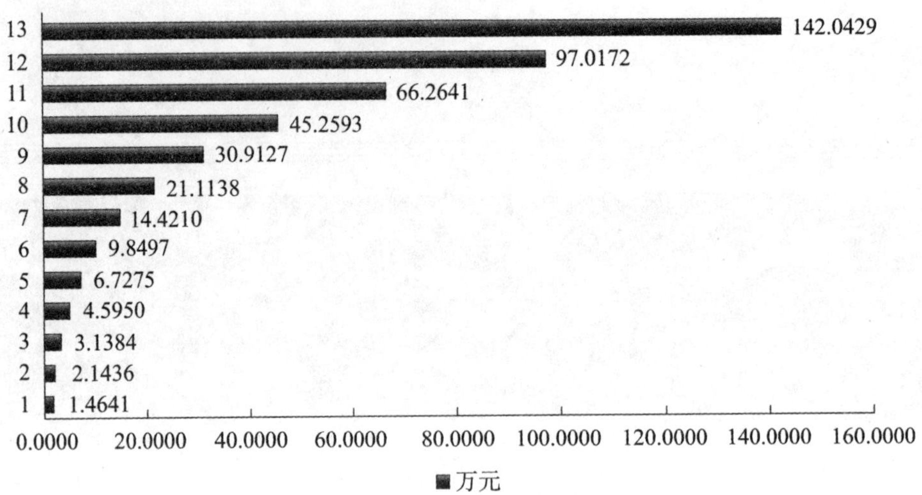


2016 年 8 月 1 日，一位名叫李秋瑞的读者给我的 QQ 上发来消息，下面是我们交谈的截图（我喜欢用截图来举例，因为截图是原始的记录，原汁原味、分毫不差，且真实可信）。

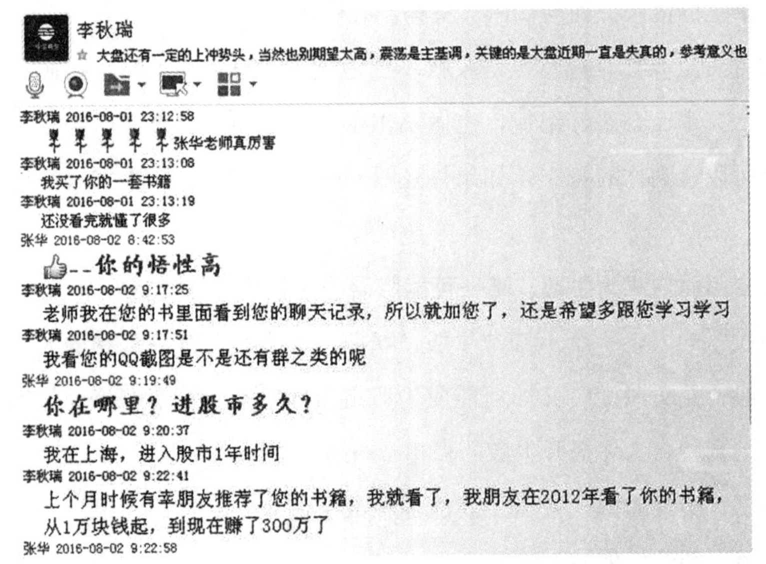


从这位素不相识的读者口中，我们看到了一位素不相识的读者**"在 2012 年看了你的书籍，从 1 万块钱起，到现在赚了 300 万了"**……看到这里，可用杜甫"漫卷诗书喜欲狂"、李白"天生我材必有用"的诗句来形容我当时的心情。我以自己的智慧帮助了成千上万爱看书、爱学习的股民朋友。

无独有偶，2015年4月底，雨飞与我（我的QQ昵称：狙击手）在QQ上交流时主动告诉我：

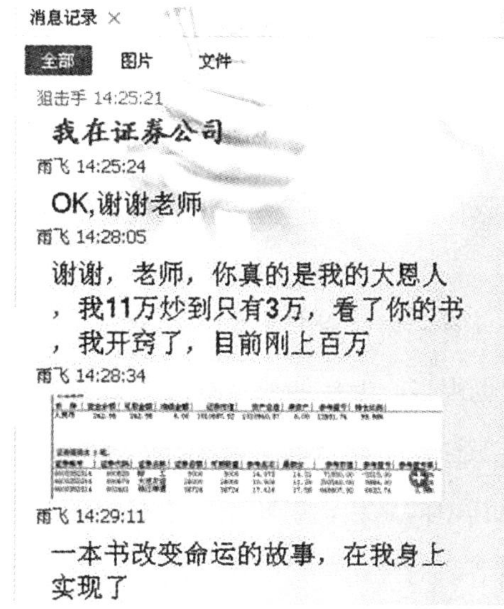


2015年6月4日，一个与我同名同姓的读者“张华”在QQ上写道：

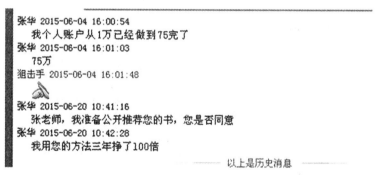

张华 2015-06-04 16:00:54
我个人账户从1万已经做到75完了
张华 2015-06-04 16:01:03
75万
狙击手 2015-06-04 16:01:48
张华 2015-06-20 10:41:16
张老师，我准备公开推荐您的书，您是否同意
张华 2015-06-20 10:42:28
我用您的方法三年挣了100倍
—— 以上是历史消息 ——

用1万~3万元炒股致富不是梦，在这里一次又一次得到了强烈的印证。但愿我的每一位读者、每一位学员都能在股市里变成牛散——创造自己的辉煌人生。**本书的内容将摧毁你所有的错误想法，让你踏上一条改变自己的道路，使处于股道迷途中的人迎来新的曙光。**

在人类历史的长河中，实践是检验真理的唯一标准。**在个人炒股的生涯中，个人的账户就是检验操作正确与错误的唯一标准。你的账户是红的，是盈利的，说明你的交易理念、交易技术、交易纪律是正确的；反之则是错误的，是你选择了错误才导致了你的错误。可以这样说，这些错误对你来讲就是垃圾。丢掉影响你的所有垃圾，你才能走向成功。**

中国股市很大，在相同的市场、相同的环境，也会有不同的结果，其原因就在于你的思维、你的理念、你对市场的认识以及你所掌握的系统工具和你的交易纪律。

中国股市目前还处在不成熟阶段。在目前这个不成熟的市场操作股票，一方面要讲政治；另一方面要因地制宜借鉴国外的理念、技术，不能教条式地照搬。**经济是政治的集中表现，政治又在关键时刻决定了股市的发展方向，每当重大政治事件发生时股市都会有不同的表现。**找出能够适应特定市场的特殊规律来应对，方能因地制宜立于不败之地。

这个不成熟的市场处处有陷阱，时时有欺骗；在这个不成熟的市场上涨赚钱的机会很多、下跌赔钱的时候也很多。怎样回避下跌、抓住上涨的机会，怎样才能巧取豪夺涨停板成为一个牛散，怎样建立自己的交易纪律？本书通过持续地观察研究大量的实例，通过比较之后找到其中的真相，用归纳方法总结其中的规律。这些规律既有股票上涨的规律，也有股票下跌的规律。每一个交易者在没有掌握股票上涨下跌的规律时进行交易，必然会使自己陷入亏损乃至失败的困境。如何走出困境？这就是本书要解决的问题。本书分上下两篇，上篇讲“三大纪律”，下篇讲“八项注意”。“三大纪律八项注意”，这是投资者必须越过的11道门槛。每一道门槛，就是一道心魔；克服不了内心的躁动不安、忽上忽下、忐忑不安、瞬息万变的干扰，就迈不过这道门槛。在每一章后面都有三道思考（致富）题，思考后能解答这三道题，就能迈过这一道门槛；解答不了就迈不过这道门槛。解答了33道思考题，操作股票也会发生质的变化。我多么希望散户能按照牛散的“三大纪律八项注意”越过这11道门槛，克服自己“贪、嗔、痴、慢、疑”的身行心念，在股市里由小到大、由弱变强，并最终走向胜利，成为一个真正的牛散，创造出自己人生的辉煌。散户在股市既要做股票的主升浪，也要做自己人生的主升浪。**从几万做到百万、从百万做到千万、从千万做到上亿，三个高峰要一个高峰一个高峰地攀登；这才是做人生的主升浪——这个目标你必须非常清楚。**

上篇“三大纪律”是：

第一道门槛与心魔——熊市

**第一大纪律　熊市空仓等突破，多学经典才能得大道**

中国股市牛短熊长，在熊市操作往往是惨不忍睹，有人在进入熊市后一直在贪婪的心理作用下操作，急于发家致富，急于扳回亏损，在熊市里豪赌，结果越赌越亏；在熊市里坚守，结果越陷越深；90%的散户在熊市操作都失败了。熊市……惊天动地的熊市，多少人的财富在熊市灰飞烟灭，多少人为熊市悔恨交加；有人因熊市妻离子散，有人因熊市跳楼自杀，有人因熊市成了“范进”……奉劝炒股的朋友们，学习、学习、再学习；识破熊市、远离熊市，在熊市开始后就要一直空仓，在熊市期间你可以静下心来学习股市相关的知识，学牛散之道、悟牛散之道，照牛散之道去做，才能得牛散之道。**在熊市要耐心等大盘止跌反转，此后进入股市在大道的指导之下才能取得胜利。**

第二道门槛与心魔——震荡市

**第二大纪律　震荡市轻仓参与，三成仓位操作就够了**

**在震荡的市场里，只可以选择结构性的行情操作，此时普通散户只能用你在股市里可以运作资金的30%操作——这才是轻仓参与。**这一章还讲了如何预测大盘运行方向的技术。

第三道门槛与心魔——牛市

**第三大纪律　牛市出击要重仓，满仓操作不要耍骄傲**

大盘进入牛市后，牛散往往是满仓操作，目标就是市场里主线热点板块——在这里重仓出击。非牛散只可动用你在股市里可以运作资金的70%进场出击，30%留作预备队。这一章还讲了**牛市来临的信号以及牛市来临的规律——这是我在股市里的第四个重大发现。**

下篇“八项注意”是：

第一道门槛与心魔——主线

**第一项注意　紧跟主线和热点，背离热点走进死胡同**

主线、热点板块代表了市场运作的方向，主线、热点在哪里，主力就在哪里。这里通过实例告诉你如何分析市场主线热点、如何紧跟市场主线热点；只有牢牢把握住市场里的主线、热点才是炒股的阳光大道。背离了市场的热点就会走进股价不涨的死胡同。

第二道门槛与心魔——龙头。

**第二项注意　领涨龙头大胆买，巧取豪夺猎取主升浪**

炒股要炒热点板块中的领涨龙头，没有跟上领涨龙头，跟上龙二、龙三也可以；龙头股就像快马加鞭一样奔向主升浪。龙三以后的跟风股最好不要参与；千万不要背离当前的热点去参与非热点的股票！非热点的股票就像没有成熟的水果，吃到口里涩、酸、苦、无味……这里通过实例告诉你怎样发现市场里的领涨龙头。

第三道门槛与心魔——异动。

**第三项注意　盘中异动选主力，主力不动牛散不出击**

**牛散的思路：选好主力，借主力拉升之机与浪共舞；**

**牛散的操作：空仓等待，主力不动牛散不出击。非此不能成为牛散！**

第四道门槛与心魔——位置

**第四项注意　位置性质仔细辨，避实击虚狙击涨停板**

**“位置与性质理论”是我在股市里的第二个重大发现**（具体在我的《狙击涨停板》一书里论述过），这里写了这个理论的核心内容以及它的实用价值和运用当中应注意的事项。理解了、掌握了这个理论，你一定会巧取豪夺主升浪，成为股市里一个真正的牛散。

第五道门槛与心魔——止损

**第五项注意　下跌止损三五点，果断执行不能再犹豫**

这里强调“买进后按你的成本设置止损！在你的成本之下3%～5%点处设置止损，亏损千万不能超过5%!!! 股价一旦跌到止损价，就要无条件地执行这一条止损原则”。在这一章分别看看游资、散户他们是如何止损的。

第六道门槛与心魔——加仓。

**第六项注意　上涨加仓金字塔，下跌补仓坚决克服掉**

初次买进股票时只能轻仓测试，看看这只股票是上涨还是要下跌。如果上涨则可以分批加仓；如果下跌就要回避。在股市里有六大军团（中央军团、部门军团、地方军团、外资、私募、游资）在博弈，甚至在鱼肉散户。散户无组织、无纪律，颠三倒四被某些势力算计。能够刀口舔血、虎口拔牙的是牛散；散户如果想在股市博弈中成为牛散，就要牢记只在上涨的股票中加仓；下跌补仓是下下策，并要坚决克服掉。

第七道门槛与心魔——波段

**第七项注意　波段操作信如神，教条主义往往害死人**

通过实例我们看到持有几个亿的资金都在做波段操作，譬如“中信证券山东交易单元（394874）”操作蒙草生态的一波上涨，8个交易日，“中信证券山东交易单元（394874）”获利37.15%就锁定利润出局了。仅仅8个交易日获利幅度在30%以上！他们就是散户炒股的榜样。

第八道门槛与心魔——止盈。

**第八项注意 获利止盈看K线，胜利出局人人都喜欢**

当一波主升浪拉升到顶部，出现了经典的K线形态，且下跌幅度超过止盈标准时，就要谨防主升浪顶部形态的到来。

获利止盈的标准：**持有的个股上涨超过3%后，就可以设止盈了，股价回落危及3%盈利时要获利止盈。其后股价上涨，止盈点要不断上移，可以按下跌5%~7%幅度设止盈价，涨幅不断升高，则不断提高止盈价……某天股价跌破止盈价就出局——这样就不会把盈利变为亏损。**

这里分三节告诉大家获利止盈的位置：第一节阳线获利止盈，第二节阴线获利止盈，第三节雄安新区第一波主升浪顶部形态。只要这些经典的K线形态+巨量成交+筹码峰上移，无疑就告诉我们，该股的这一波到顶了，必须获利止盈。

以上概述了本书牛散的“三大纪律八项注意”的主要框架、内容。如果你愿意的话，请跟随我一章一章地研读，跨过一个一个的门槛，并付诸实盘操作。**当我们共同走到这本书结尾，你的变化可能连你自己都想不到，你将走上通往主升浪之路，你在交易中获得的成就感，是一种无法描述的愉快感。想成为股市里的牛散——想跻身于千万富翁的行列将不再是梦。**

**一个交易者如果没有正确的理念、技术、纪律，就没有好的劳动成果。**

**牛散之道可用公式概括为：**

**理念40%+技术20%+纪律40%=成功**

**这个成功的检验标准，就是你获利后经常能从交易账户中的“银证转账”一栏用“证券转银行”功能将利润转进你的银行卡。**

**这本书会完全改变你的交易理念、技术、纪律，给你带来财富、成功和幸福，而这一切没有别人可以替代你，只能依靠你自己！**

# 目　录

## 上篇　三大纪律

## 下篇　八项注意

# 上篇

# 三大纪律

第一大纪律　熊市空仓等突破，多学经典才能得大道

第二大纪律　震荡市轻仓参与，三成仓位操作就够了

第三大纪律　牛市出击要重仓，满仓操作不要要骄傲

# 第一大纪律

## 熊市空仓等突破，多学经典才能得大道

熊市比屠宰场还残酷，屠宰场还有收购标准，不够标准不宰杀；熊市则不管男女、不管老少、不管贫富，只要交易统统格杀勿论。在熊市里多少人过度交易、最后亏损到倾家荡产……希望本书的每一个读者都不要在熊市里挣扎。

**在熊市——空仓学习是想成为牛散唯一的选择！**

**在熊市——最大的风险是满仓。**

中国股市“先天不足、后天失调”，还不够成熟；

中国股市从 1990 年 12 月设立到 2017 年仅仅只有 27 年的时间，还很年轻、很狂躁，不到三十而立之年。

面对这样一个不成熟的市场、面对这样一个大起大落的市场，你没有必要在熊市里操作！从已经走过 27 个年头的中国股市来看，往往是牛短熊长。

### 第一节　中国股市牛短熊长

从上证指数的月线图中可以清楚地看到，上证指数从 2001 年 6 月 29 日 2245.43 点最高价到 2005 年 6 月 30 日最低价 998.23 点，下跌了 49 个月，1463 天，跌了 1133.31 点，幅度−51.18%（见图 1－1），这就是熊市的路程。

图 1－1　上证指数区间统计

图 1－2　上证指数区间统计

上证指数在经历了 4 年的熊市之后，从 2005 年 6 月 30 日 998.23 点的最低价上涨到 2007 年 10 月 31 日 6124.04 点的最高价，上证指数上涨了 29 个月，历时 854 天，上涨 4894.03 点，涨幅高达 461.38％（见图 1－2）。这次牛市只有两年。

上证指数从 2007 年 11 月 30 日的最高价 6005.13 点下跌到最低价 1664.93 点，到 2014 年 4 月 30 日的收盘价 2026.36 点，经历了 78 个月，历时 2344 天，跌了 3928.41 点，幅度高达－65.97％（见图 1－3）。这次熊市历时 6 年 5 个月。

图 1－3　上证指数区间统计

图 1－4　上证指数区间统计

上证指数熊了 6 年 5 个月后，从 2014 年 5 月 30 日的最低价 1991.06 点开始启涨，至 2015 年 6 月 30 日期间开启了一波牛市行情，这波牛市行情仅仅上涨了一年两个月，

397 天，涨了 2250.86 点，涨幅 111.08%（见图 1－4）。

在 2015 年 6 月 12 日创出 5178.19 的高点后，上证指数以雪崩式的下跌开始了又一次熊市，目前正处在熊市后的震荡市场之中。

从以上的统计中，不难看出中国股市牛短熊长。怎么办？我的建议：远离熊市，在熊市期间，只能努力地学习，提高自己；只在牛市开启时进入股市（具体方法本书后面第三章会讲到），如果反其道而行之，其结果就是痛不欲生。

## 第二节　熊市操作痛不欲生

据 2016 年 12 月 21 日“人民日报”公众号消息：“我国资本市场目前直接参与市场的有 1 亿多人，其中 99%以上为个人投资者；间接涉及的约 3 亿人次。”

据统计，2016 年全年 A 股市场涨幅在 50%～100%的个股共有 52 只；涨幅在 20%～50%的个股共有 199 只；涨幅在 10%～20%的个股共有 155 只；涨幅在 0%～10%的个股共有 257 只。总体来看，2016 年 A 股市场共有 682 只个股取得正收益，在全市场 3074 只个股中占比 22.19%！相反有 77.81%比例的个股涨幅为负数。

2016 年 12 月 30 日有消息报道：“2016 年，有统计数据显示，73%的股民亏损，全年人均亏损 2.5 万元”……你相信不？做个身边调查，看看你的股友盈亏比例是多少、亏损资金是多少。

2016 年 7 月 4 日，一位读者给我的 QQ 上发来求救的信息，下面是我们当时在 QQ 上的部分交流截图（见图 1－5）。

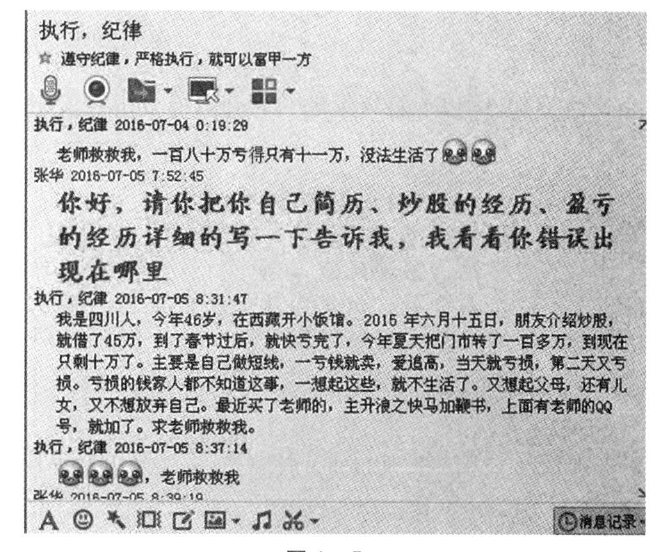

图 1－5

从这位读者的自我介绍里，大家可以看出，他是在 2015 年 6 月 15 日进入股市。而在那时我告诉朋友们大盘要下跌了……

2015 年 6 月 12 日（周五），上证指数在创出 5178.19 点的高点后，从时空价量形态上给出了要下跌的信号。2015 年 6 月 14 日（周日），我在深圳北大五矿马杰主持的公开论坛上分析，截图作出了上证指数将大幅下跌的预测。

我分析了大盘的走势后截图告诉大家“上证指数将大幅回调”，如图 1－6、图 1－7 所示（这样的图下一个交易日数据变更后就看不到右边窗口的数据了，它是最原始、最真实的图形。本书大量的截图都是交易当日的图形和我的分析判断，保持了原汁原味，而不是事后诸葛亮式的分析。）

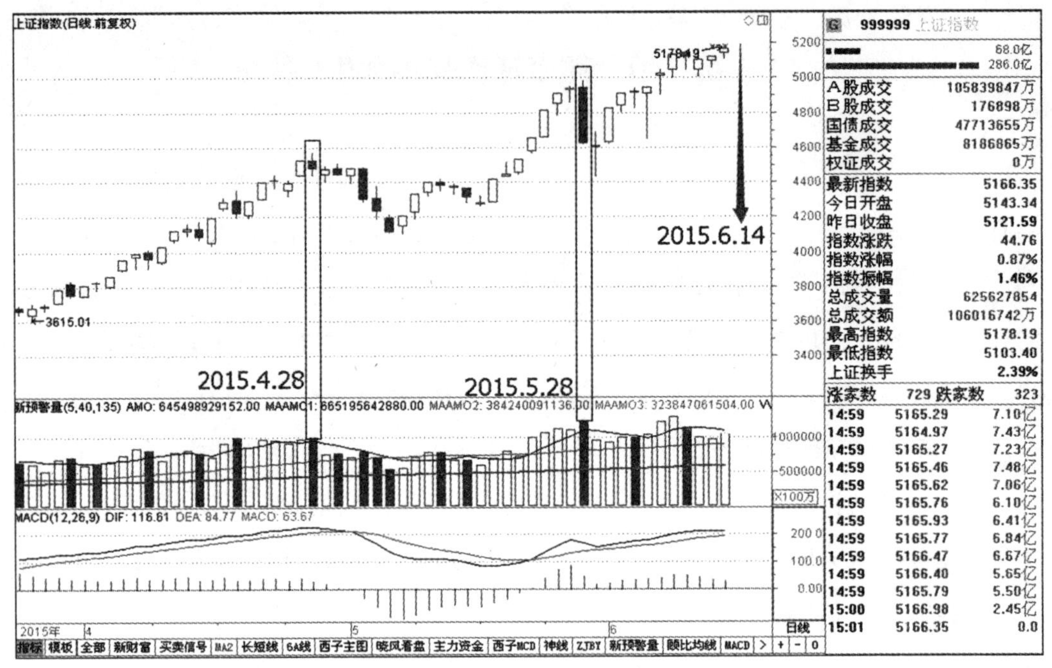


图 1－6

2015 年 6 月 15 日（星期一）开盘前分析提示如下（图 1－7）。

张 华 9:15:46
**2015年6月15日星期一：**
**大盘形态不容乐观，近3天内，将会有一次大幅的回调——获利了结，回避风险……**
**个人分析，仅供参考；买卖自定，盈亏自负。**
**（金田主升浪理财中心）——2015-06-015**

图 1－7

大盘从 2015 年 6 月 15 日（周一）开始下跌，一直跌到 2016 年 1 月 27 日的 2638.30 点止跌，其后反复震荡。

**每一个人内心都有梦想，但要注意内心的梦想一定要有扎实的基础，没有基础的梦想不会变为现实。**

我与那位读者交流了很多，开导他。

从 QQ 交流中大家可以看出，这位读者犯了一连串的错误：

第一，在 2015 年 6 月 15 日大盘开始下跌时进入股市。可以说他在错误的位置、错误的时间、错误地进入熊市了。

第二，**借钱炒股，这是炒股的大忌。**炒股是有钱人的游戏，是工薪阶层的陷阱，是借贷炒股者的坟墓，更是机构的屠宰场。千万不要以为在股市里可以轻易地就发家致富，那是精通了炒股之道的人才可以达到的。

第三，没有炒股的基础知识、没有掌握炒股的基本规则就大胆地开始操作了，是自己的不了解才导致了自己的失败。种田需要学习，做工人需要学习，当驾驶员需要学习，做演员需要学习，没有不经过学习就当上科学家、医生、工程师、教师、演员的人。偏偏许多股民没有经过认真地学习就开始操作了，其结果往往是亏损、亏损、再亏损……早早地开始学习是通往成功的唯一之路。

第四，错上加错的是在熊市亏损之后又加大了资金投入，结果亏损了 90%多。在股市里，当你没有盈利时，千万不要增加资金、扩大交易规模！没有盈利说明你能力还不够；资金量越大自己越没有能力把控，超过自己的能力去操作失败的概率会大于成功的概率。

第五，爱追高、不会止损，不知道保本；亏损后又急于扳回损失，不停地交易；交易越多、损失越大；没有本钱的时候，想翻身很难——难于上青天。止损保本是必须掌握的生存法则。

第六，**交易股票千万不能凭期望去买卖，凭期望是赌徒的心理，赌徒迟早会输得精光的。**

第七，进入熊市后一直在贪婪的心理作用下操作，急于发家致富。在熊市里豪赌，只能越赌越亏、越陷越深。

第八，没有找到犯错误的根源以及改正错误的方法却在按自己的期望操作，每天都在期望今天买进股票明天就能上涨，结果往往事与愿违。

**任何人在股市里的亏损都不是偶然的，所有的结果都是你自己的想法导致的，正确的想法导致获利，错误的想法导致亏损，是自己的想法直接或间接地导致了现在发**

**生在你自己身上的一切结果。**仔细地想一想，你的思维、你建立的交易理念、交易技术、交易纪律就是产生盈亏的因果关系。这种因果关系是你通过自己的情感和精神进行筛选后建立起来的，现在的你所面临的局面就是这些关系重叠在一起所产生的结果。因此，不要埋怨股市、埋怨管理层、埋怨机构主力、埋怨上市公司、埋怨政策、埋怨朋友及一切外在的客观因素。

在我们的交谈后，这位读者终于认识到了自己的问题。于是，我介绍了他应该看的书后，他从基础知识开始学习了。

**我相信，没有人不犯错误，最重要的是在犯错误后要找到犯错误的根源以及改正错误的方法。犯过错误的人前进的动力比没有犯过错误的人更大。当改正了自己的错误后，就会迈进成功的行列。**

上面的这个散户 180 万资金亏损得只剩下 11 万，亏损幅度是 94.9%；

下面的这个散户给我 QQ 上发来信息，40 多万资金亏得只剩下 1 万了，亏损幅度是 97.5%。

惨烈的现实告诉我们，没有具备在股市赚钱的能力之前，千万不要进入熊市。

2016 年 11 月 30 日星期三我与读者交流，下面截图（图 1－8）是风飞的简要的炒股经历：

风飞 2016-11-30 16:08:47

我从06年进入股市当时10万也是一边开出租车一边炒股　　08年之前在股市还赚了5万　　后来没有工作了也不知道能干啥看到股市这么火头脑一热把全部存款总共40万投了进来　　又遇上08年股灾我要是真像有些老股民那样死抱住一个票到后来也不至于亏的那么惨，而我自作聪明这股票还亏着卖了又去买宁外一个，就这样反反复复的操作亏得底裤都没有了。越亏心越急整个人都是蒙的。　　这些年也看过有些书但总觉得找不到要领，也找高人，买软件前前后后也花了8万左右确没有一个能让我转到钱的，痛定思痛想了很久觉得再学习才能有所个方向，一定能够找到我所要的。当我在网络上看到您的《阻击涨停板》后才终于找到我所适合的，于是把4本书都买了回来我要好好的向您学习。自从炒股之后日子是一天不如一天，有时候真想自杀了算了可是想想妻儿老小40多岁怎会混成这幅得性，一个人偷偷流泪生活还得艰难的继续。还好有个能体谅的老婆共度艰难，虽然她不说可我心里难受，在亲朋好友面前都抬不起头。家人也经常劝不要炒股了可心里就是3个字・不甘心・我也知道自己笨但有一句叫勤能补拙，所以这也是我要坚持下来不断找能让自己进步的书。其实在之前听说很多能在股市里赚钱的高手就一个方法就行但我就是没有找到适合自己的，当看到您的书时眼前一亮我知道我在找的是什么了，希望通过您的方法能在这个狡诈的股市里一步一步上台阶。谢谢您。

图 1－8

从 40 万元亏损到仅剩 1 万元！“有时候真想自杀了……在亲朋好友面前都抬不起头。”**这并不是一个股民的写照，相信在每一个股民的身边都能看到亏损累累的散户。**

2015 年，我见过在股市将 4 个亿亏损到只剩 1000 万元的人。

图 1－9 是风飞在剖析自己犯错误的根源：

风飞 10:13:09

我觉得这些年的问题在于：1 没有系统的学习过，看到是看了很多书但总觉得没有很适合自己的东西所以在操作上也是毫无章法随心所欲。2 在这么多年的过程中股市里面的东西大概也知道一些，就像有句话说的半桶水响叮当自认为主力要怎么怎么样结果常常是不如愿。3 操作过程中往往在自己有票还没有赚钱甚至亏损的情况下看到了另一个在冲的票立马换股，这也是08年从山顶摔下来的主要原因。4 有段时间也觉得短线不适合自己就改为上线，可是常常到了破位时还存有妄想，短线破位也是如此，我的执行力太差{有段时间和别人搞分成买卖到是很果绝也没有赚到钱}。 长时间拿着一个票也能拿得住那就是不看其他票安心工作甚少关心股市，但今年感觉不能再这样碌碌无为了，亏钱不说这样对不起家人也对不起自己，所以要在书本里找我就不信那么多有关股市的书里面找不到我所需要的。您的方法正是苦苦寻觅我所需要的。

张华 10:21:23

**你所犯的错误有代表性，并不是你一个人犯了这样的错误。我想帮助更多的股民，让他们认识到犯错误并不可怕，可怕的是犯了错误还找不到根源，继续错上加错……**

图 1－9

风飞对自己犯错误的总结还不全面，**在股市里凡是操作失败，都应该对发生在自己身上的一切负直接责任或者间接责任。还要继续深挖自己到底错在哪里？错误改不了，就最好不要操作，急于操作则会越急越错……**

风飞所犯的错误有一定的代表性，在征求了他的同意后，我将部分交谈内容引用到本书中。

操作股票要有正确的理念、过硬的技术、严格的纪律，这些没有形成，就不要急于操作。

是的，知识就是力量——这是永恒的真理。但也要清楚地看到，如果你接受了“垃圾书籍、垃圾思想、垃圾理论”的影响，你一定是亏损累累的。学习，只能学习被实践证明了能盈利的“经典的书籍、经典的思想、经典的理论”才有用。**在股市只有朝着自己渴望的目标——主升浪前进时，主升浪才会靠近你。**

**功夫不负有心人，我相信每一位朋友，只要路走对了、功夫下到了，就一定会成功。付出多少就会收获多少；没有付出，哪来的收获。**

前车之辙、后车可鉴。我们剖析他人的错误，目的就是要从他人的错误中汲取教训，不要再犯同样的错误。感谢以上两位读者能坦言自己炒股的痛苦经历。

有人说在股市“上了一当又一当　当当不一样；吃了一亏又一亏　亏亏有体会”，将你在股市里每次上当、吃亏后的总结写出来——总结盘中主力的欺骗在什么地方，自己的错误在哪里，然后一个错误一个错误地克服，最后就是成功。

但愿每一位读者都能够从他人的错误和自己的错误中汲取教训，好好学习。学习时还要注意，不要让自己干净的思维受到错误的想法或错误的思维、垃圾理论、垃圾书籍的干扰。只有学习到真正有用的知识，你才能远离熊市，走好自己的股市人生之路。

## 第三节　熊市开始的信号

在熊市来临之前、之时我们如果能及时地发现它的蛛丝马迹不是更好吗？有没有这样的技术分析？可以肯定地说：有。关键是你是否掌握了那些技术分析的方法，掌握方法后能不能在其信号出现时果断地执行。

**一般来说，牛市结束之时，就是熊市开始之时。**

熊市开始的特征，从日线技术上分析就是波段顶部出现放量滞涨的见顶 K 线形态，如跳空高开，收盘却收出大阴线就是顶部信号；下跌反弹偶尔出现阳线，但阴线明显多于阳线；阴线实体长，阳线实体短；价格跌破均线、跌破趋势线；形态被破坏。

波浪理论就是一个很好的技术分析工具，如果把波浪理论与 K 线理论结合起来应用效果更佳。在我的第三本书《借刀斩牛股》一书中写到有 35 种波段顶部的 K 线形态，如果结合波浪理论，在上升趋势中的三浪、五浪的顶部出现了见顶的 K 线形态，就应该卖出——熟读经典、运用经典，才能回避熊市。

譬如，2007 年 9 月、10 月、11 月上证指数月线在 6124 时 3 根 K 线的组合，构成一个顶部的“夜星”形态，特别是 11 月的大阴线，向下击穿了前两根 K 线的最低价。这就明确地告诉市场，顶部到了，接下来将进入下跌趋势——其后熊途漫漫。

譬如，2015 年 5 月、6 月上证指数月线两根“浪高线”形态，告诉我们顶部到了；再看看 2015 年 6 月 9 日～6 月 15 日上证指数的日 K 线形态，组合成一个下跌三法形态；然后就是狂跌——千股跌停，惨的是身在市场的许多人无法出局。其实，我在 6 月 12 日、15 日都进行了提醒，其根据就是 K 线形态和波浪形态提示的信号。形态理论、切线理论也都是可以参考的技术分析工具，但它们对顶部的分析要滞后于波浪理论与K线顶部形态。

譬如，头肩顶形态价格向下突破颈线以及其后的反抽受阻都是卖出的机会，其后价格就会继续下行。

譬如，切线理论中的上升趋势线，价格下跌击穿之后反弹受阻，就告诉我们上升趋势结束，要出局回避。

譬如，股市涨势已经持续了很久，那些质量差的垃圾股在一段时间里活跃了起来，竟然出现在涨幅前列，就可能是熊市来临的一个信号。

譬如，管理层加速发行新股，甚至发行了超级大盘股（几百亿、上千亿的流通盘上市）。

譬如，股评专家、媒体、名人一致看多。

譬如，大街上的环卫工人、机关上班的人都在议论炒股赚钱的时候，股民都成了“股神”的时候，证券公司加班开户的时候……就可以预知股市赚钱的效应已经接近顶部了。

技术指标也可以参考，但技术指标更滞后于价格形态的出现，这是技术指标的设计原理所制约的。它是果，不是因。技术指标事后看都是回马枪，往回分析，每一枪都会是十环；如果往前打，几乎是枪枪脱靶……故高级的操盘人士很少用技术指标分析，倒是新股民对技术指标乐此不疲。

奉劝炒股的朋友们，想要在股市里有所斩获，可以说在股市**“四小时之内决定现在，四小时之外决定未来”。学习、学习、再学习，才能识破熊市、远离熊市。**

**熊市最大的风险就是满仓操作!!!**

在熊市开始后就要一直空仓，在熊市期间你可以静下心来学习股市相关的所有知识，耐心等大盘止跌信号的出现。

大盘何时会出现止跌的信号，请看第二条纪律……

## 股市箴言

• 在熊市——空仓学习是想成为牛散唯一的选择!

• 每一个人内心都有梦想，但要注意内心的梦想一定要有扎实的基础，没有基础的梦想不会变为现实。

• 借钱炒股，这是炒股的大忌。

• 交易股票千万不能凭期望去买卖，凭期望是赌徒的心理，赌徒迟早会输得精光的。

• 任何人在股市里的亏损都不是偶然的，所有的结果都是你自己的想法导致的，正确的想法导致获利，错误的想法导致亏损，是自己的想法直接或间接地导致了现在发生在你自己身上的一切结果。

• 没有人不犯错误，最重要的是在犯错误后要找到犯错误的根源以及改正错误的方法。犯过错误的人前进的动力比没有犯过错误的人更大。当改正了自己的错误后，就会迈进成功的行列。

• 在股市里凡是操作失败，都应该对发生在自己身上的一切负直接或间接责任。还要继续深挖自己到底错在哪里?错误改不了，就最好不要操作，急于操作则会越急越错。

• 在股市只有朝着自己渴望的目标——主升浪前进时，主升浪才会靠近你。

• 功夫不负有心人，我相信每一位朋友，只要路走对了、功夫下到了，就一定会成功。付出多少就会收获多少；没有付出，哪来的收获。

• 一般来说，牛市结束之时，就是熊市开始之时。

• 熊市最大的风险就是满仓操作!!!

• “四小时之内决定现在，四小时之外决定未来。”学习、学习、再学习，才能识破熊市、远离熊市。

• 只有认清错误、改正错误，才能改变自己的命运!

• 知识是财富的来源，思考是财富的来源。只有不断地积累知识、不断地思考，财富的到来才会是渠成水到的事情。反之，所有的亏损、挫折、失败都是知识的欠缺、思维的欠缺、技术的欠缺、纪律的欠缺、执行力的欠缺……种种的欠缺都必然会反映到你的操作中，会使你在错误的行动中走向亏损、走向崩溃。

• 不同的思考方式带来不同的结果。要想改变目前自己并不满意的结果，首先要改变自己的思考方式。如果你还没有意识到你在股市里亏损累累是思考方式的问题，那么研究本书、实践本书、思考本书或许就能够改变你的思考方式——帮你打开财富之门。

• 尽管许多人也注意到错误的思维会带来失败的恶果，但是大多数人却没有用正确的思维来训练自己、改变自己。仍然在错误的道路上坚守着。

• 失败能使弱者变得更弱，失败能使强者醒悟。任何失败都可能使强者因为总结而变得更智慧，因为努力而成为下一次成功的原因。

• 每个交易日的盈亏都由你自己决定！炒股不能与趋势作对，更不能一厢情愿。许多人总是往好的地方想，总是想自己买的股票一定要涨。总是抱有期望、抱有幻想，在股市中是要命的。

• 不要让垃圾思想、垃圾理论、垃圾书占据你的思想，这样不仅会浪费你的时间和精力，而且会给你带来资金的亏损。

• 在你成为牛散之前，不要放弃本书，你将每天需要它的陪伴。每条纪律、每项注意、每条箴言都会对你有所裨益。尽管它们偶尔会让你看到自己之前犯下最糟糕的错误。

• 通读本书，结合你的交易，然后找出你最短板的部分，学习你想拥有的思维以及实盘中的使用技术。

• 在股市中，只要有散户赚钱，就证明股市是可以赚钱的。而你不但没有赚钱，却在亏损，这纯属个人的问题。问题在哪里，是理念有问题，还是技术有问题，还是纪律执行的问题？必须找出问题的症结，短板在哪里就弥补哪里。唯有先改变自己，才可能在股市里赚钱。

• 无论是小幅亏损，还是巨额亏损，都是不了解股市运行规律，不了解个股运行真相，且违背了它们所造成的。当你的思想与股市运行规律、个股运行真相能保持一致时，你就可以利用它们来使你的财富增值——也就可以成为真正的牛散。

要想成为牛散，自己的努力是唯一可以依靠的对象。

第一，要认同吸引力法则。如果涨停板与主升浪吸引不了你——那么劝你早早地离开股市另谋出路吧。

第二，要将主升浪当成你炒股生涯中最高的目标，它就是你操作的愿景。

第三，要付诸行动，要做到心里想的与实际操作保持一致。不要心里想的是涨停板与主升浪，实际买进的却是一路下跌看似底部却在不断创新低的股票。

第四，对你心中形成的愿景要专心专注，不要三心二意；不要遇到挫折就退缩，那样干任何事情都不会成功。其实人人都可以狙击到涨停板、猎取到主升浪，但只有很少数专注的人、持之以恒地去研究的人才能成为最后的成功者。

## 小结

### 改变错误，才能改变命运

远离熊市，空仓学习是散户唯一正确的选择，千万不要让无数个亏损散户的悲剧在你的身上重演。许多散户在熊市里不停地操作，犯下了许多刻骨铭心的错误，最终带来了无限的痛苦。这许许多多的教训，是每一个身在市场的投资者都应该汲取的。**只有认清错误、改正错误，才能改变自己的命运！**

个人的命运由个人主宰。每个人都有主宰个人命运的力量，你是否发现了自己主宰个人命运的力量？你是否运用了自己主宰个人命运的力量？如果没有，就要努力地发现并学会运用，只有这样，才能创造一个有意义的人生。

亏损的散户没有一个精神不是痛苦的，痛苦的根源在哪里一定要找到。我觉得，炒股亏损都是因为自己的操作违反了股市运行的规律、股价运行的规律。违反股市、股价运行规律的真正原因有三：

第一，知识的局限性。知识储备不足就入市操作了，该学习的没有系统地学习。

第二，大脑里接受了错误的知识、错误的理念、错误的技术，造成了错误的操作。

第三，固执地坚持错误，没有改变，甚至错上加错。

以上三条可以说是亏损者失败最大的原因。

只要你的账户里资金是亏损的，就明白无误地告诉你——你目前错了！错在哪里？你需要清理自己大脑里那些错误的知识、错误的理念、错误的技术……清扫自己的大脑，接受被市场认可的经典理论、接受能让你盈利的知识才是正道。

摆在亏损者、失败者面前有两种选择：一是继续在原来的道路上走下去，结果会越亏越多；二是停止操作，接受新的理念、技术、纪律的训练。如果你想改正自己的错误，希望在股市来一个翻天覆地的变化，建议：首先，严格按照牛散的“三大纪律八项注意”来训练自己。其次，必须专心专注，直至把牛散的“三大纪律八项注意”变为自己有意识的行动，在学习的过程中不断地实践，在实践中不断地学习、总结、提高。最后，排除任何干扰你的垃圾书籍、垃圾理念、垃圾技术。唯有这样，才会改正自己的错误，才能改变自己的命运。

## 思考（致富）题

1. 怎样判断熊市来临？

2. 你在熊市操作了没有？是怎样操作的？收获如何？你有哪些熊市的经验教训值得汲取？从别人的惨痛教训中你悟出了什么？

3. 目前是什么市况——熊市？震荡市？牛市？

## 第二大纪律

# 震荡市轻仓参与，三成仓位操作就够了

杨柳青青江水平，闻郎江上踏歌声。

东边日出西边雨，道是无晴却有晴。

刘禹锡《竹枝词》

诗文解释：江边的杨柳青青，垂着绿色枝条，水面平静，忽然听到江面上情郎唱歌的声音。东边出着太阳，西边还下着雨，说是没有晴天吧，却还有晴的地方。

这首诗采用了民间情歌常用的双关的手法，含蓄地表达出微妙的恋情，新颖生动，妙趣横生，美到心碎。

震荡市也好比“东边日出西边雨，道是无晴却有晴”，能不能美到心碎，就看你与它是否有情了。

当大盘突破下降趋势线止跌后，回撤没有向下击穿下降的趋势线就可以判断由此止跌，是止跌反转还是进入震荡市，还需要继续观望。

**在震荡市，只可以选择结构性的行情操作，此时只能用你在股市里可以运作资金的30%操作——这才是轻仓参与。如果你操盘胜算的把握较大，操盘成功率达到80%以上，最多可以运作的资金也只能是50%。**

**震荡市最大的风险是不会高抛低吸！**

在研判大盘的趋势时，最好用周线图。看周线图，要复权、缩图、看趋势。

我在2009年写作的《猎取主升浪》（四川人民出版社出版）一书中曾经告诉过大家："如果我们打开股票走势的周线图，主升浪的形态就会呈现在你的眼前。周线时间跨度长、趋势稳定而明显，不像日线上骗线防不胜防；相反，日线上的骗线，却在周线上露出了原形。因此，我们可以从周线上发现主升浪启动前的介入机会与主升浪完结时的出场机会……"如果周线没有机会，就要耐心等待市场走出震荡后再入场操作。

## 第一节　大盘止跌信号

大盘的趋势向下时，连接三个反弹波段高点画下降压力线，价格突破下降压力线就是下跌趋势在改变的信号。**一旦大盘突破下跌趋势的压力线，就是大盘趋势在改变的信号。**

反之，大盘的趋势向上时，连接波段的低点画支撑线，价格跌破支撑线就是上升趋势在改变的信号。此后大盘进入下跌的危险区域，最好是清仓休息，耐心等待大盘下跌趋势被突破后再择机入市。没有突破下跌趋势的压力线，安全系数就小，应该持币观望，耐心等待大盘趋势的突破。

2016年6月3日，各大指数的周线图价格突破了下跌趋势的压力线。

2016年6月3日星期五截图（图2-1）——上证指数（周线图）。

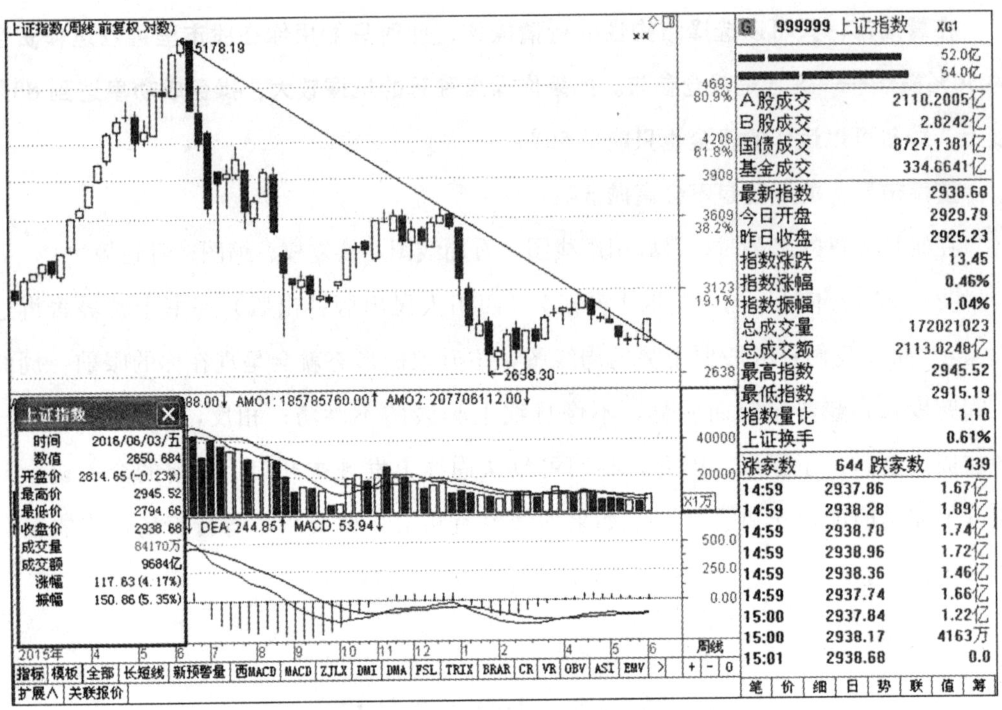


图 2－1　上证指数走势图

2016 年 6 月 3 日星期五截图（图 2－2）——深证成指（周线图）。

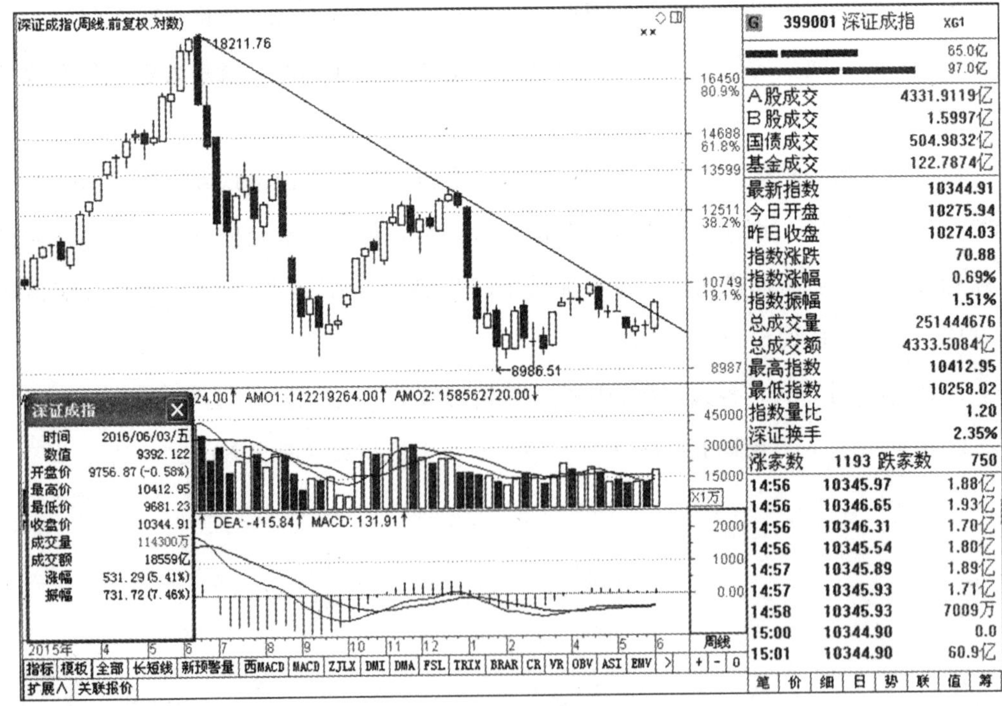


图 2－2　深证成指走势图

2016 年 6 月 3 日星期五截图（图 2－3）——中小板指（周线图）。

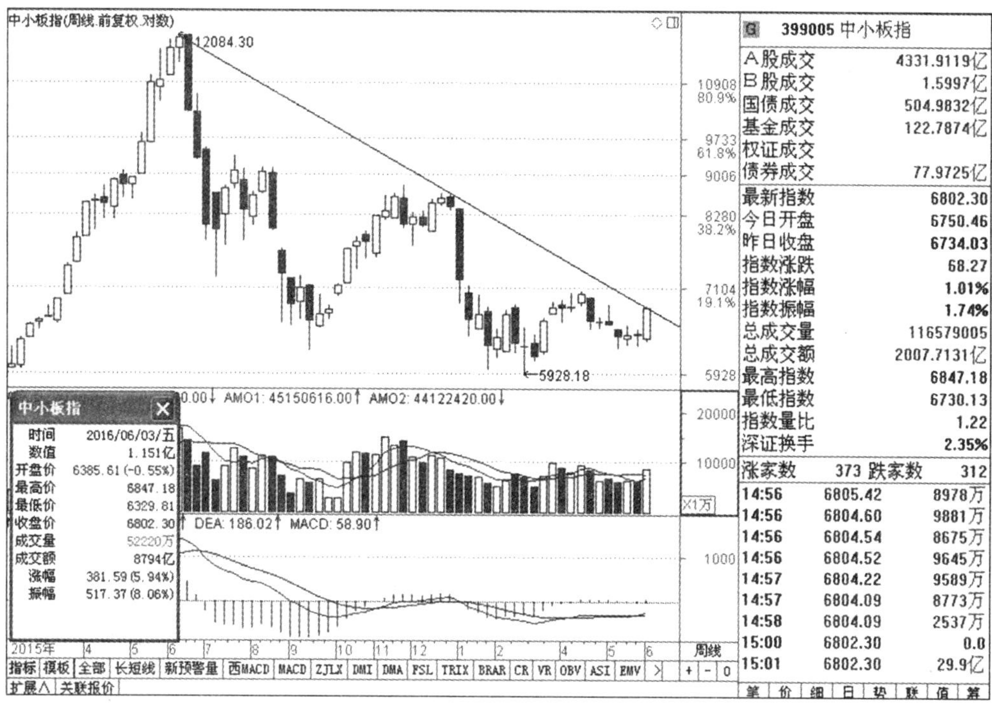


图 2－3　中小板指走势图

2016 年 6 月 3 日星期五截图（图 2－4）——创业板指（周线图）。

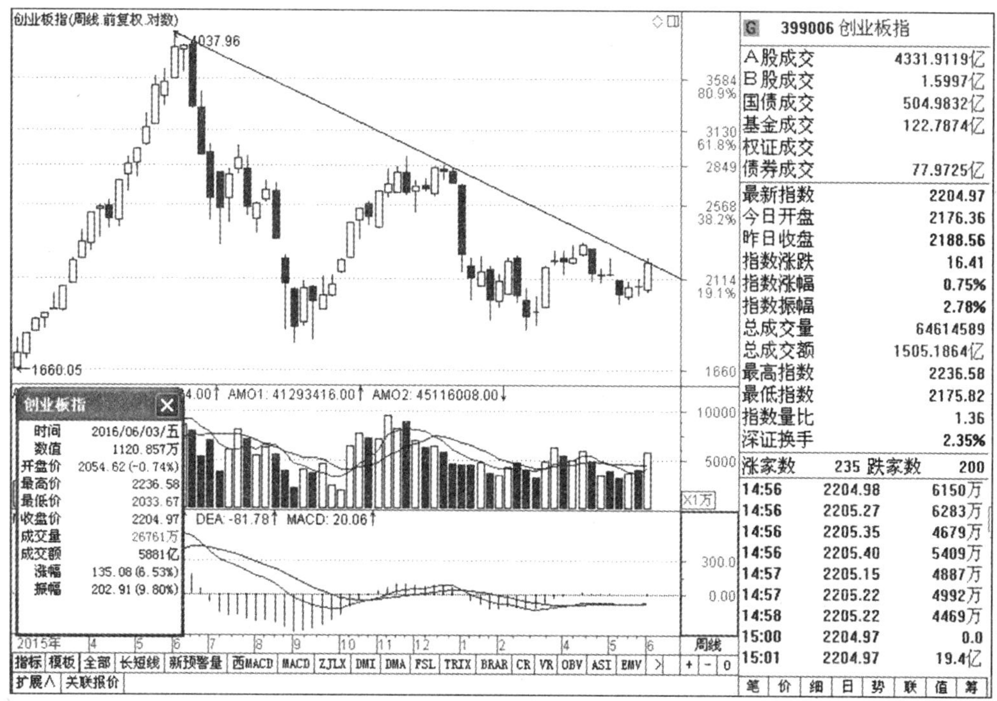


图 2－4　创业板指走势图

虽然四大指数都相对不同程度地突破了下降的压力线，到底是真突破还是假突破，我们必须耐心等待后势的发展。看看突破后回踩能否击穿下降的趋势线，如果回踩后依然运行在趋势线上方，则表明突破有效。但是还得继续观望，看看是底部形态的反转，还是进入震荡市——横向盘整。待形态确认后再定操盘方案最佳。

## 第二节　预测大盘的运行方向

如何预测下周大盘的运行方向？可以从周线时、空、量、价四个方面分析。

**请注意分析的次序，许多散户颠倒了分析的次序，先看价，后看量，忽略了时、空，其结果可想而知。正确的分析方法首先是从时间开始，其次是空间，然后是量，最后再分析价格。**

第一，时（时间）是最重要的因素，在技术分析时应该排在首位。

当一段上升趋势形成之后，在短时间内不会发生根本性的变化，它会在运行一段时间之后才发生转折，在这段时间内就应该以持股为主旋律。相反，一个已经出现的下跌趋势，在短时间内也不会就很快地止跌反转，在这段时间内就应该持币观望。在分析时间因素时应注意：

（1）以周 K 线的根数来计算时间。

（2）横盘时，上涨 3 周，很可能就会下跌 3 周；反之，下跌 3 周，很可能就会上涨 3 周。

（3）连续下跌 5 周，就有可能止跌反转。

（4）连续上涨 5 周，就有可能滞涨下跌。

（5）连续下跌 7 周，就有可能止跌反转。

（6）连续上涨 7 周，就有可能滞涨下跌。

计算时间周期的 3 周、5 周、7 周是一个概率，不是一个固定的周期，实盘分析时要灵活应用，不要教条式思维。

第二，空（空间）是指股价从当前价位向高点上涨的距离，或者从当前价位向低点下跌的距离。

空间的这个距离一般是可以预测的。如果说目前的空间已经不大，就没有必要介入；投资者在预测了空间的幅度之后，在风险较小的情况下，能获得一段比较明确的利润，就可以介入；反之，则观望。

（1）前低点是再度下跌的支撑位，也是下跌的空间。

（2）再度下跌击穿前低点，就会寻求到更远一个前低点的支撑位，也是再度下跌的空间。

（3）下跌击穿前期所有的低点，就会打开更大的下跌空间——直至主力入场、K线探底反转。

（4）前高点是再度上涨的阻力位，也是上涨的空间。

（5）上涨突破前高点，就会寻求到更远一个前高点的压力位，也是本波上涨的空间。

（6）上涨突破所有前高点，就会打开更大的上涨空间——直至主力出货，到达顶部K线形态。

第三，量（成交量）包含了过去和现在的市场行为，成交量是股票运行的元气，它对价格的上涨下跌起到非常重要的作用。

把握住了成交量的运行节奏，也就把握住了股价的运行节奏。一般情况下，主力没有一定量能的积累，是不会贸然就发动行情的。研究成交量关键是要看量堆与股价的位置。

（1）本周成交额÷5=下周每日基准成交额

（2）周五单日成交额也是一个基准成交额。

（3）下一个交易日成交额大于上周五的成交额，当日K线突破上周五K线的中心点，当日上涨的概率大；反之，下跌的概率大。

（4）下一个交易日的成交额大于上周基准成交额，当日K线突破上周K线中心点，本周上涨的概率大；反之，本周下跌的概率大。

第四，价（股价），打开股票走势图，首先看到的是价格，它是市场行为最基本的表现。

技术分析就是利用过去的价格走势图来分析价格的运行轨迹，进而去预测股价未来的市场走势。在价格形态中，分析多空双方在价格当前位置的力量最为重要，它可以预测其后价格的发展方向。

（1）周K线实体的中心点是多空双方的分界线。

（2）周线最高价、最低价是多空胜负的分界线。

（3）周五日K线实体的中心点、最高价、最低价同样是多空双方胜负的分界线。

（4）将周五日K线的中心点与周K线的中心点比较，如果周五日K线的中心点大于周K线的中心点，下一个交易日上涨的概率大；反之，下跌的概率大。

（5）下一个交易日向下击穿周五K线的中心点，当天下跌的概率大；反之，上涨的概率大。

（6）下一个交易日向下击穿周K线的中心点，本周必然下跌；反之，本周必然上涨。

2016年6月3日上证指数、深证成指、中小板指、创业板指突破下降趋势线后都出现了明显的3周规则。

8月5日，上证指数、深证成指、中小板指、创业板指都在水平射线处遇阻回落了3周，并收出小十字星。

2016年8月5日星期五截图（图2－5）——上证指数（周线图）。

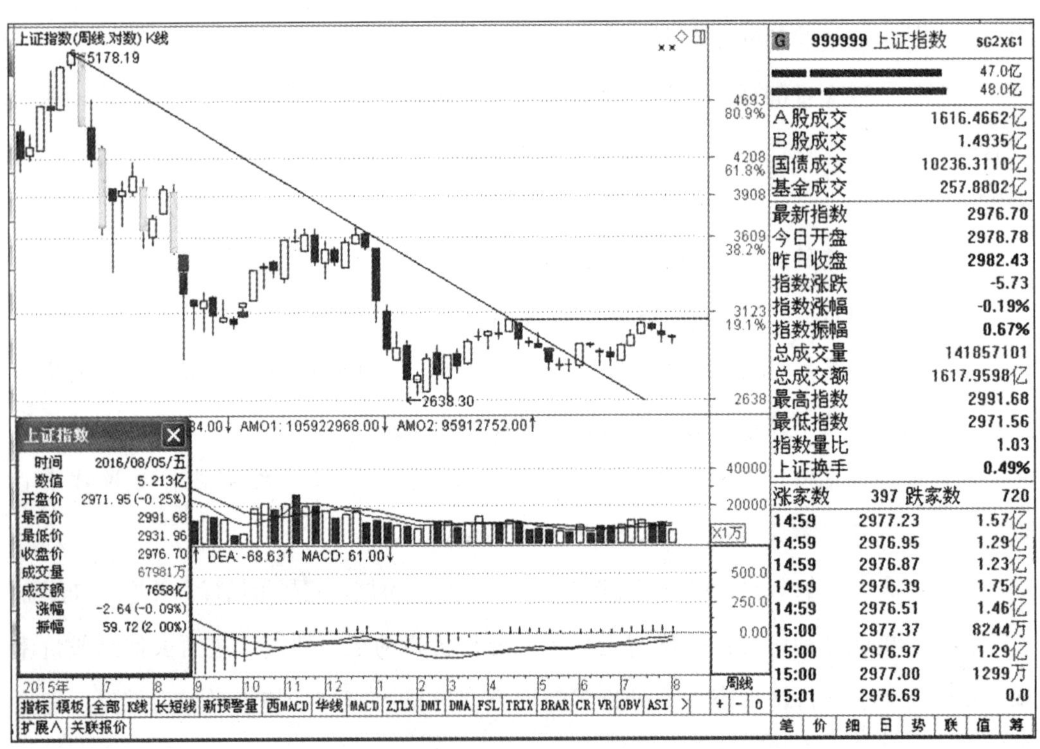


图2－5 上证指数走势图

2016 年 8 月 5 日星期五截图（图 2－6）——深证成指（周线图）。

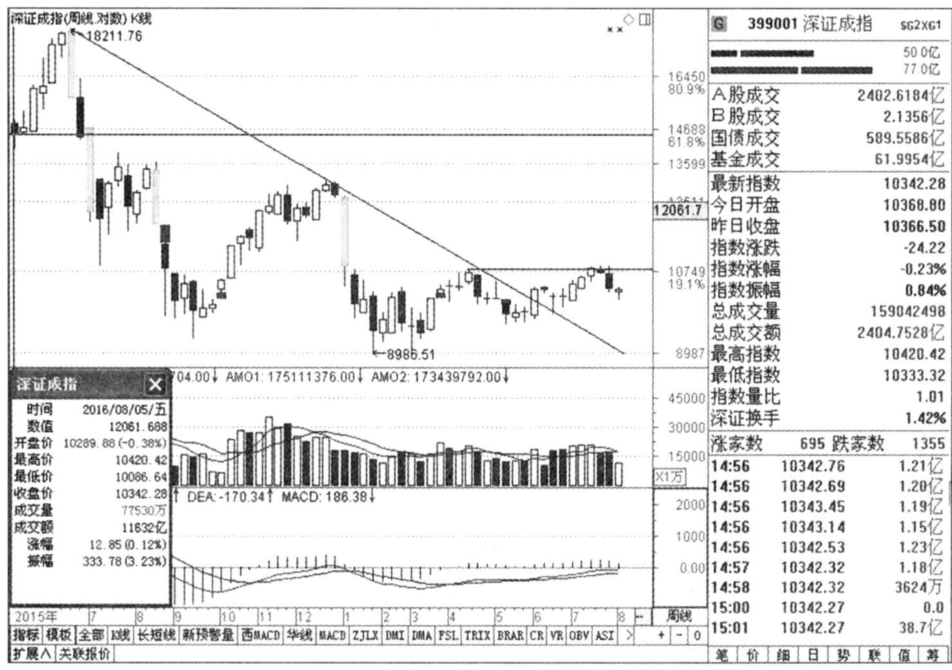


图 2－6　深证成指走势图

2016 年 8 月 5 日星期五截图（图 2－7）——中小板指（周线图）。

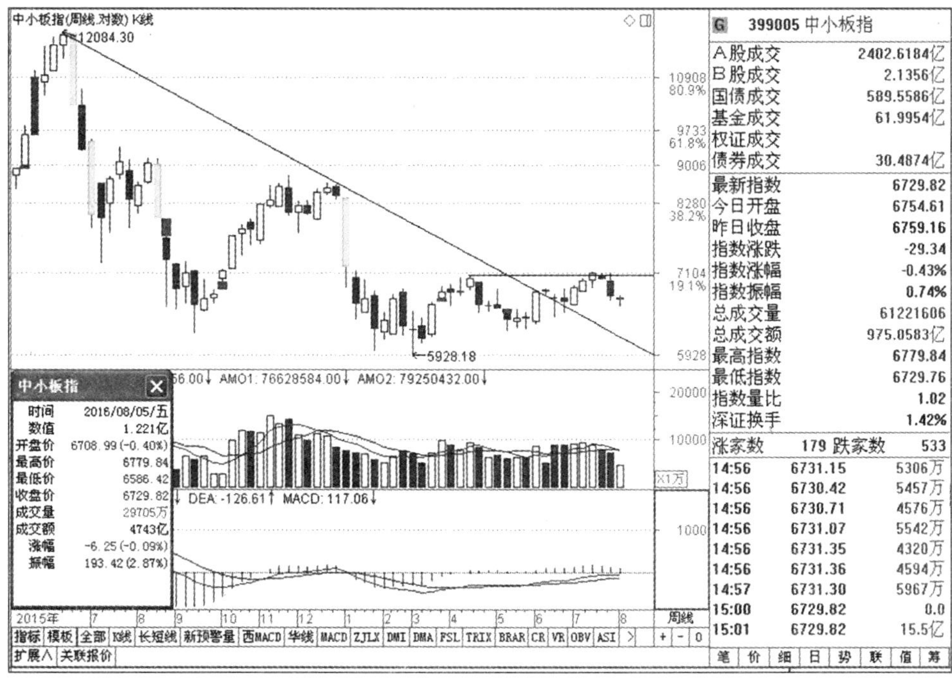


图 2－7　中小板指走势图

2016 年 8 月 5 日星期五截图（图 2－8）——创业板指（周线图）。

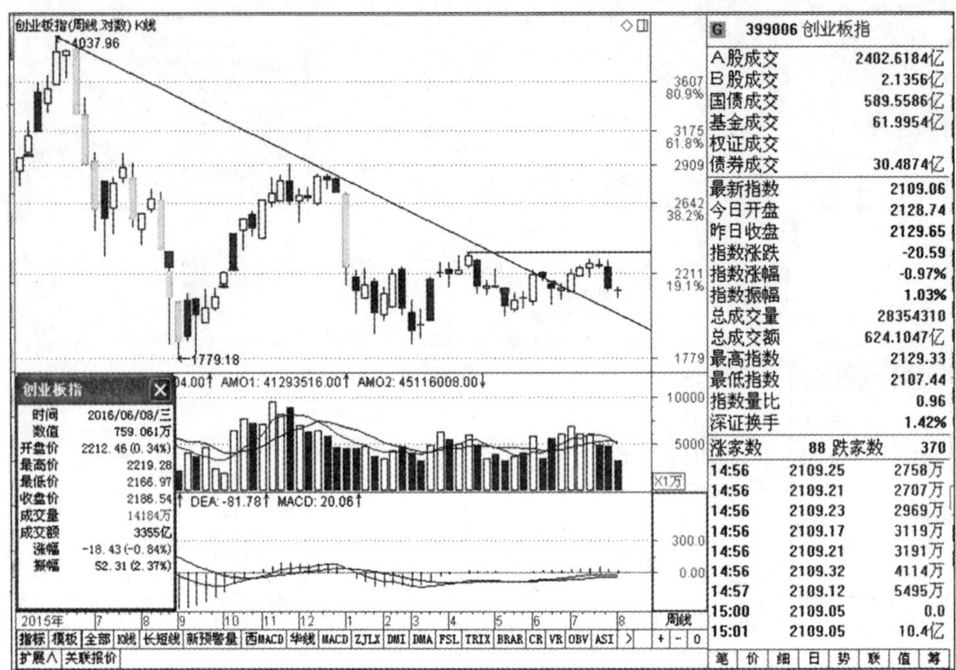


图 2－8　创业板指走势图

十字星，是多空双方力量平衡的标志，标志着双方在这里打了个平手，谁也没有战胜谁。关键是下一周如何运行，运行的方向是上是下。上，上到何处；下，下到何处。

从上图中我们可以看出，上证指数在突破下降趋势压力线后下降 3 周，然后放量上涨 3 周，然后又下降 3 周——明显地出现了 3 周规则。利用这一规则在震荡市里可以做高抛低吸，唯有这样才有可能获利。震荡市里最大的风险是不会高抛低吸，那样只能来回坐电梯了。

## 第三节　大盘横向运行——进入震荡市

股价在突破下降趋势线后止跌，我们可从**突破下降趋势线这根 K 线的前一波反弹的高点 A 点画水平射线；在突破下降趋势线之前的最低点 B 点画水平射线；在 A 点与 B 点区间上下波动则进入震荡市。**

如果价格向上突破 A 点水平射线，成交额也出现巨量对应突破，且出现牛市来临的规律后，才进入牛市。

如果震荡后价格向下运行，击穿 B 点水平射线，则震荡市结束，进入下降趋势。

2016 年 9 月 30 日四大指数还在 AB 水平射线区间运行。

2016 年 9 月 30 日星期五截图（图 2－9）——上证指数（周线图）。

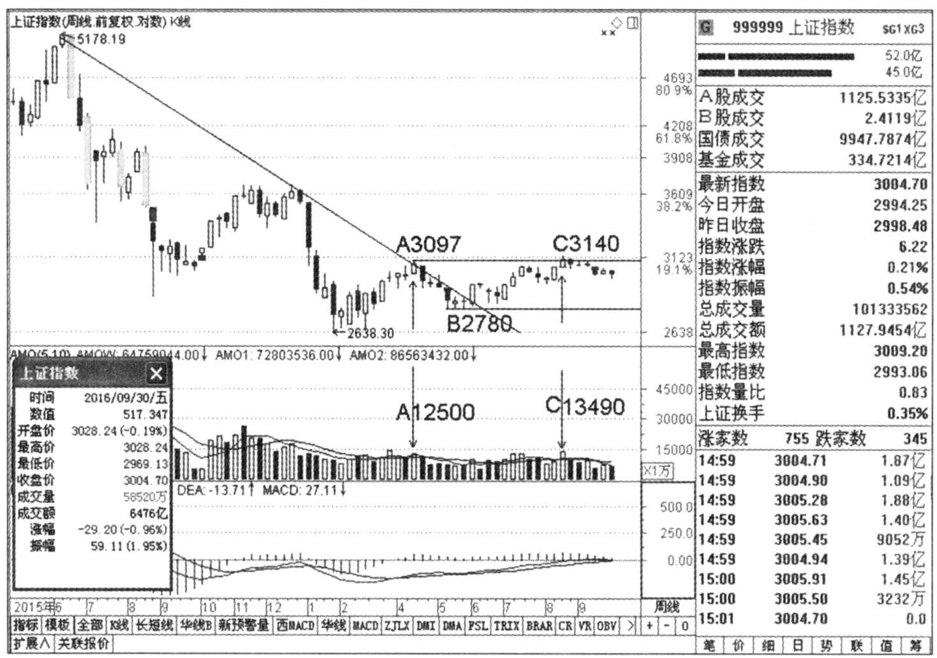


**图 2－9　上证指数走势图**

2016 年 9 月 30 日星期五截图（图 2－10）——深证成指（周线图）。

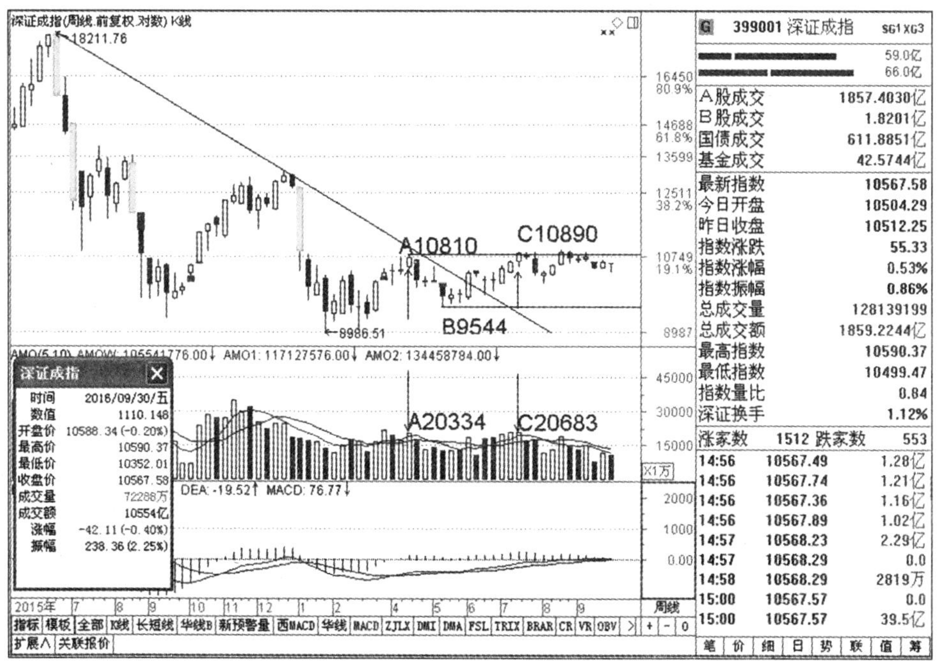


**图 2－10　深证成指走势图**

## 第四节　2016 年上证指数突破水平射线继续震荡

从 2016 年 10 月 21 日星期五这一周开始，上证指数、深证成指这两个指数在海外工程、铁路基建、建筑三大板块的带领下到 2016 年 11 月 11 日星期五，已经率先突破了横向盘整区的水平射线 A，下面请看这两个指数的走势图。

2016 年 11 月 11 日星期五截图（图 2－11）——上证指数（周线图）。

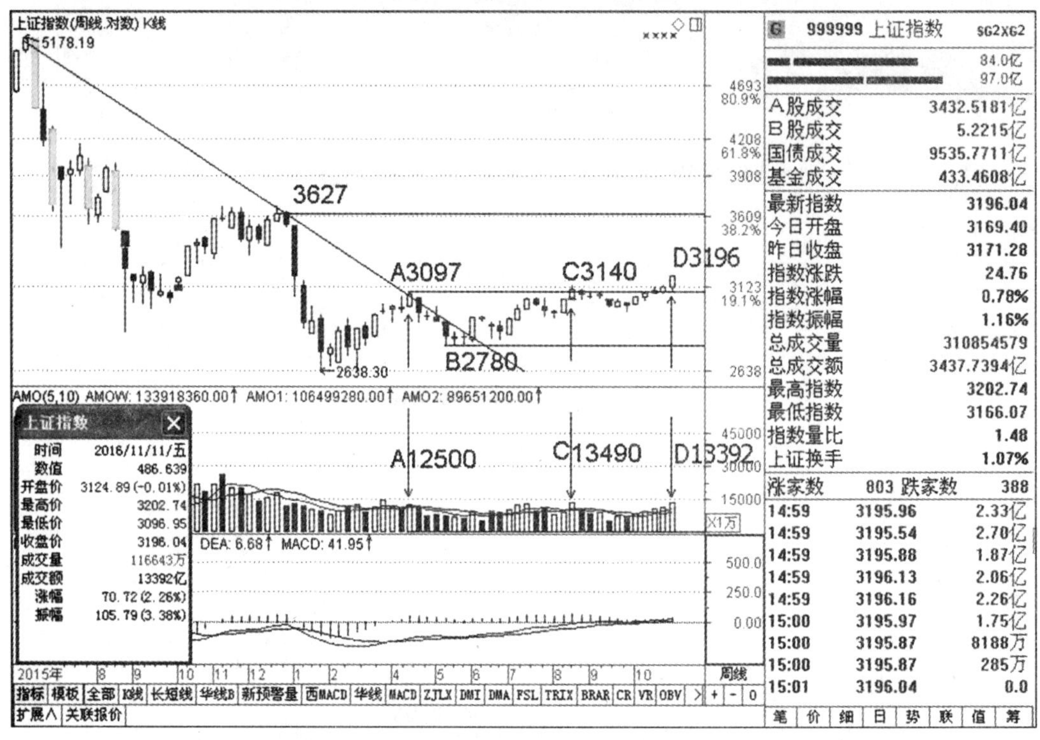


图 2－11　上证指数走势图

2016 年 8 月 19 日，上证指数突破了 3097 点的水平射线 A，创出 3140 点的新高点，13490 亿的量也突破了 3097 点对应的 12500 亿的量；但其后没有在 3097 点水平射线上运行，反而下行继续震荡横盘，直到 10 月 28 日突破 3097 点的水平射线 A 后，在 11 月 11 日创出了新高，但量却没有超过前一波 13490 亿，仅仅是价单边突破，需要补量，没有量的突破就是场外资金进场意愿不强。

2016 年 11 月 11 日星期五截图（图 2－12）——深证成指（周线图）。

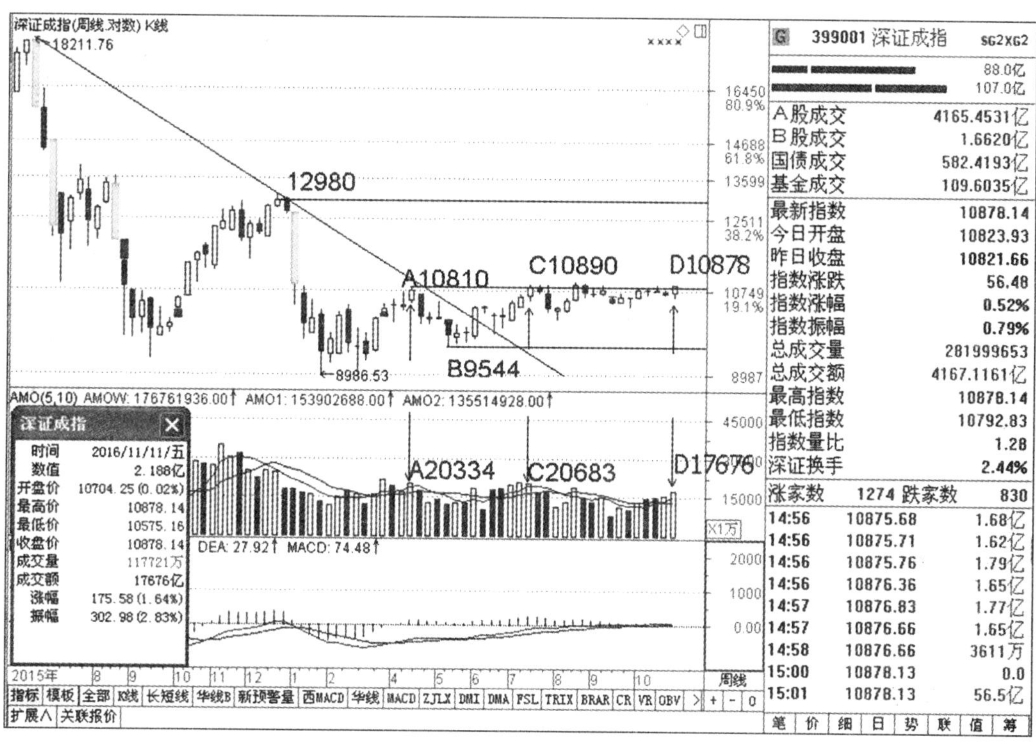


**图 2－12　深证成指走势图**

深证成指 2016 年 7 月 15 日量价双双突破了 10810 点的水平射线，但其后始终在 10810 点水平射线上下波动，即使是 2016 年 11 月 11 日也仅仅是出现了价的单突破，没有出现价量双突破的理想形态。既然是价的单边突破，就需要其后补量；如果没有持续的补量，还是说明场外资金进场意愿不强；没有场外资金的大幅进场，依然难以突破市场震荡市的格局。

2016 年 12 月 2 日，上证指数高开低走，是 11 月 29 日创出 3301.21 点的波段高点后的第三天，在中国石油、中国石化两只大盘股的拉抬下，前期强势个股纷纷下跌，形成了明显的背离效应。盘中我分析出“大盘走坏了，有可能调整 2～3 周的时间……”建议回避风险，并提示了“上证指数回调的支撑位在 3100～3150 区间”（图 2－13）。

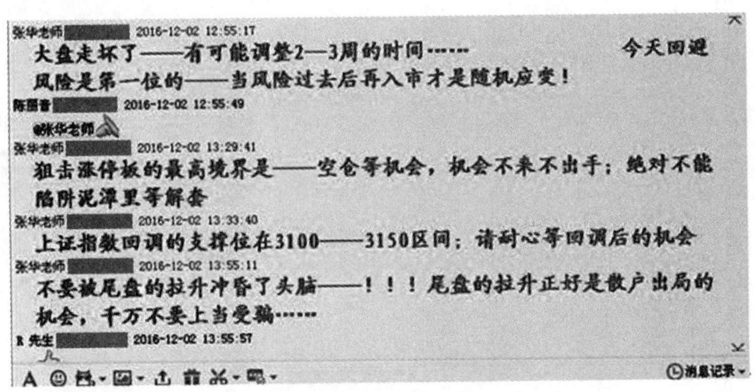


图 2－13　盘中分析

12 月 2 日当天在分析上证指数回调 2～3 周的时间，回调支撑位在 3100～3150 点区间后，收盘后分析截图标记向下回调绿箭头。

2016 年 12 月 2 日星期五截图——上证指数（图 2－14）。

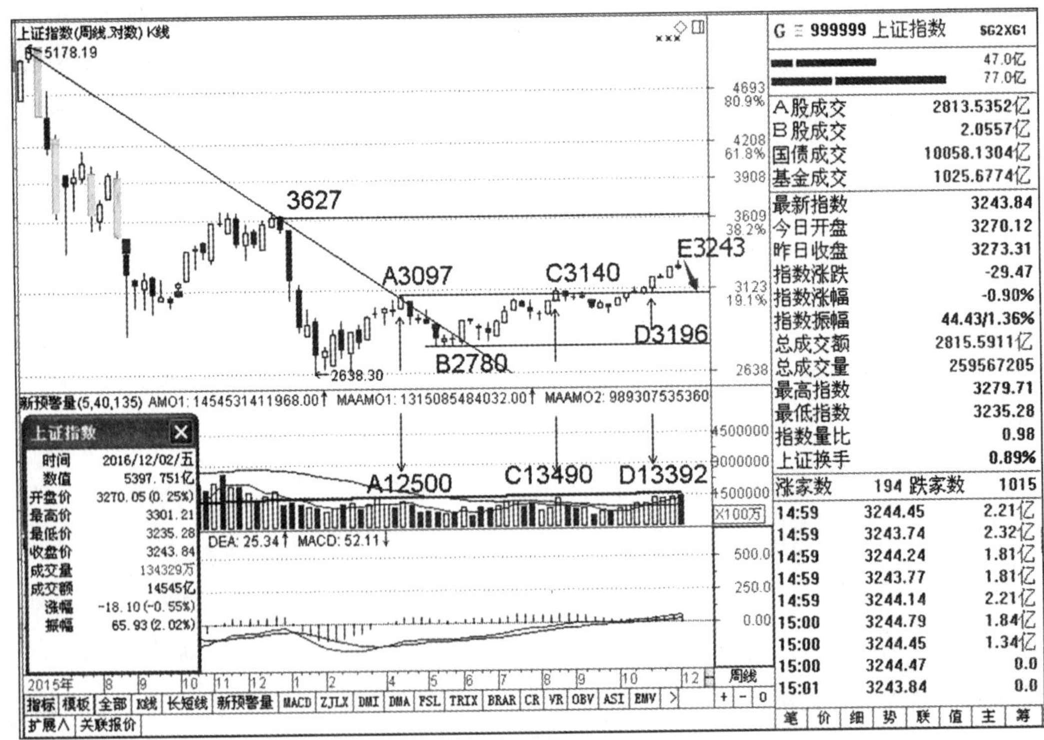


图 2－14　上证指数走势图

2016 年 12 月 2 日星期五截图——深证成指（图 2－15）。

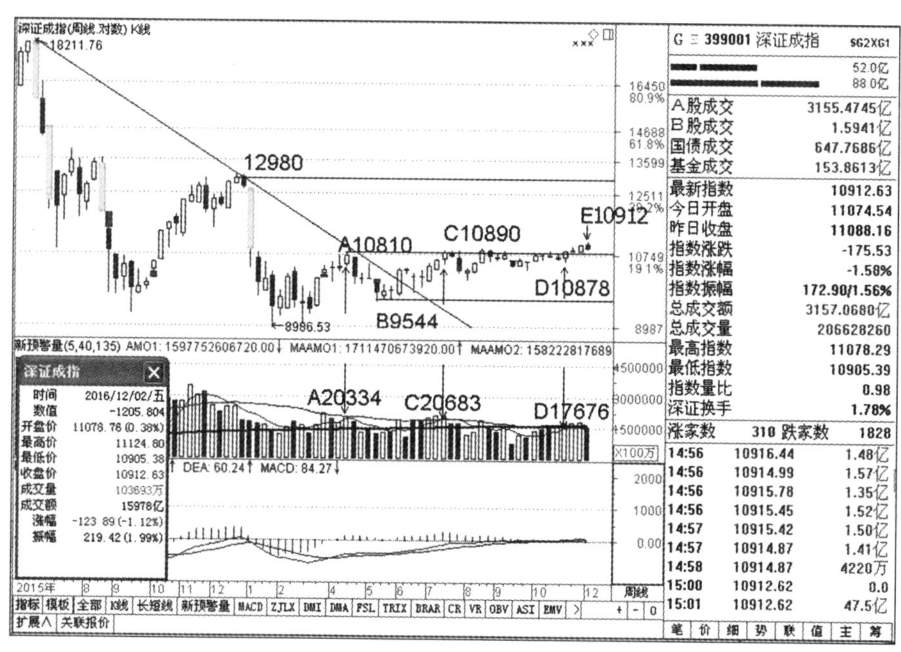


图 2－15 深证成指走势图

2016 年 12 月 15 日，上证指数回调 3 周后创出 3100.84 点的低点，与我在 12 月 2 日的分析相吻合（见图 2－13 盘中分析）。

2016 年 12 月 15 日星期四盘中截图——上证指数（图 2－16）。

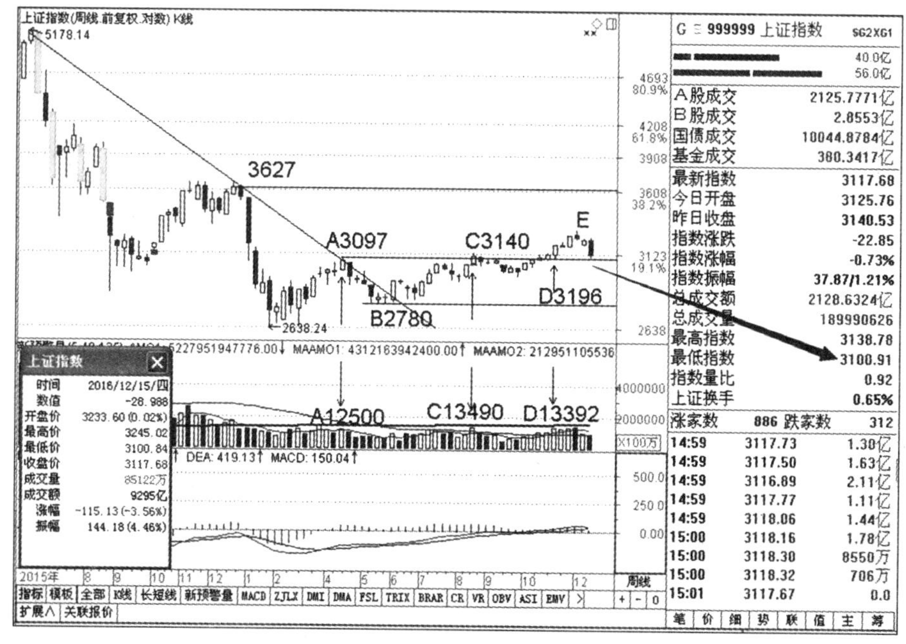


图 2－16 上证指数走势图

上证指数在 2016 年 11 月 29 日创出 3301.21 点的波段高点后，证券市场大事接连不断，重大事件有四个：

第一，12 月 3 日，“痛打野蛮人”。

第二，12 月 5 日，保监会暂停恒大人寿委托股票投资业务。

第三，12 月 11 日，美欧日拒绝承认中国市场经济。

第四，12 月 15 日，美联储加息。

以上堪称四只“黑天鹅”。

这四只“黑天鹅”短短 9 个交易日使上证指数从 3300 点高位回调到了 3100 点。其后继续窄幅调整，12 月 26 日最低下探到 3068.42 点，在周线上连续两周收出阴阳十字星，这又是即将变盘转折的位置。

2016 年 12 月 30 日星期五截图——上证指数（图 2－17）。

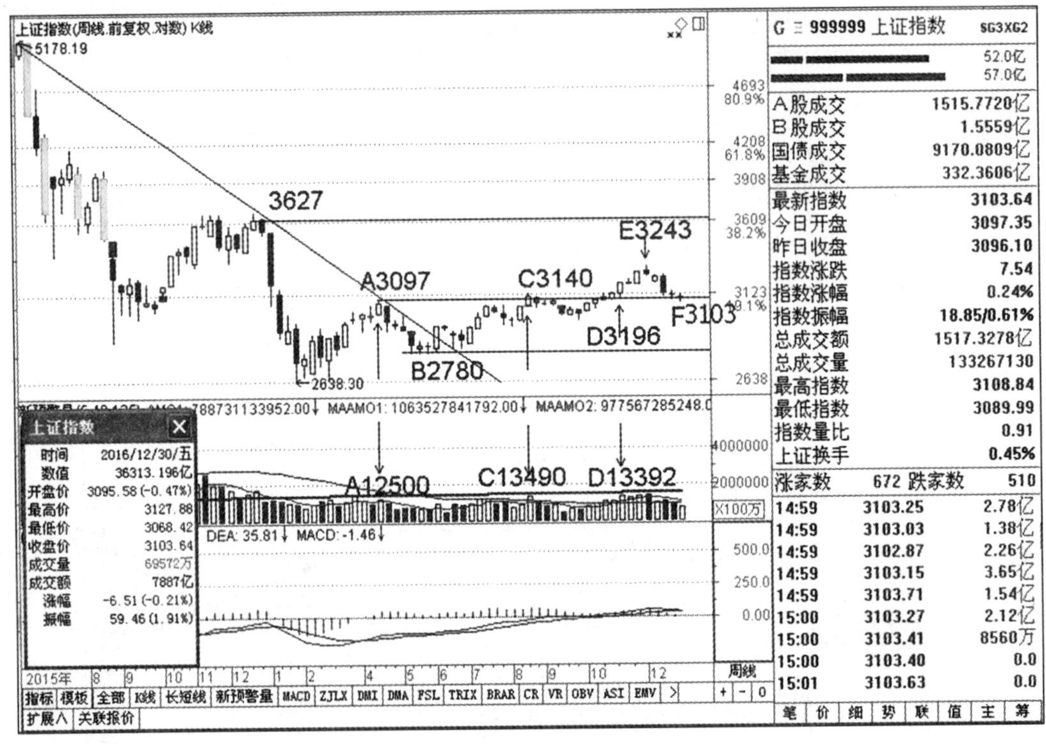


图 2－17　上证指数走势图

上证指数经过 5 周的回调，于 2016 年 12 月 30 日最后一个交易日收盘于 3103.63 点。

2016 年上证指数开盘于 3536 点，最终收于 3103 点，全年跌幅 12.31%。这就是震荡市的走势，适者生存，不适应者在痛苦地挣扎。

2017 年上证指数如何运行?

如果向上没有巨量（A 点 12500 亿的 1.45 倍，即 18125 亿）的突破，则依然会做箱体震荡横盘运行；

如果向下突破 B 点水平射线 2780 点乃至 2638.30 点，则会再次步入熊市。

2016 年 12 月 30 日分析截图——上证指数（图 2－18）。

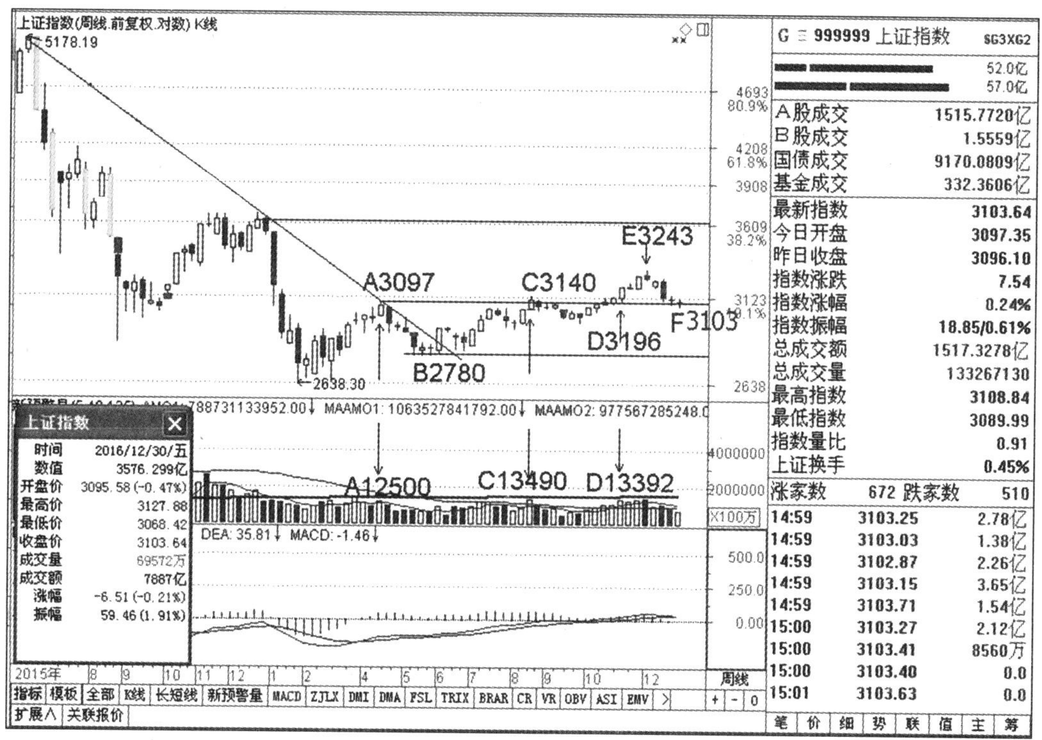


图 2－18　上证指数走势图

从图 2－18 上证指数走势图上我们可以看出，从 2016 年 6 月 3 日突破下降趋势线至 2017 年 6 月 2 日，整整 1 年时间，上证指数还在横向震荡盘整，这就是典型的震荡市。

2016 年 12 月 30 日星期五截图——创业板指（图 2－19）。

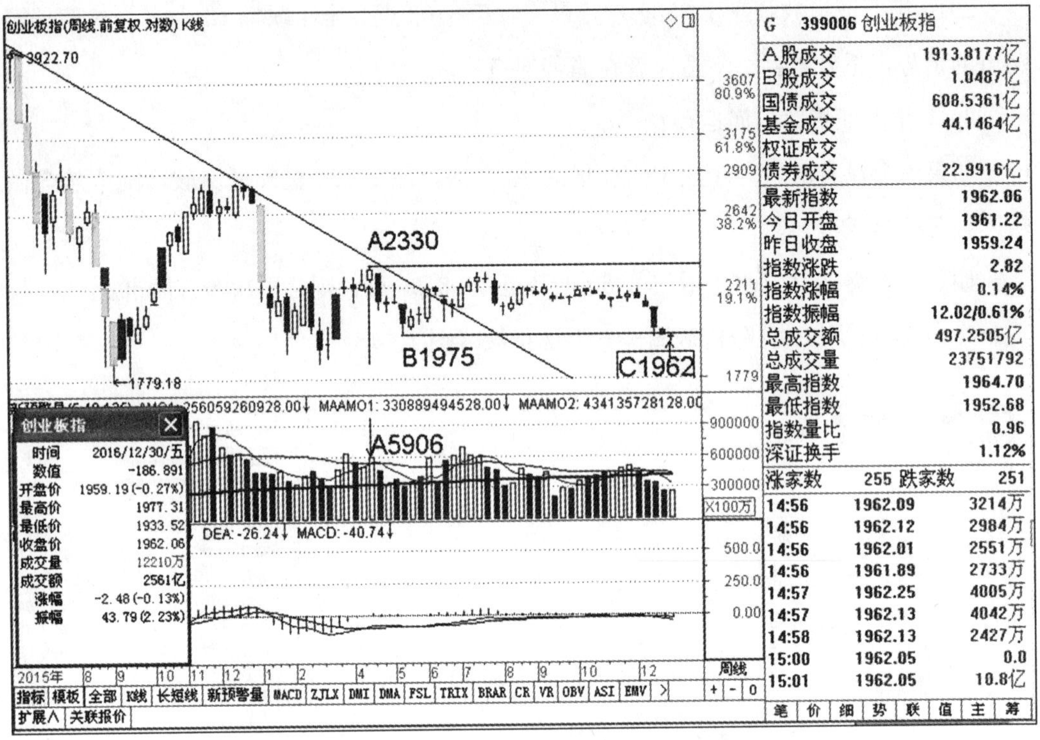

图 2－19　创业板指走势图

2016 年是创业板一蹶不振的一年，2714 点开盘，年线收于 1962 点，距离年度最低点 1841 点一步之遥，全年跌幅 27.71%。

震荡市，只能是上上下下的波动；市场参与者在不断地呼唤——创业板路在何方？**大盘的运行不是散户能左右的事情；散户唯一可以做到的是自己严格遵守操盘三大纪律（熊市空仓、震荡市轻仓、牛市重仓），此外别无良策。**

## 第五节　震荡市只可做结构性行情

**在震荡市里虽然大盘横向盘整震荡，但也有结构性的行情；只有选择结构性的板块操作其中的牛股、妖股、龙头股，才能跑赢大盘。**

2016 年上半年市场上结构性行情是锂电池、特斯拉、充电桩。领涨的龙头股是 300073 当升科技，龙二股是 300340 科恒股份，龙三股是 002709 天赐材料，龙四股是 002759 天际股份，龙五股是 300432 富临精工……

2016年6~7月的黄金概念，在6月英国脱欧背景下掀起了一波结构性行情。领涨的龙头股是002716金贵银业，龙二股是600489中金黄金……

2016年1~7月份，二级市场共有38只股票被产业资本68次举牌，激烈的如宝能连续举牌万科，恒大集团又连续举牌**廊坊发展**，复星集团举牌**新华保险**……二级市场争夺控股权的举牌效应，到8月份，终于由量变到质变，引发了2016年8月12日（周五）上证指数的暴涨，促进了整个市场的活跃。其中的领涨龙头股600149廊坊发展，从7月29日13.77元启涨到8月17日收盘于34.12元，其间12个交易日，股价上涨了20.35元，区间涨幅高达147.79%。

2016年7月的石墨烯板块，又是一波结构性行情，领涨的龙头股是000413东旭光电，龙二股是601011宝泰隆……

2016年8月万达私有化概念股：泰达股份、国中水务、皇氏集团、杉杉股份、新文化、中航资本也掀起了一波炒作。

2016年8月360私有化概念股：中葡股份、中信国安、天业股份、华微电子、波导股份也掀起了一阵炒作。

2016年8~9月G20峰会前后结构性行情是PPP+环境保护，领涨的龙头股是300355蒙草生态（具体操作参看第二项注意“领涨龙头”）。

2016年9月28日，我截图分析“300506名家汇”33.00点之下可以逢低吸纳，后来名家汇变成填权概念的领涨龙头。9月28日盘中截图提示如图2-20所示。

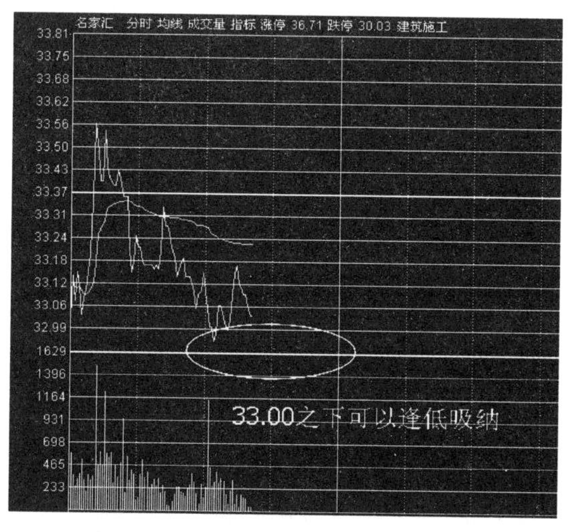


**图2-20　名家汇分时图提示低吸位**

2016年国庆节9天长假过后，10月14日开盘前分析名家汇“今天要启涨了”，如图2－21所示。

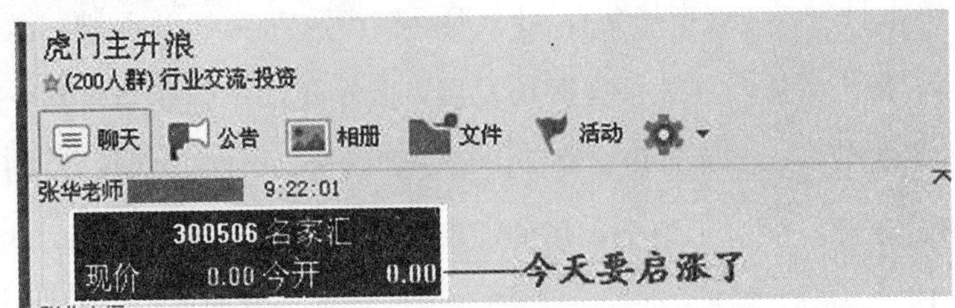


图2－21　主升浪提示

2016年10月14日收盘后截图（图2－22）。

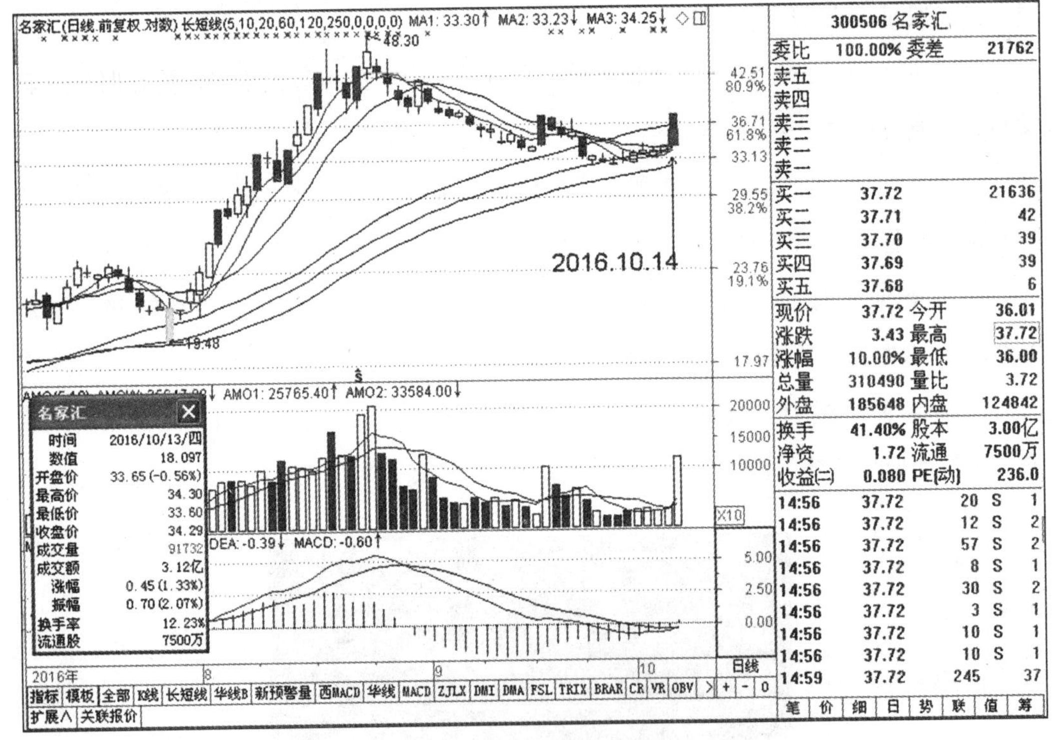


图2－22　名家汇走势图

2016年10月20日星期四名家汇在大幅上涨后收出一根长十字线。从10月15～20日，5个交易日，名家汇涨幅高达44.07%，成为当时市场里的明星股，如图2－23所示。

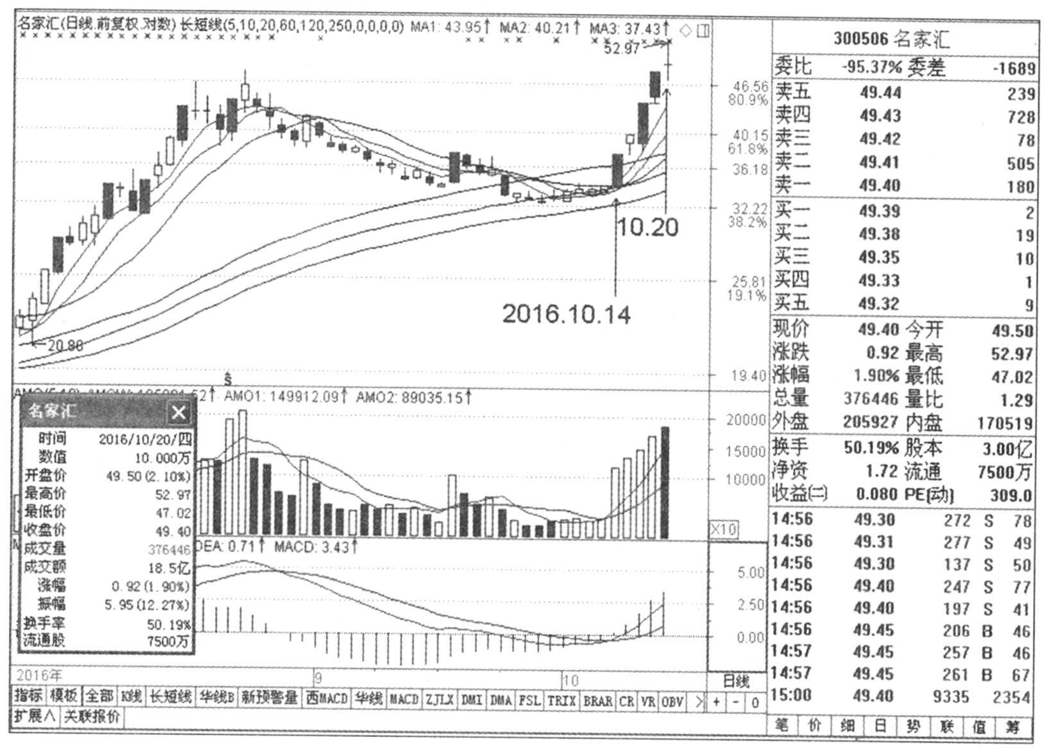


图 2－23　名家汇走势图

2016 年 10 月 20 日星期四在名家汇冲高时我的分析截图（图 2－24）。

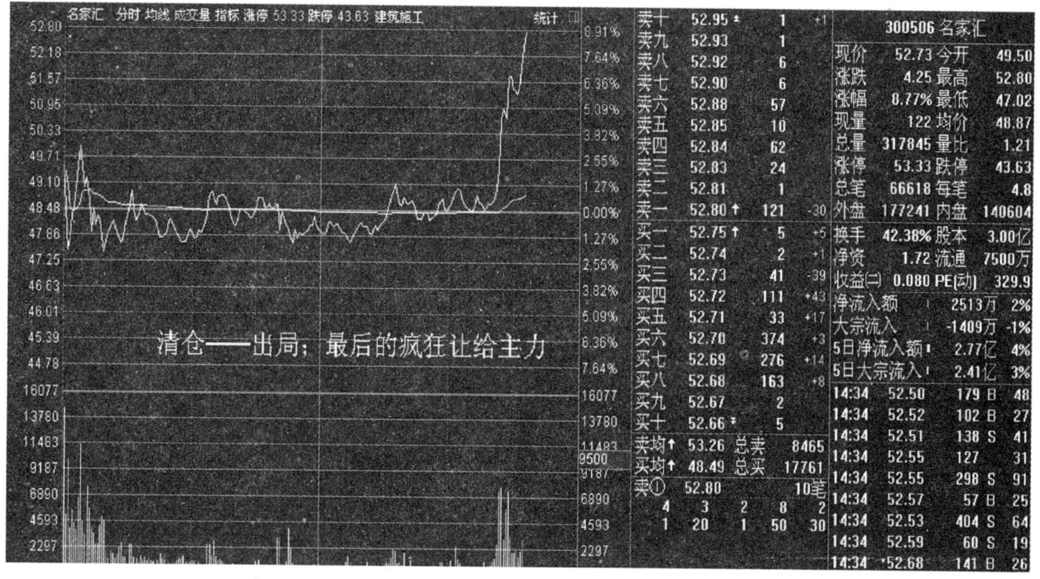


图 2－24　10 月 20 日名家汇盘中冲高诱多

2016 年 10 月 20 日星期四收盘前的最后 5 分钟截图（图 2－25）。

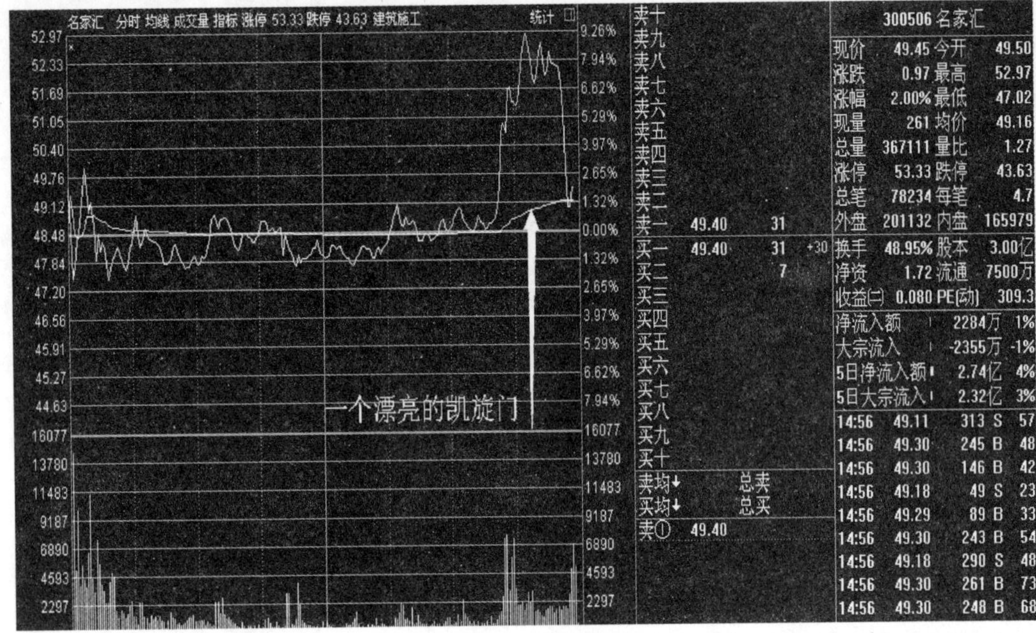


图 2－25　诱多后收网

名家汇在第一波上涨后，经过 8 天的横盘整理，于 2016 年 11 月 1 日开始了第二波的上涨。在第二波启涨开盘前 9:27:09，我做了如下分析（图 2－26）。

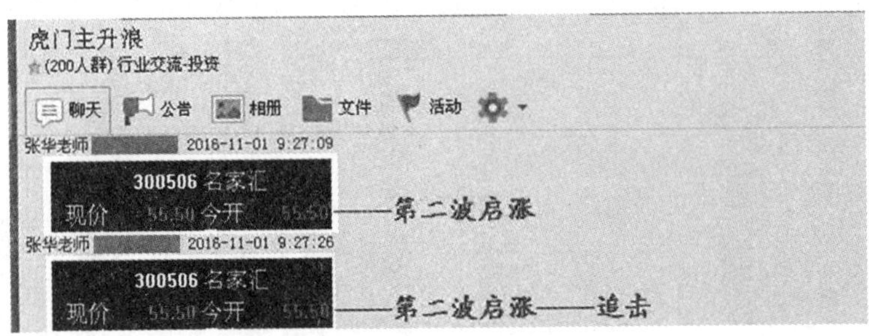


图 2－26　开盘前分析名家汇

当天名家汇跳空高开，回抽后缓慢波动上涨直至涨停板。

2016 年 11 月 1 日收盘后截图——名家汇（图 2－27）。

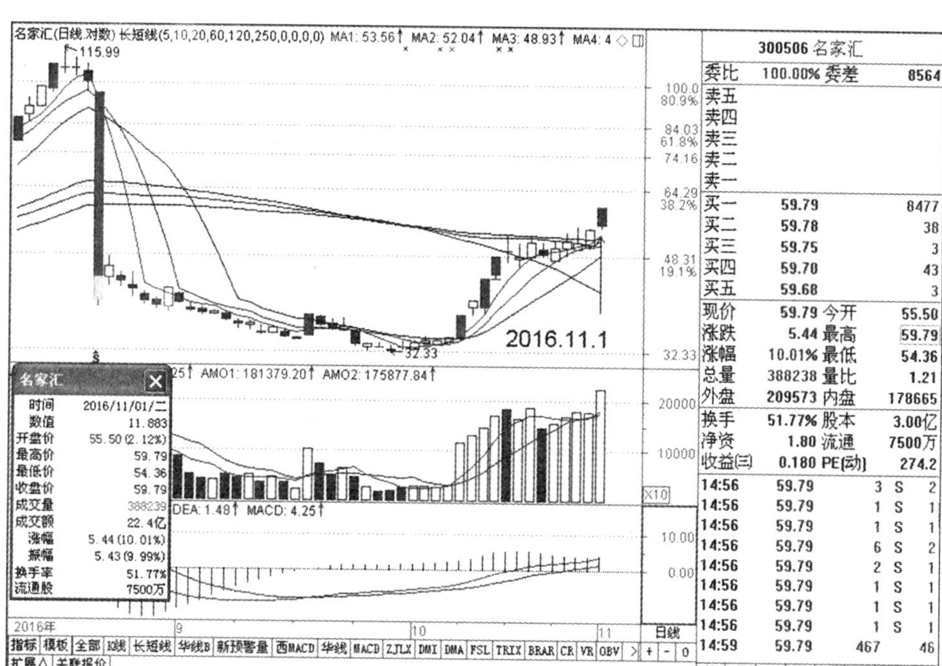


图 2－27　名家汇走势图

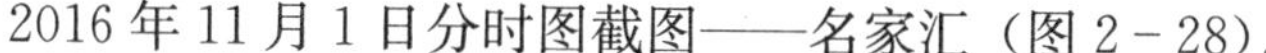

2016 年 11 月 1 日分时图截图——名家汇（图 2－28）。

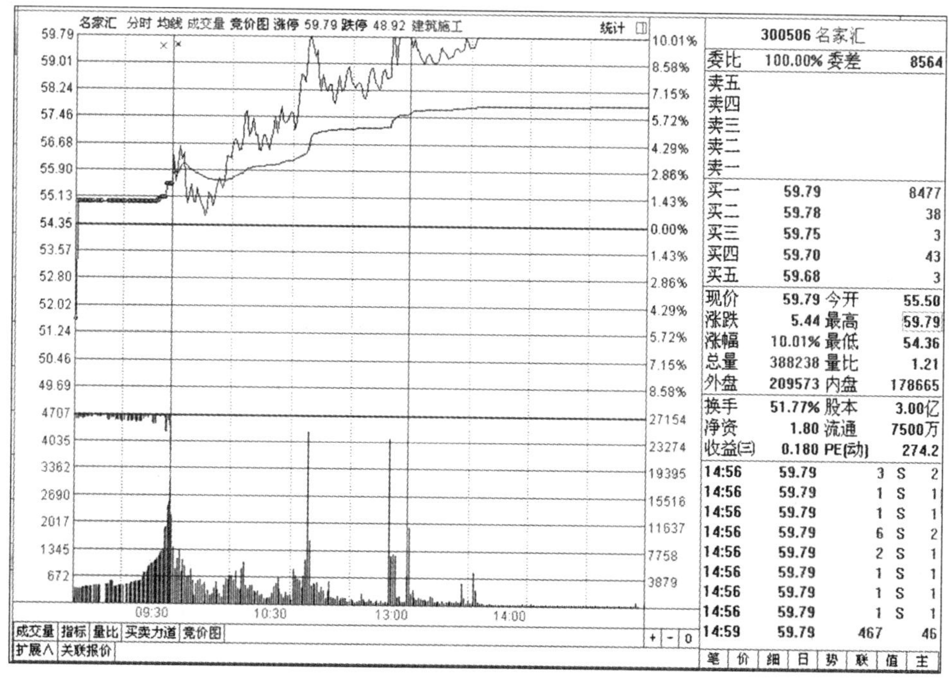


图 2－28　名家汇分时图

2016 年 11 月 2 日当天，大盘以阴线报收，我点评的名家汇、天马股份、可立克都在大涨，收盘前截图如下（图 2－29）。

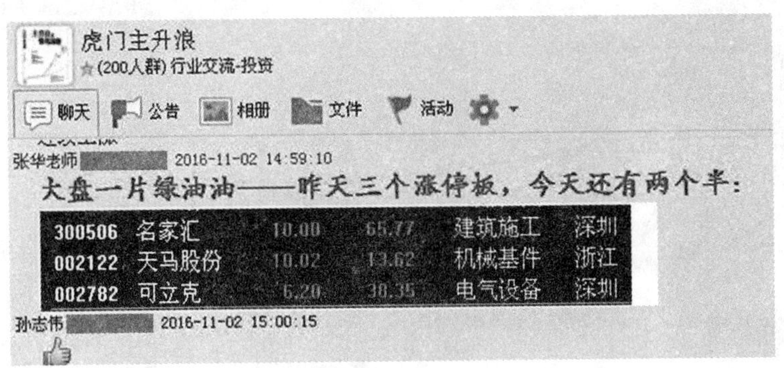


图 2－29　收盘时总结

2016 年 11 月 2 日收盘后截图——名家汇（图 2－30）。

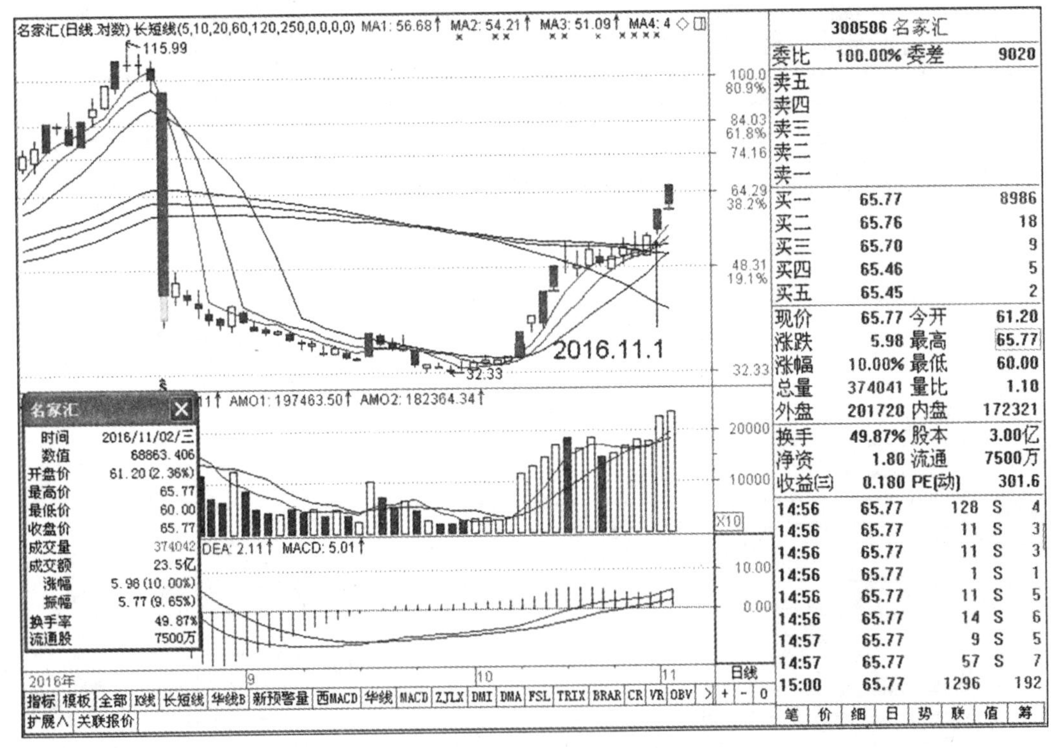


图 2－30　名家汇走势图

2016 年 11 月 3 日市场转暖，但前期的几个牛股、妖股、龙头股却出现了见顶回落形态。这一波的炒作给出了结束的信号，盘中我的分析如图 2－31 所示。

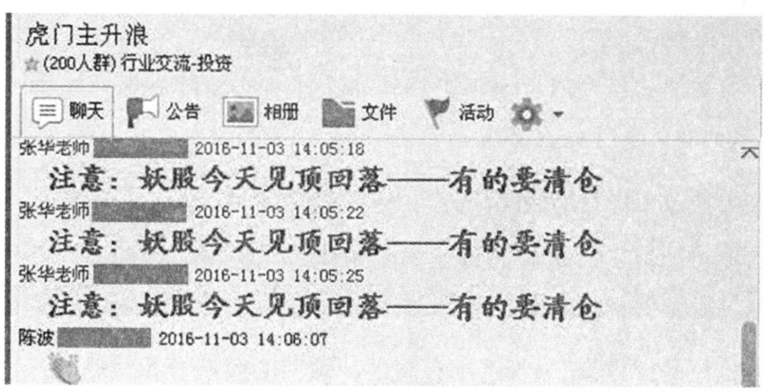


图 2－31　盘中分析

2016 年 11 月 3 日收盘后截图——名家汇（图 2－32）。

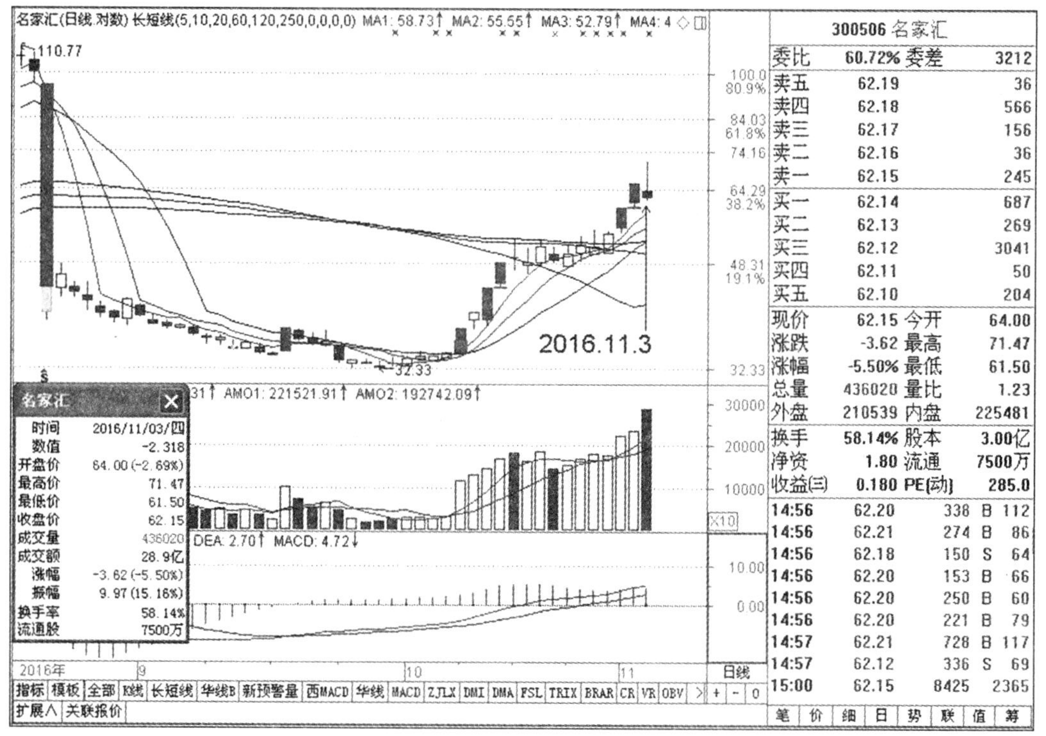


图 2－32　名家汇走势图

名家汇的投资经验告诉我们：

第一，“炒作”高送转的预期。每年 10 月至次年 1 月是高送转年报预期“炒作”的最佳时期。在此期间，炒作的重点就是高送转行情。上市公司要高送转，首先发布高送转预案，其次发布年报或者中报公布预案是否通过，然后就是发布高送转的除权日期，最后等待除权。

高送转注意关注：(1) 最近一年未实施高送转（次新股为主）。(2) 总股本小（1亿～2亿的小盘股）。(3) 绝对股价相对高（20～50元区间）。(4) 上市时间比较短。(5) 每股资本公积金＋每股未分配利润高（2～5元区间）。

高送转行业特征：占比最高的行业依次是化工、机械、医药、计算机、电子元器件、电力设备、汽车、传媒……

高送转前抢权的“炒作”：当选出有高送转预期的股票开始拉升时，不要恐惧股价高而望而生畏；股价高没有阻力，不断拉升，是在抢权；具备业绩持续增长动力的高送转公司安全边际较高。

第二，高送转后填权的“炒作”。预案炒作除权之后，主力没有出局的个股，或者主力在除权后新接入的个股，就会有一波强势的炒作，譬如我们上面讲到的名家汇，在除权前炒作了预案；除权后又炒作填权行情，且是龙头股、妖股。

通过名家汇操盘实例，我们可以看到在震荡市里，只要把握住结构性行情的牛股、妖股、龙头股，照样可以跑赢大盘。

## 股市箴言

• 在震荡市，只可以选择结构性的行情操作，此时只能用你在股市里可以运作资金的30%操作——这才是轻仓参与。如果你操盘胜算的把握较大，操盘成功率达到80%以上，最多可以运作的资金也只能是50%。

• 震荡市最大的风险是不会高抛低吸！

• 一旦大盘突破下跌趋势的压力线，就是大盘趋势在改变的信号。

• 请注意分析的次序，许多散户颠倒了分析的次序，先看价，后看量，忽略了时、空，其结果可想而知。正确的分析方法首先是从时间开始，其次是空间，然后是量，最后再分析价格。

• 从突破下降趋势线这根K线的前一波反弹的高点A点画水平射线；在突破下降趋势线之前的最低点B点画水平射线；在A点与B点区间上下波动则进入震荡市。

• 大盘的运行不是散户能左右的事情；散户唯一可以做到的是自己严格遵守操盘三大纪律（熊市空仓、震荡市轻仓、牛市重仓），此外别无良策。

• 在震荡市里虽然大盘横向盘整震荡，但也有结构性的行情；只有选择结构性的板块操作其中的牛股、妖股、龙头股，才能跑赢大盘。

• 炒股的最高水平是把账户里的个股成本价炒成负值，负值越大，水平越高。换句话说，个股成本价若是负值，也就是说你已经锁定了利润；剩下的股票，是你盈利的一部分；这一部分也就是你用市场的钱来玩，成本和大部分利润你已经落袋为安了。所以负值越大，锁定的利润越多，当然水平也就越高。

• 获取财富的手段必须是创造性的思想和行动。

• 在震荡市里只能小仓位（30%）地进行实战演习，不断地实战、实战、再实战，演习、演习、再演习。从实战演习中不断积累自己的经验教训；通过实战演习练就一身过硬的操盘本领，为牛市的来临做好一切准备。

• 本书的内容将摧毁你所有的错误想法，让你踏上一条改变自己的道路，使处于股道迷途中的人迎来新的曙光。

## 小结

### 为牛市的来临做好准备

2016年沪指开盘于3536点，开盘就是全年最高点。1月4～7日A股在4天之内触发4次“熔断”，连续熔断后，最低点出现在1月27日的2638点。在6月3日突破下降趋势线后走出了长达7个月的震荡市行情，到12月1日见顶回落，最终收于3103点，全年跌幅12.31%。而创业板则一蹶不振，2714点开盘，年线收于1962点，距离年度最低点1841点一步之遥，全年跌幅27.71%。这就是震荡市的结局。这一年的震荡市，熔断、新股、妖股、举牌、黑天鹅此起彼伏，你方唱罢我登场，能活下来就是精英了。

2016年12月30日，据财经消息报道，“在这种行情下，有统计数据显示，73%的股民亏损，全年人均亏损2.5万元”，反过来说，还是有27%的人跑赢了震荡市而获利了——你是否是这27%中的一员？如果不是，那么这本书一定能带领你走出困境。

震荡市类似箱体形态，A射线类似箱体的上沿，B射线类似箱体的下沿，股价在AB射线区间运行，就像在一个箱体的上下沿区间运行。向上没有巨量的突破只能是箱体的变换。

股价向上突破A射线，要有巨大成交量的配合，没有巨量的配合则多为假突破。股价一旦巨量（A点成交量的1.45倍）突破A射线，则标志着一波牛市行情的来临。

反之，股价向下突破B射线，则不一定要求成交量的大幅配合。股价一旦向下突破B射线，三天内不能返回B射线之上，则标志着又一次进入熊市。

**在震荡市里只能小仓位（30%）地进行实战演习，不断地实战、实战、再实战，演习、演习、再演习。从实战演习中不断积累自己的经验教训；通过实战演习练就一身过硬的操盘本领，为牛市的来临做好一切准备。**

## 思考（致富）题

1. 如何判断大盘止跌？

2. 如何预测大盘运行的方向？

3. 2016年的震荡市你亏损了，还是盈利了？经验教训是什么？总结清楚了再次入场才是正道。

朋友，阅读到此，如果你还在熊市、震荡市里满仓操作，或者利用杠杆融资操作的话，说明你并不愿意改变自己的思维，那么你可以立即停止阅读本书，因为它已经不适合你了。如果你痛定思痛，痛改前非，那么请继续阅读下去，**本书的内容将摧毁你所有的错误想法，让你踏上一条改变自己的道路，使处于股道迷途中的人迎来新的曙光。**

# 第三大纪律

## 牛市出击要重仓，满仓操作不要要骄傲

牛市，实现梦想的机遇来临。

狙击到涨停板、猎取到主升浪，与浪共舞实现人生的财务自由，实现人生的主升浪——这应该是每一位股民的梦想。这个梦想，就是你心中的愿景，就是你在股市里的奋斗目标……

**大盘进入牛市后，这时可以动用你在股市里可以运作资金的70%进场出击，目标就是市场里热点板块中的龙头股——这才是重仓出击。当然这70%资金并不是一次性地买进，而要用金字塔的方式分批买进；其余30%资金作为预备资金，既可以参与手中个股的高抛低吸，又可出击新的目标个股……**

**牛市最大的风险是空仓！**

牛市是散户千载难逢创造财富的机会，机会来了就要抓住，千万别错过。

牛市的机会——当然这只能是对有准备的人才是机会；这个交易准备包含资金、理念、技术、纪律……缺一不可。有些人虽然身处牛市，由于交易准备不足，不是跟着市场走，而是期望市场听从自己的想法，结果牛市的机会来了也不见得能赚钱。

2017年3月3日，一位读者与我在QQ上交流。看看这位读者是怎么说的。

2017 年 3 月 4 日截图——QQ 交流（图 3－1）。

您的忠实读者 2017-03-03 22:58:54
12年开始炒股，至15年靠农业股和锂电池翻了一番。15年牛市反而没怎么赚钱，16年6月至今亏了50%。直到前几天我在一个股票交流群里有人提到您，我立马就买了一套您的书。只看了前言就已然茅塞顿开，不但介绍了模型操作，而且背后的逻辑非常清楚。这几天我也是反复看反复背，非常渴望能够上老师的课，能够更加深入地理解运用。

图 3－1　QQ 交流

正如这位读者说的那样“2015 年牛市反而没怎么赚钱”，这实在可惜。须知中国股市牛少熊多，很多散户错过了牛市赚钱的机会——原因何在？如图 3－2 所示。

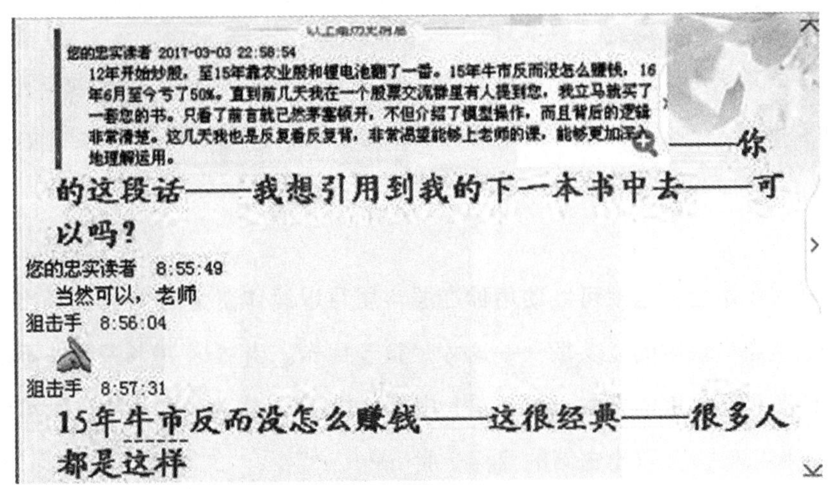


图 3－2　QQ 交流

王阳明说过“知行合一”，试想，如果还不知道怎样炒股就操作，会有什么样的结果。我想这位读者并非个例，但愿所有读者都能从中醒悟——不要错过牛市实现人生主升浪的机会！

什么是人生的主升浪？

**散户从几万做到百万、从百万做到千万、从千万做到上亿，三个高峰要一个高峰一个高峰地攀登；这才是做人生的主升浪——这个目标你必须非常清楚。**

## 第一节　2006 年牛市来临信号

股价突破下降趋势线后回踩不破下降趋势线，才可以认为止跌反转了。**止跌反转后是进入震荡市，还是进入牛市？要从最低价之前最后一波反弹的高点画一条水平射线，看能否有效（放量）突破这条水平射线；有效（放量）突破后回踩不破这条水平射线才能开启一波牛市行情；不能有效（放量）突破则有可能进入震荡行情。这是我在股市里的第四个重大发现——它将改变你的人生，**愿与有缘的读者分享。

2006 年 1 月 20 日——牛市来临信号（图 3-3）。

图 3-3　上证指数 2006 年牛市来临信号

**从图 3-3 中我们看到牛市来临的信号有三个：**

**1. 价在 B 点突破 A 点。**

**2. 量在 B 点突破 A 点。**

**3. 价突破后回踩不破 A 点的水平射线。**

2005 年 6 月 6 日，上证指数在创出 998.23 点的低点后出现双底形态，其后在 2006 年 1 月 20 日（放量）突破 1248.52 点的水平射线后，回抽反转后开启的牛市行情直至 2007 年 10 月 16 日创出 6124.04 点的高点。

## 第二节　2014 年牛市来临信号

与第一节的原理相同，股价突破下降趋势线后回踩不破下降趋势线，才可以认为止跌反转了；止跌反转后是进入震荡市，还是进入牛市？要从最低价之前最后一波反弹的高点画一条水平射线，看能否有效（放量）突破这条水平射线；有效（放量）突破后回踩不破这条水平射线才能否开启一波牛市行情；不能有效（放量）突破则有可能进入震荡行情。

2014 年 9 月 5 日——牛市来临信号（图 3－4）。

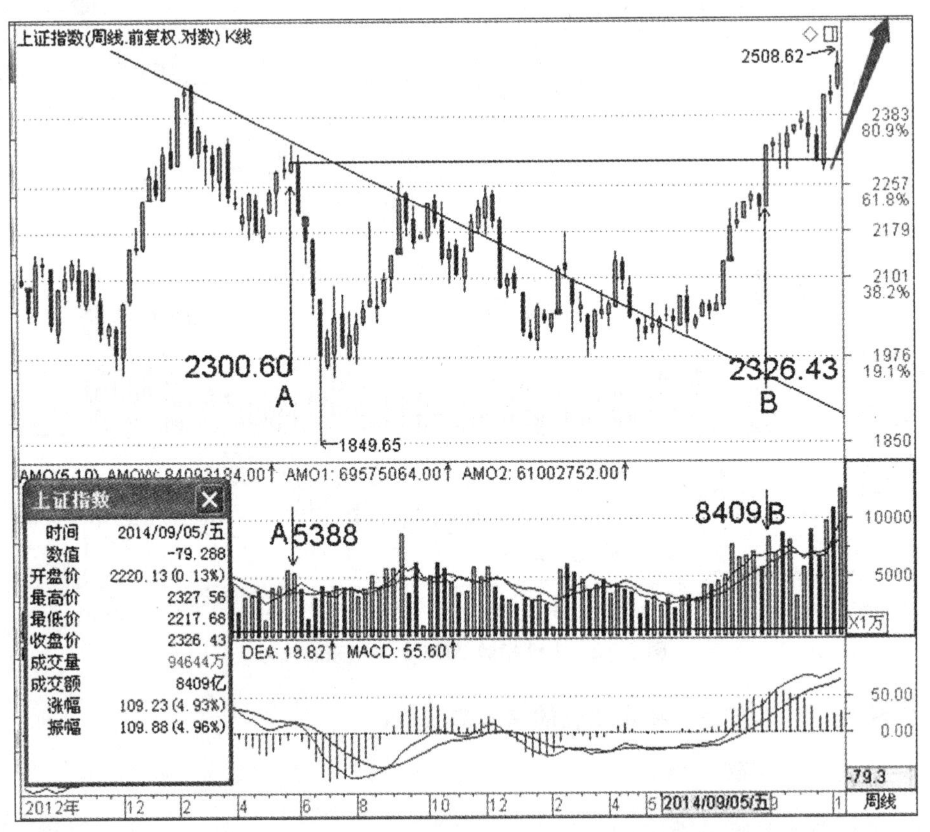


图 3－4　上证指数 2014 年牛市来临信号

**从图 3-4 中我们看到牛市来临的信号同样有三个：**

**1. 价在 B 点突破 A 点。**

**2. 量在 B 点突破 A 点。**

**3. 价突破后回踩不破 A 点的水平射线。**

2013 年 6 月 25 日，上证指数在创出 1894.65 点的低点后反弹，在反弹波动中形成头肩底形态，其后在 2014 年 9 月 4 日放量突破 2300 点后，经过 7 周的震荡回抽、企稳后反转上涨出现了牛市行情，一直上涨到 2015 年 6 月 12 日创出 5178.19 点的高点。

## 第三节　牛市来临规律

从以往的牛市来临信号当中我们可以总结出牛市来临的规律：

第一，突破 A 点价后连续 3 周都在 A 点价之上运行。

第二，突破 A 点量大于 1.45 倍才是有效突破；A 点的量是熊市里最后也是最大的存量资金上攻的量；B 点量则是场外增量资金的进场，最低的要求是必须大于 A 点量的 1.45 倍，这里量越大越说明进场的新资金越多，故名有效放量。

第三，在 B 点价量双突破 A 点价量后，价格回撤不破 A 点的水平射线，更加确认了突破的有效性。从此，价位之后可以放心地重仓出击。

请用牛市来临的规律分析大盘何时牛市来临。

牛市如果没有来临，请不要冲动地在股市里耕耘。

### 股市箴言

• 大盘进入牛市后，这时可以动用你在股市里可以运作资金的 70%进场出击，目标就是市场里热点板块中的龙头股——这才是重仓出击。当然这 70%资金并不是一次性地买进，而要用金字塔的方式分批买进；其余 30%资金作为预备资金，既可以参与手中个股的高抛低吸，又可出击新的目标个股……

• 在瞬息万变的股市，机会是无限的，而子弹是有限的。懂得放弃机会留下子弹，才是给市值最大的机会。人们常常说："会买的是徒弟，会卖的是师父，会空仓留子弹的，那是祖师爷。"

• 牛市最大的风险是空仓！

• 每个交易日的盈亏都由你自己决定！

• 大盘止跌反转后是进入震荡市，还是进入牛市？要从最低价之前最后一波反弹的高点画一条水平射线，看能否有效（放量）突破这条水平射线；有效（放量）突破后回踩不破这条水平射线才能开启一波牛市行情；不能有效（放量）突破则有可能进入震荡行情。这是我在股市里的第四个重大发现——它将改变你的人生。

• 认识股市发展的规律，认识熊市、认识震荡市、认识牛市的发展规律是进入股市的重中之重。只有遵循了股市发展的规律，我们才有获胜的可能。否则，认识不到股市发展的规律、掌握不了股市的规律、违反了股市的规律，必然会受到规律的惩罚。

• 掌握规律、按规律办事是一个人取得成功的重要前提。股价运行的规律、主力操盘的规律、主力建仓的规律、洗盘的规律、拉升的规律、出货的规律……都是每一个交易者要研究的课题。弄不明白就不要交易，否则亏死了都不知道死在谁的手上。弄明白后才开始交易才是明智之举。

• 在股市拥有正确交易理念、技术、纪律，你才能超越所有挫折和失败；没有正确的交易理念、技术、纪律就不能笑傲股市。当你拥有了正确的交易理念、技术、纪律，大多数交易日，你都能与上涨的股票同行，你都能与浪共舞。反之，你在股市里得到的伤心比高兴多；亏损比盈利多——这一切都怨不得市场、怨不得你之外的所有人；因为你的交易是你的思维所决定了的。你来股市种下什么，就会收获什么。当你在股市里亏损不断、割肉不断，你就要考虑你之前接受的理念、技术、纪律是否是正确的？正确的理念会给我们带来正确的行动，错误的理念也必然会给我们带来错误的行动。

• 牛散与亏损散户的差别就在于牛散始终在孜孜不倦地寻找涨停板与主升浪的机会，机会一出现就果断出击，能不断地与主升浪共舞。而亏损散户看见涨停板就害怕，看见主升浪仅仅是观望着主升浪的不断上涨，却不敢介入；相反总在寻找没有上涨的股票，心里认为安全。经常是股票下跌了不怎么害怕，股票一上涨反而心里害怕、紧张，一旦解套，或者获取蝇头小利就飞快地卖出了……

• 一个交易者如果没有正确的理念、技术、纪律，就没有好的劳动成果。

牛散之道公式：理念40％＋技术20％＋纪律40％＝成功。

理念是思想中对（股市）环境、方向、目标与其相关事物的总体观点，是决定的力量。

技术是对操盘所运用的工具掌握的熟练程度，这个熟练是要经过专心专注的学习运用才能掌握的。

纪律是执行力的体现，它是操作成败的保证；没有果断的执行力，就保证不了理念、技术的落实。

这三者只有完美地结合起来，才能成功。

• 从几万做到百万、从百万做到千万、从千万做到上亿，这才是做人生的主升浪——这个目标你必须非常清楚。只要你心中一直抱有这个不可动摇的信念，在行动中不断地进取，那么你就在向前进，最终就会获得更多的财富。

## 小 结

### 牛市黄金遍地

牛市行情来临，就是赚钱的机会来临，也是财富再分配的机会来临。

在牛市里虽然遍地黄金，还得看你会不会操作。会操作、会选择，就会跟着市场走，市场在做什么、自己就要做什么；千万别背离市场、固执地守株待兔，那样会错失良机。

牛市行情来临，对牛散来说，则要重仓出击，满仓操作，唯有如此，才能成功。

牛市行情来临，散户没有正确的交易理念、技术、纪律，也不见得能锁定利润；很多人不过是来回坐电梯、来回坐过山车而已，最后能安全着陆就算万幸了。

## 思考（致富）题

1. 目前是牛市吗？在牛市里你从哪些股票上赚到了钱？你参与了牛股、妖股、龙头股的炒作没有？你持有的股票跑赢了大盘，还是跑赢了主线热点？

2. 在股市里赚了指数不赚钱的根本原因是什么？

3. 牛市里中小板指、创业板指与上证指数、深证成指是如何切换的？

## 附 录

### “牛散”操盘的 21 条原则

在中国目前的市场里，要想成功地狙击到涨停板、猎取到主升浪成为一个牛散，我认为应该遵守下面的 21 条原则。

1. 在大盘下跌趋势的熊市里，要遵守的原则：空仓休息，远离股市！好好学习！

2. 在大盘止跌后走向横向盘整的震荡市场里，要遵守的原则：请将你的资金分为 10 等分，只拿 3/10 的份额去操作，且不要一次买进，要分次逢低买进。横向盘整的市场里只能选择结构性的行情，操作股票要快进快出。这时买进股票犹如刀口舔血、虎口拔牙——动作慢了难免受伤！

3. 买进后按你的成本设置止损！在你的成本之下 3%～5%点处设置止损，亏损千万不能超过 5%!!! 股价一旦跌到止损价，就要无条件地执行这一条止损原则。

4. 在大盘反转走向上升趋势进入牛市，要遵守的原则：当大盘反转走上升趋势时（包括板块结构性牛市），则要在热点板块重仓出击。止损原则与第三个原则相同。

5. 在牛市，请将你的资金分成 3 等份。一般用 1 份资金持有 1 只牛股、妖股、龙头股，最多操作持有 2 只股票；1 份准备介入市场新的牛股、妖股、龙头股；介入新的股票后，则将已经持有的 2 只股票中的弱势股了结。如此操作，你手中永远有钱在新的牛股、妖股、龙头股出现了就及时地参与其中，永远不会错失行情。

6. 坚持只做牛股、妖股、龙头股，只要你能正确地确认牛股、妖股、龙头股，不妨用 4/5 的资金重仓出击；没有跟上龙头股，龙二、龙三也可以；龙三以外坚决不做!!!

7. 坚持用周线选股的原则，周线时间跨度长，趋势稳定而明显，主力要骗线，成本昂贵、技术难度大，一般的主力也不会这么做。周线图显示的形态非常明显，比较真实地显示了股价的实际趋势以及它的建仓、洗盘、启动、上涨、出货等各种形态。因而看周线图既真实又可以识破主力的骗线。

8. 坚持线、量、价、筹、盘口、基本面共振的原则，这个原则既是技术分析的工具，也是操盘的原则。这个技术分析的工具（详细内容参看 2019 年 7 月四川人民出版社出版的《主升浪之快马加鞭》一书）是一个互相联系的整体，不能分开、不能割裂；哲学家黑格尔讲过一句名言，“譬如一只手，如果从身体上割下来，名虽可叫作手，其实已不是手了”。因为这只割下来的手已经没有手的功能了，想想看，只看股票图形的某一个方面，不就是割下来的一只手吗？

9. 坚持日线分批买入的原则，买股票不要想一次、一天全部买进，如果万一你判断失误，误入白虎堂就后悔莫及了；按狙击涨停板的两个最佳位置分天分批买进。

10. 建立自己的盈利模式，坚持不符合自己盈利模式不买的原则。股市里机会很多，陷阱也很多；你只能赚自己能把握的钱，把握不了的盈利机会，只能观赏，不能冲动地去操作。

11. 坚持K线不反转不抄底的原则，我说的底，不是下跌后最低的低点，而是主力拉升前洗盘后的那个底。

12. 坚持股价不冲击涨停板不追的原则，我们只做波段，只追求主升浪；主力没有发出突破拉升性质的涨停板，它的变数还存在，就不能追；当突破拉升性质的涨停板出现后就要追击。

13. 破止损价的个股，不要补仓！不要把好苹果放到烂苹果里去……烂苹果会将好苹果传染腐烂的！

14. 只对买进后上涨的个股用金字塔的方式加仓3～4次；并且盘中可以高抛低吸做差价（会做的朋友可以做，不会做的要学习做），这样一则可以摊低持股成本，抵御不可预知的风险，二则扩大盈利，让盈利来奔跑。

15. 设置止盈，持有的个股上涨超过3%后，就可以设止盈了。可以按下跌5%～7%幅度设止盈，涨幅不断升高，则不断提高止盈价……某天股价跌破止盈价就毫不犹豫地出局——这样就不会把盈利变为亏损。

16. 介入游资操作的主升浪个股后，3天不涨停板就要卖出!!! 坚持这个原则有一个好处，就是不会浪费时间、不会浪费金钱，也不会错失机会。我们没有必要把时间浪费在等待上，在等待中你就会错过其他的机会，因为时间就是金钱，这在股市上表现得尤为明显，我们要把有限的资金投入快速向上运动的股票上去。

17. 介入非游资操作的大盘股后，一个涨停板就要准备在次日冲高出局!!!

18. 介入非热点板块中的个股3天不上涨、3天不脱离危险区就要出局回避!!!

19. 每天收盘要看看自己的账户，盈利的股票说明你的操作是正确的！亏损的股票说明你的操作是错误的！只做正确的股票，不做错误的股票。

20. 操作股票难免犯错误，一旦犯了错误，要尽快改正，不要犹豫、不要彷徨，优柔寡断是操盘的大忌。

21. 如果你连续操作、连续亏损，就要清仓出局、停止操作！然后学习，寻找自己犯错的原因；找不出原因就不要再操作!!! 股海无边，回头是岸。

下篇

# 八项注意

第一项注意　紧跟主线和热点，背离热点走进死胡同

第二项注意　领涨龙头大胆买，巧取豪夺猎取主升浪

第三项注意　盘中异动选主力，主力不动牛散不出击

第四项注意　位置性质仔细辨，避实击虚狙击涨停板

第五项注意　下跌止损三五点，果断执行不能再犹豫

第六项注意　上涨加仓金字塔，下跌补仓坚决克服掉

第七项注意　波段操作信如神，教条主义往往害死人

第八项注意　获利止盈看K线，胜利出局人人都喜欢

## 第一项注意

# 紧跟主线和热点，背离热点走进死胡同

*做人要大气，要有大格局，要有大目标；做股票也一样，你的目标的本质决定了你自身成就的大小；你格局的大小决定了你的活动范围；你的性格决定了你的执行力。*

**热点板块代表了市场运作的方向，热点在哪里，主力就在哪里。**

股市里的热点板块就像大海里的波浪一波接着一波，此起彼伏，从未停止。几乎每个交易周都有热点，不过有的热点板块出现及结束不到半天时间，仅仅是昙花一现，这往往是那些没有实质性内容的炒作；有的持续的时间就长，几周、几个月甚至跨年度的都有，这往往是那些符合国家产业政策，有实质性题材的板块；也有突发事件造成一波结构性牛市行情的；有时候，市场上的主力会把股市里的主要板块轮番炒作一遍。

在热点板块里，龙头股振臂一呼，龙二股、龙三股紧跟其后，其他股也纷纷拉起，就形成了一波结构性的板块行情。

2016 年上半年，市场上炒作的热点板块主要是锂电池、特斯拉、充电桩——领涨的龙头股是 300073 当升科技，龙二股是 300340 科恒股份，龙三股是 002709 天赐材料……

2016 年下半年市场炒作的热点板块主要是黄金、石墨烯、私有化概念股、PPP+

环境保护以及上海国资改革概念股，作为一个散户，紧跟主线和热点，精选个股，把握机会是你改变自己的当务之急。

# 第一例　黄金概念在“脱欧公投”后爆发

## 第一节　启涨背景

自 1965 年法国等 6 大国家签订《布鲁塞尔条约》之后，1973 年英国作为第一批国家加入欧洲共同体，至 2013 年，欧盟成员国扩充至 28 个。

虽然英国加入了欧盟，但英国长期对欧洲大陆保持着优越感，一直对欧洲一体化若即若离。英国把自己视为欧洲之外的全球性大国，认为异于欧洲的独特性是其崛起和强大的原因。虽然英国逐渐衰弱，但优越感依旧强烈。“二战”后，每遇挫折或危机，英国便疑欧声四起，将问题归于欧共体或欧盟。这一次，脱欧的直接肇因是近十年来欧盟的经济萎靡不振，加之折腾不停的欧债危机，欧元区居高不下的失业率，以及近两三年欧盟东部成员国甚至法国、比利时所面临的难民危机等。卡梅伦为争取脱欧派选票以获得连任，在 2015 年大选期间作出了举行“脱欧公投”的许诺。卡梅伦 2016 年 2 月在欧盟峰会上讨价还价，迫使欧盟允许给予英国“特殊地位”以换取留欧，回到国内召开内阁会议后宣布 2016 年 6 月 23 日举行公投。公投来临之时，先是英国工党女议员遭枪击身亡，后有德国影院枪击事件，英国脱欧公投之前早已人心浮动。

2016 年 6 月 21 日，卡梅伦在唐宁街官邸外发表演讲呼吁英国民众为子孙后代考虑，让英国留在欧盟内部。

2016 年 6 月，英国民众被脱欧公投事件撕裂为两大阵营。

脱欧与不脱欧，不仅对英国民众造成空前的影响，也影响到了在英国投资的外国人，给世界金融领域带来了巨大的冲击。在英国公投之日，世界上普遍认为英国留欧的可能性大。6 月 22 日，公投前欧美股市大涨，黄金大幅回调。

6 月 23 日公投当天，黄金价格飙升 8%，英镑兑美元跌幅甚至超过 11%，市场避险情绪升温。然后，黄金概念在 6 月 24 日（国内时间）形成热点板块——演绎了一波轰轰烈烈的结构性牛市行情。

## 第二节　黄金概念股“脱欧公投”后飙升

2016 年 6 月 24 日，英国脱欧的消息再次激发了市场做多黄金的热情。英国宣布脱欧当天，美国 CMX 金主力合约盘中一度冲涨逾 8%。

2016 年 6 月 24 日黄金板块集体拉升，一举突破了黄金概念头肩底形态的左右肩的颈线（缩图看），从而确认了黄金概念头肩底形态的反转。

截至北京时间 6 月 24 日中午，脱欧派以 51.7%的支持率赢得公投——将脱离欧盟。公投结果公布后，在 13:00 开盘时黄金股得到了机构的暴抢。请看下面 2 个黄金个股的分时图与成交明细（这样的分时成交明细只有在当天及次日数据更新前可以看到，其后就看不到了，因此值得保留研究）。

2016 年 6 月 24 日盘中截图——中金黄金（图 1－1）。

600489 中金黄金 分时成交明细　Up/PageUp:上翻 Down/PageDown:下翻

| 时间 | 价格 | 成交 | 时间 | 价格 | 成交 | 时间 | 价格 | 成交 |
|---|---|---|---|---|---|---|---|---|
| 11:23 | 10.93 | 690 S | 11:26 | 10.95 | 652 B | 11:28 | 10.95 | 342 B |
| 11:23 | 10.94 | 645 B | 11:26 | 10.95 | 970 B | 11:28 | 10.94 | 257 S |
| 11:24 | 10.93 | 115 B | 11:26 | 10.94 | 555 S | 11:28 | 10.93 | 1512 S |
| 11:24 | 10.94 | 934 B | 11:26 | 10.94 | 766 B | 11:28 | 10.95 | 1435 B |
| 11:24 | 10.94 | 478 S | 11:26 | 10.95 | 467 B | 11:29 | 10.95 | 2574 B |
| 11:24 | 10.94 | 120 S | 11:26 | 10.95 | 269 B | 11:29 | 10.93 | 470 S |
| 11:24 | 10.94 | 245 B | 11:26 | 10.95 | 86 B | 11:29 | 10.91 | 829 S |
| 11:24 | 10.93 | 158 S | 11:26 | 10.95 | 2085 B | 11:29 | 10.93 | 180 B |
| 11:24 | 10.94 | 42 B | 11:26 | 10.95 | 230 S | 11:29 | 10.93 | 146 B |
| 11:24 | 10.94 | 1184 B | 11:27 | 10.95 | 89 S | 11:29 | 10.93 | 1884 B |
| 11:24 | 10.94 | 104 B | 11:27 | 10.96 | 1339 B | 11:29 | 10.94 | 112 B |
| 11:24 | 10.94 | 115 B | 11:27 | 10.96 | 664 B | 11:29 | 10.90 | 2522 S |
| 11:24 | 10.94 | 515 S | 11:27 | 10.96 | 18 S | 11:29 | 10.93 | 190 S |
| 11:24 | 10.94 | 311 B | 11:27 | 10.96 | 543 S | 11:29 | 10.94 | 288 B |
| 11:25 | 10.94 | 96 B | 11:27 | 10.96 | 1440 S | 11:29 | 10.93 | 423 |
| 11:25 | 10.93 | 607 S | 11:27 | 10.97 | 855 B | 11:29 | 10.92 | 181 S |
| 11:25 | 10.93 | 739 S | 11:27 | 10.97 | 445 B | 11:30 | 10.92 | 362 B |
| 11:25 | 10.94 | 481 B | 11:27 | 10.97 | 813 B | 11:30 | 10.92 | 6 B |
| 11:25 | 10.93 | 1802 S | 11:27 | 10.96 | 875 S | 13:00 | 11.49 | 87203 B |
| 11:25 | 10.93 | 385 S | 11:27 | 10.95 | 1778 S | 13:00 | 11.48 | 18429 S |
| 11:25 | 10.94 | 994 B | 11:27 | 10.94 | 199 S | 13:00 | 11.57 | 3067 B |
| 11:25 | 10.94 | 914 B | 11:28 | 10.95 | 1011 B | 13:00 | 11.53 | 7187 S |
| 11:25 | 10.95 | 706 B | 11:28 | 10.95 | 640 B | 13:00 | 11.58 | 2003 B |
| 11:25 | 10.94 | 29 S | 11:28 | 10.95 | 414 B | 13:00 | 11.58 | 5060 B |
| 11:25 | 10.94 | 574 S | 11:28 | 10.95 | 308 B | 13:00 | 11.57 | 1948 S |
| 11:25 | 10.95 | 874 B | 11:28 | 10.95 | 2013 B | 13:00 | 11.58 | 6455 B |
| 11:26 | 10.94 | 340 S | 11:28 | 10.94 | 572 S | 13:00 | 11.58 | 9215 B |
| 11:26 | 10.95 | 387 B | 11:28 | 10.94 | 416 S | 13:00 | 11.58 | 4954 B |
| 11:26 | 10.94 | 776 S | 11:28 | 10.94 | 1749 S | 13:00 | 11.58 | 2519 S |

**图 1－1　中金黄金分时（11:23—13:00）成交明细**

2016 年 6 月 24 日盘后截图——中金黄金（图 1－2）。

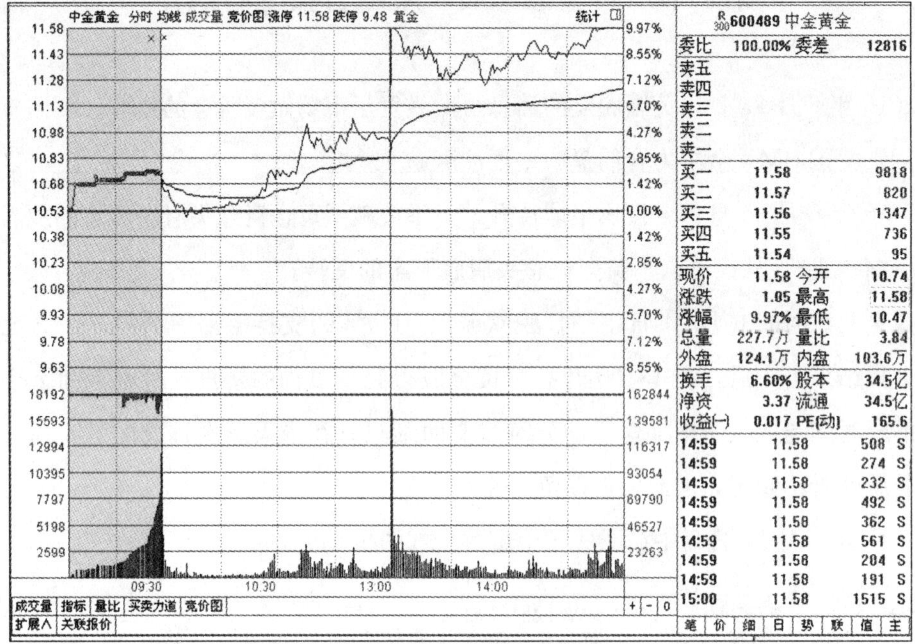


图 1－2　中金黄金分时图

2016 年 6 月 24 日盘中截图——金贵银业（图 1－3）。

002716 金贵银业 分时成交明细　Up/PageUp:上翻 Down/PageDown:下翻

| 时间 | 价格 | 成交 | | | 时间 | 价格 | 成交 | | | 时间 | 价格 | 成交 | | |
|---|---|---|---|---|---|---|---|---|---|---|---|---|---|---|
| 11:27 | 17.40 | 386 | B | 20 | 11:29 | 17.38 | 22 | B | 3 | 13:00 | 18.43 | 101 | B | 9 |
| 11:27 | 17.40 | 372 | B | 15 | 11:29 | 17.38 | 67 | B | 7 | 13:00 | 18.46 | 350 | B | 21 |
| 11:27 | 17.41 | 17 | S | 3 | 11:29 | 17.38 | 24 | B | 4 | 13:00 | 18.48 | 824 | B | 44 |
| 11:27 | 17.40 | 130 | S | 2 | 11:29 | 17.39 | 440 | B | 25 | 13:00 | 18.50 | 1551 | B | 120 |
| 11:27 | 17.40 | 46 | B | 6 | 11:29 | 17.39 | 6 | S | 1 | 13:00 | 18.50 | 548 | S | 11 |
| 11:27 | 17.40 | 1 | B | 1 | 11:29 | 17.39 | 205 | S | 5 | 13:00 | 18.52 | 581 | B | 26 |
| 11:27 | 17.38 | 24 | S | 8 | 11:29 | 17.39 | 279 | B | 16 | 13:00 | 18.53 | 399 | B | 34 |
| 11:27 | 17.38 | 89 | B | 6 | 11:29 | 17.39 | 17 | B | 4 | 13:00 | 18.55 | 399 | B | 44 |
| 11:28 | 17.37 | 52 | S | 8 | 11:29 | 17.39 | 122 | B | 5 | 13:00 | 18.53 | 646 | S | 35 |
| 11:28 | 17.38 | 29 | B | 6 | 11:29 | 17.39 | 307 | B | 9 | 13:00 | 18.55 | 528 | B | 27 |
| 11:28 | 17.38 | 9 | B | 1 | 11:29 | 17.40 | 166 | B | 12 | 13:01 | 18.58 | 1977 | B | 85 |
| 11:28 | 17.38 | 40 | S | 7 | 11:29 | 17.38 | 326 | S | 13 | 13:01 | 18.56 | 438 | S | 33 |
| 11:28 | 17.37 | 72 | S | 9 | 11:29 | 17.40 | 3 | B | 1 | 13:01 | 18.58 | 970 | B | 75 |
| 11:28 | 17.38 | 2 | S | 1 | 11:29 | 17.40 | 119 | B | 11 | 13:01 | 18.56 | 920 | S | 81 |
| 11:28 | 17.40 | 203 | B | 15 | 11:29 | 17.40 | 68 | B | 6 | 13:01 | 18.58 | 1211 | B | 65 |
| 11:28 | 17.38 | 30 | S | 8 | 11:29 | 17.39 | 62 | | 5 | 13:01 | 18.58 | 3620 | B | 161 |
| 11:28 | 17.38 | 51 | S | 5 | 11:29 | 17.39 | 68 | B | 12 | 13:01 | 18.58 | 591 | S | 43 |
| 11:28 | 17.39 | 68 | B | 4 | 11:29 | 17.39 | 85 | B | 9 | 13:01 | 18.58 | 1737 | S | 98 |
| 11:28 | 17.38 | 145 | S | 6 | 11:30 | 17.39 | 115 | B | 11 | 13:01 | 18.59 | 2739 | B | 116 |
| 11:28 | 17.36 | 468 | S | 25 | 13:00 | 17.45 | 492 | B | 22 | 13:01 | 18.58 | 993 | S | 90 |
| 11:28 | 17.35 | 44 | S | 6 | 13:00 | 17.88 | 14501 | B | 1012 | 13:01 | 18.58 | 1368 | B | 46 |
| 11:28 | 17.36 | 178 | B | 16 | 13:00 | 18.00 | 5755 | B | 563 | 13:01 | 18.58 | 265 | B | 14 |
| 11:28 | 17.36 | 37 | B | 3 | 13:00 | 18.05 | 1970 | B | 184 | 13:01 | 18.58 | 526 | B | 45 |
| 11:28 | 17.36 | 112 | S | 3 | 13:00 | 18.20 | 592 | B | 69 | 13:01 | 18.56 | 482 | B | 34 |
| 11:28 | 17.36 | 102 | S | 4 | 13:00 | 18.24 | 454 | B | 46 | 13:01 | 18.56 | 359 | B | 40 |
| 11:28 | 17.36 | 25 | S | 3 | 13:00 | 18.24 | 882 | B | 46 | 13:01 | 18.54 | 688 | S | 33 |
| 11:28 | 17.36 | 38 | S | 7 | 13:00 | 18.33 | 2297 | B | 66 | 13:01 | 18.55 | 254 | | 31 |
| 11:28 | 17.37 | 65 | B | 5 | 13:00 | 18.32 | 673 | B | 58 | 13:01 | 18.50 | 421 | S | 27 |
| 11:29 | 17.37 | 10 | S | 1 | 13:00 | 18.40 | 362 | B | 44 | 13:01 | 18.50 | 351 | B | 27 |

图 1－3　金贵银业分时（11:27—13:01）成交明细

2016 年 6 月 24 日盘后截图——金贵银业（图 1－4）。

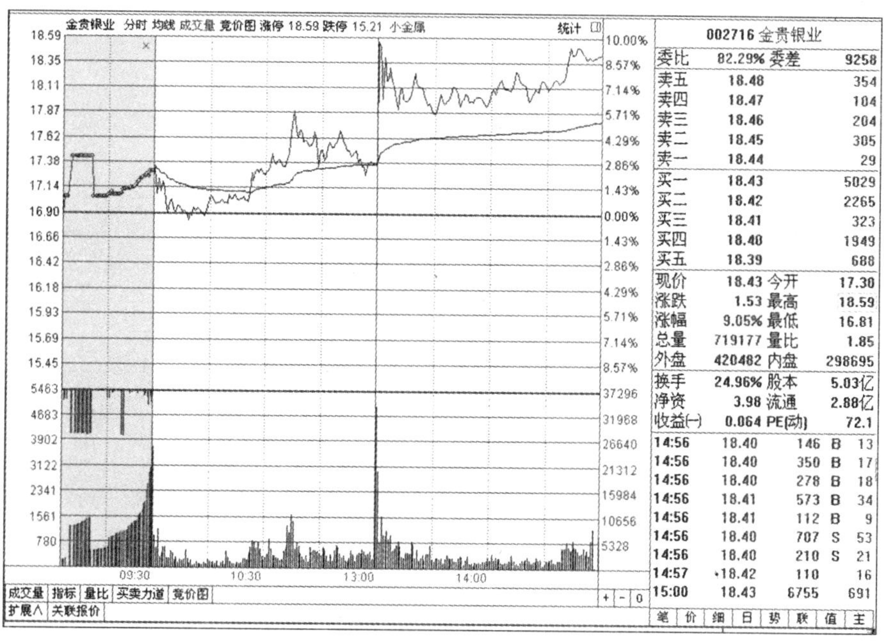


**图 1－4　金贵银业分时图**

从以上 2 只股票的截图上，你是否看出其中的奥秘？请仔细研究核心价值在哪里，研究清楚了你就会稳定获利。

6 月 24 日收盘后，我们看到黄金板块大涨 7.39%，成为当天的领涨板块（图 1－5）。

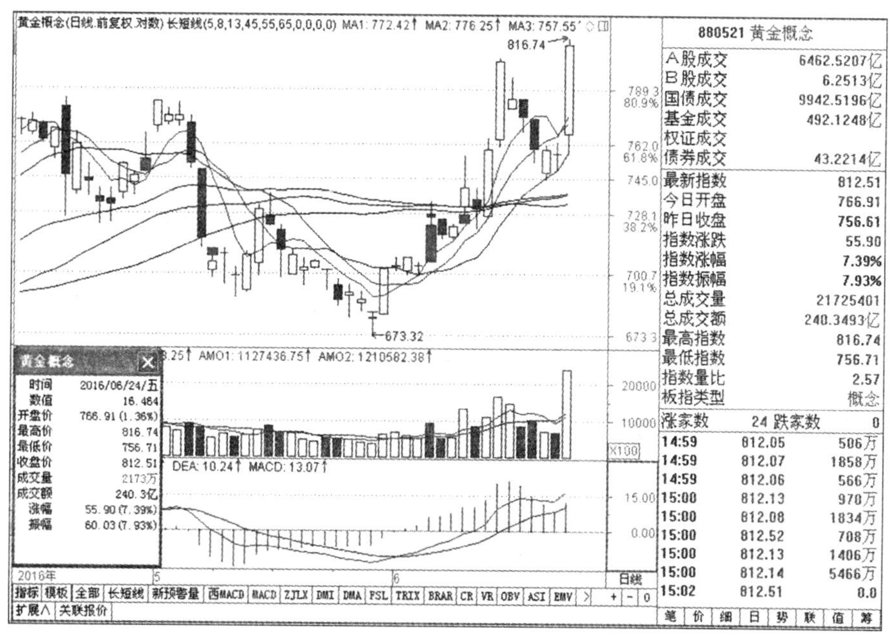


**图 1－5　黄金概念 2016 年 6 月 24 日上涨 7.39%**

2016年7月14日收盘后截图——黄金概念（图1-6）。

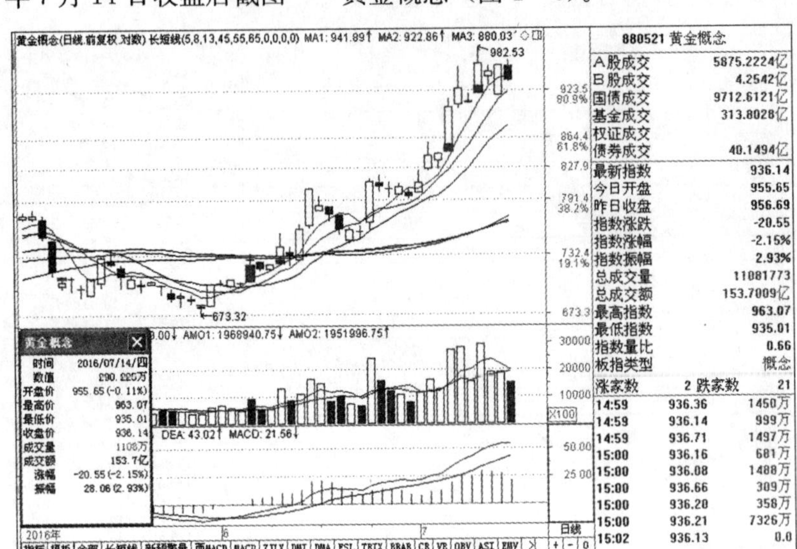

图1-6 黄金概念走势图

2016年6月24日主力资金大量介入黄金概念股，当天该板块出现7个涨停板。其后，经过12个交易日，黄金概念大涨202.43点，涨幅达到26.75%（图1-7），其中的龙头股金贵银业涨幅高达61.24%。

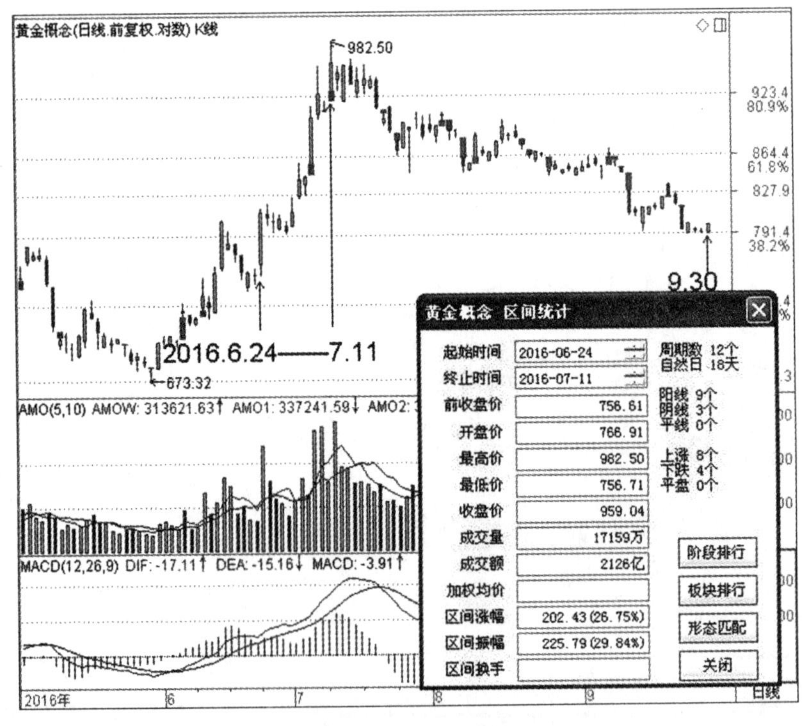


图1-7 黄金概念区间统计

## 第三节　脱欧前后我对黄金股的分析预判

2016 年 6 月 15 日，MSCI 宣布延迟将中国 A 股纳入 MSCI 新兴市场指数。

在 6 月 15 日 MSCI 宣布后，当天 9:27:45，我在金田主升浪 VIP 群开盘前分析“今天重点关注黄金股”（图 1－8）。

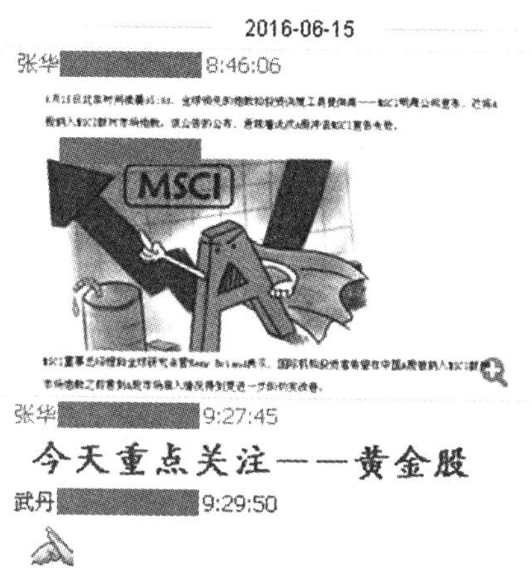


图 1－8　盘前分析

6 月 24 日，在英国公投后统计公投票数据的同时，中国股市开盘了，开盘前的 9:20 分，凤凰卫视现场报道当时统计完的 32 个点票站的统计结果，脱欧的比例占 54.30％。我预判英国脱欧的可能性大增，一旦脱欧派胜出，由此导致的避险情绪必然给世界金融界带来巨大的冲击……我预判黄金会涨，并根据当时公布的统计数分析如下，见图 1－9。

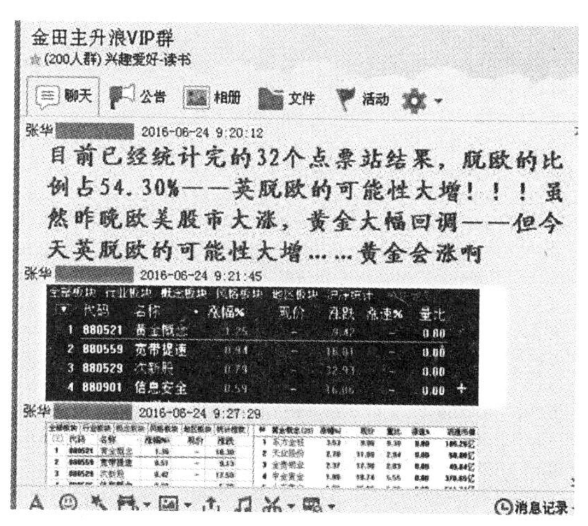


图 1－9　盘前分析

9:25 分集合竞价之后，我选择了黄金板块的 10 只个股在 9:27:15 给客户朋友做了提示（图 1－10）。

全部板块 | 行业板块 | 概念板块 | 风格板块 | 地区板块 | 统计指数

|  | 代码 | 名称 | 涨幅%↓ | 现价 | 涨跌 |
|---|---|---|---|---|---|
| 1 | 880521 | 黄金概念 | 1.36 | – | 10.30 |
| 2 | 880559 | 宽带提速 | 0.51 | – | 9.13 |
| 3 | 880529 | 次新股 | 0.42 | – | 17.58 |
| 4 | 880596 | 体育概念 | 0.28 | – | 5.30 |
| 5 | 880553 | 页岩气 | 0.23 | – | 2.99 |
| 6 | 880506 | 4G概念 | 0.15 | – | 1.87 |
| 7 | 880600 | 油气改革 | 0.13 | – | 1.10 |
| 8 | 880579 | 生态农业 | 0.12 | – | 2.13 |
| 9 | 880929 | 维生素 | 0.11 | – | 1.44 |
| 10 | 880567 | 三沙概念 | 0.09 | – | 1.61 |
| 11 | 880524 | 含可转债 | 0.06 | – | 0.64 |
| 12 | 880542 | 水利建设 | 0.05 | – | 0.57 |
| 13 | 880910 | 草甘膦 | 0.04 | – | 0.54 |
| 14 | 880901 | 信息安全 | 0.04 | – | 1.14 |
| 15 | 880909 | 燃料电池 | 0.01 | – | 0.10 |
| 16 | 880528 | 环渤海 | 0.01 | – | 0.07 |
| 17 | 880510 | ETF基金 | 0.00 | – | 0.02 |
| 18 | 880556 | 文化振兴 | -0.01 | – | -0.10 |

|  | 黄金概念(25) | 涨幅%↓ | 现价 | 量比 | 涨速% | 流通市值 |
|---|---|---|---|---|---|---|
| 1 | 东方金钰 | 3.53 | 9.96 | 8.30 | 0.00 | 105.26亿 |
| 2 | 天业股份 | 2.70 | 11.80 | 2.94 | 0.00 | 58.08亿 |
| 3 | 金贵银业 | 2.37 | 17.30 | 2.83 | 0.00 | 49.84亿 |
| 4 | 中金黄金 | 1.99 | 10.74 | 5.55 | 0.00 | 370.65亿 |
| 5 | 山东黄金 | 1.99 | 35.96 | 6.98 | 0.00 | 511.74亿 |
| 6 | 赤峰黄金 | 1.98 | 18.05 | 3.28 | 0.00 | 110.17亿 |
| 7 | 秋林集团 | 1.94 | 12.60 | 2.15 | 0.00 | 40.81亿 |
| 8 | 湖南黄金 | 1.82 | 12.89 | 1.52 | 0.00 | 128.40亿 |
| 9 | 恒邦股份 | 1.68 | 12.68 | 3.14 | 0.00 | 101.48亿 |
| 10 | 西部黄金 | 1.63 | 21.80 | 3.71 | 0.00 | 41.37亿 |
| 11 | 紫金矿业 | 1.53 | 3.32 | 4.39 | 0.00 | 524.69亿 |
| 12 | 荣华实业 | 1.48 | 6.16 | 1.73 | 0.00 | 41.00亿 |
| 13 | 豫光金铅 | 1.25 | 8.11 | 0.97 | 0.00 | 71.83亿 |
| 14 | 金洲慈航 | 0.79 | 15.23 | 1.01 | 0.00 | 84.85亿 |
| 15 | 金一文化 | 0.65 | 18.47 | 0.24 | 0.00 | 47.42亿 |
| 16 | 豫园商城 | 0.56 | 10.73 | 1.14 | 0.00 | 154.22亿 |
| 17 | 园城黄金 | 0.50 | 14.18 | 1.96 | 0.00 | 31.75亿 |
| 18 | 潮宏基 | 0.21 | 9.54 | 1.00 | 0.00 | 79.38亿 |
| 19 | 益民集团 | 0.17 | 5.80 | 0.06 | 0.00 | 61.13亿 |

**图 1－10　表中横线之上的就是当时选择的个股**

2016 年 6 月 24 日收盘后，我们看到黄金板块有 7 只股票涨停板，如图 1－11 所示。

全部板块 | 行业板块 | 概念板块 | 风格板块 | 地区板块 | 统计指数

|  | 代码 | 名称 | 涨幅%↓ | 现价 | 涨跌 |
|---|---|---|---|---|---|
| 1 | 880521 | 黄金概念 | 7.39 | 812.51 | 55.90 |
| 2 | 880529 | 次新股 | 0.04 | 4150.75 | 1.57 |
| 3 | 880553 | 页岩气 | -0.09 | 1297.15 | -1.13 |
| 4 | 880534 | 锂电池 | -0.49 | 1642.11 | -8.03 |
| 5 | 880596 | 体育概念 | -0.51 | 1891.94 | -9.62 |
| 6 | 880541 | 触摸屏 | -0.53 | 1367.43 | -7.22 |
| 7 | 880920 | 免疫治疗 | -0.56 | 1443.11 | -8.16 |
| 8 | 880589 | 智能穿戴 | -0.57 | 1428.34 | -8.16 |
| 9 | 880576 | 重组概念 | -0.62 | 2833.80 | -17.73 |
| 10 | 880558 | 节能 | -0.63 | 2013.48 | -12.75 |
| 11 | 880528 | 环渤海 | -0.65 | 952.36 | -6.20 |
| 12 | 880510 | ETF基金 | -0.70 | 1073.89 | -7.58 |
| 13 | 880943 | 量子通信 | -0.71 | 884.21 | -6.28 |
| 14 | 880554 | 东亚自贸 | -0.71 | 1763.53 | -12.57 |
| 15 | 880527 | 珠三角 | -0.72 | 1389.51 | -10.04 |
| 16 | 880913 | 基因概念 | -0.78 | 1565.24 | -12.30 |
| 17 | 880923 | 赛马概念 | -0.78 | 1015.12 | -8.02 |
| 18 | 880595 | 民营银行 | -0.80 | 1409.72 | -11.37 |
| 19 | 880551 | 涉矿概念 | -0.80 | 1593.82 | -12.86 |
| 20 | 880504 | 长株潭 | -0.82 | 916.58 | -7.54 |
| 21 | 880902 | 特斯拉 | -0.82 | 1968.66 | -16.34 |
| 22 | 880945 | OLED概念 | -0.84 | 1086.52 | -9.24 |
| 23 | 880564 | 奢侈品 | -0.88 | 1324.83 | -11.70 |

|  | 黄金概念(25) | 涨幅%↓ | 现价 | 量比 | 涨速% | 流通市值 |
|---|---|---|---|---|---|---|
| 1 | 秋林集团 | 10.03 | 13.60 | 2.10 | 0.00 | 44.08亿 |
| 2 | 湖南黄金 | 10.03 | 13.93 | 2.47 | 0.00 | 138.76亿 |
| 3 | 恒邦股份 | 10.02 | 13.72 | 2.39 | 0.00 | 109.80亿 |
| 4 | 西部黄金 | 10.02 | 23.60 | 3.28 | 0.00 | 44.78亿 |
| 5 | 山东黄金 | 10.01 | 38.79 | 2.20 | 0.00 | 552.01亿 |
| 6 | 赤峰黄金 | 10.00 | 19.47 | 2.65 | 0.00 | 118.83亿 |
| 7 | 中金黄金 | 9.97 | 11.58 | 3.84 | 0.00 | 399.64亿 |
| 8 | 金贵银业 | 9.05 | 18.43 | 1.85 | 0.16 | 53.10亿 |
| 9 | 豫光金铅 | 8.86 | 8.72 | 2.15 | 0.11 | 77.24亿 |
| 10 | 园城黄金 | 7.94 | 15.23 | 3.29 | 0.00 | 34.10亿 |
| 11 | 老凤祥 | 7.89 | 42.66 | 7.92 | 0.11 | 135.28亿 |
| 12 | 紫金矿业 | 7.34 | 3.51 | 3.03 | 0.28 | 554.71亿 |
| 13 | 荣华实业 | 6.10 | 6.44 | 3.61 | -0.30 | 42.86亿 |
| 14 | 东方金钰 | 5.61 | 10.16 | 2.00 | 0.29 | 107.38亿 |
| 15 | 金一文化 | 5.07 | 19.28 | 3.23 | -0.25 | 49.50亿 |
| 16 | 金洲慈航 | 4.63 | 15.81 | 2.60 | -0.18 | 88.08亿 |
| 17 | 盛屯矿业 | 4.06 | 7.17 | 1.53 | 0.13 | 104.45亿 |
| 18 | 天业股份 | 3.92 | 11.94 | 2.80 | -0.08 | 58.77亿 |
| 19 | 潮宏基 | 3.89 | 9.89 | 3.41 | 0.00 | 82.30亿 |
| 20 | 豫园商城 | 3.75 | 11.07 | 3.48 | -0.09 | 159.11亿 |
| 21 | 明牌珠宝 | 3.49 | 13.04 | 0.99 | 0.69 | 68.85亿 |
| 22 | 刚泰控股 | 2.93 | 16.51 | 3.07 | 0.48 | 178.07亿 |
| 23 | 益民集团 | 2.42 | 5.93 | 2.90 | 0.00 | 62.50亿 |
| 24 | 萃华珠宝 | 2.21 | 26.88 | 1.36 | -0.03 | 14.36亿 |

**图 1－11　黄金概念股领涨排名**

2016 年 7 月 11 日，我给金田主升浪 VIP 群的提示如下（图 1－12）。

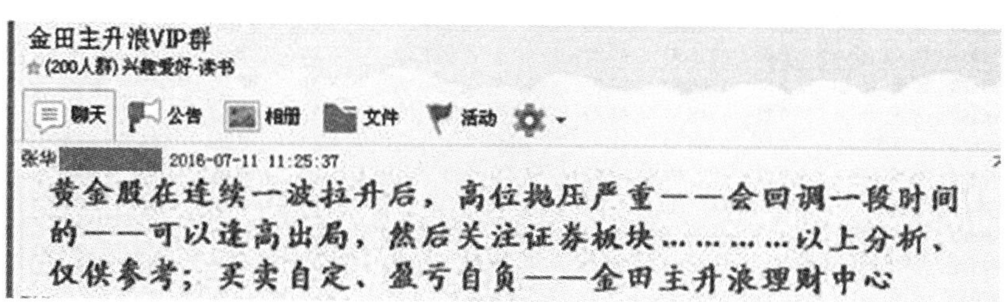


图 1－12　我给金田主升浪 VIP 群的提示

# 第二例　G20 峰会前后的环境保护、装饰园林与 PPP

## 第一节　G20 峰会前的板块异动

2016 年 8 月 29 日星期一开盘前（9:29:57），我在虎门主升浪群里分析了近期可以关注的板块：环境保护、装饰园林、量子通信，如图 1－13 所示。

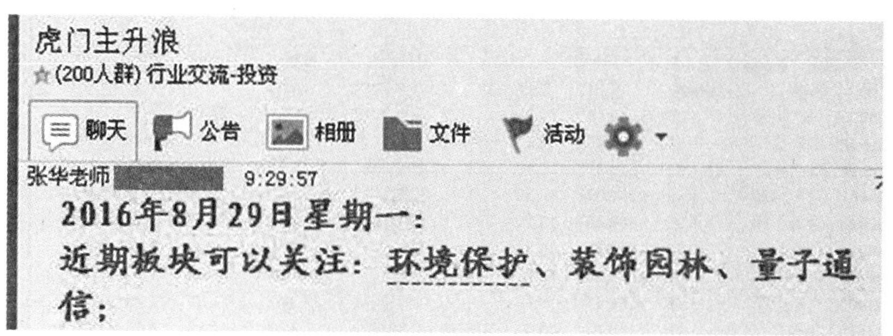


图 1－13　开盘前分析

2016 年 8 月 29 日收盘后，我们看到，环境保护板块在行业板块中排名第二，其中我选到的科融环境、伟明环保、蒙草生态三只股票涨停，5 只股票涨幅在 5%以上，如图 1－14 所示。

全部板块 | 行业板块 | 概念板块 | 风格板块 | 地区板块 | 统计指数

| | 代码 | 名称 | 涨幅%↓ | 现价 | 涨跌 |
|---|---|---|---|---|---|
| 1 | 880454 | 水务 | 2.74 | 1335.11 | 35.64 |
| 2 | 880456 | 环境保护 | 2.01 | 2256.81 | 44.37 |
| 3 | 880476 | 建筑 | 1.56 | 1369.83 | 21.05 |
| 4 | 880350 | 造纸 | 0.95 | 1315.52 | 12.41 |
| 5 | 880474 | 多元金融 | 0.82 | 2080.01 | 16.99 |
| 6 | 880455 | 供气供热 | 0.80 | 1076.26 | 8.52 |
| 7 | 880497 | 综合类 | 0.78 | 1431.40 | 11.08 |
| 8 | 880422 | 文教休闲 | 0.71 | 2552.29 | 17.94 |
| 9 | 880398 | 医疗保健 | 0.64 | 2878.34 | 18.42 |
| 10 | 880380 | 酿酒 | 0.56 | 1434.46 | 7.94 |
| 11 | 880482 | 房地产 | 0.54 | 1726.83 | 9.24 |
| 12 | 880400 | 医药 | 0.48 | 1800.62 | 8.55 |
| 13 | 880430 | 航空 | 0.47 | 1698.86 | 8.00 |
| 14 | 880424 | 旅游 | 0.47 | 1597.08 | 7.48 |
| 15 | 880437 | 通用机械 | 0.43 | 1162.31 | 4.95 |
| 16 | 880406 | 商业连锁 | 0.43 | 1175.79 | 4.99 |
| 17 | 880447 | 工程机械 | 0.30 | 551.06 | 1.67 |
| 18 | 880492 | 元器件 | 0.28 | 1642.09 | 4.61 |
| 19 | 880335 | 化工 | 0.28 | 1217.85 | 3.34 |
| 20 | 880431 | 船舶 | 0.27 | 828.57 | 2.20 |
| 21 | 880360 | 农林牧渔 | 0.26 | 1399.03 | 3.60 |
| 22 | 880301 | 煤炭 | 0.20 | 510.73 | 1.04 |
| 23 | 880490 | 通信设备 | 0.20 | 1675.31 | 3.29 |

| | 环境保护(45) | 涨幅%↓ | 现价 | 量比 | 涨速% | 流通市值 |
|---|---|---|---|---|---|---|
| 1 | 科融环境 | 10.03 | 8.56 | 8.34 | 0.00 | 61.02亿 |
| 2 | 伟明环保 | 9.99 | 24.56 | 5.75 | 0.00 | 32.08亿 |
| 3 | 蒙草生态 | 9.95 | 8.73 | 3.54 | 0.00 | 47.53亿 |
| 4 | 国祯环保 | 7.31 | 23.05 | 7.08 | -0.04 | 32.69亿 |
| 5 | 环能科技 | 7.12 | 34.60 | 4.78 | -0.28 | 23.64亿 |
| 6 | 先河环保 | 6.93 | 15.90 | 2.69 | 0.82 | 46.20亿 |
| 7 | 神雾环保 | 5.98 | 26.76 | 1.79 | 0.03 | 175.19亿 |
| 8 | 中电环保 | 5.02 | 10.04 | 4.47 | 0.00 | 34.29亿 |
| 9 | 清新环境 | 4.74 | 18.33 | 3.08 | 0.16 | 195.26亿 |
| 10 | 聚光科技 | 4.19 | 29.08 | 2.24 | -0.41 | 129.86亿 |
| 11 | 万邦达 | 4.11 | 18.48 | 6.27 | -0.16 | 118.02亿 |
| 12 | 巴安水务 | 3.94 | 18.71 | 2.80 | 0.10 | 43.09亿 |
| 13 | 永清环保 | 3.92 | 14.85 | 3.08 | 0.06 | 88.01亿 |
| 14 | 天壕环境 | 3.90 | 9.85 | 1.98 | 0.10 | 62.38亿 |
| 15 | 中原环保 | 3.38 | 17.45 | 2.78 | 0.00 | 47.02亿 |
| 16 | 中材节能 | 3.29 | 11.62 | 1.02 | 0.25 | 25.34亿 |
| 17 | 三维丝 | 3.17 | 19.18 | 1.81 | 0.00 | 48.11亿 |
| 18 | 东江环保 | 3.14 | 20.02 | 2.07 | 0.10 | 87.40亿 |
| 19 | 雪浪环境 | 3.01 | 38.33 | 3.39 | -0.15 | 18.37亿 |
| 20 | 长青集团 | 2.95 | 22.01 | 1.25 | 0.04 | 49.30亿 |
| 21 | 理工环科 | 2.94 | 17.48 | 1.29 | 0.45 | 27.66亿 |
| 22 | 开能环保 | 2.84 | 16.29 | 2.33 | 0.00 | 32.67亿 |
| 23 | 首创股份 | 2.63 | 4.29 | 2.63 | 0.00 | 206.80亿 |
| 24 | 雪迪龙 | 2.62 | 17.25 | 2.19 | 0.05 | 52.51亿 |

图 1－14　行业板块与环境保护

2016 年 8 月 29 日收盘后，我们看到，装饰园林板块在概念板块中排名第七，其中我选到的股票也有 3 个涨停板，蒙草生态涵盖了两个板块，如图 1－15 所示。

全部板块 | 行业板块 | 概念板块 | 风格板块 | 地区板块 | 统计指数

| | 代码 | 名称 | 涨幅%↓ | 现价 | 涨跌 |
|---|---|---|---|---|---|
| 1 | 880585 | 风沙治理 | 2.00 | 1499.13 | 29.36 |
| 2 | 880542 | 水利建设 | 1.90 | 1447.45 | 26.97 |
| 3 | 880940 | PPP模式 | 1.83 | 618.31 | 11.09 |
| 4 | 880581 | 空气治理 | 1.68 | 2261.93 | 37.35 |
| 5 | 880934 | 海外工程 | 1.65 | 808.70 | 13.11 |
| 6 | 880938 | 污水处理 | 1.63 | 1223.77 | 19.67 |
| 7 | 880931 | 装饰园林 | 1.52 | 1218.93 | 18.27 |
| 8 | 880903 | 水域改革 | 1.49 | 1302.73 | 19.09 |
| 9 | 880570 | 海水淡化 | 1.42 | 2116.63 | 29.63 |
| 10 | 880596 | 体育概念 | 1.40 | 2128.91 | 29.47 |
| 11 | 880943 | 量子通信 | 1.25 | 1038.69 | 12.80 |
| 12 | 880922 | 钛金属 | 1.21 | 1117.06 | 13.37 |
| 13 | 880564 | 奢侈品 | 1.12 | 1491.56 | 16.53 |
| 14 | 880587 | 聚氨酯 | 0.97 | 1473.65 | 14.16 |
| 15 | 880911 | 京津冀 | 0.94 | 1538.08 | 14.32 |
| 16 | 880926 | 固废处理 | 0.91 | 1166.11 | 10.54 |
| 17 | 880559 | 宽带提速 | 0.82 | 1975.48 | 16.15 |
| 18 | 880928 | 抗流感 | 0.82 | 1342.40 | 10.95 |
| 19 | 880550 | 保障房 | 0.80 | 1955.50 | 15.52 |
| 20 | 880525 | 铁路基建 | 0.78 | 1510.56 | 11.64 |
| 21 | 880573 | 摘帽概念 | 0.77 | 2404.20 | 18.39 |
| 22 | 880912 | 电商概念 | 0.73 | 2200.71 | 16.04 |
| 23 | 880945 | OLED概念 | 0.68 | 1125.17 | 7.63 |

| | 装饰园林(29) | 涨幅%↓ | 现价 | 量比 | 涨速% | 流通市值 |
|---|---|---|---|---|---|---|
| 1 | 乾景园林 | 10.00 | 33.10 | 1.63 | 0.00 | 16.55亿 |
| 2 | 丽鹏股份 | 9.96 | 7.62 | 1.83 | 0.00 | 38.35亿 |
| 3 | 蒙草生态 | 9.95 | 8.73 | 3.54 | 0.00 | 47.53亿 |
| 4 | 美尚生态 | 5.62 | 55.40 | 2.11 | 0.36 | 27.76亿 |
| 5 | 岳阳林纸 | 4.64 | 7.21 | 3.72 | 0.13 | 75.21亿 |
| 6 | 金 螳 螂 | 4.33 | 11.33 | 1.44 | 0.00 | 285.34亿 |
| 7 | 美丽生态 | 4.13 | 8.32 | 2.00 | 0.12 | 33.94亿 |
| 8 | 万里石 | 3.42 | 28.70 | 1.03 | 0.00 | 14.35亿 |
| 9 | 文科园林 | 3.42 | 26.30 | 1.23 | 0.00 | 29.91亿 |
| 10 | 棕榈股份 | 3.02 | 12.30 | 2.13 | -0.16 | 111.15亿 |
| 11 | 中毅达 | 2.21 | 13.85 | 2.29 | 0.07 | 40.27亿 |
| 12 | 兴源环境 | 1.90 | 43.00 | 3.08 | 0.13 | 172.82亿 |
| 13 | 岭南园林 | 1.28 | 32.53 | 1.51 | -0.39 | 50.18亿 |
| 14 | 东方园林 | 1.03 | 14.77 | 1.68 | 0.13 | 209.16亿 |
| 15 | 北新建材 | 0.99 | 10.23 | 0.49 | 0.09 | 140.93亿 |
| 16 | 上海建工 | 0.89 | 4.53 | 1.19 | 0.00 | 312.86亿 |
| 17 | 金正大 | 0.72 | 8.42 | 1.01 | 0.00 | 228.10亿 |
| 18 | 广田集团 | 0.62 | 8.15 | 0.57 | 0.36 | 106.73亿 |
| 19 | 铁汉生态 | 0.54 | 18.60 | 2.02 | 0.81 | 97.80亿 |
| 20 | 嘉寓股份 | 0.48 | 6.28 | 2.16 | 0.00 | 44.94亿 |
| 21 | 金科股份 | 0.23 | 4.28 | 0.48 | 0.23 | 161.54亿 |
| 22 | 亚厦股份 | 0.17 | 11.63 | 0.75 | 0.08 | 131.59亿 |
| 23 | 中航三鑫 | 0.14 | 7.39 | 0.41 | 0.00 | 54.85亿 |
| 24 | 普邦园林 | － | － | 0.00 | － | 75.97亿 |

分类▲ | A股 | 中小 | 创业 | B股 | 基金▲ | 债券▲ | 股转▲ | 板块指数 | 自选 | 板块▲ | 自定▲ | 股票期权▲ | 港股▲ | 期货▲ | 开基与理财▲

图 1－15　行业板块与装饰园林

## 第二节　G20 峰会硕果累累

2016 年 9 月 4～5 日，G20 峰会在杭州召开，20 国集团领导人在峰会期间合影。

2016 年 9 月 5 日，G20 杭州峰会"画上了圆满句号"。不过，在舆论普遍点赞的同时，也有人不明白：花这么大力气在杭州办 G20 峰会值不值？中国能从中收获什么？

《人民日报》总结了中国人至少收获的十大红利。

且不说举办 G20 峰会体现了中国对国际事务的责任担当，单是中国通过峰会收获的红利也是实实在在。杭州峰会期间，中国人至少收获了这十大红利，一起来看看：

**红利一：通过主场外交，中国进一步扩大国际影响力**

**红利二：为世界经济开药方，增强中国话语权**

**红利三：回击"中国经济崩溃论"等错误论调，给世界吃下定心丸**

**红利四：为发展中国家发声，展现中国义利观**

**红利五：进一步推动"一带一路"建设**

**红利六：推动国际金融机构改革，增强中国金融治理能力**

**红利七：重申反对贸易保护主义承诺**

**红利八：加强反腐败国际合作，腐败分子无处藏身**

**红利九：推进全球气候治理**

**红利十：展现中国文化软实力**

## 第三节　G20 峰会后环境保护板块大涨

从这十大红利当中我们看到与股市紧密相关的是"红利九推进全球气候治理"，这就给环境保护、装饰园林、风沙治理概念带来了无穷的想象空间……其中 PPP+环保+LED 最引人注目。

G20 峰会结束后的第一天，2016 年 9 月 6 日星期二，在行业板块里，环境保护板块大涨 4.54%，其中 5 个涨停板；在概念板块里排名前 24 名的是：风沙治理、绿色照明、宽带提速、空气治理、污水处理、PPP 模式、信息安全、海水淡化、装饰园林、固废处理、量子通信……智能电视，涨幅都在 2.0%以上，其中 PPP 模式 6 个涨停板。

如图 1－16、图 1－17 所示。

全部板块 | 行业板块 | 概念板块 | 风格板块 | 地区板块 | 统计指数

| | 代码 | 名称 | 涨幅%↓ | 现价 | 涨跌 |
|---|---|---|---|---|---|
| 1 | 880456 | 环境保护 | 4.54 | 2366.05 | 102.69 |
| 2 | 880454 | 水务 | 3.47 | 1355.95 | 45.47 |
| 3 | 880491 | 半导体 | 2.70 | 1237.00 | 32.49 |
| 4 | 880387 | 家用电器 | 2.37 | 1945.73 | 45.03 |
| 5 | 880464 | 仓储物流 | 2.15 | 2688.98 | 56.69 |
| 6 | 880448 | 电器仪表 | 2.12 | 2210.23 | 45.87 |
| 7 | 880490 | 通信设备 | 2.12 | 1707.64 | 35.41 |
| 8 | 880447 | 工程机械 | 2.09 | 558.51 | 11.43 |
| 9 | 880351 | 矿物制品 | 2.06 | 1258.02 | 25.45 |
| 10 | 880493 | 软件服务 | 1.98 | 2581.63 | 50.10 |
| 11 | 880492 | 元器件 | 1.83 | 1674.36 | 30.10 |
| 12 | 880440 | 工业机械 | 1.81 | 1679.25 | 29.81 |
| 13 | 880398 | 医疗保健 | 1.69 | 2875.99 | 47.85 |
| 14 | 880446 | 电气设备 | 1.65 | 1261.87 | 20.48 |
| 15 | 880350 | 造纸 | 1.64 | 1365.14 | 22.02 |
| 16 | 880497 | 综合类 | 1.62 | 1448.75 | 23.15 |
| 17 | 880423 | 酒店餐饮 | 1.58 | 1484.58 | 23.08 |
| 18 | 880335 | 化工 | 1.54 | 1232.48 | 18.72 |
| 19 | 880418 | 传媒娱乐 | 1.52 | 1945.46 | 29.06 |
| 20 | 880330 | 化纤 | 1.48 | 1201.54 | 17.53 |
| 21 | 880399 | 家居用品 | 1.46 | 3121.26 | 44.91 |
| 22 | 880414 | 商贸代理 | 1.45 | 1316.98 | 18.81 |
| 23 | 880431 | 船舶 | 1.44 | 825.54 | 11.74 |

| | 环境保护(45) | 涨幅%↓ | 现价 | 量比 | 涨速% | 流通市值 |
|---|---|---|---|---|---|---|
| 1 | 科融环境 | 10.04 | 10.19 | 1.26 | 0.00 | 72.63亿 |
| 2 | 伟明环保 | 10.01 | 26.38 | 1.41 | 0.00 | 34.46亿 |
| 3 | 蒙草生态 | 10.00 | 9.90 | 1.84 | 0.00 | 53.90亿 |
| 4 | 国祯环保 | 10.00 | 25.31 | 2.45 | 0.00 | 35.90亿 |
| 5 | 中电环保 | 9.98 | 10.80 | 3.28 | 0.00 | 36.88亿 |
| 6 | 聚光科技 | 8.83 | 32.79 | 1.06 | -0.15 | 146.42亿 |
| 7 | 巴安水务 | 8.03 | 19.50 | 1.51 | 0.36 | 44.91亿 |
| 8 | 龙净环保 | 7.72 | 13.95 | 5.88 | -0.35 | 149.13亿 |
| 9 | 铁汉生态 | 7.41 | 20.00 | 2.27 | 0.15 | 105.16亿 |
| 10 | 天壕环境 | 7.08 | 10.44 | 2.08 | 0.48 | 66.12亿 |
| 11 | 永清环保 | 6.99 | 15.30 | 2.71 | 0.26 | 90.68亿 |
| 12 | 万邦达 | 6.84 | 20.45 | 2.08 | 0.04 | 130.60亿 |
| 13 | 高能环境 | 6.79 | 34.30 | 1.23 | 0.38 | 83.27亿 |
| 14 | 先河环保 | 6.13 | 17.49 | 1.47 | 0.05 | 50.82亿 |
| 15 | 云投生态 | 5.83 | 25.07 | 1.44 | 0.03 | 27.03亿 |
| 16 | 菲达环保 | 5.79 | 14.25 | 3.50 | 0.00 | 57.98亿 |
| 17 | 清新环境 | 5.45 | 19.14 | 3.04 | -0.05 | 203.88亿 |
| 18 | 三维丝 | 5.27 | 20.36 | 2.22 | 0.14 | 51.07亿 |
| 19 | 启迪桑德 | 5.23 | 35.43 | 2.28 | 0.08 | 300.12亿 |
| 20 | 远达环保 | 5.21 | 13.93 | 2.43 | -0.14 | 108.77亿 |
| 21 | 嘉澳环保 | 5.13 | 64.56 | 2.01 | 0.40 | 11.85亿 |
| 22 | 碧水源 | 5.12 | 19.70 | 2.78 | 0.10 | 395.72亿 |
| 23 | 理工环科 | 5.08 | 19.66 | 2.25 | 0.00 | 31.11亿 |
| 24 | 凯美特气 | 5.05 | 11.66 | 2.05 | 0.08 | 66.11亿 |

**图 1－16　行业板块与环境保护**

全部板块 | 行业板块 | 概念板块 | 风格板块 | 地区板块 | 统计指数

| | 代码 | 名称 | 涨幅%↓ | 现价 | 涨跌 |
|---|---|---|---|---|---|
| 1 | 880585 | 风沙治理 | 4.37 | 1546.25 | 64.77 |
| 2 | 880588 | 绿色照明 | 3.18 | 1712.55 | 52.82 |
| 3 | 880559 | 宽带提速 | 3.15 | 2060.91 | 62.89 |
| 4 | 880581 | 空气治理 | 3.10 | 2375.71 | 71.43 |
| 5 | 880938 | 污水处理 | 2.94 | 1244.42 | 35.55 |
| 6 | 880940 | PPP模式 | 2.85 | 630.07 | 17.48 |
| 7 | 880901 | 信息安全 | 2.60 | 2783.53 | 70.43 |
| 8 | 880570 | 海水淡化 | 2.56 | 2115.25 | 52.76 |
| 9 | 880931 | 装饰园林 | 2.47 | 1244.23 | 29.99 |
| 10 | 880926 | 固废处理 | 2.46 | 1195.12 | 28.73 |
| 11 | 880943 | 量子通信 | 2.43 | 1056.52 | 25.03 |
| 12 | 880561 | IPV6概念 | 2.41 | 2242.19 | 52.84 |
| 13 | 880902 | 特斯拉 | 2.36 | 2007.96 | 46.20 |
| 14 | 880534 | 锂电池 | 2.32 | 1667.02 | 37.87 |
| 15 | 880916 | 国产软件 | 2.24 | 1584.62 | 34.74 |
| 16 | 880506 | 4G概念 | 2.24 | 1391.94 | 30.51 |
| 17 | 880531 | 武汉规划 | 2.22 | 1203.28 | 26.18 |
| 18 | 880520 | 智能电网 | 2.21 | 1382.44 | 29.88 |
| 19 | 880930 | 汽车电子 | 2.20 | 1439.48 | 31.03 |
| 20 | 880942 | 虚拟现实 | 2.11 | 915.44 | 18.88 |
| 21 | 880595 | 民营银行 | 2.10 | 1575.78 | 32.41 |
| 22 | 880909 | 燃料电池 | 2.10 | 1369.54 | 28.11 |
| 23 | 880541 | 触摸屏 | 2.01 | 1396.99 | 27.57 |

| | PPP模式(83) | 涨幅%↓ | 现价 | 量比 | 涨速% | 流通市值 |
|---|---|---|---|---|---|---|
| 1 | 科融环境 | 10.04 | 10.19 | 1.26 | 0.00 | 72.63亿 |
| 2 | 安徽水利 | 10.02 | 10.43 | 2.03 | 1.36 | 94.31亿 |
| 3 | 伟明环保 | 10.01 | 26.38 | 1.41 | 0.00 | 34.46亿 |
| 4 | 蒙草生态 | 10.00 | 9.90 | 1.84 | 0.00 | 53.90亿 |
| 5 | 国祯环保 | 10.00 | 25.31 | 2.45 | 0.00 | 35.90亿 |
| 6 | 中电环保 | 9.98 | 10.80 | 3.28 | 0.00 | 36.88亿 |
| 7 | 龙元建设 | 9.48 | 13.28 | 2.40 | 1.99 | 125.84亿 |
| 8 | 聚光科技 | 8.83 | 32.79 | 1.06 | -0.15 | 146.42亿 |
| 9 | 国中水务 | 8.16 | 7.29 | 1.57 | -0.68 | 106.12亿 |
| 10 | 渤海股份 | 8.12 | 21.84 | 1.33 | -0.36 | 25.87亿 |
| 11 | 美晨科技 | 7.88 | 16.70 | 1.29 | 1.45 | 66.36亿 |
| 12 | 铁汉生态 | 7.41 | 20.00 | 2.27 | 0.15 | 105.16亿 |
| 13 | 天壕环境 | 7.08 | 10.44 | 2.08 | 0.48 | 66.12亿 |
| 14 | 永清环保 | 6.99 | 15.30 | 2.71 | 0.26 | 90.68亿 |
| 15 | 万邦达 | 6.84 | 20.45 | 2.08 | 0.04 | 130.60亿 |
| 16 | 高能环境 | 6.79 | 34.30 | 1.23 | 0.38 | 83.27亿 |
| 17 | 先河环保 | 6.13 | 17.49 | 1.47 | 0.05 | 50.82亿 |
| 18 | 苏交科 | 5.90 | 26.55 | 1.92 | 0.34 | 88.37亿 |
| 19 | 云投生态 | 5.83 | 25.07 | 1.44 | 0.03 | 27.03亿 |
| 20 | 大禹节水 | 5.54 | 20.56 | 1.67 | 0.04 | 34.05亿 |
| 21 | 三维丝 | 5.27 | 20.36 | 2.22 | 0.14 | 51.07亿 |
| 22 | 启迪桑德 | 5.23 | 35.43 | 2.28 | 0.08 | 300.12亿 |
| 23 | 远达环保 | 5.21 | 13.93 | 2.43 | -0.14 | 108.77亿 |
| 24 | 东方园林 | 5.17 | 15.86 | 2.08 | -0.12 | 224.59亿 |

**图 1－17　概念板块与 PPP 模式**

2016年9月6日环境保护走势图（图1－18）。

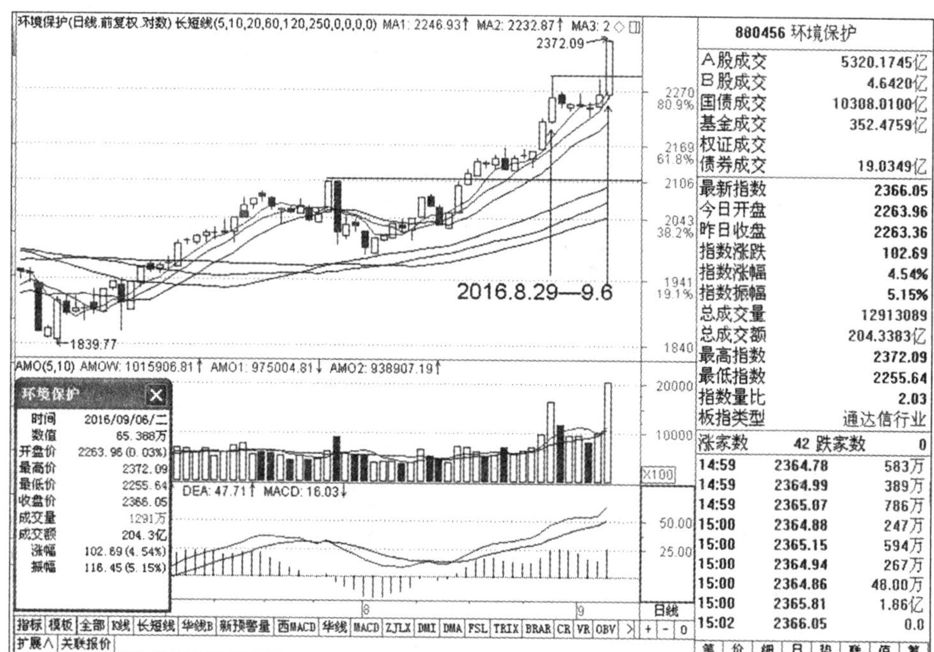


图1－18　环境保护走势图

2016年9月6日PPP模式走势图（图1－19）。

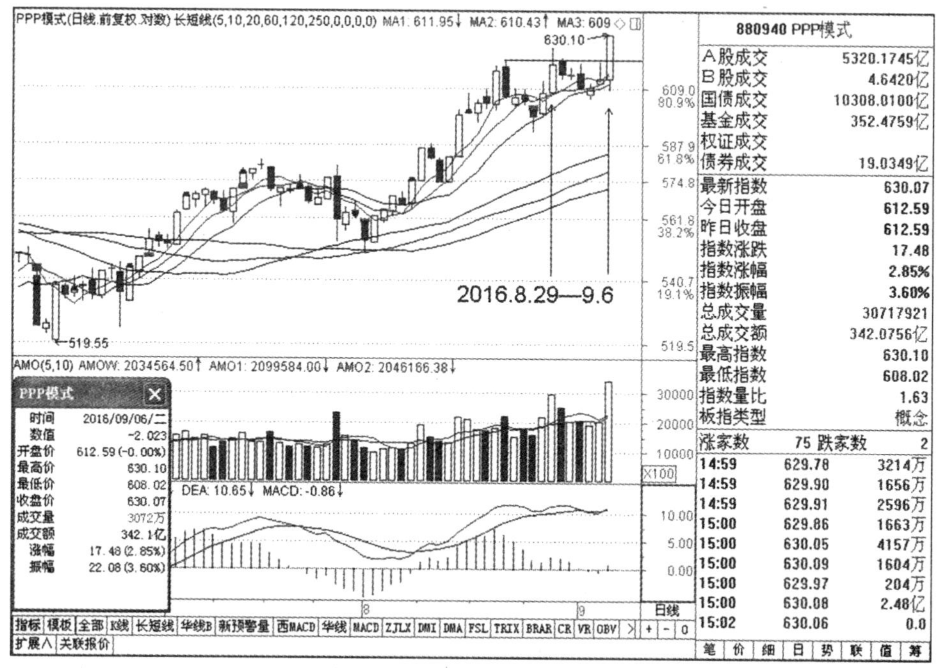


图1－19　PPP模式走势图

2016 年 9 月 6 日装饰园林走势图（图 1－20）。

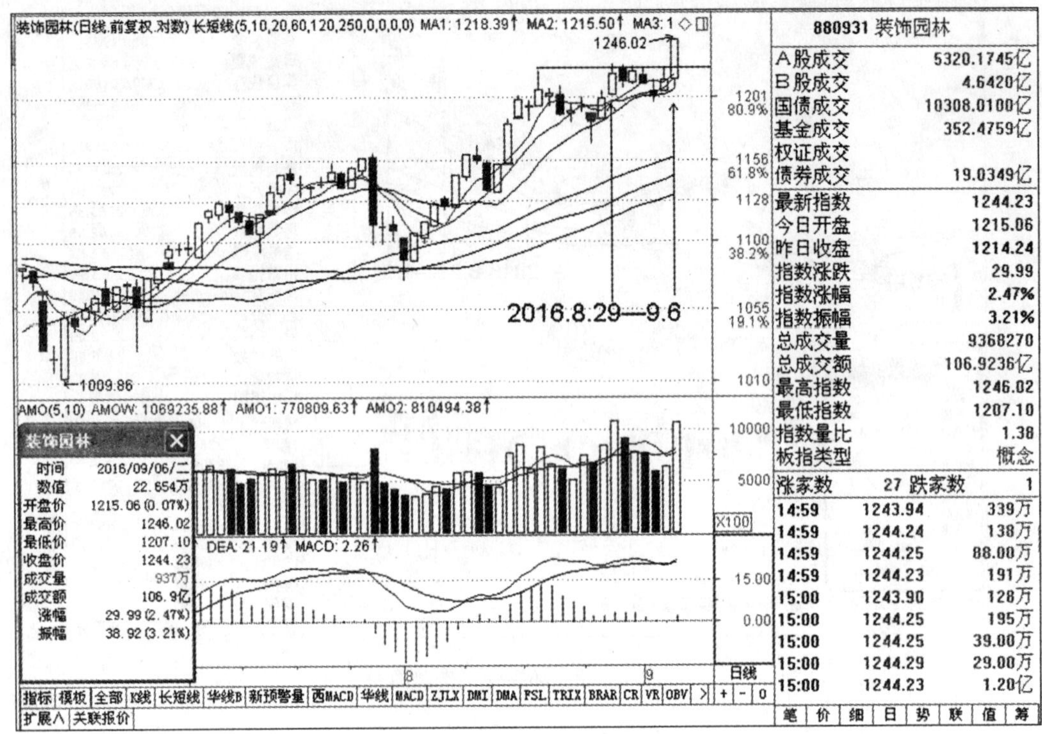


**图 1－20　装饰园林走势图**

2016 年 9 月 6 日，PPP+环保+LED 最引人注目，有 12 个涨停板（图 1－21）。

| | 代码 | 名称 | 涨幅% | 现价 | 涨跌 | 买价 | 卖价 | 总量 | 现量 | 涨速% | 换手% | 今开 |
|---|---|---|---|---|---|---|---|---|---|---|---|---|
| 1 | 603568 | 伟明环保 | 10.01 | 26.38 | 2.40 | 26.38 | － | 129878 | 5 | 0.00 | 9.94 | 24.20 |
| 2 | 300172 | 中电环保 | 9.98 | 10.80 | 0.98 | 10.80 | － | 375977 | 763 | 0.00 | 11.01 | 9.85 |
| 3 | 300388 | 国祯环保 | 10.00 | 25.31 | 2.30 | 25.31 | － | 162769 | 329 | 0.00 | 11.48 | 22.85 |
| 4 | 600098 | 广州发展 | × 9.98 | 9.04 | 0.82 | 9.04 | － | 573675 | 105 | 0.00 | 2.10 | 8.19 |
| 5 | 300152 | 科融环境 | × 10.04 | 10.19 | 0.93 | 10.19 | － | 117.8万 | 408 | 0.00 | 16.53 | 9.16 |
| 6 | 300355 | 蒙草生态 | × 10.00 | 9.90 | 0.90 | 9.90 | － | 155.5万 | 860 | 0.00 | 28.56 | 8.93 |
| 7 | 603311 | 金海环境 | 10.00 | 25.31 | 2.30 | 25.31 | － | 95283 | 25 | 0.00 | 10.24 | 22.99 |
| 8 | 000967 | 盈峰环境 | 9.97 | 16.21 | 1.47 | 16.21 | － | 321661 | 777 | 0.00 | 7.84 | 15.00 |
| 9 | 002005 | 德豪润达 | × 10.09 | 6.44 | 0.59 | 6.44 | － | 689521 | 2153 | 0.00 | 5.91 | 5.87 |
| 10 | 300303 | 聚飞光电 | 9.95 | 9.72 | 0.88 | 9.72 | － | 373785 | 687 | 0.00 | 9.24 | 8.81 |
| 11 | 002449 | 国星光电 | 9.99 | 15.08 | 1.37 | 15.08 | － | 427529 | 1078 | 0.00 | 12.76 | 13.85 |
| 12 | 300102 | 乾照光电 | 9.96 | 9.27 | 0.84 | 9.27 | － | 709417 | 2028 | 0.00 | 17.17 | 8.44 |

**图 1－21　PPP12 个涨停板**

2016 年 9 月 6 日截图——蒙草生态（图 1－22）。

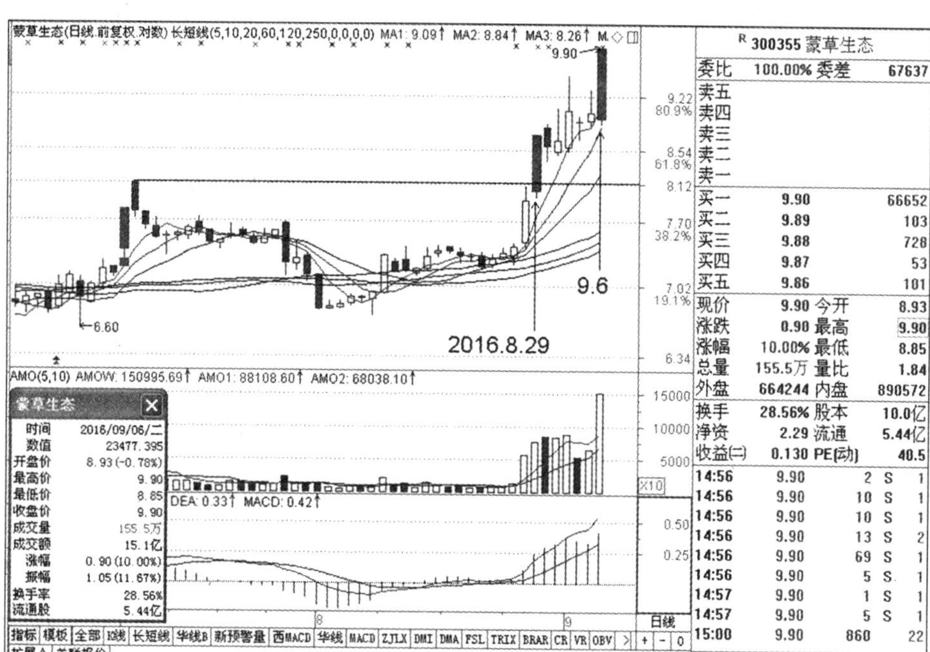

图 1－22　蒙草生态走势图

2016 年 9 月 6 日截图——蒙草生态（图 1－23）。

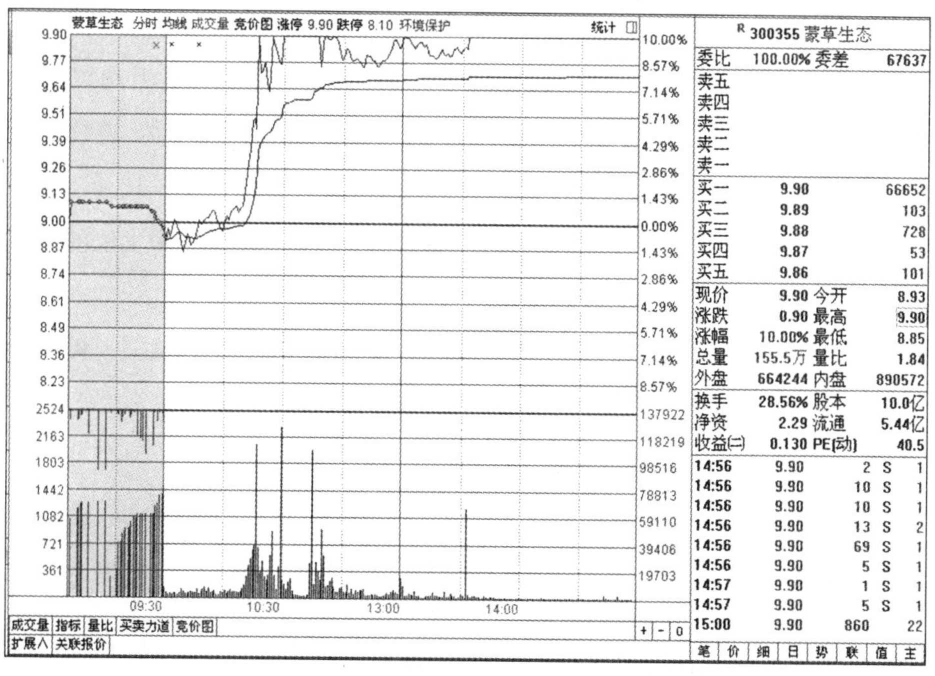


图 1－23　蒙草生态分时图

**在股市里，任何热点板块、任何强势个股都不会是一路上涨的，而是有一波上涨，就有一波下跌；重要的是在启涨时发现并能及时跟进，在一波上涨滞涨后及时锁定利润出局。**2016 年 9 月底，PPP 模式、环境保护、装饰园林三大热点板块都在一波大幅上涨后开始下跌。

# 第三例　“一带一路”倡议下的主力板块

## 第一节　率先突破震荡市的三大板块

**在股市里，监管层的政策是主宰市场的神秘力量。**

2016 年 6 月，沪、深两市交易所对市场爆炒题材概念股的监管力度持续升温，6 月 30 日有 5 家次新股集体被“特停”，富临精工（300432）、科恒股份（300340）、特力 A（000025）、三德科技（300515）等一大批个股也陆续被要求停牌自查。

时间进入 2016 年 9 月份，000935 四川双马连续拉升 6 个涨停板，000912 泸天化率先连续拉升 4 个涨停板，一时间这些妖股们的飙升说明了游资的活跃；而这段时间，这些妖股却没有被“特停”。

特别是国庆长假过后，先是债转股概念 000567 海德股份连续拉升超过 3 个涨停板；接着大盘蓝筹股搭台，先是海外工程、铁路基建、建筑板块联动，连续拉升七八根阳线，这在震荡市里是没有过的；接着 10 月 24 日煤炭板块大涨 6.13%，市场里的涨停板此起彼伏，24 日沪深两市出现了 34 个涨停板；一个大盘蓝筹股上涨的格局出现了，场外资金也有进场的迹象。

2016 年 10 月 21 日星期五，这一周的海外工程、铁路基建、建筑三大板块已经率先上涨且突破了横向盘整区，成为市场里一道亮丽的风景线。从 2016 年 10 月 21 日概念板块的 3 张涨幅表中可以看出强势股的面目。

2016 年 10 月 21 日星期五截图——海外工程（图 1 - 24）。

全部板块 | 行业板块 | 概念板块 | 风格板块 | 地区板块 | 统计指数

| | 代码 | 名称 | 涨幅%↓ | 现价 | 涨跌 |
|---|---|---|---|---|---|
| 1 | 880934 | 海外工程 | 4.61 | 911.10 | 40.12 |
| 2 | 880542 | 水利建设 | 3.42 | 1544.14 | 51.12 |
| 3 | 880525 | 铁路基建 | 2.15 | 1630.91 | 34.25 |
| 4 | 880529 | 次新股 | 1.25 | 5592.95 | 69.14 |
| 5 | 880924 | 海上丝路 | 0.69 | 1184.53 | 8.07 |
| 6 | 880560 | 高端装备 | 0.61 | 1307.26 | 7.88 |
| 7 | 880501 | 含H股 | 0.52 | 1095.64 | 5.70 |
| 8 | 880940 | PPP模式 | 0.49 | 653.49 | 3.16 |
| 9 | 880528 | 环渤海 | 0.47 | 1023.92 | 4.82 |
| 10 | 880549 | 海工装备 | 0.46 | 1343.81 | 6.17 |
| 11 | 880550 | 保障房 | 0.40 | 2016.44 | 8.08 |
| 12 | 880536 | 多晶硅 | 0.33 | 839.27 | 2.72 |
| 13 | 880947 | 债转股 | 0.29 | 1000.32 | 2.89 |
| 14 | 880594 | 丝绸之路 | 0.26 | 1485.67 | 3.89 |
| 15 | 880526 | 长三角 | 0.25 | 1280.91 | 3.20 |
| 16 | 880544 | 太阳能 | 0.24 | 1551.38 | 3.71 |
| 17 | 880567 | 三沙概念 | 0.18 | 1984.35 | 3.51 |
| 18 | 880595 | 民营银行 | 0.12 | 1576.07 | 1.87 |
| 19 | 880580 | 智能交通 | 0.11 | 2858.53 | 3.10 |
| 20 | 880575 | 地热能 | 0.09 | 2129.13 | 1.97 |
| 21 | 880574 | 苹果概念 | 0.09 | 1982.66 | 1.74 |
| 22 | 880578 | 建筑节能 | 0.08 | 2160.39 | 1.68 |
| 23 | 880920 | 免疫治疗 | 0.08 | 1593.51 | 1.22 |

| | 海外工程(25) | 涨幅%↓ | 现价 | 量比 | 涨速% | 流通市值 |
|---|---|---|---|---|---|---|
| 1 | 中国电建 | 9.98 | 7.05 | 4.95 | 0.00 | 676.80亿 |
| 2 | 中国交建 | 7.09 | 14.35 | 1.15 | 0.13 | 1685.73亿 |
| 3 | 中工国际 | 6.31 | 23.09 | 3.07 | 0.47 | 212.51亿 |
| 4 | 中国铁建 | 4.95 | 11.02 | 1.17 | 0.00 | 1267.66亿 |
| 5 | 中国化学 | 4.62 | 6.11 | 2.43 | 0.00 | 301.41亿 |
| 6 | 中国中冶 | 4.50 | 4.41 | 3.43 | 0.22 | 716.14亿 |
| 7 | 山推股份 | 3.74 | 5.83 | 2.31 | 0.17 | 61.62亿 |
| 8 | 三一重工 | 3.71 | 5.87 | 4.86 | 0.00 | 445.75亿 |
| 9 | 北方国际 | 3.27 | 25.90 | 3.16 | 0.07 | 103.73亿 |
| 10 | 中国中铁 | 2.97 | 9.01 | 1.07 | 0.11 | 1651.36亿 |
| 11 | 中材国际 | 2.56 | 7.20 | 2.06 | 0.13 | 118.08亿 |
| 12 | 葛洲坝 | 2.25 | 8.65 | 1.81 | 0.23 | 358.85亿 |
| 13 | 振华重工 | 2.23 | 5.05 | 1.67 | 0.39 | 139.80亿 |
| 14 | 柳工 | 2.21 | 7.39 | 2.68 | 0.00 | 83.14亿 |
| 15 | 徐工机械 | 2.15 | 3.33 | 3.25 | 0.30 | 232.89亿 |
| 16 | 中钢国际 | 2.01 | 17.26 | 1.14 | -0.05 | 71.26亿 |
| 17 | 中成股份 | 0.75 | 18.69 | 1.14 | 0.26 | 49.82亿 |
| 18 | 晋亿实业 | 0.58 | 10.33 | 1.11 | -0.28 | 81.88亿 |
| 19 | 北新路桥 | 0.55 | 9.19 | 0.86 | 0.10 | 51.22亿 |
| 20 | 江河集团 | 0.27 | 10.94 | 1.87 | 0.00 | 102.98亿 |
| 21 | 宁波建工 | 0.00 | 6.14 | 0.00 | 0.00 | 59.93亿 |
| 22 | 郴电国际 | -0.36 | 16.41 | 0.79 | 0.06 | 43.38亿 |
| 23 | 龙建股份 | -1.12 | 7.06 | 0.78 | 0.14 | 37.90亿 |
| 24 | 杭萧钢构 | -1.30 | 10.60 | 0.73 | -0.28 | 84.77亿 |

**图 1 - 24　海外工程个股涨幅**

2016 年 10 月 21 日星期五截图——铁路基建（图 1 - 25）。

全部板块 | 行业板块 | 概念板块 | 风格板块 | 地区板块 | 统计指数

| | 代码 | 名称 | 涨幅%↓ | 现价 | 涨跌 |
|---|---|---|---|---|---|
| 1 | 880934 | 海外工程 | 4.61 | 911.10 | 40.12 |
| 2 | 880542 | 水利建设 | 3.42 | 1544.14 | 51.12 |
| 3 | 880525 | 铁路基建 | 2.15 | 1630.91 | 34.25 |
| 4 | 880529 | 次新股 | 1.25 | 5592.95 | 69.14 |
| 5 | 880924 | 海上丝路 | 0.69 | 1184.53 | 8.07 |
| 6 | 880560 | 高端装备 | 0.61 | 1307.26 | 7.88 |
| 7 | 880501 | 含H股 | 0.52 | 1095.64 | 5.70 |
| 8 | 880940 | PPP模式 | 0.49 | 653.49 | 3.16 |
| 9 | 880528 | 环渤海 | 0.47 | 1023.92 | 4.82 |
| 10 | 880549 | 海工装备 | 0.46 | 1343.81 | 6.17 |
| 11 | 880550 | 保障房 | 0.40 | 2016.44 | 8.08 |
| 12 | 880536 | 多晶硅 | 0.33 | 839.27 | 2.72 |
| 13 | 880947 | 债转股 | 0.29 | 1000.32 | 2.89 |
| 14 | 880594 | 丝绸之路 | 0.26 | 1485.67 | 3.89 |
| 15 | 880526 | 长三角 | 0.25 | 1280.91 | 3.20 |
| 16 | 880544 | 太阳能 | 0.24 | 1551.38 | 3.71 |
| 17 | 880567 | 三沙概念 | 0.18 | 1984.35 | 3.51 |
| 18 | 880595 | 民营银行 | 0.12 | 1576.07 | 1.87 |
| 19 | 880580 | 智能交通 | 0.11 | 2858.53 | 3.10 |
| 20 | 880575 | 地热能 | 0.09 | 2129.13 | 1.97 |
| 21 | 880574 | 苹果概念 | 0.09 | 1982.66 | 1.74 |
| 22 | 880578 | 建筑节能 | 0.08 | 2160.39 | 1.68 |
| 23 | 880920 | 免疫治疗 | 0.08 | 1593.51 | 1.22 |

| | 铁路基建(73) | 涨幅%↓ | 现价 | 量比 | 涨速% | 流通市值 |
|---|---|---|---|---|---|---|
| 1 | 中国交建 | 7.09 | 14.35 | 1.15 | 0.13 | 1685.73亿 |
| 2 | 中国铁建 | 4.95 | 11.02 | 1.17 | 0.00 | 1267.66亿 |
| 3 | 北方国际 | 3.27 | 25.90 | 3.16 | 0.07 | 103.73亿 |
| 4 | 中国中车 | 3.01 | 9.57 | 2.77 | -0.10 | 2193.22亿 |
| 5 | 中国中铁 | 2.97 | 9.01 | 1.07 | 0.11 | 1651.36亿 |
| 6 | 鼎汉技术 | 2.60 | 21.33 | 2.04 | -0.04 | 79.71亿 |
| 7 | 北方创业 | 2.47 | 12.45 | 1.95 | 0.08 | 102.44亿 |
| 8 | 太原重工 | 2.40 | 4.26 | 1.82 | 0.47 | 103.26亿 |
| 9 | 晋西车轴 | 2.37 | 7.77 | 1.54 | -0.12 | 93.88亿 |
| 10 | 龙溪股份 | 2.16 | 12.79 | 1.38 | 0.07 | 51.10亿 |
| 11 | 东方雨虹 | 1.83 | 23.90 | 1.19 | 0.00 | 134.03亿 |
| 12 | 中铁二局 | 1.73 | 13.50 | 1.88 | -0.14 | 196.99亿 |
| 13 | 春晖股份 | 1.50 | 9.47 | 1.40 | 0.21 | 55.54亿 |
| 14 | 神剑股份 | 1.18 | 7.71 | 1.35 | 0.12 | 42.12亿 |
| 15 | 佳讯飞鸿 | 1.08 | 28.04 | 1.04 | 0.21 | 34.74亿 |
| 16 | 天马股份 | 0.93 | 11.90 | 0.73 | 0.08 | 129.94亿 |
| 17 | 隧道股份 | 0.79 | 10.23 | 1.68 | 0.00 | 321.64亿 |
| 18 | 中航重机 | 0.67 | 14.92 | 0.95 | 0.06 | 116.08亿 |
| 19 | 晋亿实业 | 0.58 | 10.33 | 1.11 | -0.28 | 81.88亿 |
| 20 | 中鼎股份 | 0.54 | 24.10 | 0.94 | 0.04 | 268.41亿 |
| 21 | 轴研科技 | 0.49 | 12.43 | 0.81 | 0.32 | 42.33亿 |
| 22 | 康尼机电 | 0.40 | 14.95 | 0.81 | 0.26 | 56.63亿 |
| 23 | 马钢股份 | 0.36 | 2.81 | 1.16 | 0.35 | 167.69亿 |
| 24 | 包钢股份 | 0.36 | 2.82 | 1.15 | 0.00 | 443.93亿 |

**图 1 - 25　铁路基建个股涨幅**

2016 年 10 月 21 日星期五截图——建筑（图 1－26）。

全部板块 | 行业板块 | 概念板块 | 风格板块 | 地区板块 | 统计指数

| | 代码 | 名称 | 涨幅%↓ | 现价 | 涨跌 |
|---|---|---|---|---|---|
| 1 | 880476 | 建筑 | 3.31 | 1515.16 | 48.56 |
| 2 | 880432 | 运输设备 | 2.11 | 1706.55 | 35.31 |
| 3 | 880447 | 工程机械 | 1.24 | 588.21 | 7.21 |
| 4 | 880431 | 船舶 | 1.18 | 840.51 | 9.80 |
| 5 | 880459 | 运输服务 | 0.74 | 947.18 | 6.92 |
| 6 | 880472 | 证券 | 0.63 | 1497.87 | 9.45 |
| 7 | 880473 | 保险 | 0.52 | 1209.80 | 6.31 |
| 8 | 880387 | 家用电器 | 0.51 | 1918.93 | 9.79 |
| 9 | 880344 | 建材 | 0.47 | 1000.62 | 4.66 |
| 10 | 880465 | 交通设施 | 0.42 | 1493.20 | 6.21 |
| 11 | 880471 | 银行 | 0.36 | 1461.08 | 5.19 |
| 12 | 880452 | 电信运营 | 0.30 | 1285.61 | 3.89 |
| 13 | 880310 | 石油 | 0.22 | 784.70 | 1.71 |
| 14 | 880423 | 酒店餐饮 | 0.21 | 1556.38 | 3.25 |
| 15 | 880301 | 煤炭 | 0.18 | 539.63 | 0.95 |
| 16 | 880399 | 家居用品 | 0.10 | 3202.72 | 3.35 |
| 17 | 880464 | 仓储物流 | 0.10 | 2743.73 | 2.61 |
| 18 | 880305 | 电力 | 0.04 | 1374.32 | 0.51 |
| 19 | 880437 | 通用机械 | 0.02 | 1241.71 | 0.22 |
| 20 | 880453 | 公共交通 | -0.03 | 1451.39 | -0.48 |
| 21 | 880390 | 汽车类 | -0.10 | 1599.23 | -1.64 |
| 22 | 880355 | 日用化工 | -0.11 | 1381.16 | -1.59 |
| 23 | 880372 | 食品饮料 | -0.17 | 1589.37 | -2.73 |

| | 建筑(92) | 涨幅%↓ | 现价 | 量比 | 涨速% | 流通市值 |
|---|---|---|---|---|---|---|
| 1 | 城地股份 | 10.01 | 41.21 | 4.24 | 0.00 | 10.14亿 |
| 2 | 中国电建 | 9.98 | 7.05 | 4.95 | 0.00 | 676.80亿 |
| 3 | 中国交建 | 7.09 | 14.35 | 1.15 | 0.13 | 1685.73亿 |
| 4 | 中工国际 | 6.31 | 23.09 | 3.07 | 0.47 | 212.51亿 |
| 5 | 中国建筑 | 5.73 | 7.38 | 1.86 | 0.13 | 2210.07亿 |
| 6 | 山鼎设计 | 5.37 | 54.12 | 2.13 | -0.11 | 11.26亿 |
| 7 | 中国铁建 | 4.95 | 11.02 | 1.17 | 0.00 | 1267.66亿 |
| 8 | 中国化学 | 4.62 | 6.11 | 2.43 | 0.00 | 301.41亿 |
| 9 | 中国中冶 | 4.50 | 4.41 | 3.43 | 0.22 | 716.14亿 |
| 10 | 苏州设计 | 3.51 | 101.10 | 1.78 | 0.07 | 15.16亿 |
| 11 | 建艺集团 | 3.45 | 81.46 | 1.58 | 0.09 | 16.54亿 |
| 12 | 北方国际 | 3.27 | 25.90 | 3.16 | 0.07 | 103.73亿 |
| 13 | 中国中铁 | 2.97 | 9.01 | 1.07 | 0.11 | 1651.36亿 |
| 14 | 中材国际 | 2.56 | 7.20 | 2.06 | 0.13 | 118.08亿 |
| 15 | 中泰桥梁 | 2.26 | 21.29 | 0.77 | 0.28 | 66.21亿 |
| 16 | 葛洲坝 | 2.25 | 8.65 | 1.81 | 0.23 | 358.85亿 |
| 17 | 上海建工 | 2.04 | 4.51 | 2.11 | 0.22 | 311.47亿 |
| 18 | 成都路桥 | 2.02 | 8.10 | 1.17 | 0.00 | 55.11亿 |
| 19 | 中钢国际 | 2.01 | 17.26 | 1.14 | -0.05 | 71.26亿 |
| 20 | 百利科技 | 1.84 | 31.07 | 1.57 | 0.45 | 17.40亿 |
| 21 | 岭南园林 | 1.81 | 30.41 | 2.22 | 0.00 | 46.91亿 |
| 22 | 中铁二局 | 1.73 | 13.50 | 1.88 | -0.14 | 196.99亿 |
| 23 | 中国核建 | 1.72 | 15.99 | 1.58 | 0.06 | 83.95亿 |
| 24 | 中国海诚 | 1.36 | 14.15 | 1.91 | 0.42 | 58.33亿 |

图 1－26　建筑个股涨幅

## 第二节　三个板块中的强势股

2016 年 10 月 21 日星期五截图——三个板块强势股（图 1－27）。

| | 代码 | 名称 | 涨幅% | 现价 | 涨跌 | 买价 | 卖价 | 总量 | 现量 | 涨速% | 换手% | 今开 |
|---|---|---|---|---|---|---|---|---|---|---|---|---|
| 1 | 880934 | 海外工程 | 4.61 | 911.10 | 40.12 | – | – | 1994万 | – | 0.11 | 1.91 | 868.79 |
| 2 | 880525 | 铁路基建 | 2.15 | 1630.91 | 34.25 | – | – | 1861万 | – | 0.04 | 1.36 | 1593.44 |
| 3 | 880476 | 建筑 | 3.31 | 1515.16 | 48.56 | – | – | 3233万 | – | 0.08 | 2.00 | 1464.49 |
| 4 | 601669 | 中国电建 | × 9.98 | 7.05 | 0.64 | 7.05 | – | 307.6万 | 10 | 0.00 | 3.20 | 6.41 |
| 5 | 601800 | 中国交建 | × 7.09 | 14.35 | 0.95 | 14.36 | 14.37 | 627186 | 27 | 0.20 | 0.53 | 13.32 |
| 6 | 601186 | 中国铁建 | × 4.95 | 11.02 | 0.52 | 11.03 | 11.04 | 224.2万 | 7694 | 0.00 | 1.95 | 10.50 |
| 7 | 601390 | 中国中铁 | × 2.97 | 9.01 | 0.26 | 9.00 | 9.01 | 256.4万 | 75 | -0.11 | 1.40 | 8.69 |
| 8 | 600592 | 龙溪股份 | × 2.16 | 12.79 | 0.27 | 12.78 | 12.80 | 408195 | 161 | 0.15 | 10.22 | 12.30 |
| 9 | 600528 | 中铁二局 | × 1.73 | 13.50 | 0.23 | 13.52 | 13.53 | 159.9万 | 1364 | -0.14 | 10.96 | 13.25 |
| 10 | 002122 | 天马股份 | 0.93 | 11.90 | 0.11 | 11.90 | 11.91 | 660771 | 9308 | 0.08 | 6.05 | 11.60 |
| 11 | 601668 | 中国建筑 | × 5.73 | 7.38 | 0.40 | 7.38 | 7.39 | 527.6万 | 422 | 0.00 | 1.76 | 6.98 |
| 12 | 002659 | 中泰桥梁 | 2.26 | 21.29 | 0.47 | 21.25 | 21.29 | 68397 | 1518 | 0.28 | 2.20 | 20.71 |
| 13 | 601002 | 晋亿实业 | × 0.58 | 10.33 | 0.06 | 10.34 | 10.35 | 690290 | 318 | -0.28 | 8.71 | 10.21 |

图 1－27　自选 10 只强势股

下面是我们选出的三个板块中几只强势股在 10 月 21 日的走势图。

2016 年 10 月 21 日星期五截图——中国电建（图 1－28）。

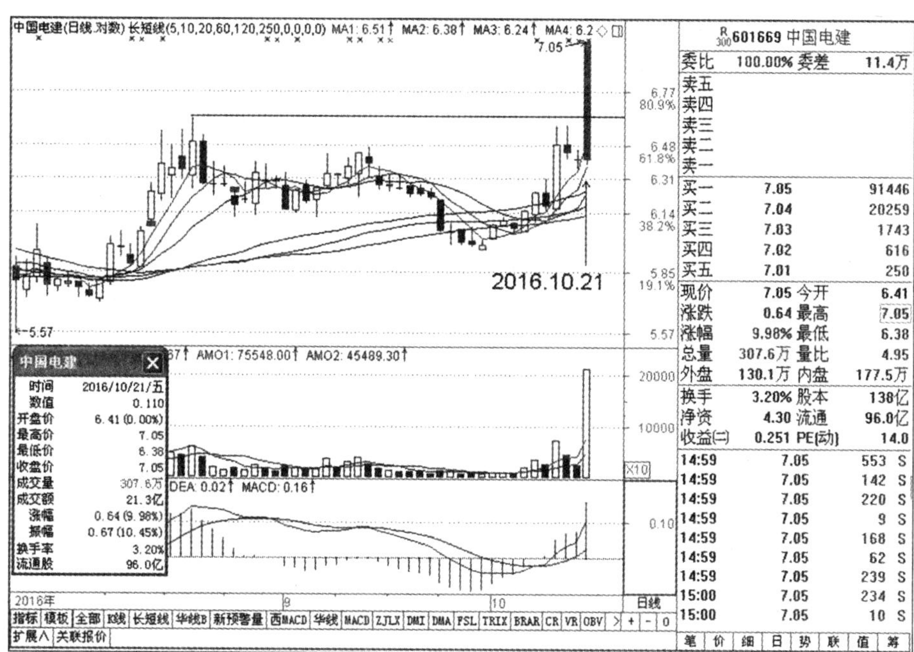


图 1－28　中国电建走势图

2016 年 10 月 21 日星期五截图——中国交建（图 1－29）。

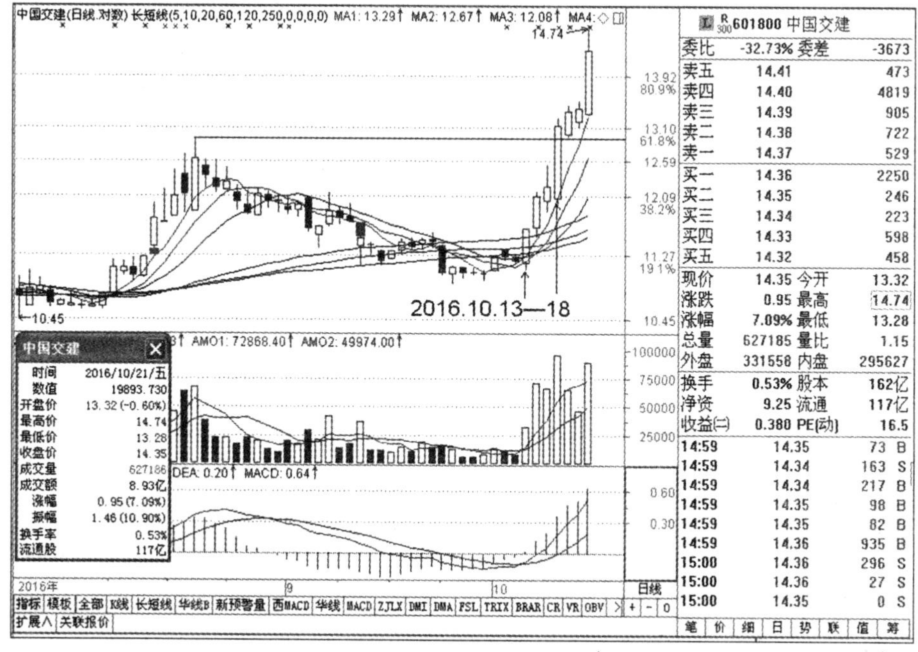


图 1－29　中国交建走势图

2016年10月21日星期五截图——中国铁建（图1－30）。

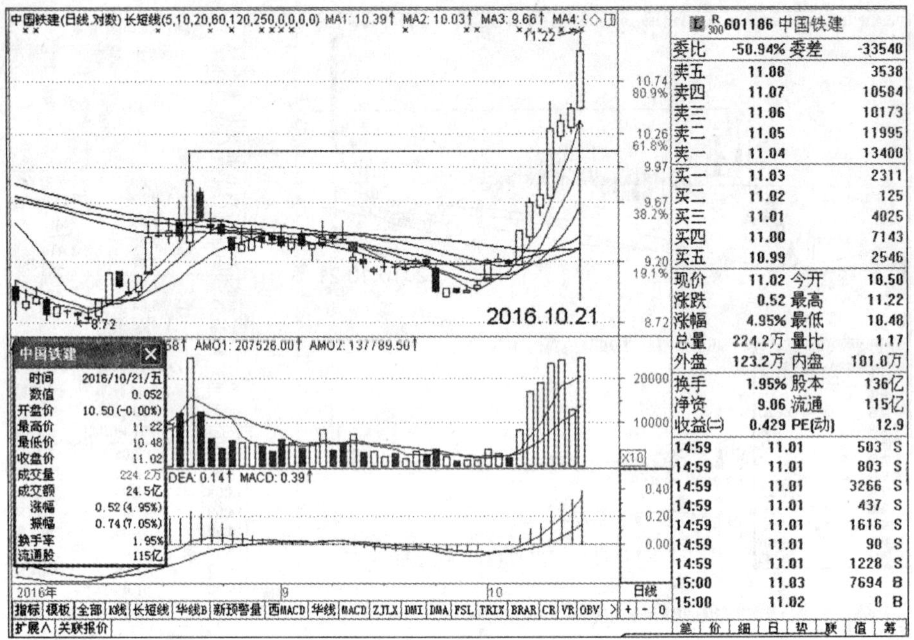


**图1－30 中国铁建走势图**

2016年10月21日星期五截图——中国中铁（图1－31）。

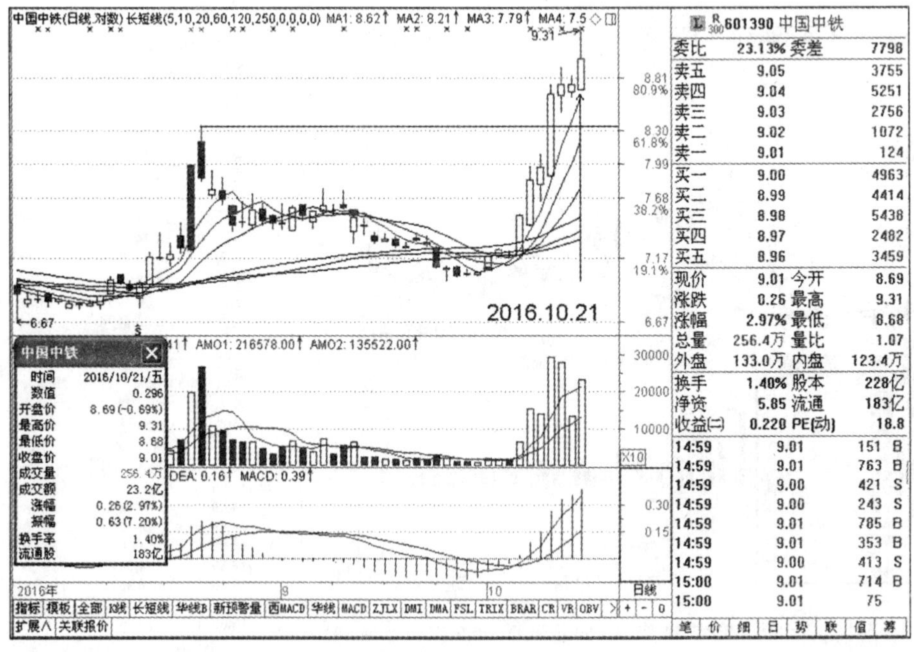


**图1－31 中国中铁走势图**

2016年10月21日星期五截图——中国建筑（图1－32）。

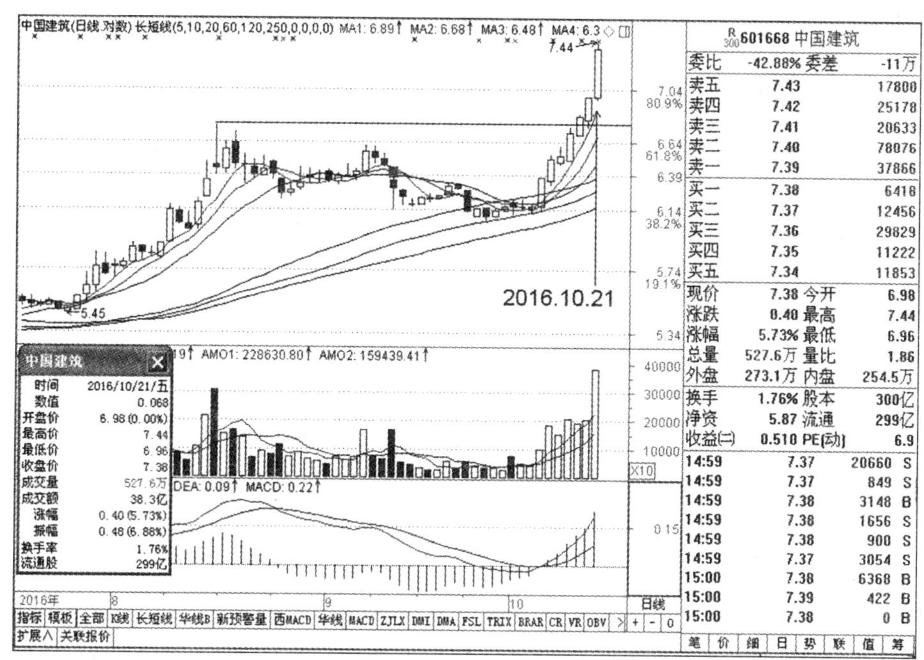


图1－32　中国建筑走势图

## 第三节　“黑天鹅”事件中的中流砥柱

2016年11月8日美国大选，美国媒体一致看好希拉里，且认为如果特朗普当选，就是“黑天鹅”事件。

2016年11月9日（当地时间11月8日），是美国总统大选日；9日当天，美国民主、共和两党竞选计票的信息分分秒秒反映在股市的走势中。当特朗普胜选后，股市暴跌、原油暴跌、美元暴跌、黄金大涨；更甚者，早间纳斯达克指数期货、标普500指数期货持续走低跌幅5%，一度触及熔断。全球资本市场出现大地震，东京股市震荡更剧烈，日经指数从上涨200多点高位跳水，盘中跌幅超过1000点。截至收盘，日经225指数大跌5.4%，报16251.54点——股市的走势反映出日本的震惊、恐惧与忧虑。

对中国的股市来说，上证指数当天振幅1.59%，盘中一度下挫失守3100点，随后，在“一带一路”概念股的拉升下迅速企稳，当天收出一根阴吊首线。深证成指当天振幅1.95%，收出一根探底线。两大指数K线形态相似、位置不同，是福是祸？

在 11 月 9 日开盘前，我分析美国大选结果公布后股市就会给出明确的方向，如图 1-33 所示。

张华老师 2016-11-09 9:08:25
2016年11月9日星期三：
在上周五（11.4）我们提示过：
“近期股市里的两条主线：
短线是：深港通——会炒作到深港通开通前后。
长线是：一带一路的“建筑、海外工程、铁路基建”，有跨年度的行情……炒股要紧跟主线和热点；偏离了主线和热点就会走进死胡同！”
今天，美国大选结果即将公布，股市10:00左右就会给出明确的方向。
以上分析，仅供参考；买卖自定，盈亏自负！
——————————————张华

图 1-33　盘前分析

当天盘中许多散户割肉抛盘；我认为主力在借机洗盘，盘中我分析“中国的‘一带一路’、深港通的政策不会因为美国的大选而改变——大选就是盘中主力的洗盘行为”，如图 1-34 所示。

正像我在 11 月 9 日盘中分析的“中国的‘一带一路’、深港通的政策不会因为美国的大选而改变”那样，美国大选后的次日，2016 年 11 月 10 日，上证指数果然从 3148.54 点跳空高开，直接突破前高点 3140 点的市场心理压力位，盘中一路高走，最终收出一根中阳线，宣告了昨天洗盘结束。

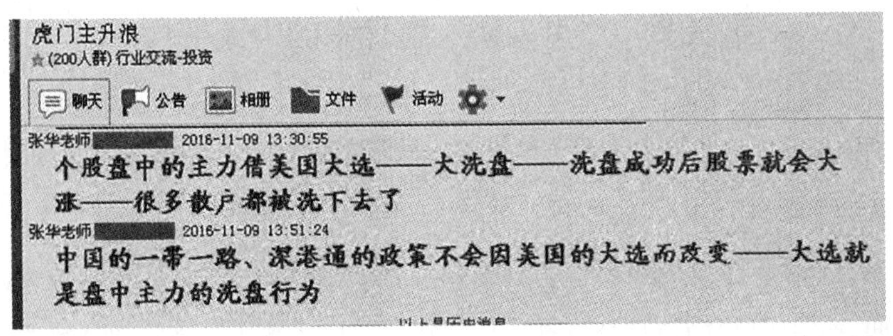


图 1-34　盘中分析

要明白，**“一带一路”倡议是中国进一步推进对外开放的关键，将为中国开辟市场空间、推进人民币国际化、提高国际影响力做出重要贡献**。随着中国实力的增长，与“一带一路”相关的交通运输、建筑材料、能源建设、商贸旅游、钢铁、机械设备等行业将显著受益很长一个周期。11 月 10 日，最为耀眼的是“一带一路”里的建筑、海外工程、铁路基建。

2016 年 11 月 10 日截图——上证指数（图 1－35）。

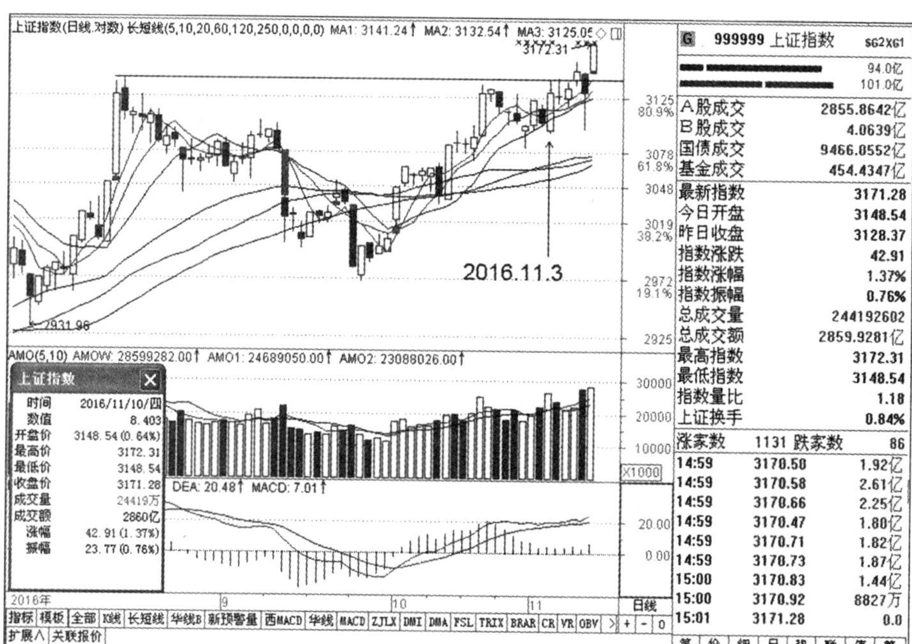


**图 1－35　上证指数走势图**

2016 年 11 月 11 日星期五截图——建筑（图 1－36）

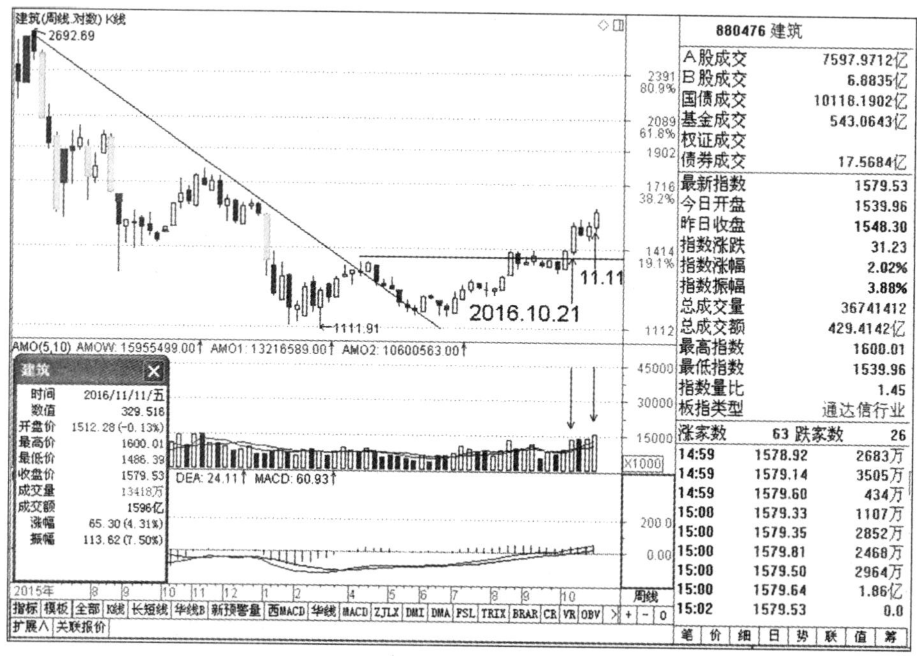


**图 1－36　建筑板块走势图**

2016 年 11 月 11 日星期五截图——海外工程（图 1 - 37）

海外工程(周线,对数) K线
1835.51
2016.10.21
11.11
693.91
880934 海外工程

| | |
|---|---|
| A股成交 | 7597.9712亿 |
| B股成交 | 6.8835亿 |
| 国债成交 | 10118.1902亿 |
| 基金成交 | 543.0643亿 |
| 权证成交 | |
| 债券成交 | 17.5684亿 |
| 最新指数 | 950.87 |
| 今日开盘 | 917.43 |
| 昨日收盘 | 922.83 |
| 指数涨跌 | 28.04 |
| 指数涨幅 | 3.04% |
| 指数振幅 | 5.64% |
| 总成交量 | 22325602 |
| 总成交额 | 182.3914亿 |
| 最高指数 | 969.51 |
| 最低指数 | 917.43 |
| 指数量比 | 2.18 |
| 板指类型 | 概念 |
| 涨家数 | 23 跌家数 1 |

| | |
|---|---|
| 时间 | 2016/11/11/五 |
| 数值 | 834.597 |
| 开盘价 | 891.25（-0.11%） |
| 最高价 | 969.51 |
| 最低价 | 875.34 |
| 收盘价 | 950.87 |
| 成交量 | 6274万 |
| 成交额 | 523.0亿 |
| 涨幅 | 58.60（6.57%） |
| 振幅 | 94.17（10.55%） |

图 1 - 37　海外工程走势图

2016 年 11 月 11 日星期五截图——铁路基建（图 1 - 38）。

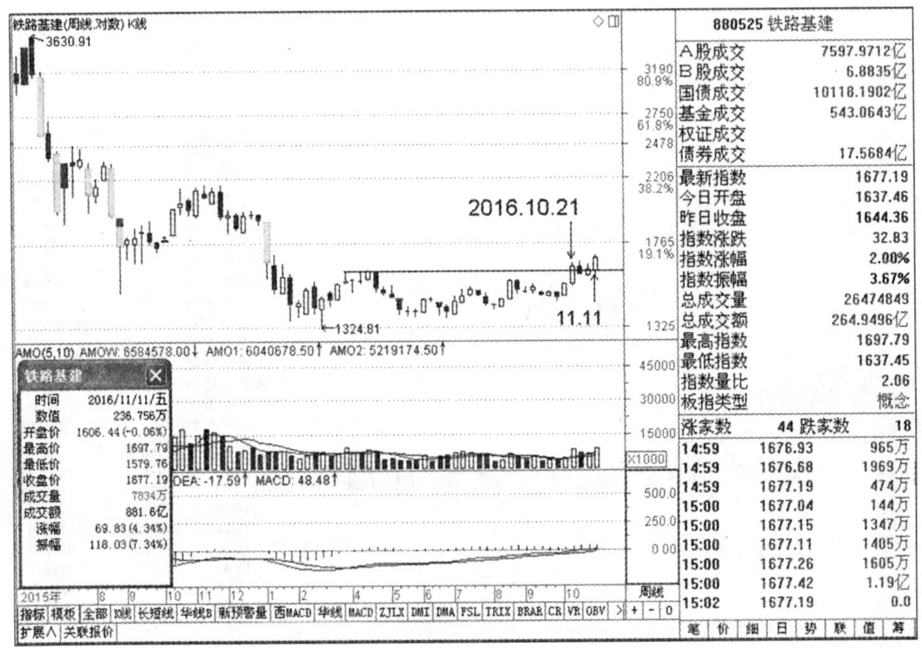


图 1 - 38　铁路基建走势图

2016 年 11 月 29 日上证指数在创出 3301.21 的年内新高后走势回落，12 月 2 日上午的走势明显告诉我们大盘要回调了，盘中我分析"大盘走坏了"，如图 1－39 所示。

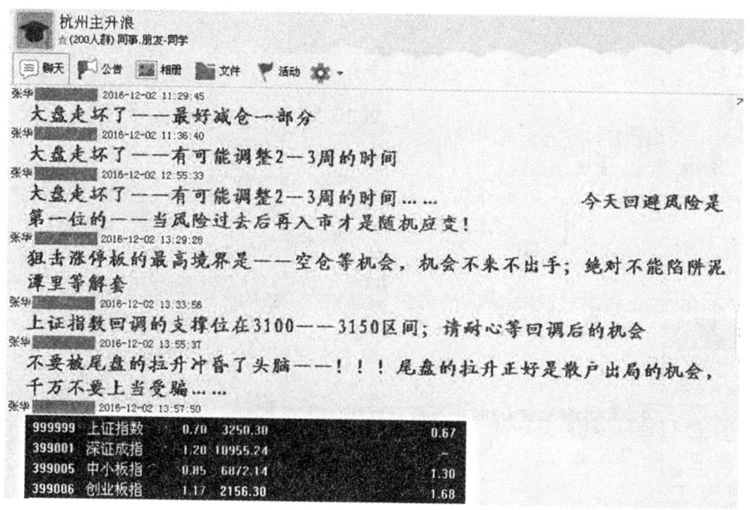


图 1－39　盘中分析

2016 年 12 月 2 日星期五截图——建筑（图 1－40）。

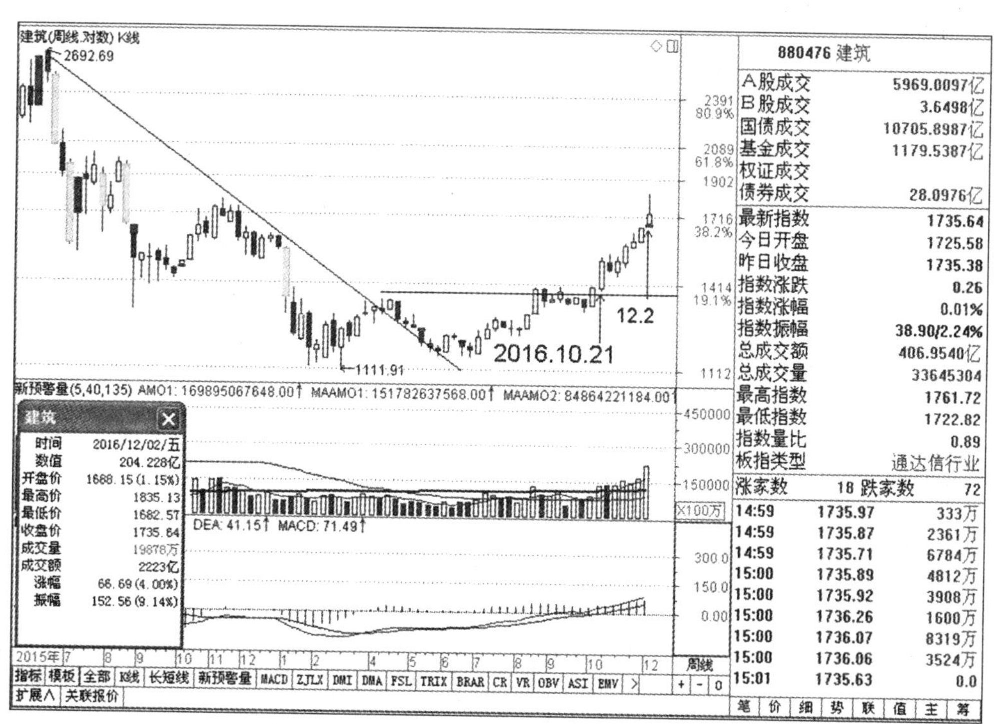


图 1－40　建筑板块走势图

2016 年 12 月 2 日星期五截图——海外工程（图 1－41）。

图 1－41　海外工程走势图

2016 年 12 月 2 日星期五截图——铁路基建（图 1－42）。

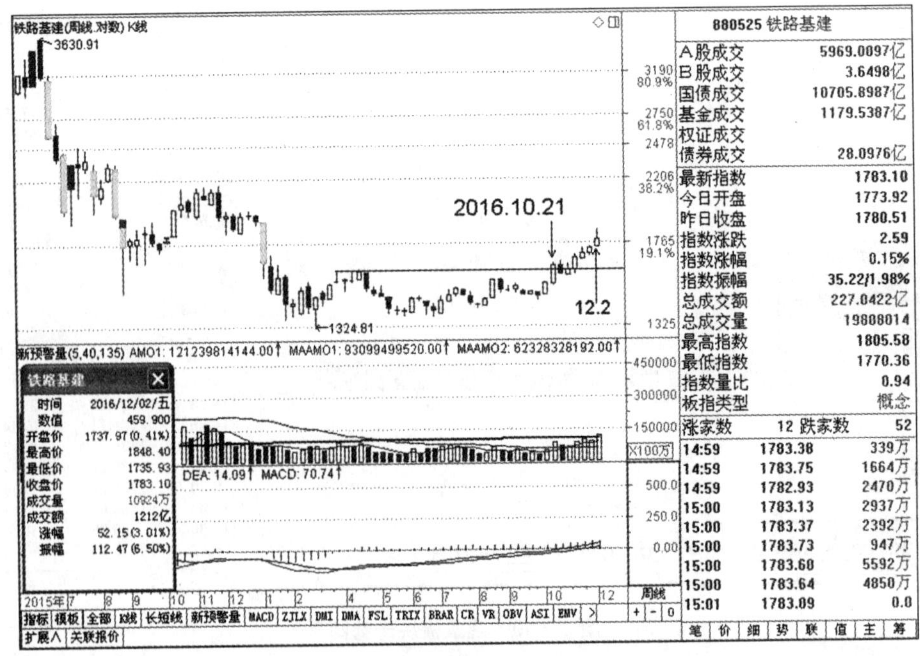


图 1－42　铁路基建走势图

2017年1月16日星期一截图——上证指数（图1-43）。

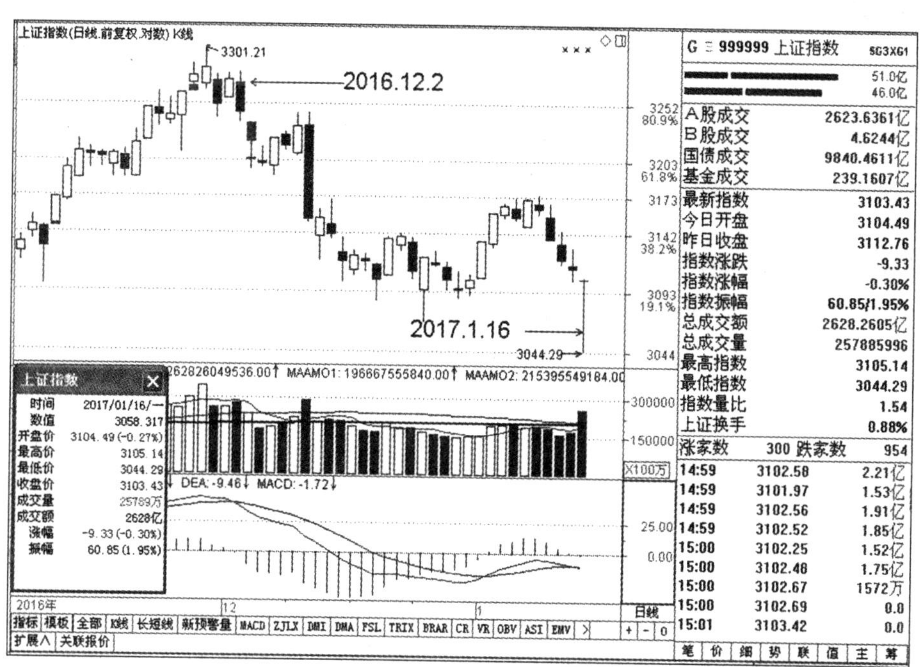


**图1-43 上证指数走势图**

## 股市箴言

• 热点板块代表了市场运作的方向，热点在哪里，主力就在哪里。

• 在股市里，任何热点板块、任何强势个股都不会是一路上涨的，而是有一波上涨，就有一波下跌；重要的是在启涨时发现并能及时跟进，在一波上涨滞涨后及时锁定利润出局。

• 所谓市场热点板块，就是指一群联袂上行的个股，它们往往隶属于某个板块。所谓介入时机，就是指形态上的买点。股价有效突破历史天价或前期高点是短线最好的买进时机。

• 热点判断失败、跟错热点——应该果断割肉出局。

• 在股市里，监管层的政策是主宰市场的神秘力量。

• “一带一路”倡议是中国进一步推进对外开放的关键，将为中国开辟市场空间、推进人民币国际化、提高国际影响力做出重要贡献。

• 影响股价涨跌的因素有很多，外部有环境、政策、上市公司、社会事件、突发事件、自热事件等因素，但最主要的是盘中主力因素。盘中主力目前想干什么、在干什么，一定要看明白，不明白就不要操作，不明白就去学习。学习明白了再进股市交易就会比较容易赚钱。在股市里，无数的事实证明，成功只偏爱有准备的人，成功只偏爱努力的人；学习越认真、越努力，就越接近成功。如果准备不充分，就会遭受挫折、失败，甚至亏得血本无归。

• 看明白了盘中主力还不够，还要有自知之明，知道自己是具有什么样思想的人、具有什么样理念的人，自身所有思想汇集起来就是你自己。自己是一个胆小懦弱、优柔寡断、恐惧多疑的人，还是一个勇敢、有力、自信、自强的人。理念不同，选股的思路就不同，操作的风格也就不同。每个渴望在股市里获得成功、获得财富的人，首先必须在自己的内心思想上产生希望、勇气、自信和坚强。只有优秀的品质才能帮助自己、成就自己。试想，一个看见股票快速、大幅上涨就恐惧的人、就战战兢兢的人，有什么力量去狙击涨停板、猎取主升浪呢？这些都是心理和精神的障碍，这些障碍不克服，是没有信心和力量来做涨停板与主升浪的。

• 看明白了主力，知道了自己，还要看懂股价走势图；这三者是在股市中交易的前提与基础；基础不牢、性命难保！

• 谨记：买新不买旧，买小不买大，买低不买高，买强不买弱。

• 虽然每月、每周、每天都有热点的出现，但是真正大的行情一年仅仅就那么几次，三次？四次？没有定论，就是2016年的震荡市也出现了4次大的行情。如果牛市来临，大行情就更稳定了，赚钱的机会就更多了。

• 关键是要把精力放在研究大行情身上，放在研究市场的主线和热点上。须知，热点不一定是主线，主线则必然是热点。抓住市场主线，沿着主线走，往往赚到的是大钱。

• 什么是南辕北辙？在股市做错了方向就是南辕北辙。

## 小结

### 抓住市场主线热点的机遇，做财富的主人

**虽然每月、每周、每天都有热点的出现，但是真正大的行情一年仅仅就那么几次，三次？四次？没有定论，就是2016年的震荡市也出现了4次大的行情。如果牛市来临，大行情就更稳定了，赚钱的机会就更多了。**

**关键是要把精力放在研究大行情身上，放在研究市场的主线和热点上。须知，热点不一定是主线，主线则必然是热点。抓住市场主线，沿着主线走，往往赚到的是大钱。**不要每天时时刻刻盯着自己持有的非主线和热点的股票看盘，那样不仅会得颈椎病，还赚不到大钱。

## 思考（致富）题

1. 如何发现主线热点及其强势股票？
2. 目前市场的主线热点是什么？你错过了没有？如果错过了怎么办？
3. 下一波市场的主线热点又会在哪个板块出现？

# 第二项注意

## 领涨龙头大胆买，巧取豪夺猎取主升浪

杜甫诗曰："挽弓当挽强，用箭当用长。射人先射马，擒贼先擒王。"用在股市也很恰当。股市里龙一、龙二、龙三就是黑马、就是领头羊，它们就是牛散的靶向。

**炒股要炒热点板块中的领涨龙头，没有跟上领涨龙头，跟上龙二、龙三也可以；龙三以后的跟风股最好不要参与；千万不要背离当前的热点去参与非热点的股票！非热点的股票就像没有成熟的水果，吃到口里涩、酸、苦、无味……**

那么，怎样发现热点板块中的领涨龙头呢？换言之，领涨龙头要具备什么条件？

第一，领涨龙头必须有涨停板出现，不能涨停的股票不可能做领涨龙头；涨停板是多方最准确的上攻信号，是所有黑马的摇篮，也是领涨龙头的发源地。

第二，领涨龙头必须先于热点板块其他股票创出新高。

第三，领涨龙头个股的股价不要过高，一般在 10 元左右；只有低价股才能受到股民的追捧。

第四，领涨龙头个股的流通市值要适中，一般在 10 亿左右，流通盘太小容纳不了市场更多资金的追捧；当然特殊时期特殊的领涨龙头则会打破惯例。

第五，龙头个股抗跌，遇到大盘调整也不会像跟风股那样经不起风浪。

你种下什么，你就会收获什么！

如果你害怕龙头股，害怕大幅波动、大幅上涨的股票，那么你永远都不可能在股市里赚钱，永远都不会在股市里成功。

下面，我们看看第一项注意讲到的三个热点板块的领涨股是如何扮演领涨龙头角色的。

2016 年 6 月黄金概念的领涨龙头 002716 金贵银业；

2016 年 8 月环境保护板块的领涨龙头 300355 蒙草生态；

2016 年 11 月的领涨龙头 601668 中国建筑。

## 第一例　2016 年黄金概念的领涨龙头——金贵银业

金贵银业在 2016 年黄金概念上升行情中成为领涨龙头。其实，在 2015 年 6 月 25 日除权送红股，该股形成双底之后一路爬升，在黄金概念爆发之前的 6 月 16 日涨停板，6 月 24 日也冲击到涨停板。6 月 24 日之后，借着黄金概念的炒作在机构和游资的主导下一路拉升，且边拉边出，成为黄金板块上升中的领涨龙头。

金贵银业上涨的背景主要在于 2016 年 6 月白银走势要明显强于黄金，而金贵银业的主营业务正是从矿冶废料中回收银、金等金属。

2016 年 6 月 24 日我在开盘前三次点评黄金概念股（图 2－1）。

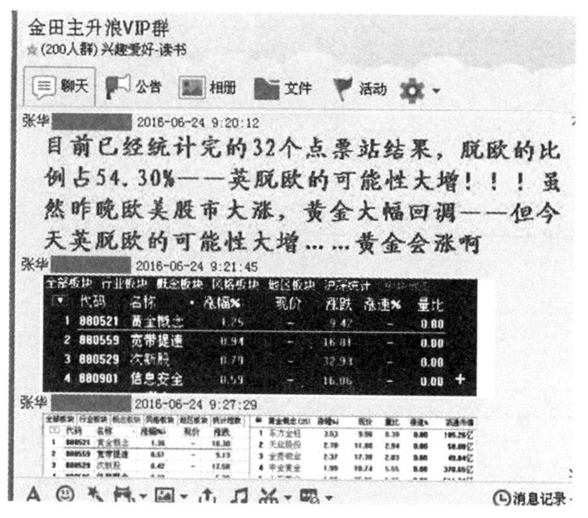


图 2－1　开盘前点评

2016 年 6 月 24 日，我们早盘选中的 10 只黄金股票里面，金贵银业集合竞价排在第三名。在 2016 年 6 月 24 日之前，6 月 17 日金贵银业已经创出除权后的新高，在新高前一天涨停板，正是这个涨停板告诉我们主力已经做好拉升的准备。只不过在 6 月 24 日，聪明、狡猾的主力盘中冲击到涨停板价而不封板，显露出一副弱而无力的形态，就在这个形态中继续接收不明真相的抛盘者的筹码。

2016 年 6 月 24 日截图——金贵银业（图 2－2）。

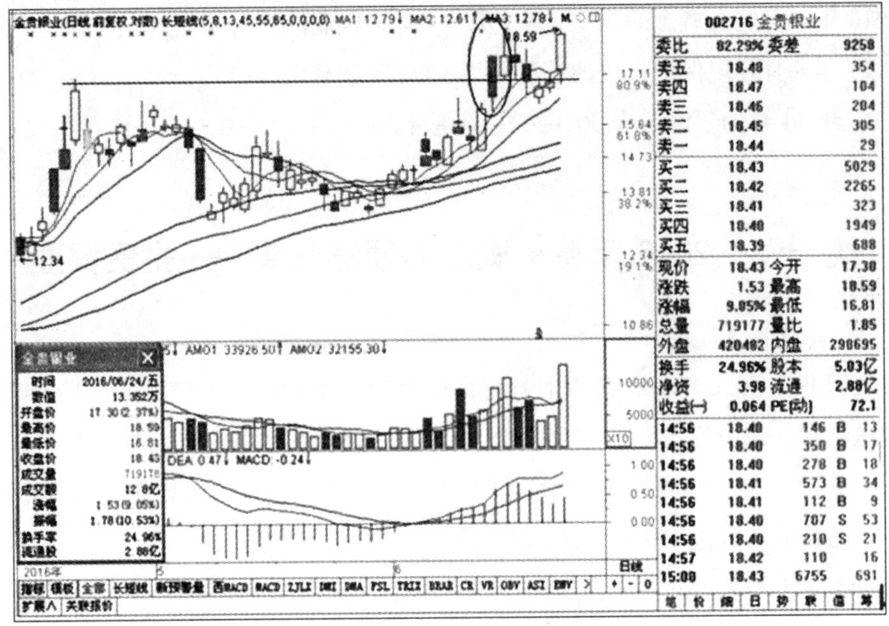


**图 2－2　金贵银业走势图**

2016 年 6 月 24 日收盘后截图——金贵银业（图 2－3）。

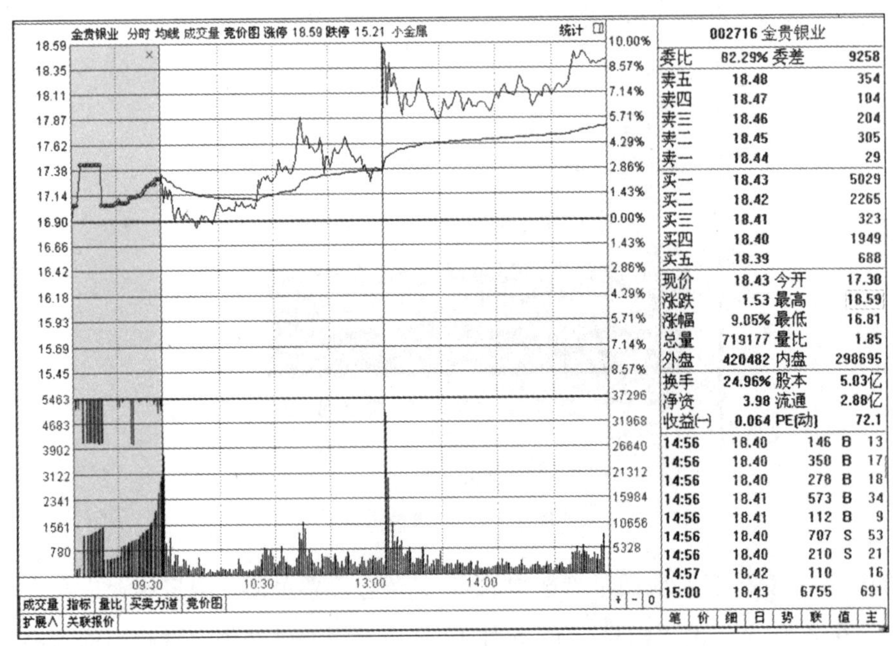


**图 2－3　金贵银业分时图**

6 月 24 日之后，当其他黄金股在向下调整时，金贵银业却在横盘整理，后于 6 月 29 日再创新高，新高后冲高回落进行反拖（关于反拖线的应对策略，可以参看《借刀斩牛股》一书)，反拖骗线后一路大幅上涨，且连拉 3 个涨停板，成为黄金概念第一轮上升行情的领涨龙头。截至 7 月 6 日，涨幅已达到 55.92%。

2016 年 7 月 6 日收盘后截图——金贵银业（图 2-4）。

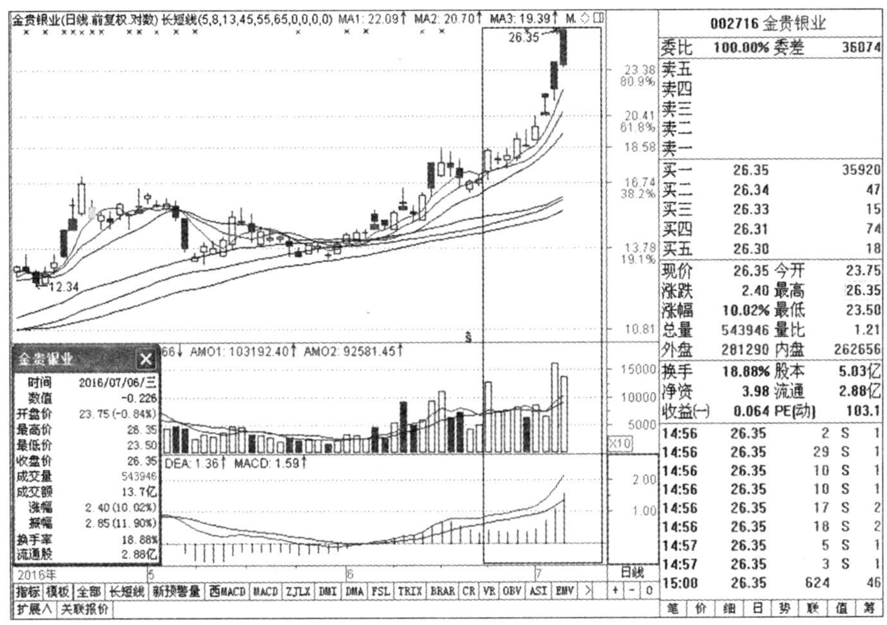

图 2-4　金贵银业 2016 年 6 月 24 日～7 月 6 日涨幅达 55.92%

2016 年 7 月 6 日收盘后截图——金贵银业（图 2-5）。

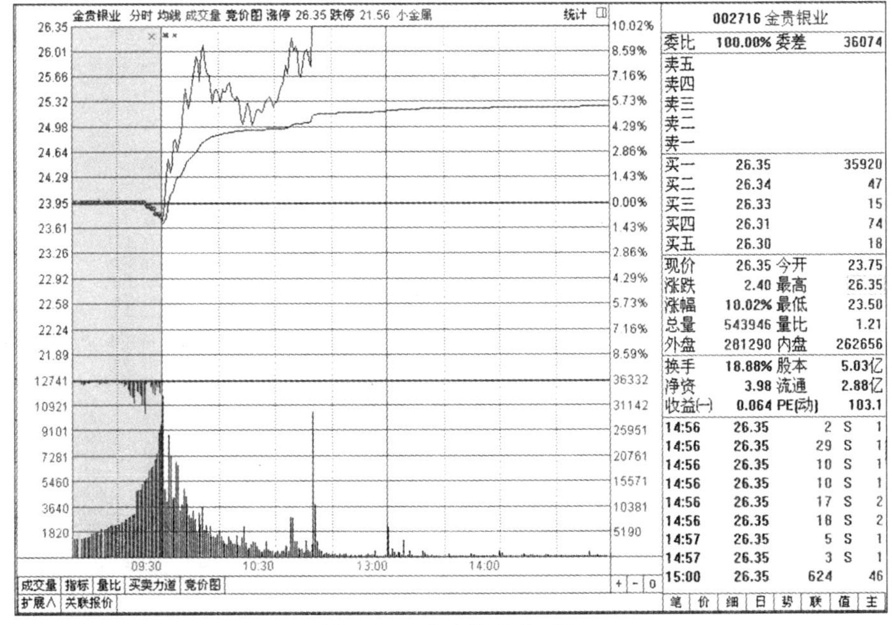

图 2-5　金贵银业分时图

2016 年 7 月 7 日收盘后截图——金贵银业（图 2－6）。

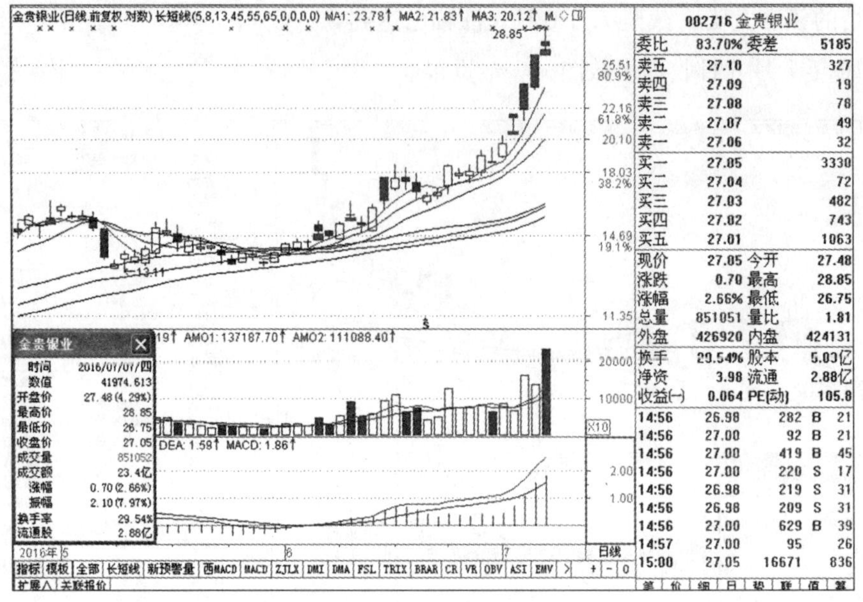


**图 2－6　金贵银业走势图**

2016 年 7 月 7 日，金贵银业跳空高开，盘中冲高后却向下回落，在冲高中出货、在回落中引诱买盘。到收盘时收出一根假阴线，但却是一根浪高线，这根线告诉我们该卖出了。浪高线的具体解析请参看《借刀斩牛股》一书。

2016 年 7 月 8 日截图——金贵银业（图 2－7）。

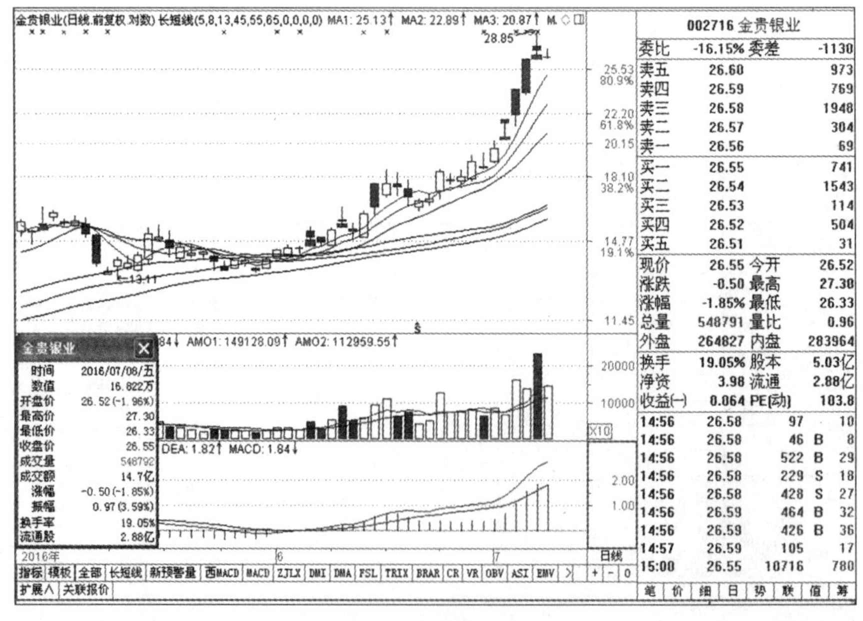


**图 2－7　金贵银业走势图**

2016 年 7 月 11 日（周一），盘中我提示如下（图 2－8）。

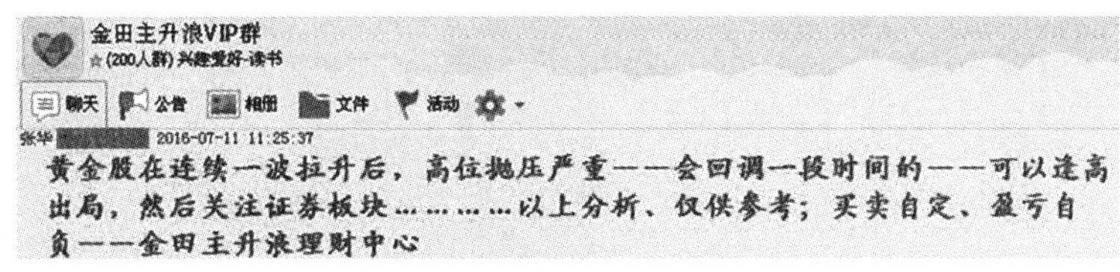


图 2－8　盘中提示

2016 年 7 月 11 日收盘后截图——金贵银业（图 2－9）。

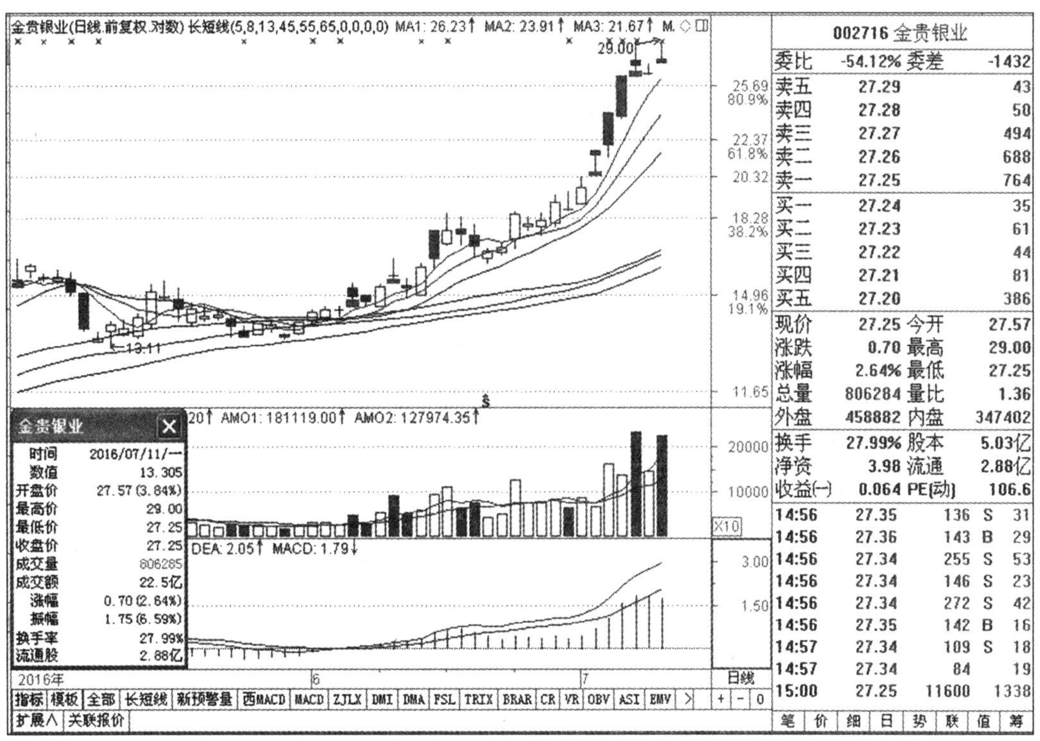


图 2－9　金贵银业走势图

收盘后，我们看到金贵银业收出了一根假阴十字，这根十字线与前一天的浪高线构成一个双顶形态，这标志着主力拉升到这里为止了，在出货、要回调。

2016 年 7 月 12 日收盘后截图——金贵银业（图 2 - 10）。

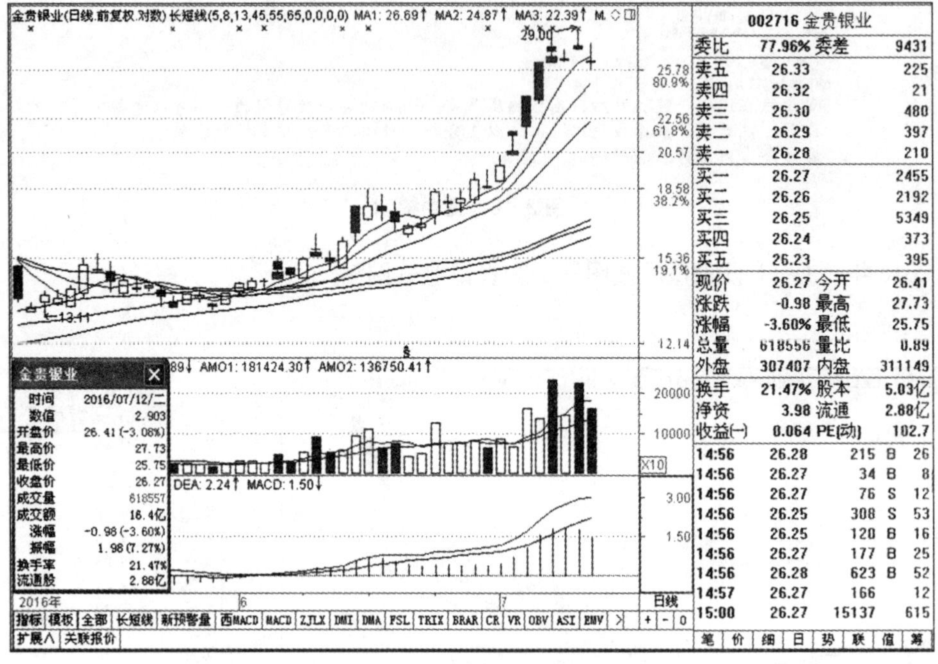


**图 2 - 10 金贵银业走势图**

2016 年 7 月 13 日收盘后截图——金贵银业（图 2 - 11）。

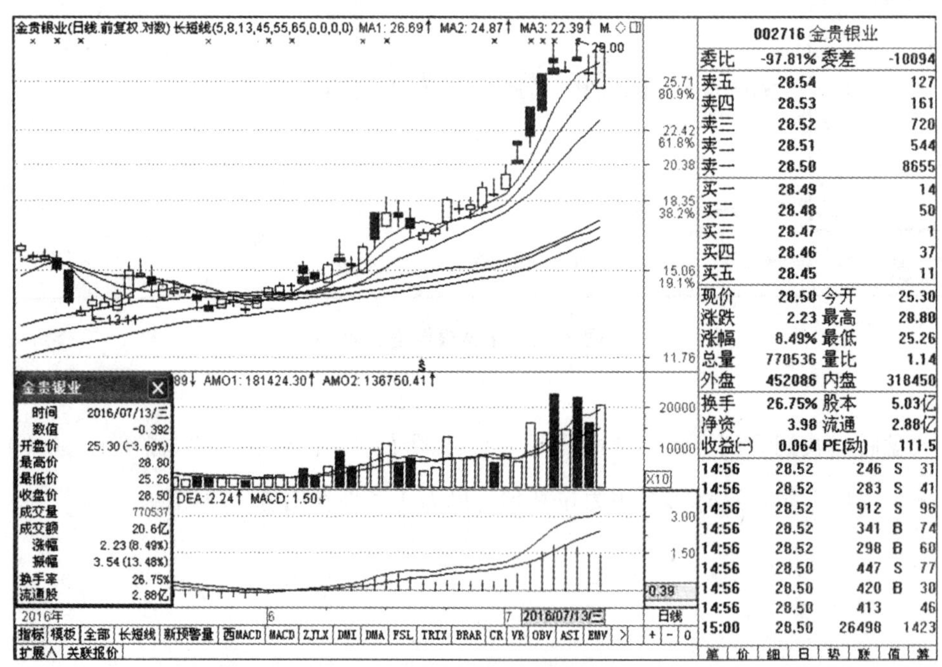


**图 2 - 11 金贵银业走势图**

2016 年 7 月 13 日收盘后截图——金贵银业（图 2－12）。

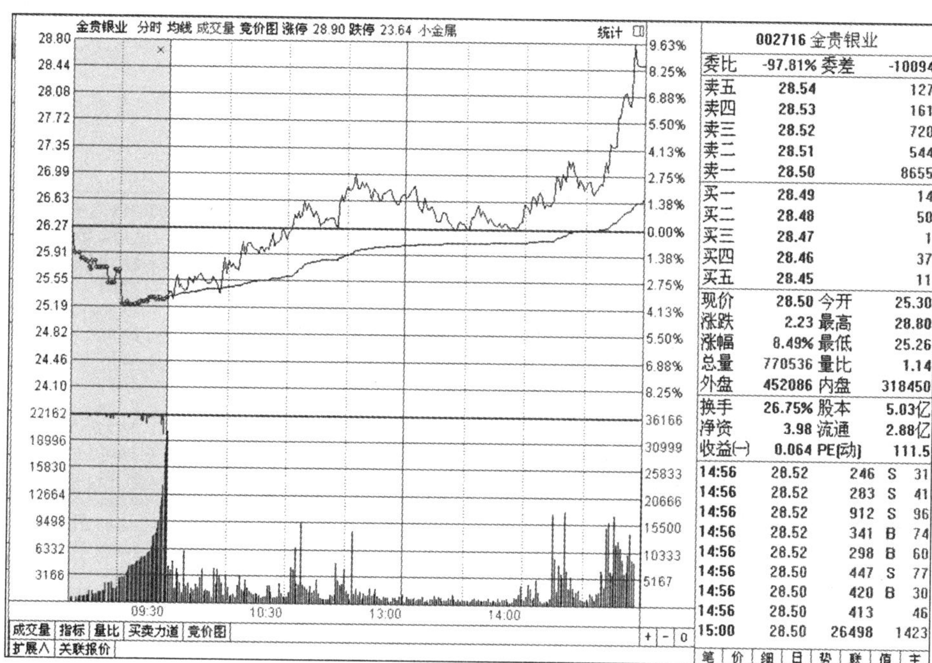


**图 2－12　金贵银业分时图**

2016 年 7 月 14 日金贵银业集合竞价如图 2－13 所示。

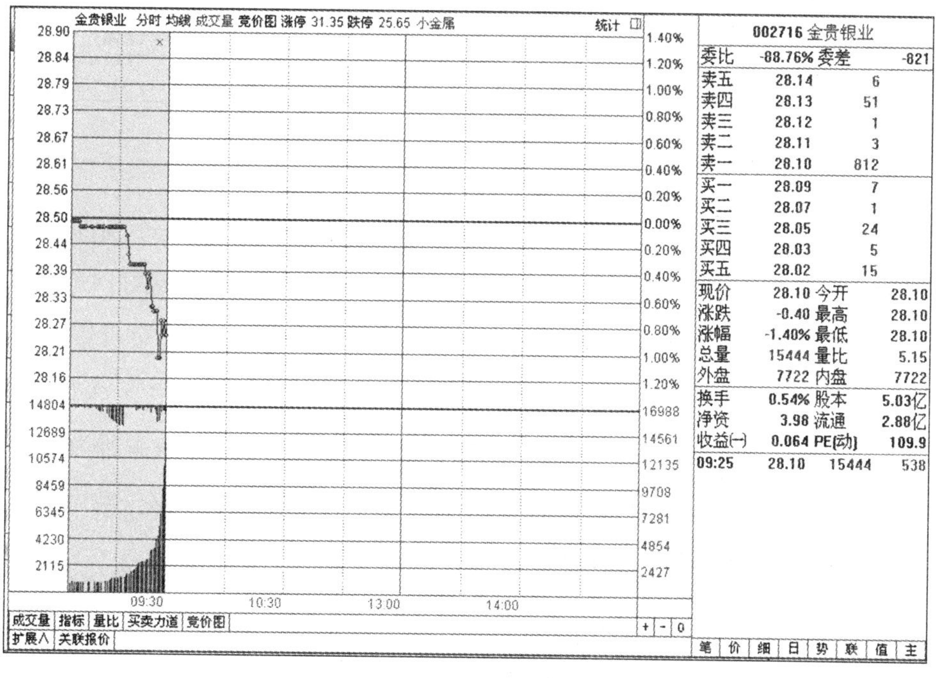


**图 2－13　金贵银业 2016 年 7 月 14 日集合竞价**

从集合竞价的结果来看，空方的力量远远大于多方的力量；卖单量很大，说明盘中主力昨天诱多成功后，要将昨天的买盘套住；读懂了主力意图的人今天都想回避风险——出逃了结。

2016 年 7 月 14 日收盘后截图——金贵银业（图 2－14）。

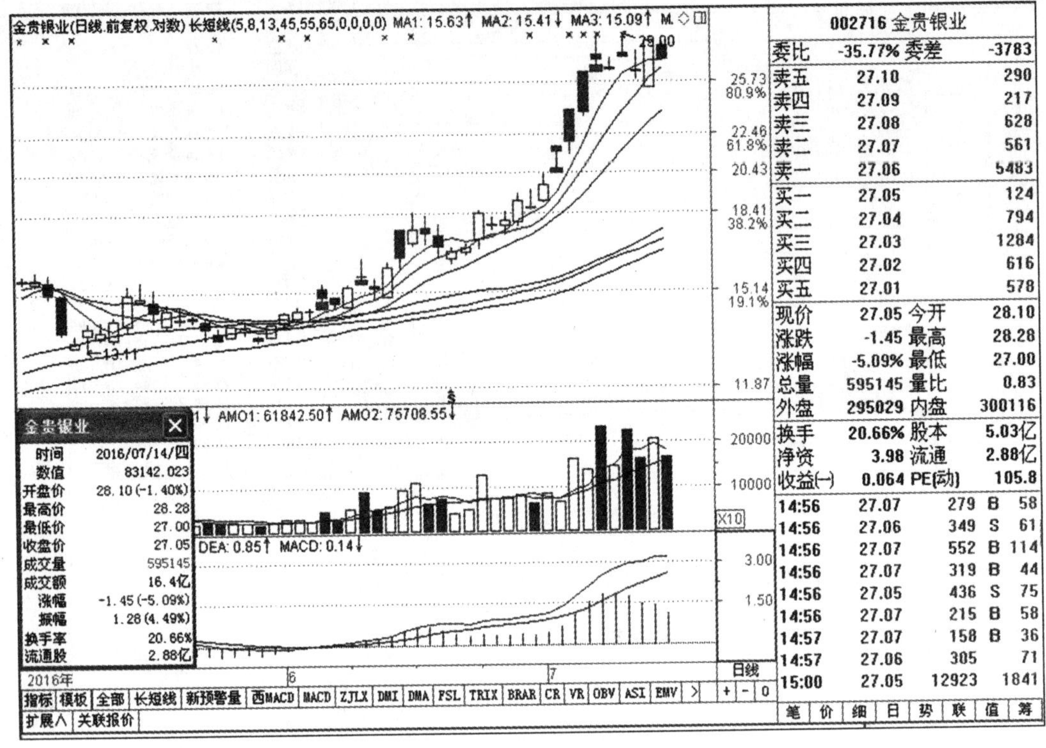


**图 2－14　金贵银业走势图**

主力低开低走，不给昨天买进者获利出逃的机会，到最后收出一个顶部的孕出线形态（参看《借刀斩牛股》）。这个孕出线再次告诉市场，风险来临，最好回避。

7 月 14 日收出孕出线形态后，连续 3 天（15 日、18 日、19 日）金贵银业都是低开高走，都收出小阳线。有人会怀疑孕出线的有效性，但小阳线的低点一天比一天低，说明做多的力量一天比一天衰竭，能收出小阳线，全是盘中主力的技术所为。7 月 20 日开盘后一路走低，全天 7.08％的跌幅就暴露了主力的真实面目，这一轮上涨连续 9 天的骗线结束了，一轮下跌正式开始。

2016年7月20日收盘后截图——金贵银业（图2-15）。

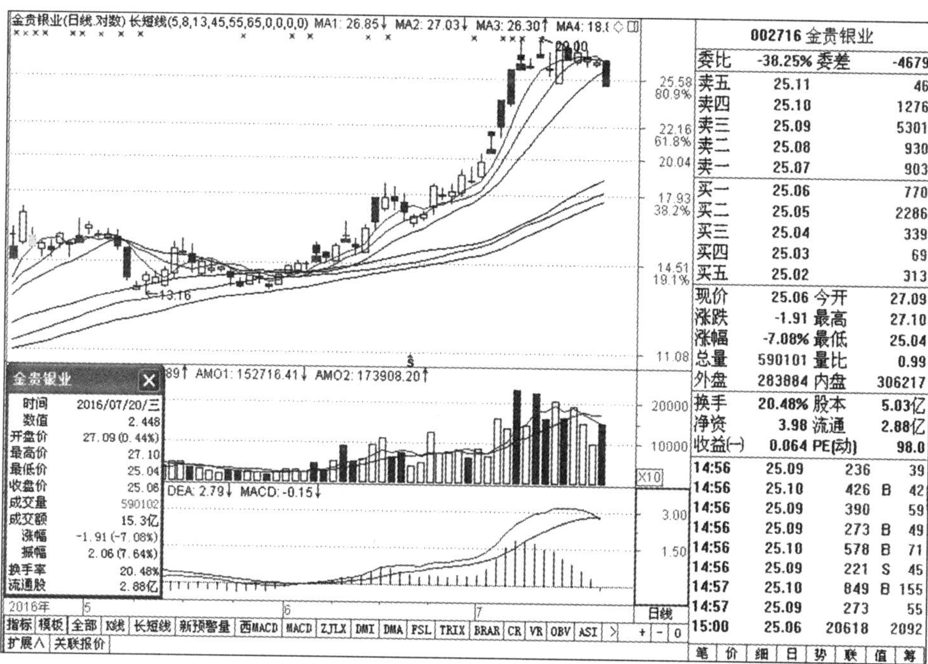


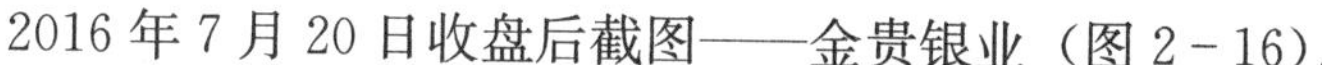
图2-15　金贵银业走势图

2016年7月20日收盘后截图——金贵银业（图2-16）。

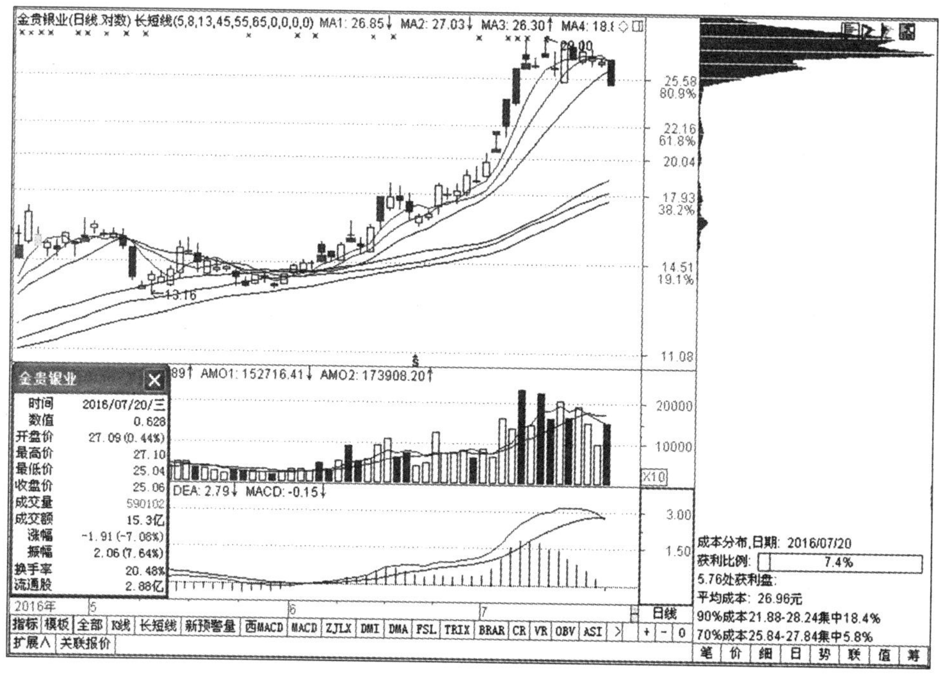

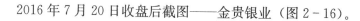

图2-16　金贵银业筹码图

从该股在波段顶部的几个K线形态可以看出，主力从7月7日到19日，一直维持在高位出货。如果你熟悉K线的含义，就会在7月7日的浪高线、7月11日的十字线、7月19日的上升最后的怀抱线逢高出局，如果到最后的一个下降三法再不出局，那就会被牢牢地套在这一波的顶部。

## 第二例　2016年8月G20峰会前后的环境保护、装饰园林与PPP领涨龙头——蒙草生态

2016年8月29日开盘前我分析如下（图2－17）。

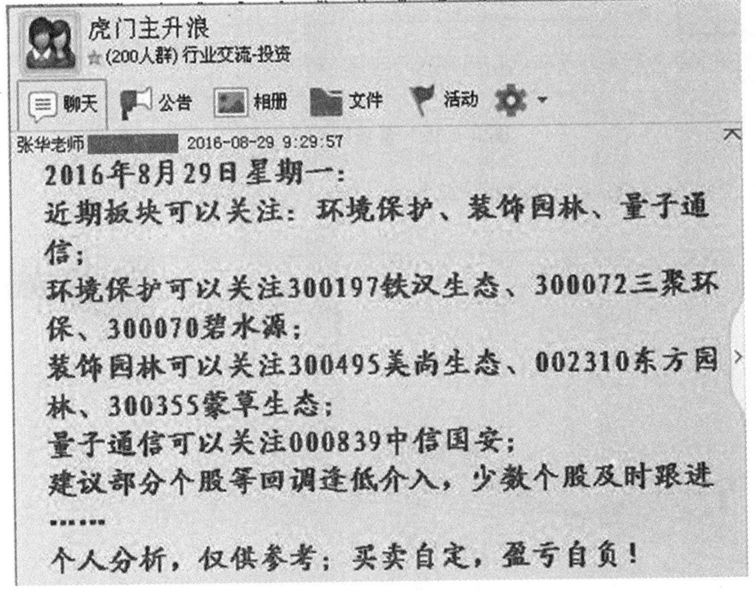


图2－17　盘前分析

当天，环境保护、装饰园林成为市场的热点板块。

2016 年 8 月 29 日收盘后截图（图 2－18）。

全部板块 | 行业板块 | 概念板块 | 风格板块 | 地区板块 | 统计指数

| | 代码 | 名称 | 涨幅%↓ | 现价 | 涨跌 |
|---|---|---|---|---|---|
| 1 | 880454 | 水务 | 2.74 | 1335.11 | 35.64 |
| 2 | 880456 | 环境保护 | 2.01 | 2256.81 | 44.37 |
| 3 | 880476 | 建筑 | 1.56 | 1369.83 | 21.05 |
| 4 | 880350 | 造纸 | 0.95 | 1315.52 | 12.41 |
| 5 | 880474 | 多元金融 | 0.82 | 2080.01 | 16.99 |
| 6 | 880455 | 供气供热 | 0.80 | 1076.26 | 8.52 |
| 7 | 880497 | 综合类 | 0.78 | 1431.40 | 11.08 |
| 8 | 880422 | 文教休闲 | 0.71 | 2552.29 | 17.94 |
| 9 | 880398 | 医疗保健 | 0.64 | 2878.34 | 18.42 |
| 10 | 880380 | 酿酒 | 0.56 | 1434.46 | 7.94 |
| 11 | 880482 | 房地产 | 0.54 | 1726.83 | 9.24 |
| 12 | 880400 | 医药 | 0.48 | 1800.62 | 8.55 |
| 13 | 880430 | 航空 | 0.47 | 1698.86 | 8.00 |
| 14 | 880424 | 旅游 | 0.47 | 1597.08 | 7.48 |
| 15 | 880437 | 通用机械 | 0.43 | 1162.31 | 4.95 |
| 16 | 880406 | 商业连锁 | 0.43 | 1175.79 | 4.99 |
| 17 | 880447 | 工程机械 | 0.30 | 551.06 | 1.67 |
| 18 | 880492 | 元器件 | 0.28 | 1642.09 | 4.61 |
| 19 | 880335 | 化工 | 0.28 | 1217.85 | 3.34 |
| 20 | 880431 | 船舶 | 0.27 | 828.57 | 2.20 |
| 21 | 880360 | 农林牧渔 | 0.26 | 1399.03 | 3.60 |
| 22 | 880301 | 煤炭 | 0.20 | 510.73 | 1.04 |
| 23 | 880490 | 通信设备 | 0.20 | 1675.31 | 3.29 |

| | 环境保护(45) | 涨幅%↓ | 现价 | 量比 | 涨速% | 流通市值 |
|---|---|---|---|---|---|---|
| 1 | 科融环境 | 10.03 | 8.56 | 8.34 | 0.00 | 61.02亿 |
| 2 | 伟明环保 | 9.99 | 24.56 | 5.75 | 0.00 | 32.08亿 |
| 3 | 蒙草生态 | 9.95 | 8.73 | 3.54 | 0.00 | 47.53亿 |
| 4 | 国祯环保 | 7.31 | 23.05 | 7.08 | -0.04 | 32.69亿 |
| 5 | 环能科技 | 7.12 | 34.60 | 4.78 | -0.28 | 23.64亿 |
| 6 | 先河环保 | 6.93 | 15.90 | 2.69 | 0.82 | 46.20亿 |
| 7 | 神雾环保 | 5.98 | 26.76 | 1.79 | 0.03 | 175.19亿 |
| 8 | 中电环保 | 5.02 | 10.04 | 4.47 | 0.00 | 34.29亿 |
| 9 | 清新环境 | 4.74 | 18.33 | 3.08 | 0.16 | 195.26亿 |
| 10 | 聚光科技 | 4.19 | 29.08 | 2.24 | -0.41 | 129.86亿 |
| 11 | 万邦达 | 4.11 | 18.48 | 6.27 | -0.16 | 118.02亿 |
| 12 | 巴安水务 | 3.94 | 18.71 | 2.80 | 0.10 | 43.09亿 |
| 13 | 永清环保 | 3.92 | 14.85 | 3.08 | 0.06 | 88.01亿 |
| 14 | 天壕环境 | 3.90 | 9.85 | 1.98 | 0.10 | 62.38亿 |
| 15 | 中原环保 | 3.38 | 17.45 | 2.78 | 0.00 | 47.02亿 |
| 16 | 中材节能 | 3.29 | 11.62 | 1.02 | 0.25 | 25.34亿 |
| 17 | 三维丝 | 3.17 | 19.18 | 1.81 | 0.00 | 48.11亿 |
| 18 | 东江环保 | 3.14 | 20.02 | 2.07 | 0.10 | 87.40亿 |
| 19 | 雪浪环境 | 3.01 | 38.33 | 3.39 | -0.15 | 18.37亿 |
| 20 | 长青集团 | 2.95 | 22.01 | 1.25 | 0.04 | 49.30亿 |
| 21 | 理工环科 | 2.94 | 17.48 | 1.29 | 0.45 | 27.66亿 |
| 22 | 开能环保 | 2.84 | 16.29 | 2.33 | 0.00 | 32.67亿 |
| 23 | 首创股份 | 2.63 | 4.29 | 2.63 | 0.00 | 206.80亿 |
| 24 | 雪迪龙 | 2.62 | 17.25 | 2.19 | 0.05 | 52.51亿 |

**图 2－18　行业板块的环境保护**

2016 年 8 月 29 日收盘后截图（图 2－19）。

全部板块 | 行业板块 | 概念板块 | 风格板块 | 地区板块 | 统计指数

| | 代码 | 名称 | 涨幅%↓ | 现价 | 涨跌 |
|---|---|---|---|---|---|
| 1 | 880585 | 风沙治理 | 2.00 | 1499.13 | 29.36 |
| 2 | 880542 | 水利建设 | 1.90 | 1447.45 | 26.97 |
| 3 | 880940 | PPP模式 | 1.83 | 618.31 | 11.09 |
| 4 | 880581 | 空气治理 | 1.68 | 2261.93 | 37.35 |
| 5 | 880934 | 海外工程 | 1.65 | 808.70 | 13.11 |
| 6 | 880938 | 污水处理 | 1.63 | 1223.77 | 19.67 |
| 7 | 880931 | 装饰园林 | 1.52 | 1218.93 | 18.27 |
| 8 | 880903 | 水域改革 | 1.49 | 1302.73 | 19.09 |
| 9 | 880570 | 海水淡化 | 1.42 | 2116.63 | 29.63 |
| 10 | 880596 | 体育概念 | 1.40 | 2128.91 | 29.47 |
| 11 | 880943 | 量子通信 | 1.25 | 1038.69 | 12.80 |
| 12 | 880922 | 钛金属 | 1.21 | 1117.06 | 13.37 |
| 13 | 880564 | 奢侈品 | 1.12 | 1491.56 | 16.53 |
| 14 | 880587 | 聚氨酯 | 0.97 | 1473.65 | 14.16 |
| 15 | 880911 | 京津冀 | 0.94 | 1538.08 | 14.32 |
| 16 | 880926 | 固废处理 | 0.91 | 1166.11 | 10.54 |
| 17 | 880559 | 宽带提速 | 0.82 | 1975.48 | 16.15 |
| 18 | 880928 | 抗流感 | 0.82 | 1342.40 | 10.95 |
| 19 | 880550 | 保障房 | 0.80 | 1955.50 | 15.52 |
| 20 | 880525 | 铁路基建 | 0.78 | 1510.56 | 11.64 |
| 21 | 880573 | 摘帽概念 | 0.77 | 2404.20 | 18.39 |
| 22 | 880912 | 电商概念 | 0.73 | 2200.71 | 16.04 |
| 23 | 880945 | OLED概念 | 0.68 | 1125.17 | 7.63 |

| | 装饰园林(29) | 涨幅%↓ | 现价 | 量比 | 涨速% | 流通市值 |
|---|---|---|---|---|---|---|
| 1 | 乾景园林 | 10.00 | 33.10 | 1.63 | 0.00 | 16.55亿 |
| 2 | 丽鹏股份 | 9.96 | 7.62 | 1.83 | 0.00 | 38.35亿 |
| 3 | 蒙草生态 | 9.95 | 8.73 | 3.54 | 0.00 | 47.53亿 |
| 4 | 美尚生态 | 5.62 | 55.40 | 2.11 | 0.36 | 27.76亿 |
| 5 | 岳阳林纸 | 4.64 | 7.21 | 3.72 | 0.13 | 75.21亿 |
| 6 | 金螳螂 | 4.33 | 11.33 | 1.44 | 0.00 | 285.34亿 |
| 7 | 美丽生态 | 4.13 | 8.32 | 2.00 | 0.12 | 33.94亿 |
| 8 | 万里石 | 3.42 | 28.70 | 1.03 | 0.00 | 14.35亿 |
| 9 | 文科园林 | 3.42 | 26.30 | 1.23 | 0.00 | 29.91亿 |
| 10 | 棕榈股份 | 3.02 | 12.30 | 2.13 | -0.16 | 111.15亿 |
| 11 | 中毅达 | 2.21 | 13.85 | 2.29 | 0.07 | 40.27亿 |
| 12 | 兴源环境 | 1.90 | 43.00 | 3.08 | 0.13 | 172.82亿 |
| 13 | 岭南园林 | 1.28 | 32.53 | 1.51 | -0.39 | 50.18亿 |
| 14 | 东方园林 | 1.03 | 14.77 | 1.68 | 0.13 | 209.16亿 |
| 15 | 北新建材 | 0.99 | 10.23 | 0.49 | 0.09 | 140.93亿 |
| 16 | 上海建工 | 0.89 | 4.53 | 1.19 | 0.00 | 312.86亿 |
| 17 | 金正大 | 0.72 | 8.42 | 1.01 | 0.00 | 228.10亿 |
| 18 | 广田集团 | 0.62 | 8.15 | 0.57 | 0.36 | 106.73亿 |
| 19 | 铁汉生态 | 0.54 | 18.60 | 2.02 | 0.81 | 97.80亿 |
| 20 | 嘉寓股份 | 0.48 | 6.28 | 2.16 | 0.00 | 44.94亿 |
| 21 | 金科股份 | 0.23 | 4.28 | 0.48 | 0.23 | 161.54亿 |
| 22 | 亚厦股份 | 0.17 | 11.63 | 0.75 | 0.08 | 131.59亿 |
| 23 | 中航三鑫 | 0.14 | 7.39 | 0.41 | 0.00 | 54.85亿 |
| 24 | 普邦园林 | – | – | 0.00 | – | 75.97亿 |

分类▲ | A股 | 中小 | 创业 | B股 | 基金▲ | 债券▲ | 股转▲ | 板块指数 | 自选 | 板块▲ | 自定▲ | 股票期权▲ | 港股▲ | 期货▲ | 开基与理财▲

**图 2－19　概念板块的装饰园林**

2016 年 8 月 29 日，在我们提示的这两个板块涨停板的有 6 只股票，其中 300355 蒙草生态成为领涨龙头股。

2016 年 8 月 29 日收盘后截图——蒙草生态（图 2－20）。

图 2－20　蒙草生态走势图

2016 年 8 月 29 日，蒙草生态低开后一路拉升，到 10:00 率先涨停板——成为领涨龙头股。

2016 年 8 月 29 日收盘后截图——蒙草生态（图 2－21）。

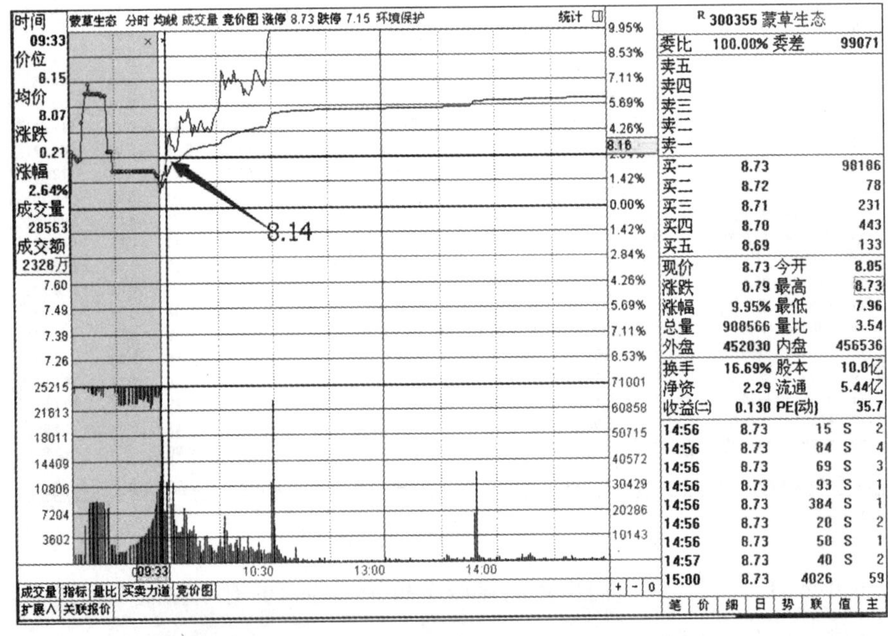


图 2－21　蒙草生态分时图

2016 年 8 月 30 日蒙草生态高开低走，收出一根阴线——但这根阴线下跌幅度小，又收在昨天涨停板的上部，有反拖洗盘迹象。

2016 年 8 月 30 日收盘后截图——蒙草生态（图 2－22）。

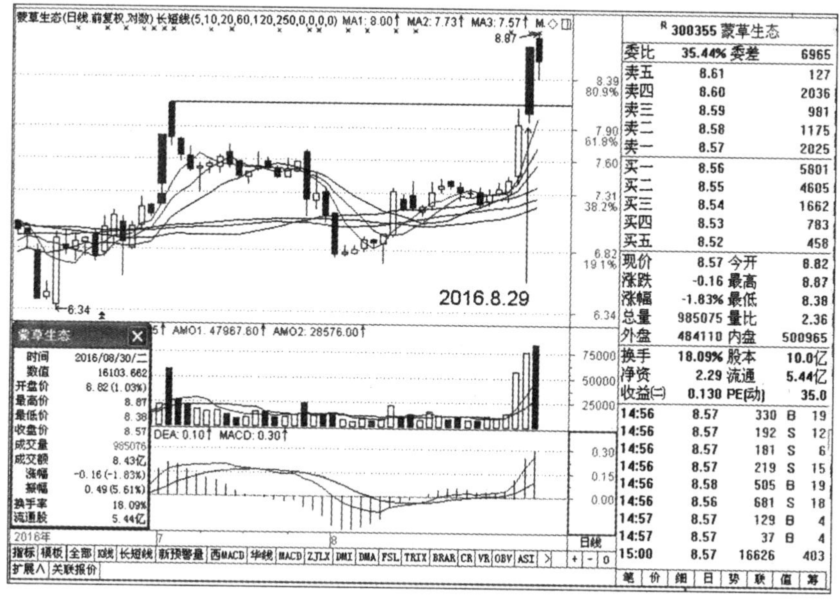


**图 2－22　蒙草生态走势图**

2016 年 8 月 31 日蒙草生态低开高走，盘中吞没了昨天阴线的最高价，让昨天进入的恐惧盘获利出局。

2016 年 8 月 31 日收盘后截图——蒙草生态（图 2－23）。

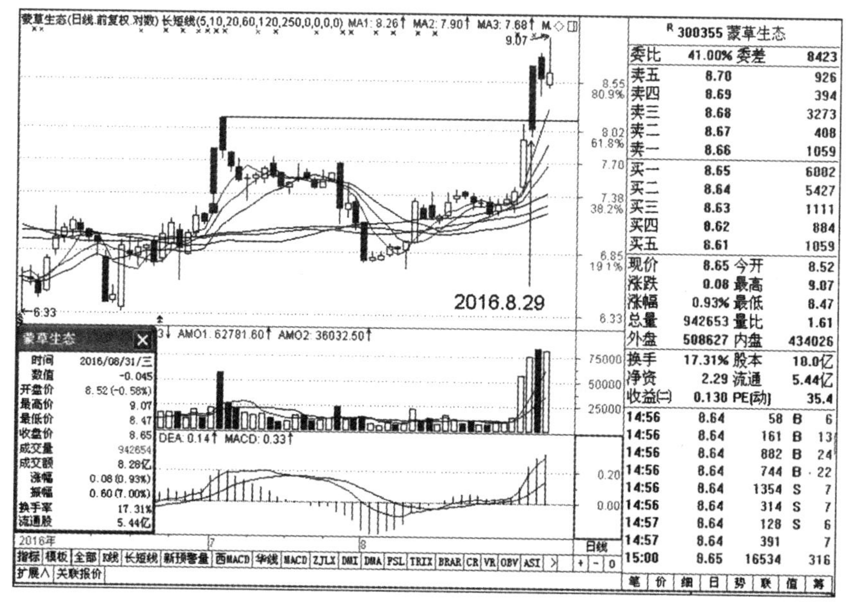


**图 2－23　蒙草生态走势图**

2016 年 9 月 1 日蒙草生态依然低开高走，盘中再创新高，成为环境保护、装饰园林与 PPP 概念板块里走势最强的个股，这就是领涨龙头的风范。

2016 年 9 月 1 日收盘后截图——蒙草生态（图 2－24）。

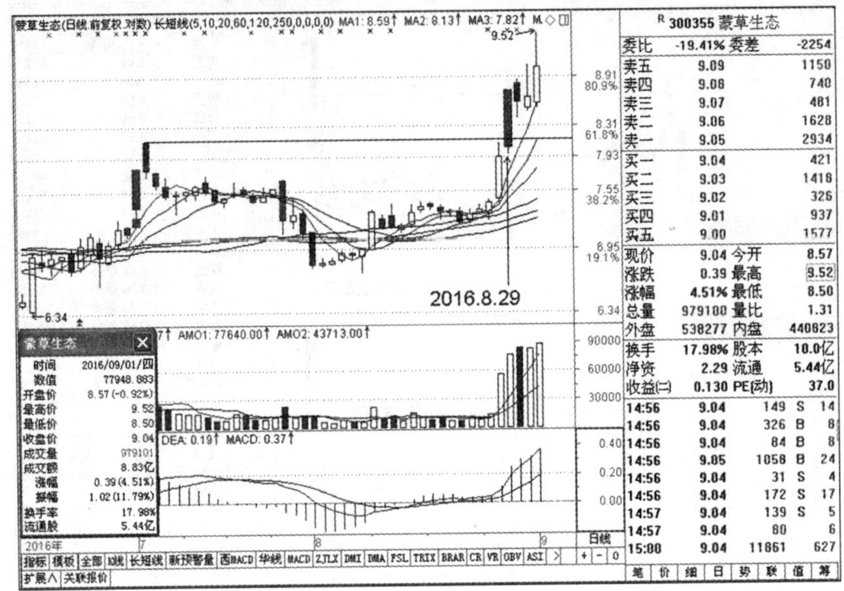


图 2－24 蒙草生态走势图

2016 年 9 月 6 日蒙草生态低开高走，半小时后开始拉升直奔涨停板。

2016 年 9 月 6 日收盘后截图——蒙草生态（图 2－25）。

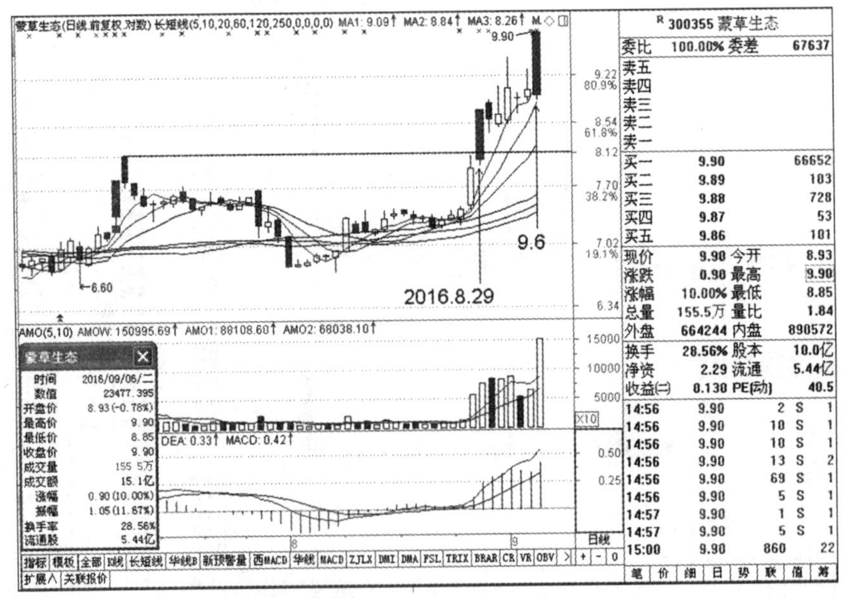


图 2－25 蒙草生态走势图

2016 年 9 月 7 日开盘前，我继续点评蒙草生态（图 2－26）。

2016-09-07

张华老师 9:12:53

2016年9月7日星期三：

昨天，PPP概念率先发力、在300355蒙草生态的带领下，环境保护、装饰园林、LED板块大单上攻，互联网金融午后发力、锂电池板块尾盘走强，上证指数价量双突破（上证指数收报3090.71，成交额1931亿），印证了我在2016年8月29日开盘前在博客中写道："上上周五尾盘我提示过"大盘下周调整3060——3080区间——调整后继续上涨"。也印证了我8月29日在微信群中提示对环境保护、装饰园林板块的关注是正确的……

图 2－26　盘前点评蒙草生态

9 月 7 日蒙草生态跳空高开高走，一路拉升，开盘 20 分钟后封涨停板。

2016 年 9 月 7 日收盘后截图——蒙草生态（图 2－27）。

图 2－27　蒙草生态走势图

9 月 12 日大盘跳空低开低走，四大指数均以阴线报收，而蒙草生态却再创新高。

2016年9月12日收盘后截图——蒙草生态（图2-28）。

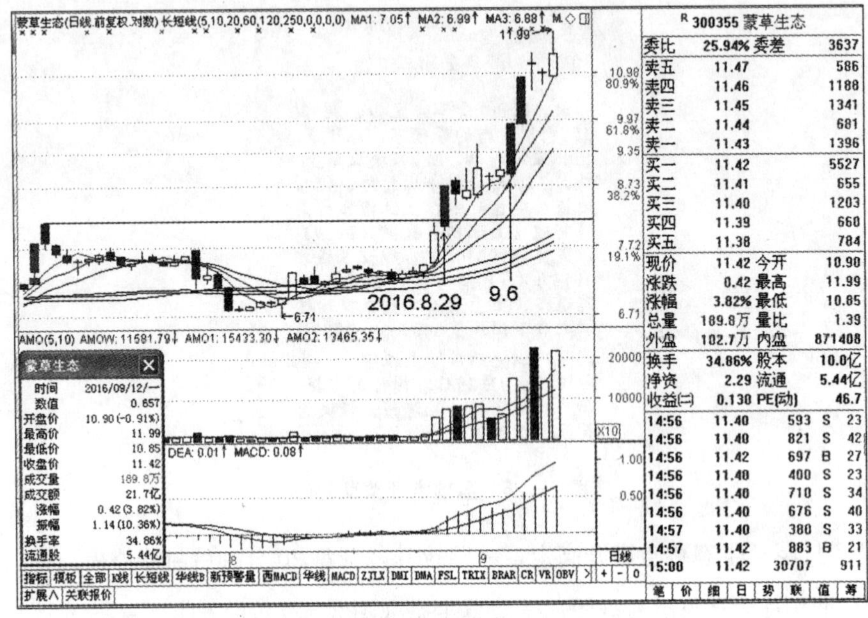


图2-28 蒙草生态走势图

9月12日，在8月29日涨幅在5%以上的23只股票中，龙头股蒙草生态依然强于其他个股。

2016年9月14日收盘后截图——蒙草生态（图2-29）。

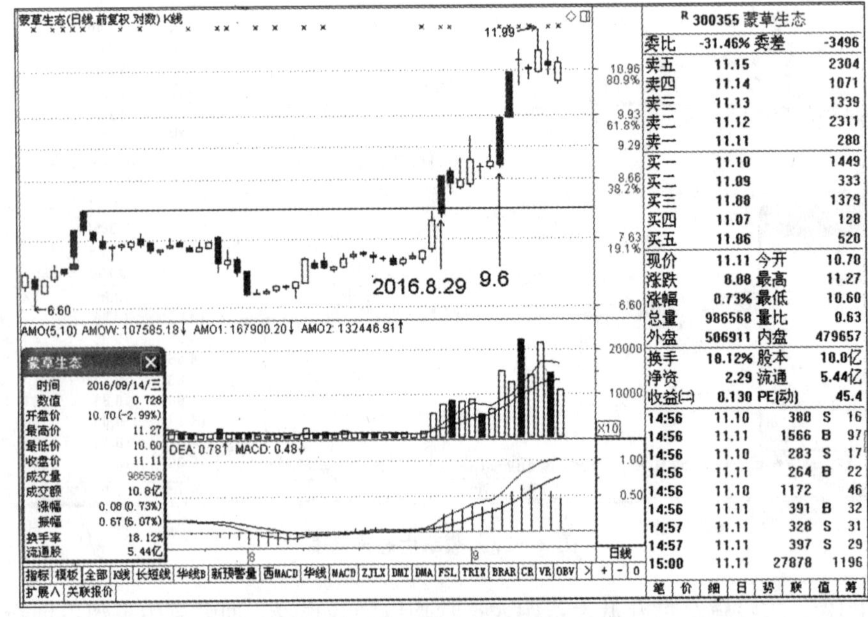


图2-29 蒙草生态走势图

2016 年 9 月 26 日，大盘四大指数当天跳空低开低走，收出中阴线，而蒙草生态走势依然强劲（图 2－30）。

| 代码 | 名称 | 涨幅% | 现价 | 涨跌 | 买价 | 卖价 | 总量 | 现量 | 涨速% | 换手% | 今开 |
|---|---|---|---|---|---|---|---|---|---|---|---|
| 999999 | 上证指数 | -1.76 | 2980.43 | -53.47 | – | – | 1.44亿 | – | -0.02 | 0.50 | 3028.24 |
| 399001 | 深证成指 | -2.05 | 10392.70 | -217.00 | – | – | 1.80亿 | – | -0.01 | 1.58 | 10588.35 |
| 399005 | 中小板指 | -2.27 | 6667.08 | -154.95 | – | – | 7405万 | – | -0.04 | 1.73 | 6809.62 |
| 399006 | 创业板指 | -1.56 | 2122.90 | -33.61 | – | – | 3240万 | – | -0.05 | 2.04 | 2154.40 |
| 300355 | 蒙草生态 | 3.93 | 12.68 | 0.48 | 12.67 | 12.68 | 152.1万 | 18997 | 0.31 | 27.94 | 12.00 |

**图 2－30　四大指数涨跌幅**

2016 年 9 月 26 日收盘后截图——蒙草生态（图 2－31）。

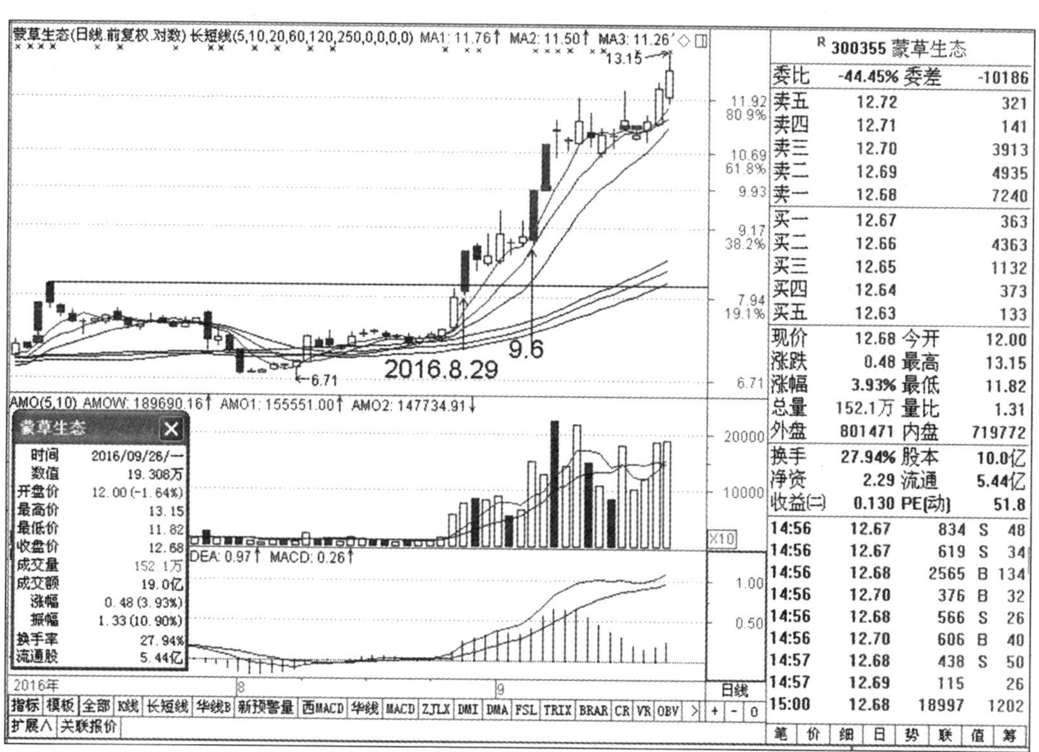


**图 2－31　蒙草生态走势图**

2016年9月26日收盘后截图——蒙草生态（图2－32）。

【3. 最新异动】

【交易日期】2016－09－26日换手率达20％

成交量：15212.00万股　成交金额：189690.00万元

| 买入金额排名前5名营业部 | | |
|---|---|---|
| 营业部名称 | 买入金额（万元） | 卖出金额（万元） |
| 浙商证券股份有限公司杭州萧山恒隆广场证券营业部 | 2522.13 | 961.10 |
| 东兴证券股份有限公司泉州温陵北路证券营业部 | 2180.96 | 551.94 |
| 海通证券股份有限公司北京中关村南大街证券营业部 | 2076.81 | 959.70 |
| 中国银河证券股份有限公司南京江宁竹山路证券营业部 | 1901.16 | 741.99 |
| 华创证券有限责任公司贵阳中华北路证券营业部 | 1700.90 | 135.48 |
| 卖出金额排名前5名营业部 | | |
| 营业部名称 | 买入金额（万元） | 卖出金额（万元） |
| 广发证券股份有限公司吴江仲英大道证券营业部 | 9.70 | 2633.78 |
| 中国民族证券有限责任公司呼和浩特锡林南路证券营业部 | 494.33 | 2410.55 |
| 中国中投证券有限责任公司成都一环路北三段万达广场证 | 561.99 | 1938.91 |
| 国泰君安证券股份有限公司上海虹口区大连路证券营业部 | 11.51 | 1873.09 |
| 华泰证券股份有限公司深圳竹子林四路证券营业部 | 0.86 | 1675.50 |

**表2－32　蒙草生态龙虎榜单**

2016年9月26日，在PPP+环境保护板块中，蒙草生态成为唯一上涨的股票（图2－33）。

| | 代码 | 名称 | 涨幅%↓ | 现价 | 涨跌 | 买价 | 卖价 | 总量 | 现量 | 涨速% | 换手% | 今开 |
|---|---|---|---|---|---|---|---|---|---|---|---|---|
| 1 | 300355 | 蒙草生态 | × 3.93 | 12.68 | 0.48 | 12.67 | 12.68 | 152.1万 | 18997 | 0.31 | 27.94 | 12.00 |
| 2 | 300102 | 乾照光电 | -0.44 | 9.01 | -0.04 | 9.00 | 9.01 | 100626 | 3043 | 0.11 | 2.44 | 9.06 |
| 3 | 300303 | 聚飞光电 | -1.77 | 9.44 | -0.17 | 9.43 | 9.44 | 137847 | 1919 | -0.21 | 3.41 | 9.52 |
| 4 | 300152 | 科融环境 | × -2.11 | 9.74 | -0.21 | 9.74 | 9.75 | 612003 | 5591 | -0.61 | 8.59 | 9.85 |
| 5 | 002449 | 国星光电 | -2.50 | 14.80 | -0.38 | 14.80 | 14.81 | 205784 | 3607 | 1.02 | 6.14 | 15.03 |
| 6 | 603568 | 伟明环保 | -2.94 | 26.74 | -0.81 | 26.74 | 26.75 | 103549 | 10 | 0.26 | 7.93 | 27.51 |
| 7 | 600098 | 广州发展 | -3.17 | 8.25 | -0.27 | 8.25 | 8.26 | 147075 | 90 | 0.24 | 0.54 | 8.47 |
| 8 | 002005 | 德豪润达 | -3.19 | 6.06 | -0.20 | 6.05 | 6.06 | 302222 | 7077 | 0.00 | 2.59 | 6.22 |
| 9 | 000967 | 盈峰环境 | -3.40 | 15.65 | -0.55 | 15.65 | 15.66 | 65459 | 811 | -0.06 | 1.60 | 16.21 |
| 10 | 603311 | 金海环境 | -3.40 | 24.18 | -0.85 | 24.16 | 24.18 | 50381 | 302 | -0.20 | 5.42 | 24.95 |
| 11 | 300172 | 中电环保 | -4.85 | 10.20 | -0.52 | 10.19 | 10.20 | 195566 | 1578 | 0.00 | 5.73 | 10.63 |
| 12 | 300388 | 国祯环保 | -5.24 | 24.03 | -1.33 | 24.02 | 24.03 | 69321 | 1455 | -0.41 | 4.79 | 25.30 |

**图2－33　PPP＋环境保护股票涨跌幅**

蒙草生态在这一波的上涨中，强于大盘，强于环境保护、装饰园林与PPP概念里的其他股票，成为名副其实的领涨龙头股。从8月29日至9月26日，19个交易日区间涨幅高达59.70％；而上证指数在此期间跌了89.88点，跌幅2.93％。各位须知，这是在震荡市里的领涨龙头，如果在牛市，那涨幅就更大了。

## 第三例　“一带一路”中的中国建筑

“一带一路”概念里的 601668 中国建筑就是中字头板块的领涨股。中国建筑在 2016 年 10 月中下旬的一波连续的异动拉升中创出了新高。

2016 年 10 月 21 日截图——中国建筑（图 2－34）。

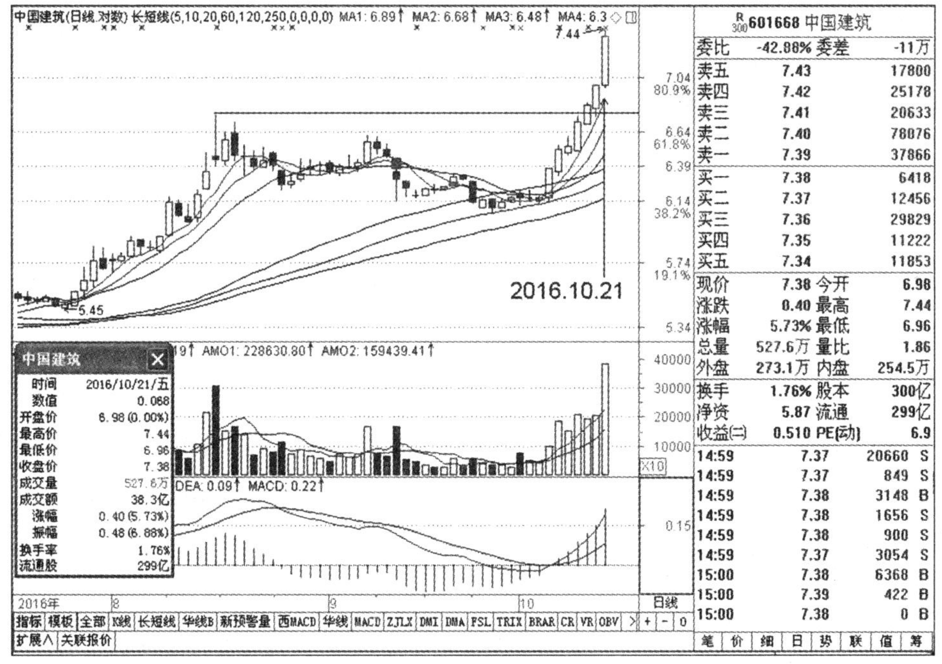


图 2－34　中国建筑走势图

中国建筑在一波连续的拉升后，经过一周多的洗盘后企稳。11 月 2 日，大盘回调收阴，11 月 3 日，开盘前我分析中字头今天会护盘——勿紧张，如图 2－35 所示。

图 2－35　开盘前分析

2016 年 11 月 3 日星期四收盘截图——中国建筑（图 2 - 36）。

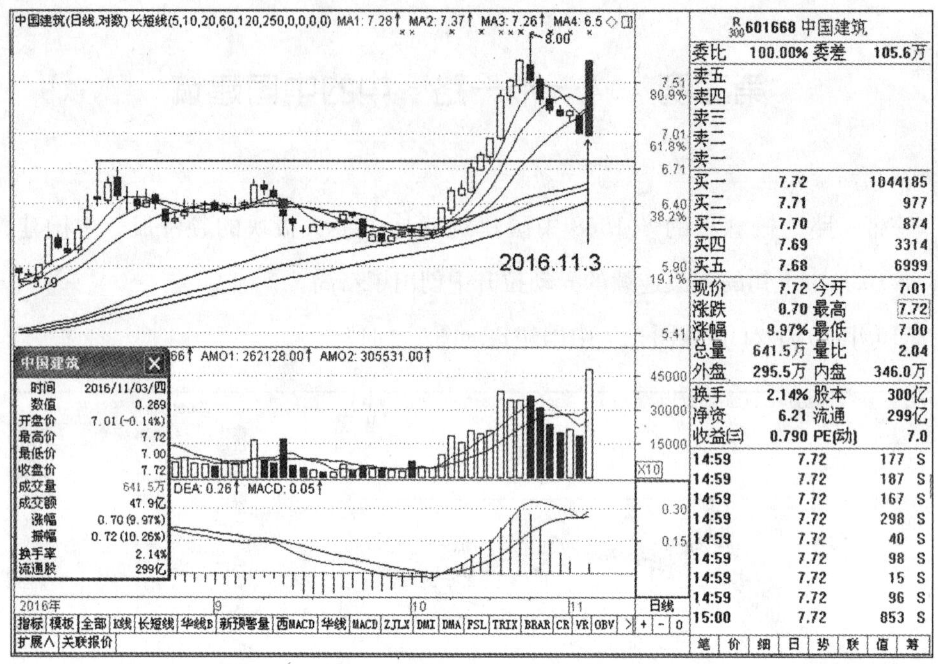


图 2 - 36　中国建筑走势图

2016 年 11 月 3 日星期四收盘截图——中字头股票涨幅（图 2 - 37）。

| | 代码 | 名称 | 涨幅%↓ | 现价 | 涨跌 |
|---|---|---|---|---|---|
| 1 | 880854 | 预高送转 | 1.82 | 1465.06 | 26.16 |
| 2 | 880808 | 高管减持 | 1.77 | 3406.07 | 59.26 |
| 3 | 880853 | 中字头 | 1.72 | 629.88 | 10.63 |
| 4 | 880836 | 配股股 | 1.62 | 1849.14 | 29.52 |
| 5 | 880863 | 昨日涨停 | 1.52 | 2789.11 | 41.71 |
| 6 | 880851 | 已高送转 | 1.51 | 1448.85 | 21.58 |
| 7 | 880807 | 高管增持 | 1.41 | 1518.05 | 21.06 |
| 8 | 880868 | 高贝塔值 | 1.33 | 1052.72 | 13.81 |
| 9 | 880869 | 股权转让 | 1.27 | 1155.40 | 14.50 |
| 10 | 880538 | 参股金融 | 1.16 | 1372.10 | 15.68 |
| 11 | 880852 | 参股新股 | 1.10 | 1707.20 | 18.54 |
| 12 | 880841 | 价值稳健 | 1.07 | 1175.83 | 12.42 |
| 13 | 880840 | 价值发现 | 1.06 | 1291.87 | 13.61 |
| 14 | 880849 | 股份回购 | 1.05 | 1639.12 | 17.01 |
| 15 | 880845 | 高股息股 | 1.03 | 2008.86 | 20.45 |
| 16 | 880861 | 连续亏损 | 1.00 | 1000.93 | 9.89 |
| 17 | 880829 | 低市净率 | 0.98 | 1282.60 | 12.42 |
| 18 | 880826 | 低市盈率 | 0.97 | 1198.66 | 11.57 |
| 19 | 880850 | 定增预案 | 0.97 | 1614.75 | 15.45 |
| 20 | 880804 | 信托重仓 | 0.93 | 1203.03 | 11.10 |
| 21 | 880848 | 被举牌 | 0.91 | 2229.06 | 20.19 |
| 22 | 880870 | 两年新股 | 0.89 | 1018.50 | 9.03 |
| 23 | 880833 | 亏损股 | 0.87 | 767.60 | 6.63 |

| | 中字头(37) | 涨幅%↓ | 现价 | 量比 | 涨速% | 流通市值 |
|---|---|---|---|---|---|---|
| 1 | 中国建筑 | 9.97 | 7.72 | 2.04 | 0.00 | 2311.89亿 |
| 2 | 中国交建 | 9.95 | 14.47 | 3.51 | -0.06 | 1699.82亿 |
| 3 | 中国电建 | 6.47 | 7.08 | 2.24 | 0.28 | 679.68亿 |
| 4 | 中国中铁 | 5.10 | 8.86 | 2.63 | 0.11 | 1623.86亿 |
| 5 | 中国铁建 | 4.84 | 10.62 | 2.43 | 0.00 | 1221.64亿 |
| 6 | 中国重汽 | 4.06 | 14.87 | 1.13 | 0.06 | 99.75亿 |
| 7 | 中国中冶 | 3.88 | 4.28 | 2.06 | 0.23 | 695.03亿 |
| 8 | 中国核建 | 3.80 | 16.37 | 1.72 | 0.18 | 85.94亿 |
| 9 | 中国联通 | 3.54 | 5.27 | 2.30 | 0.19 | 1117.06亿 |
| 10 | 中国化学 | 3.06 | 6.07 | 2.22 | -0.16 | 299.43亿 |
| 11 | 中国嘉陵 | 2.97 | 9.70 | 1.68 | -0.20 | 66.67亿 |
| 12 | 中材国际 | 2.83 | 7.26 | 1.84 | -0.13 | 119.06亿 |
| 13 | 中国中车 | 2.59 | 9.49 | 2.09 | 0.10 | 2174.89亿 |
| 14 | 中化国际 | 2.20 | 10.22 | 1.32 | 0.09 | 176.10亿 |
| 15 | 中煤能源 | 2.02 | 6.55 | 1.38 | 0.15 | 599.46亿 |
| 16 | 中国西电 | 2.01 | 5.57 | 2.07 | 0.00 | 285.51亿 |
| 17 | 中国一重 | 1.99 | 5.65 | 1.27 | 0.35 | 369.40亿 |
| 18 | 中国太保 | 1.60 | 29.79 | 1.34 | 0.00 | 1872.81亿 |
| 19 | 中国中期 | 1.49 | 24.55 | 1.26 | -0.04 | 56.46亿 |
| 20 | 中国人寿 | 1.48 | 21.99 | 1.78 | 0.27 | 4579.09亿 |
| 21 | 中国重工 | 1.39 | 6.55 | 1.45 | 0.15 | 1176.24亿 |
| 22 | 中国核电 | 1.18 | 6.85 | 2.01 | -0.14 | 290.53亿 |
| 23 | 中国国航 | 1.07 | 7.55 | 2.67 | 0.00 | 643.42亿 |
| 24 | 中国平安 | 1.04 | 34.97 | 1.45 | 0.08 | 3788.18亿 |

图 2 - 37　中字头股票涨幅，中国建筑领涨

2016 年 11 月 3 日星期四收盘截图——中字头（图 2－38）。

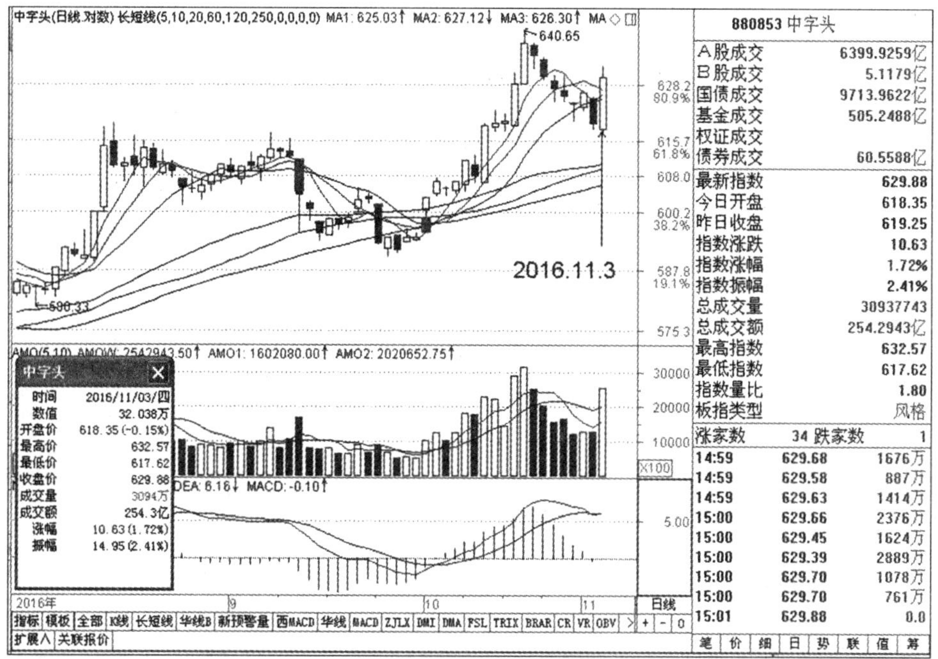


**图 2－38　中字头走势图**

2016 年 11 月 8 日截图——中国建筑（图 2－39）。

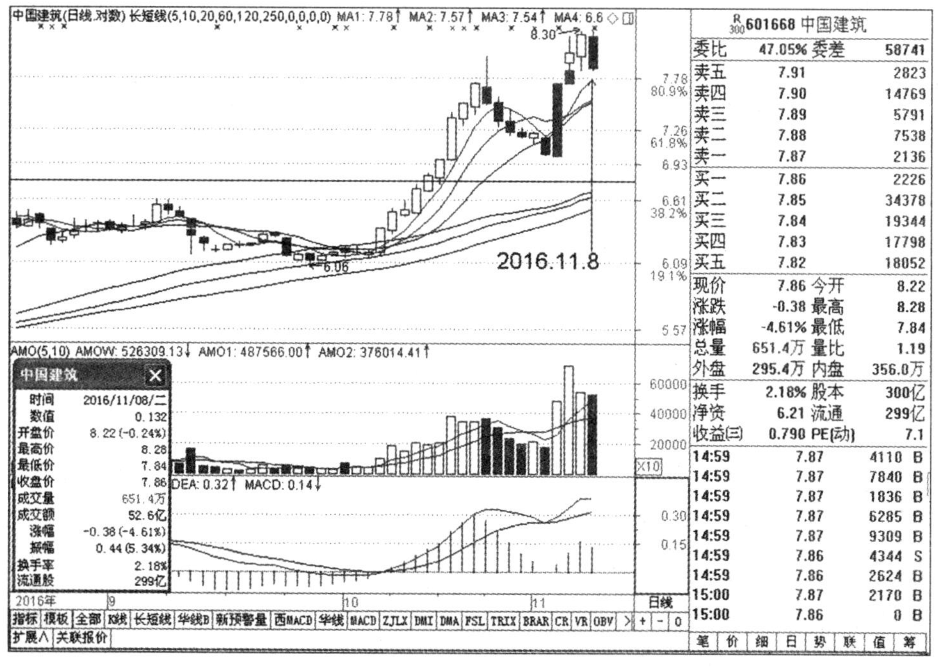


**图 2－39　中国建筑走势图**

2016年11月8日截图——中国建筑（图2-40）。

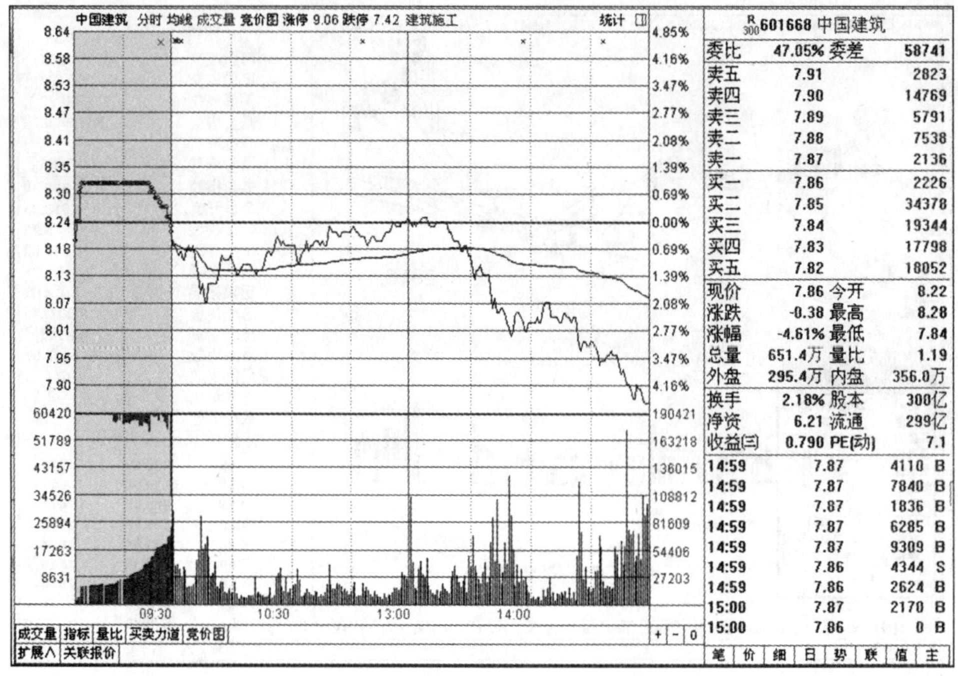


**图2-40 中国建筑分时图**

2016年11月29日星期二截图——中国建筑（图2-41）

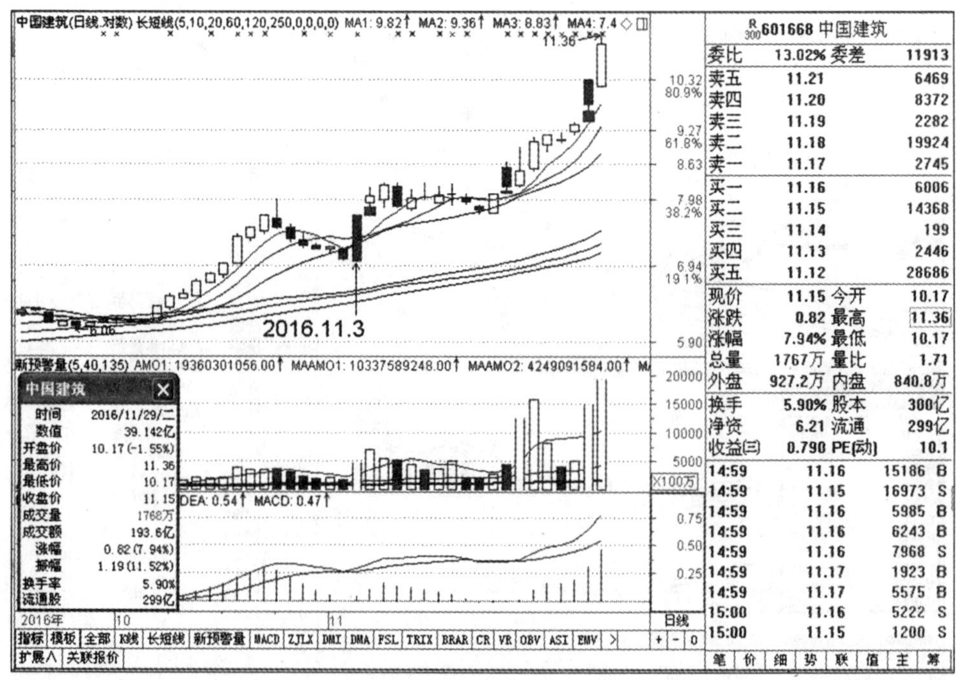


**图2-41 中国建筑走势图**

2016年11月30日《证券日报》做了如下报道：

根据同花顺数据统计显示，四季度以来截至11月29日，包括音飞储存、中国建筑、北京银行、梅雁吉祥、天宸股份、ST慧球、莫高股份、*ST亚星、武昌鱼、廊坊发展、海达股份、远程电缆、永安药业、丽江旅游、首钢股份、兰州黄河、吉林敖东、四环生物、金路集团、万科A等20家上市公司被资本大佬们（包括保险机构、产业投资者、PE、阳光私募）举牌，根据增持期间均价计算，累计增持市值约529.30亿元，增持以来账面浮盈约84.47亿元。

中国建筑被举牌资金最多，达到241.30亿元，根据公司披露的增持期间均价及股数估算，安邦资产账面浮盈约72.15亿元，该股四季度以来股价累计上涨35.98%，最新收盘价为11.15元。截至2016年11月24日，安邦资产已持有中国建筑30亿股，占中国建筑总股本的10.00%。11月25日，安邦资产管理有限责任公司根据交易所“问询函”要求披露称，在未来12个月内拟继续增持中国建筑不低于1亿股、不超过35亿股的股票。分析人士认为，安邦资产最多将持有中国建筑65亿股，以总股本300亿股计，最高持股比例将达21.67%，这意味着安邦资产最多还将进行两次举牌，以中国建筑最新的收盘价计算，倘若安邦资产按35亿股的上限继续增持，那么涉及的资金将高达361亿元。

对于增持原因，安邦资产表示，增持中国建筑是因为坚定看好中国经济、看好中国建筑未来发展。东北证券表示，中国建筑是国内基建领域央企龙头，估值较低，当前股价对应2016年的估值仅为9倍左右，明显低于其他基建央企。公司业绩优良，2016年前三季度净利润为247.66亿元，同比增长30%。安邦给予对公司发展前景的看好大幅增持公司股票后将导致公司流通盘显著减少，这或将推动公司估值持续向上修复。

由于险资举牌后至少要锁定6个月，较大的配置规模和较长的期限锁定使得以险资为代表的中长线机构投资者或对市场产生较强的影响力。而蓝筹股中的国有股长期稳定，容易造成二级市场流通盘的显著减少，这将进一步优化二级市场交易者的结构。以中国建筑为例，目前中建总公司持有56.26%，安邦持有10%，汇金持有1.42%，我们预计流通比例仅32%左右，若未来安邦继续增持至21.67%（增持计划上限），限制性股票回购3.2亿股，那么实质性可流通比例将低于20%，具有比较显著的市场博弈价值。

当市场分析人士、报刊、媒体对大幅拉升的股票大肆叫好的时候，就要谨防调整的到来。11 月 30 日，当我们看到以上的报道就感觉不妙了，当天盘中截图提示大家，中国建筑要整理了，获利止盈。

2016 年 11 月 30 日盘中截图——中国建筑（图 2-42）。

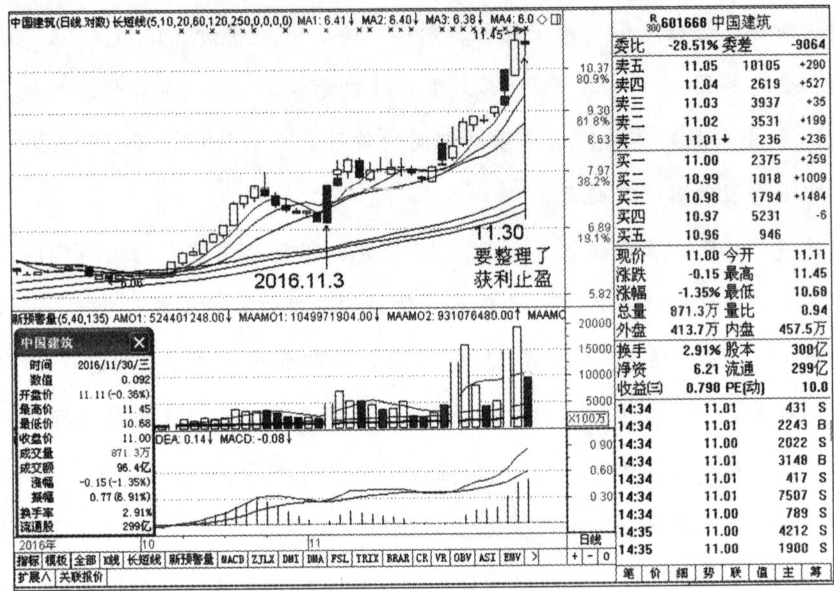


图 2-42 中国建筑走势图

2016 年 12 月 2 日星期五截图——中国建筑（图 2-43）。

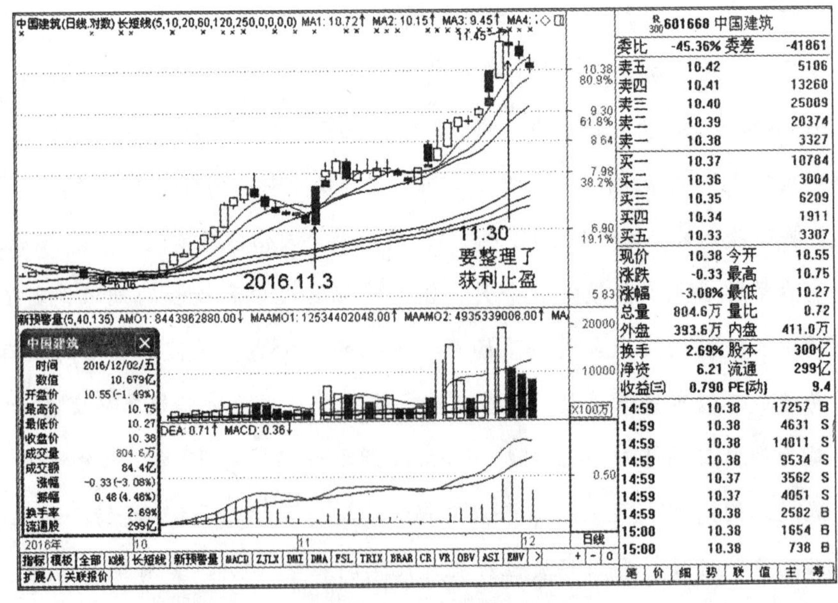


图 2-43 中国建筑走势图

## 股市箴言

• 炒股要炒热点板块中的领涨龙头，没有跟上领涨龙头，跟上龙二、龙三也可以；龙三以后的跟风股最好不要参与；千万不要背离当前的热点去参与非热点的股票！非热点的股票就像没有成熟的水果，吃到口里涩、酸、苦、无味……

• 每波行情中，总有主流、支流、末流（跟风）板块之分，要想跑赢大势，就必须紧跟主流板块，特别是领涨股！人们常说“骑马要骑大黑马，买股要买龙头股”。

• 行为是思考的外在表现形式，行为本身就是自己大脑意识的真实反映。当你的内心世界被什么占有，你的外在世界就会获得什么。如果你的内心世界一味地被买在最低价、最低点所占有，你就不可能获得正在奔向涨停板、正在奔向主升浪的股票。反之，如果你的内心被涨停板、被主升浪所占有，你怎能得不到强势股呢？

• 思考形成理念，思考形成世界观，思考形成力量。思考的方式是获取财富的力量，也是获取财富的秘密武器。

• 每一个人都可以独立控制自己的思想，即使股价风云突变，我们也会主动迎战，而不会是消极地随波逐流，恐惧地被扫地出门。控制好自己的思想，才能控制好自己的行为。

• 内心世界与外部世界的关系是什么？内心世界是外部世界所有事情发生的原因，外部世界所有事情的发生都是内心世界的结果。要想改变在股市亏损的原因，首先要改变自己内心世界对股市的认识。认识正确就会赚钱；认识错误就会亏钱，这是永恒的规律。如果你在股市亏损了，就必须通过改变自己的思考方式来谋求改变自己的操作。

• 你的目标的本质决定了你自身成就的大小；你的格局大小决定了你的活动范围；你的性格决定了你的执行力。

• 人生最珍贵的不是财富，而是正确而科学地思考出具有指导意义的思想、理念、理论；这些思想、理念、理论反过来又指导人们的行动从而获得成功，这才是人生最珍贵的财富。

• 集中注意力，只专注于分析研究主线和热点板块中形态最好的股票、走势最强的领涨股票，只选择领涨股进行交易。领涨股有时很活跃、波动剧烈、成交量非常大——择机介入，才有赚大钱的机会。严禁抛开主线和热点板块中的领涨股而去选择那些波动较小、呆板的股票进行交易。

• 热点持续，你卖飞股票，你要有勇气再买回来。

• 当你的理念、技术、纪律同牛股、妖股、龙头股主力的思维达到一致时，就会显示出巨大的价值，这个价值将会创造出巨大的财富。

• 股市里的涨停板与主升浪此起彼伏，简直可以用取之不尽用之不竭来形容，有三个关键点：

第一，关键是你有没有把它当成你炒股生涯中的愿景。有了愿景，就有了渴望，就有了获取财富的动力；动力越大，行动就越有力量；没有欲望的行动是无力的，也是不能持久的。

第二，关键是你有没有专注地去研究它、发现它的真相。没有专注地研究、没有集中力量地去学习是发现不了事情的真相的。

第三，关键是你心里想的与实际行动是否保持一致。心里想的一套，实际行动做的另一套是绝对成功不了的。

当然注重了这三个关键点，就避免不了孤独。孤独是牛散的必走之路、必吃之苦，苦到尽头甘自来。狮子强大，所以不怕孤独；羚羊弱小，所以喜欢群居。股民无处不修行，能在孤独中心静如水，才能在巨浪里安然无恙。

• 如果你想在股市里获取涨停板与主升浪，必须先将涨停板与主升浪的观念送入自己的潜意识，不论在什么时间、什么地方，心中要始终相信你一定会“狙击到涨停板、猎取到主升浪”。时时刻刻都在想，每个交易日都去寻找——最终必然会如愿以偿。猎取不到主升浪是缺乏能力的表现，不论你是老股民还是新股民，不论你是男是女，不论你年老还是年轻，在股市里，只要你心中总是在想买进涨停板与猎取主升浪，形成这种心理因素就是潜伏在你脑海里的智慧，当你的潜意识里总是在思考这个问题的时候，总会在某一天你突然开悟，找到了猎取主升浪的诀窍——此后我相信你能够很快地走向财富自由之路。我希望更多的股民能猎取到主升浪，能成为牛散，当你们成为牛散的时候，我写这本书的目的也就达到了。

## 小结

### 专心做龙头才能稳赚大钱

很多人喜欢苹果手机，你知道乔布斯喜欢什么？乔布斯家里，只有一张爱因斯坦的照片、一盏 Tiffany 桌灯、一把椅子和一张床，他说："我喜欢极简生活。"

他把这种极简也带到了工作中。1997 年，他回到苹果公司。**一上任就迅速砍掉了70%的项目，随即又砍掉了 90%没有特色的产品，只专注于 iMac、iPod、iPhone、iPad。**发明 iPhone4 时，他只有一个要求："把最复杂最强大的功能最简单化。"结果，极简的 iPhone4 开创了全球智能手机时代。

炒股也要有乔布斯的风格，**集中注意力，只专注于分析研究主线和热点板块中形态最好的股票、走势最强的领涨股票，只选择领涨股进行交易。领涨股有时很活跃、波动剧烈、成交量非常大——择机介入，才有赚大钱的机会。严禁抛开主线和热点板块中的领涨股而去选择那些波动较小、呆板的股票进行交易。**

要知道，同样处在热点板块中的跟风股上涨的持续性比较差，涨幅比较小，一有风吹草动，跟风股就会很快地下跌。脱离了领涨股，你就不可能在股市里赚到大钱！

做领涨龙头一个板接着一个板，如同看悬疑惊悚的破案片一样，惊悚刺激，一集接着一集看，一次次猜想着下集的结局，结果经常超出你的预期。

**当你的理念、技术、纪律同牛股、妖股、龙头股达到一致时，就会显示出巨大的价值，这个价值将会创造出巨大的财富。**

## 思考（致富）题

1. 为什么说理念是大赔大赚背后的力量？
2. 这三个实例反映的交易理念是什么？
3. 你目前持有的是领涨龙头股吗？

## 第三项注意

## 盘中异动选主力，主力不动牛散不出击

*在这个市场上，有主力就有异动，有主力就有涨停板，有主力就有主升浪——可以说在股市里追随拉升的主力是散户出击的唯一理由。*

中国股市的现实是：股市不成熟，制度不规范，投机性高，波动性大。**在这个市场上，有主力就有异动，有主力就有涨停板，有主力就有主升浪**；涨跌都是主力说了算；主力不光顾，再好的概念、再好的题材、再好的市场、再有价值的公司也是死水一潭；有主力光顾，即使ST了也照样连续的涨停板……

翻开A股3000多只股票的走势图，哪一波主升浪不是主力拉起？哪一只牛股不是主力所为？哪一只妖股没有主力的身影？哪一只龙头股是散户拉起的？

**跟上有主力运作的股票、跟上有主力拉升的股票，股价就会翻番，财富就会增值；反之，如果拿着主力已经出局的股票，股价就会跌跌不休，即使遇到利好、遇到牛市，也跑不赢大盘。**

牛散的思路：选好主力、借主力拉升之机与浪共舞。

牛散的操作：空仓等待、主力不动牛散不出击。非此不能成为牛散！

想想看，为什么持有下跌的股票解不了套？为什么有的散户一年到头都是满仓？为什么有的散户刚一卖出就立即换股买进？为什么有的散户始终不赚钱？为什么有的散户分析对了的股票却没有买进，买进的偏偏是下跌的股票？

## 第一节　正能量的异动

正能量的异动是指那些在异动之后，股价能够不断上涨、不断创新高的股票。可以从三个方面来分析是否属于正能量的异动。

第一，从K线走势图上分析。

凡是均线趋势向上，K线出现异动的形态，就是主力运作的标志。600679上海凤凰在股价运行到长线组后出现了连续拉升的六连阳，然后又出现了跳空二阴线洗盘，这都是主力运作在K线图上的表现。

2016年11月10日星期四截图——上海凤凰（图3－1）。

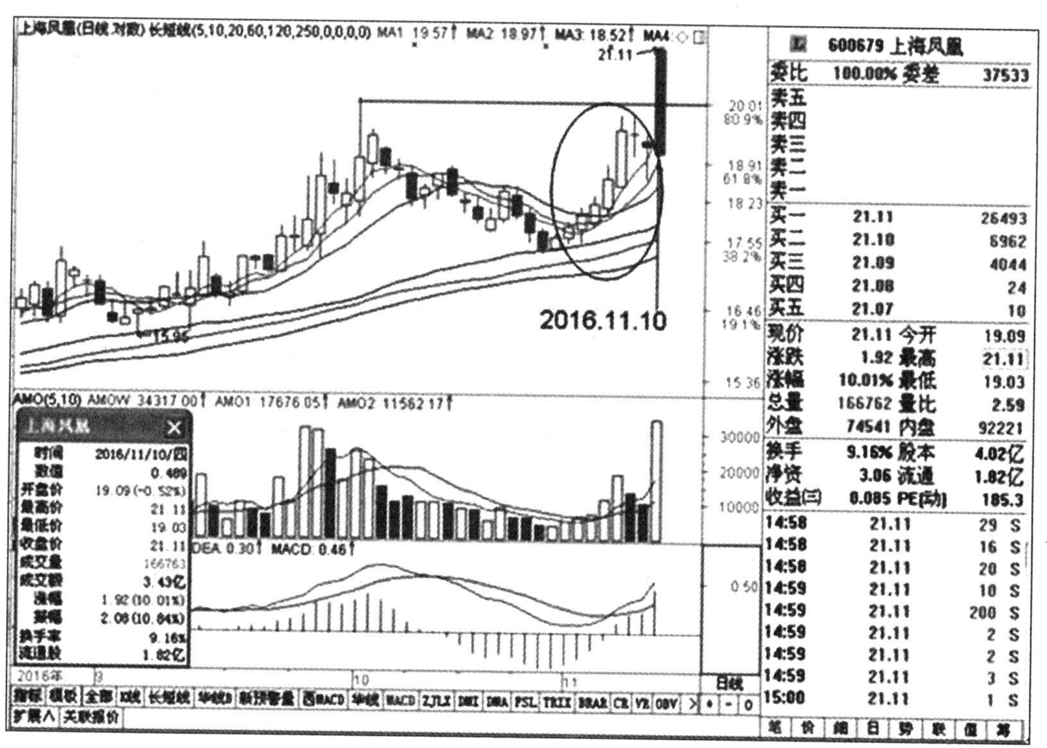


**图3－1　上海凤凰走势图**

第二，从分时图上分析。

凡是股价运行在分时图均线之上，且回调受到均线的支撑，在均线之上快速地、大幅地拉升，都是主力运作的痕迹；发现了主力运作的痕迹，盘中回调就是逢低吸纳的机会。

2016年11月10日星期四截图——上海凤凰（图3－2）。

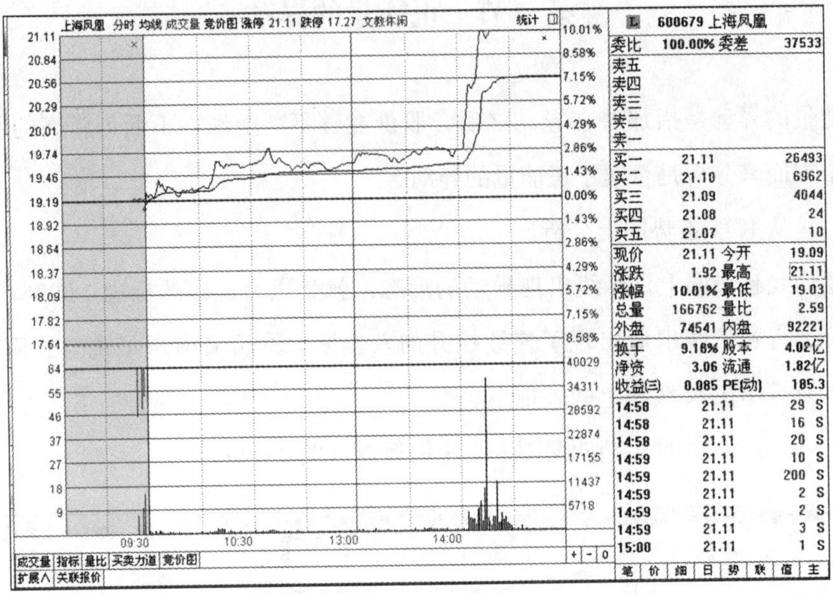

图3－2 上海凤凰分时图

第三，从龙虎榜单中分析。

股市上龙虎榜是指那些强势上涨的前5名个股，还要符合下列条件。

沪深交易龙虎榜的上榜条件：

有价格涨跌幅限制的股票、封闭式基金竞价交易出现下列情形之一的，证券所将分别公布相关证券当日买入、卖出金额最大的5家会员证券营业部或交易单元（机构）的名称及其各自的买入、卖出金额：

（1）当日收盘价涨跌幅偏离值达到±7％的各前5只证券。

收盘价涨跌幅偏离值的计算公式为：

收盘价涨跌幅偏离值＝单只证券涨跌幅－对应分类指数涨跌幅

证券价格达到涨跌幅限制的，取对应的涨跌幅限制比例进行计算。

（2）当日价格振幅达到15％的前5只证券。

价格振幅的计算公式为：

价格振幅＝（当日最高价－当日最低价）/当日最低价×100％

（3）当日换手率达到20％的前5只证券。

换手率的计算公式为：

换手率＝成交股数/无限售条件股份总数×100％

收盘价涨跌幅偏离值、价格振幅或换手率相同的，依次按成交金额和成交量选取。

注：除中小企业板股票以外的主板 A 股股票、中小企业板股票、创业板股票、B 股股票、封闭式基金的对应分类指数分别是证券所编制的深证 A 股指数、中小板综合指数、创业板综合指数、深证 B 股指数和深证基金指数。

无价格涨跌幅限制股票（如新股票发行上市），若出现异动，证券所也将公布其当日买入、卖出金额最大的 5 家会员证券营业部或交易单元（机构）的名称及其各自的买入、卖出金额。

解读龙虎榜可以为我们操盘提供胜算的依据。

但要注意的是，龙虎榜只有收盘数据更新后才能看到当日的信息。尽管这样，也会给我们提供有价值的信息。2016 年 11 月 1 日，上海市政协开展“深化国资国企改革，增强企业核心竞争力”年末专题考察。上海将继续提升国资国企的活力，聚焦整体上市公司，推进市管企业整体上市或核心资产上市，探索市值管理，运作“上海国企 ETF 基金”，筹建不良资产处置平台，促进国资合理流动。受此影响，上海凤凰 11 月 10 日、15 日、16 日拉出 3 个涨停板，开启了一波主升浪的行情。

2016 年 12 月 23 日星期五盘后截图——上海凤凰（图 3－3）。

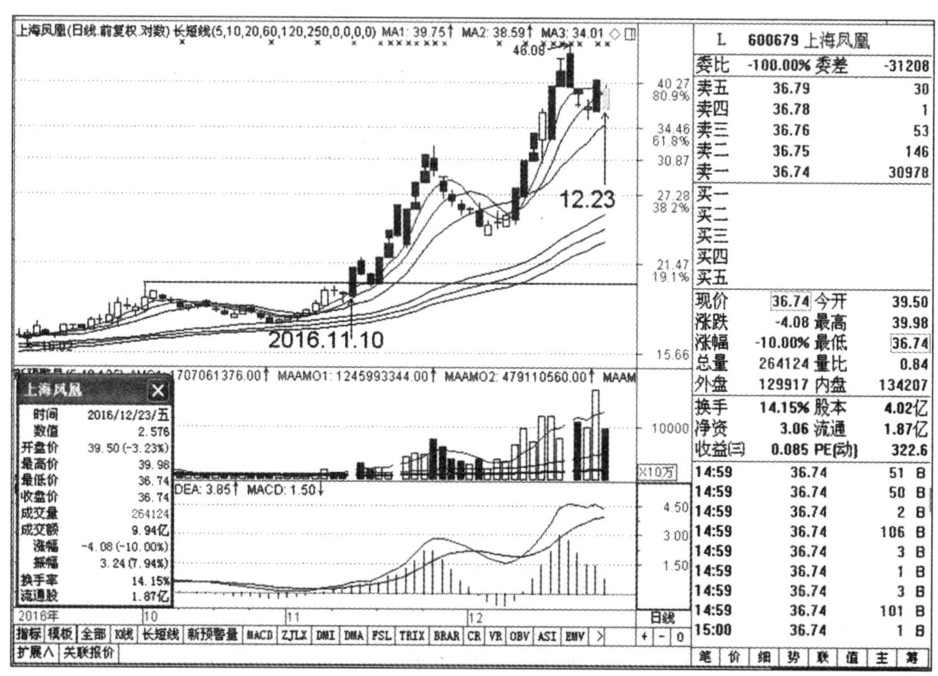


**图 3－3　上海凤凰走势图**

看完上海凤凰的异动后，试用“位置与性质理论”分析一下上海凤凰的走势图。

再次请牢记：正确的规律就是正确的，永远都是正确的，永远都不会变成错误的。

## 第二节　负能量的异动

负能量的异动是指那些用异动形态来骗线的异动，在异动之后，股价不涨反跌。

第一，从K线走势图上分析。

股价走势图中K线形态上下影线很多（像毛毛虫一样的），突破六线形态、突破前高形态都要回避。这种形态是主力控盘出货的形态，这里的突破甚至下跌都很突兀，一般人来不及反应，股价就冲高或者下跌，如002729好利来在2016年9月5日、9月9日、9月12日3天都出现了这种突兀的上涨下跌形态。

2016年9月5日，好利来在尾盘突兀的直线拉起根冲击到涨停板的突破均线形态，然后回调3天，到9月9日出现一个涨停板，貌似一个上升三法形态，当你以为该股将会上涨时，那就上当受骗了。

2016年9月9日收盘后截图——好利来（图3-4）。

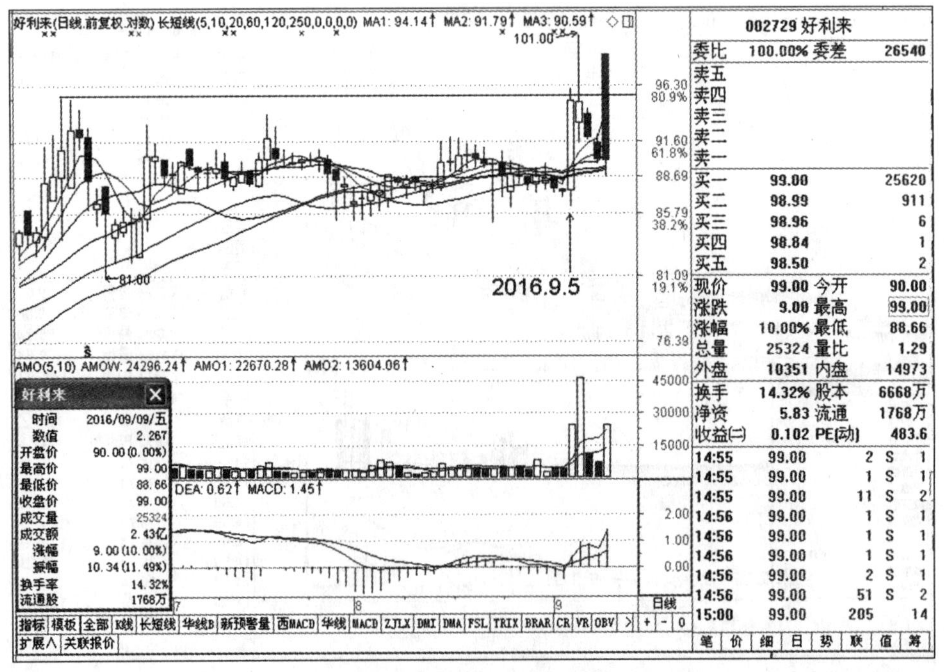


图3-4　好利来走势图

第二，从分时图上分析。

在分时图上我们可以看到好利来 2016 年 9 月 9 日一天 3 个多小时都在昨日收盘价下方运行，尾盘最后 40 分钟时一波三折，强行拉升到涨停板，分时图价位线很不流畅，这就是主力运作的痕迹，但绝对不是善良之辈，是一个寒气逼人的形态。如果你没有看分时图只看 K 线图的话，则是一个上升三法应该上涨的形态，其实不然。

2016 年 9 月 9 日收盘后截图——好利来（图 3－5）。

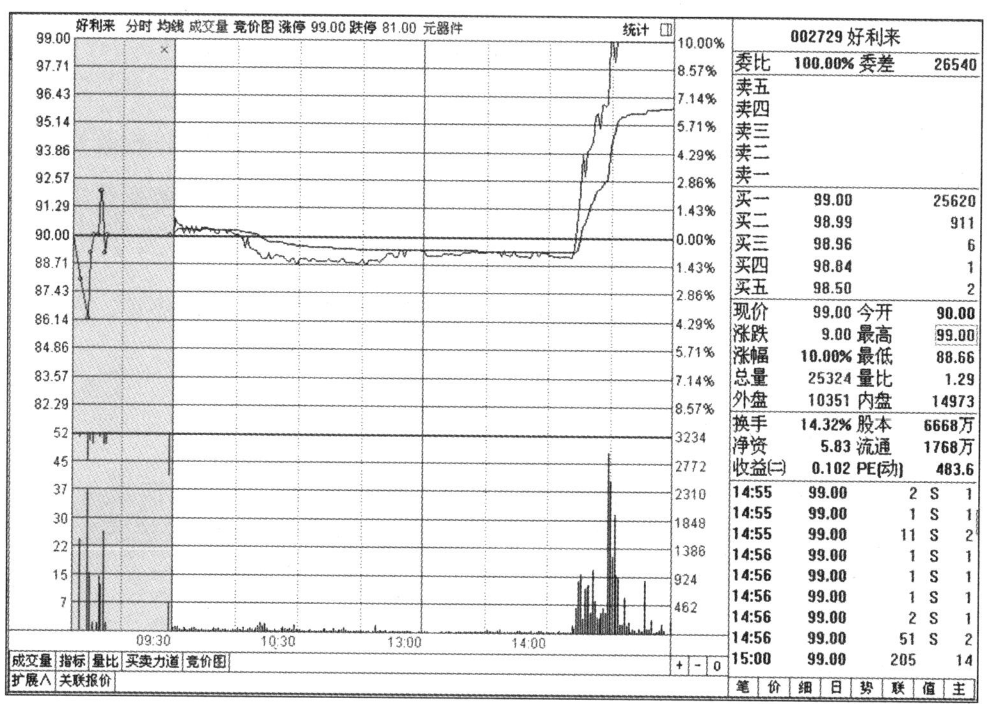


**图 3－5　好利来分时图**

第三，从龙虎榜单中分析。

图 3－6 是 2016 年 9 月 9 日好利来龙虎榜单。

【交易日期】2016－09－09 日涨幅偏离值达 7%

偏离值：10.68%　成交量：253.00 万股　成交金额：24296.00 万元

| 买入金额排名前 5 名营业部 | | |
|---|---|---|
| 营业部名称 | 买入金额（万元） | 卖出金额（万元） |
| 中信证券股份有限公司杭州四季路证券营业部 | 2220.34 | 9.34 |
| 国海证券股份有限公司杭州分公司 | 1769.41 | — |
| 中国中投证券有限责任公司无锡清扬路证券营业部 | 1188.00 | — |

续表

| | | |
|---|---|---|
| 中信证券股份有限公司湖州环城西路证券营业部 | 941.03 | — |
| 中信证券（山东）有限责任公司青岛南京路证券营业部 | 622.74 | 36.26 |
| 卖出金额排名前5名营业部 | | |
| 营业部名称 | 买入金额（万元） | 卖出金额（万元） |
| 申万宏源证券有限公司上海黄浦区福州路证券营业部 | — | 2131.11 |
| 招商证券股份有限公司北京安立路证券营业部 | 0.89 | 1124.91 |
| 西部证券股份有限公司北京德胜门外大街证券营业部 | — | 990.10 |
| 光大证券股份有限公司深圳龙华人民北路证券营业部 | — | 778.63 |
| 招商证券股份有限公司福州六一中路证券营业部 | — | 515.51 |

图3-6　好利来龙虎榜单

从2016年9月9日公布的数据来看，是“温州帮”游资席位的涨停板敢死队“中信证券股份有限公司杭州四季路证券营业部”名列买进第一名。这些敢死队操盘的手法凶悍，没有技术不要跟风，否则死得很快。

次日，好利来低开冲高，创出新高后在上午尾盘迅速地跳水到跌停板，将前一天以及当天买进的投资者全部套牢。

2016年9月12日星期一收盘后截图——好利来（图3-7）。

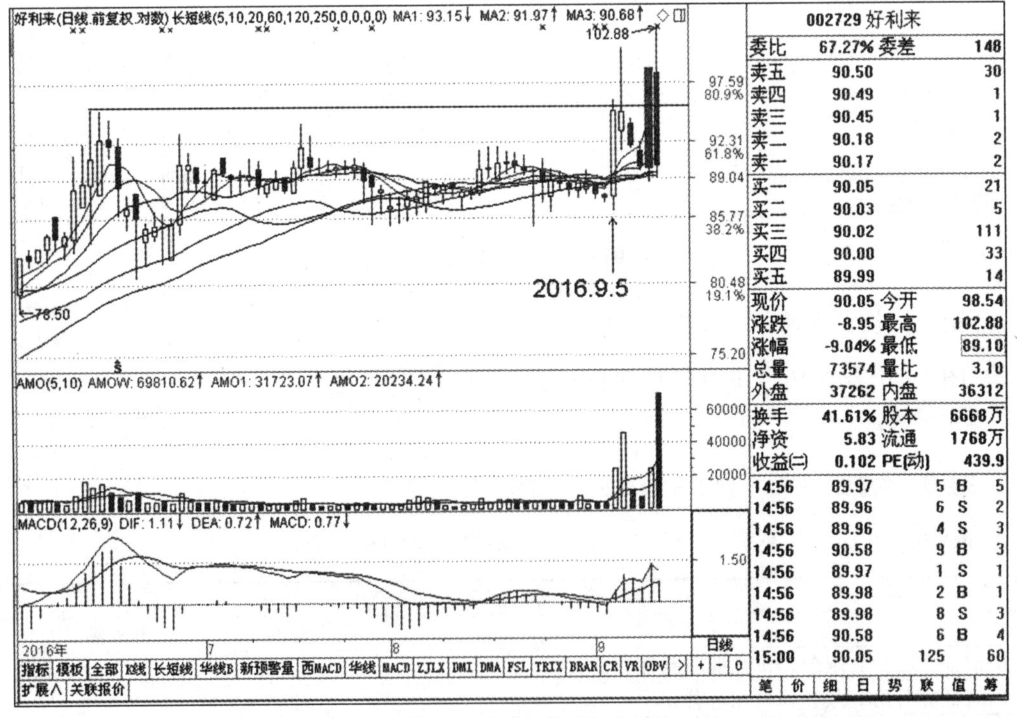


图3-7　好利来走势图

2016 年 9 月 12 日星期一收盘后截图——好利来（图 3－8）。

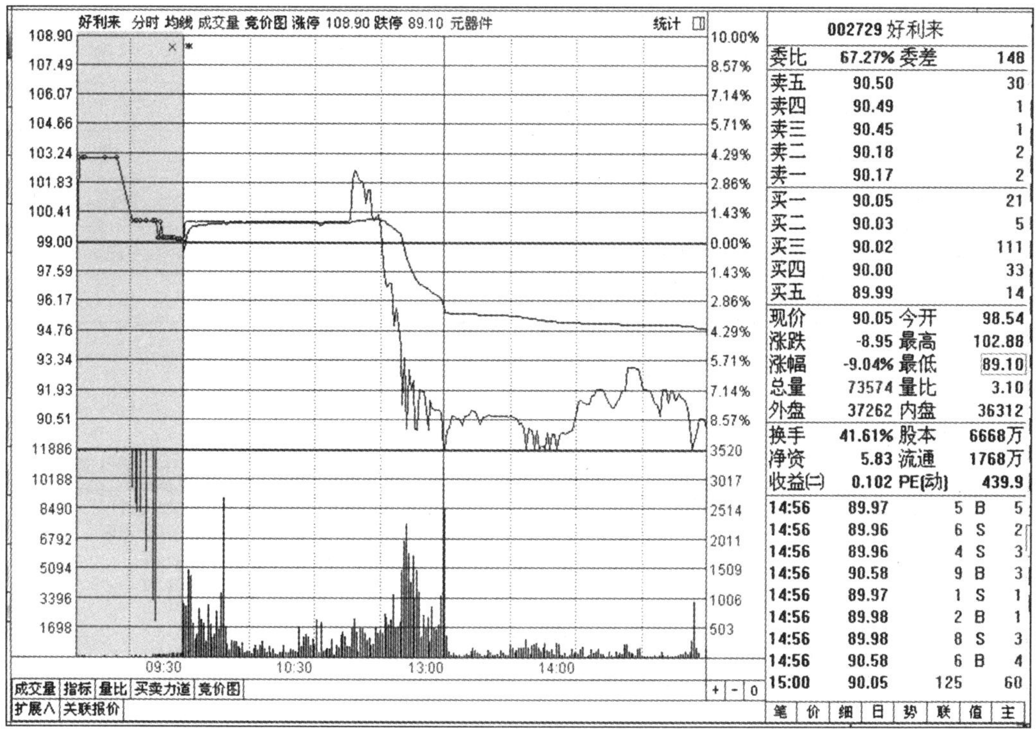

图 3－8　好利来分时图

再看 9 月 12 日的龙虎榜单。从 2016 年 9 月 12 日公布的数据来看，“温州帮”游资席位的涨停板敢死队“中信证券股份有限公司杭州四季路证券营业部”名列卖出席位（图 3－9）。

【交易日期】2016－09－12 日振幅达 15％

振幅：15.47％　成交量：736.00 万股　成交金额：69811.00 万元

| 买入金额排名前 5 名营业部 | | |
|---|---|---|
| 营业部名称 | 买入金额（万元） | 卖出金额（万元） |
| 海通证券股份有限公司南通人民中路证券营业部 | 1438.27 | 715.63 |
| 西部证券股份有限公司北京德胜门外大街证券营业部 | 1002.39 | — |
| 中信建投证券股份有限公司苏州工业园区星海街证券营业 | 666.19 | 1.00 |
| 申万宏源证券有限公司上海黄浦区新昌路证券营业部 | 665.71 | — |
| 中信证券股份有限公司义乌城中中路证券营业部 | 655.44 | 8.06 |

续表

| 卖出金额排名前5名营业部 | | |
|---|---|---|
| 营业部名称 | 买入金额（万元） | 卖出金额（万元） |
| 方正证券股份有限公司北京阜外大街证券营业部 | 123.48 | 12433.96 |
| 中信建投证券股份有限公司北京安立路证券营业部 | 152.60 | 10622.49 |
| 中信证券股份有限公司杭州四季路证券营业部 | 67.67 | 6006.07 |
| 中国银河证券股份有限公司沧州永安南大道证券营业部 | 420.87 | 4146.53 |
| 中天证券股份有限公司杭州庆春路证券营业部 | 87.00 | 1971.74 |

图3－9　好利来龙虎榜单

2016年9月13日星期二收盘后截图——好利来（图3－10）。

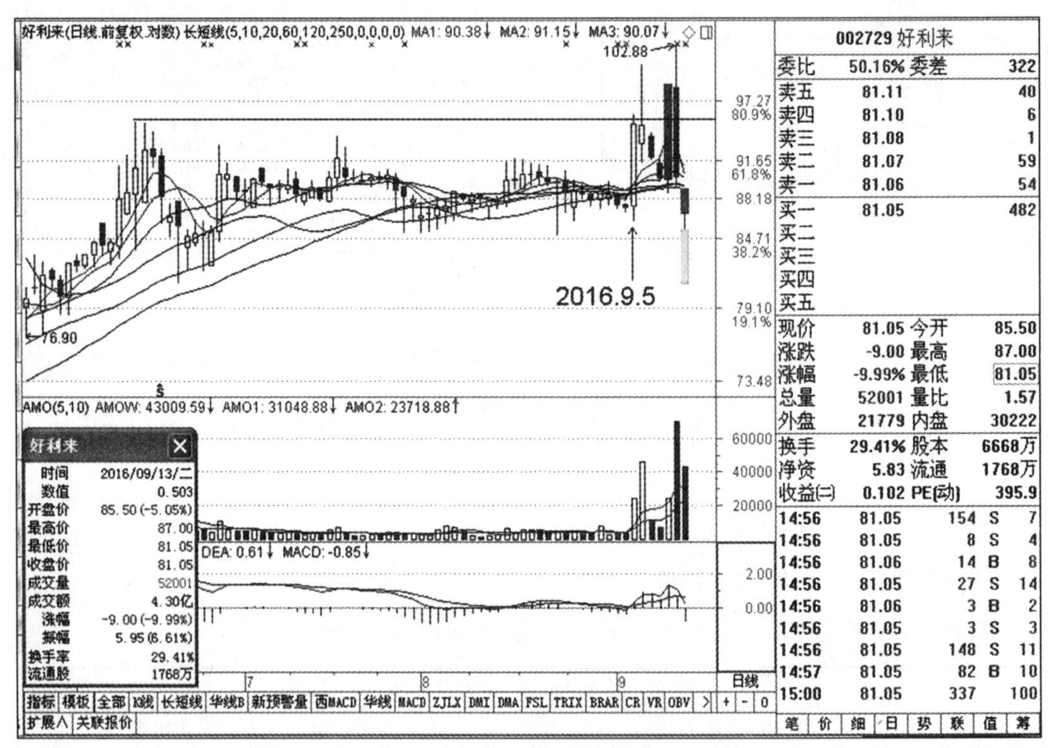


图3－10　好利来走势图

图3－11是2016年9月13日好利来龙虎榜单。

【交易日期】2016－09－13　日跌幅偏离值达7％

偏离值：－10.76％　成交量：520.00万股　成交金额：43010.00万元

| 买入金额排名前 5 名营业部 | | |
|---|---|---|
| 营业部名称 | 买入金额（万元） | 卖出金额（万元） |
| 机构专用 | 4422.68 | — |
| 招商证券股份有限公司北京安立路证券营业部 | 3257.96 | 4.13 |
| 中国银河证券股份有限公司杭州新塘路证券营业部 | 1885.18 | 3.43 |
| 中泰证券股份有限公司北京百万庄大街证券营业部 | 1070.05 | — |
| 宏信证券有限责任公司成都人民南路证券营业部 | 704.53 | 6.63 |
| **卖出金额排名前 5 名营业部** | | |
| 营业部名称 | 买入金额（万元） | 卖出金额（万元） |
| 中信建投证券股份有限公司杭州庆春路证券营业部 | — | 2090.59 |
| 海通证券股份有限公司南通人民中路证券营业部 | 10.90 | 1654.13 |
| 中信证券（山东）有限责任公司即墨蓝鳌路证券营业部 | 6.64 | 873.94 |
| 申万宏源证券有限公司上海黄浦区新昌路证券营业部 | — | 555.52 |
| 平安证券有限责任公司上海分公司 | 176.77 | 541.25 |

**图 3－11　好利来龙虎榜单**

2016 年 9 月 14 日星期三收盘后截图——好利来（图 3－12）。

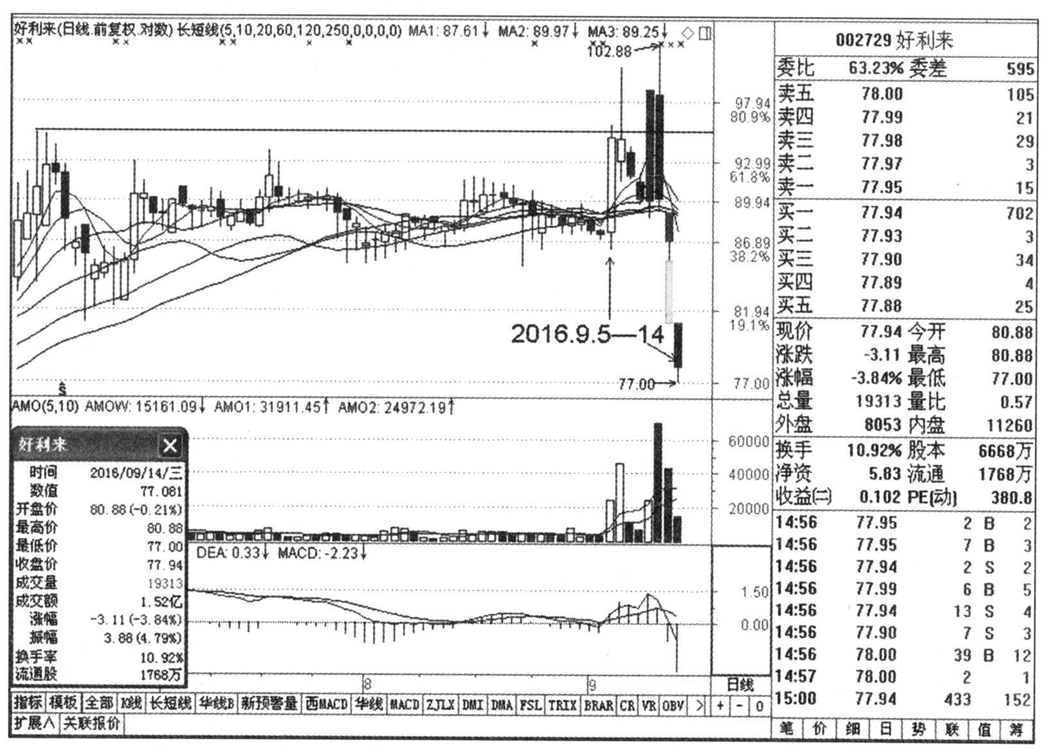


**图 3－12　好利来走势图**

2016年9月14日星期三收盘后截图——好利来（图3-13）。

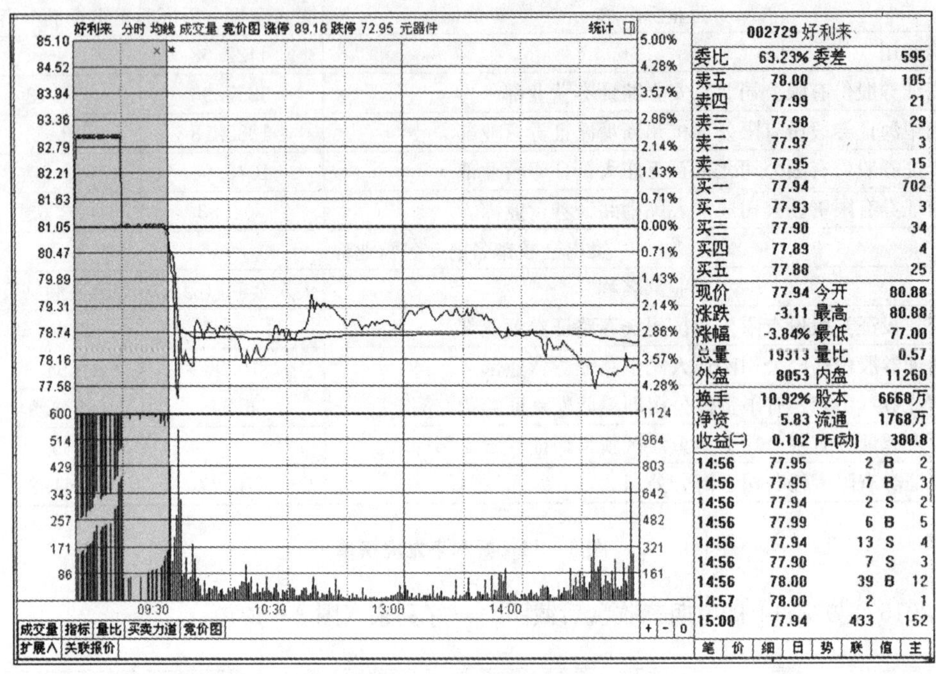


图3-13 好利来分时图

图3-14是2016年9月14日好利来龙虎榜单。

【3. 涨跌幅异动】

【交易日期】2016-09-14 三日跌幅偏离值累计达20%

偏离值：-20.18% 成交量：1449.00万股 成交金额：127981.00万元

| 买入金额排名前5名营业部 | | |
|---|---|---|
| 营业部名称 | 买入金额（万元） | 卖出金额（万元） |
| 机构专用 | 4583.07 | — |
| 招商证券股份有限公司北京安立路证券营业部 | 4268.20 | 10.37 |
| 中国银河证券股份有限公司杭州新塘路证券营业部 | 1893.12 | 6.34 |
| 海通证券股份有限公司南通人民中路证券营业部 | 1460.12 | 2369.77 |
| 宏信证券有限责任公司成都人民南路证券营业部 | 1446.60 | 10.19 |
| 卖出金额排名前5名营业部 | | |
| 营业部名称 | 买入金额（万元） | 卖出金额（万元） |
| 方正证券股份有限公司北京阜外大街证券营业部 | 133.10 | 12545.21 |
| 中信建投证券股份有限公司北京安立路证券营业部 | 421.86 | 10629.82 |
| 中信证券股份有限公司杭州四季路证券营业部 | 78.94 | 7043.84 |
| 中国银河证券股份有限公司沧州永安南大道证券营业部 | 421.65 | 4507.35 |
| 中信建投证券股份有限公司杭州庆春路证券营业部 | 1.80 | 2506.20 |

图3-14 好利来龙虎榜单

2016 年 9 月 30 日星期五收盘后截图——好利来（图 3 - 15）。

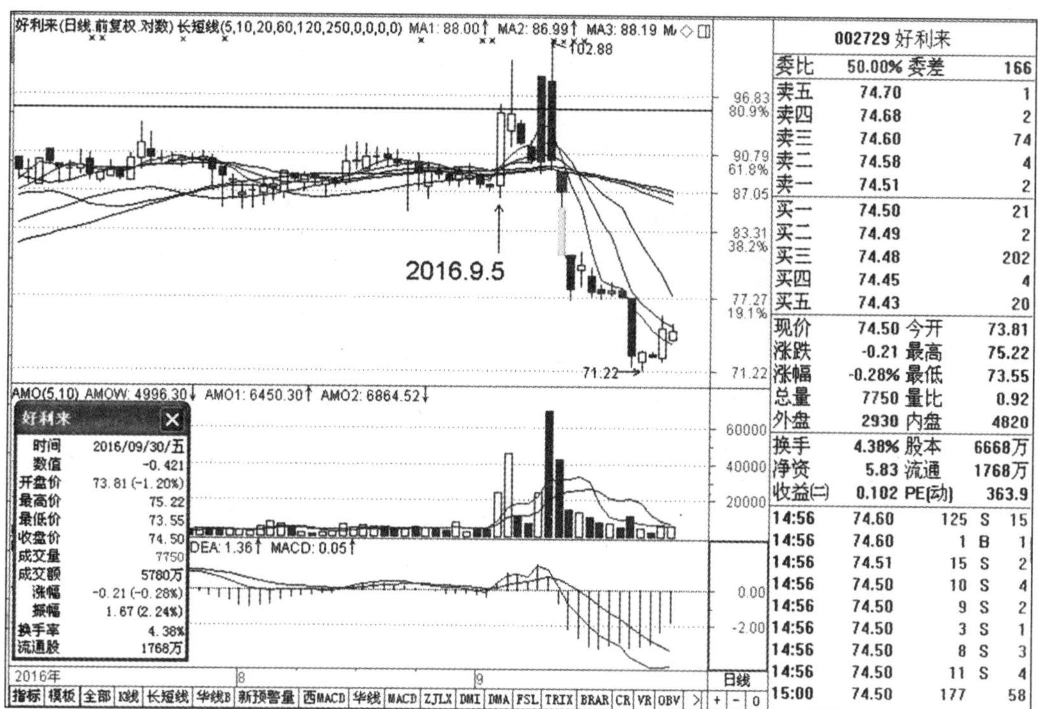


**图 3 - 15　好利来走势图**

## 第三节　盘中假象与盘中真相

这个话题很沉重、也很悲哀，主力无论采取什么方法，只要欺骗了市场、欺骗了投资者反向操作，使持股者在上涨之前卖出，使空仓者在下跌之前买进，它就成功了。它的成功是建立在无数投资者上当受骗的基础之上的。

如果散户分不清盘中的假象，就会上当受骗，就会不断地重复犯错误，资产就会不断地缩水。

盘中假象，说白了，就是下跌之前，盘中的主力欲退先进；上涨之前，盘中的主力欲进先退，反向操作，造成假象，误导投资者反向交易。盘中假象之后水落石出，盘中真相暴露。看看下面的分时图走势，大家就会明白什么是主力的反向操作了。

下跌之前，欲退先进，忽悠别人买进，然后下跌（图 3－16）。

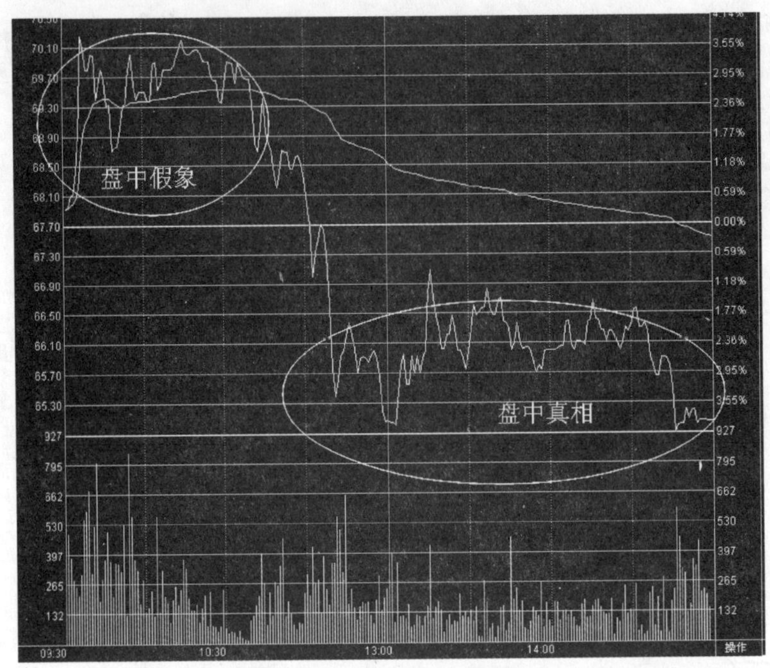


图 3－16　诱多后下跌收阴

上涨之前，欲进先退，忽悠别人卖出，然后上涨（图 3－17）。

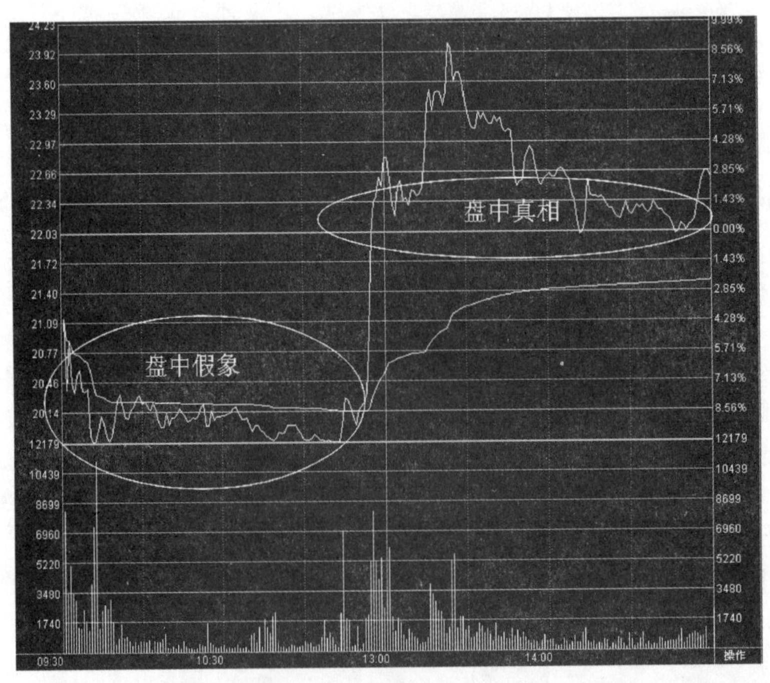


图 3－17　诱空后上涨收阳

当我们明白了这些善于心计的主力反向操作的手法后，就可以以其人之道还治其人之身。

第一，在它上涨时卖出，在它下跌时买进。当然要根据股价运行的位置来决定。

第二，盘中任凭主力如何欺骗也不操作！待看清主力的意图——“盘中真相”然后再交易。

如此操作，一方面可以防止上当受骗；另一方面可以避免自己不断重复的错误。**重复犯同样的错误，是你自己内心不断描绘出重复的盘中假象，而没有分辨出盘中假象后的盘中真相；当你内心不断地吸引盘中假象的时候，就越来越不会从错误中摆脱出来。要想改变这种错误，就必须改变自己心中的盘中假象。时时刻刻想到目前是盘中假象，还是盘中真相？把假象与真相联系起来考虑，就不会冲动地重复犯错误了。**

在识别了真相与假象后，还要对比较标准的下跌真相、洗盘真相有所分辨（图3－18、3－19）。

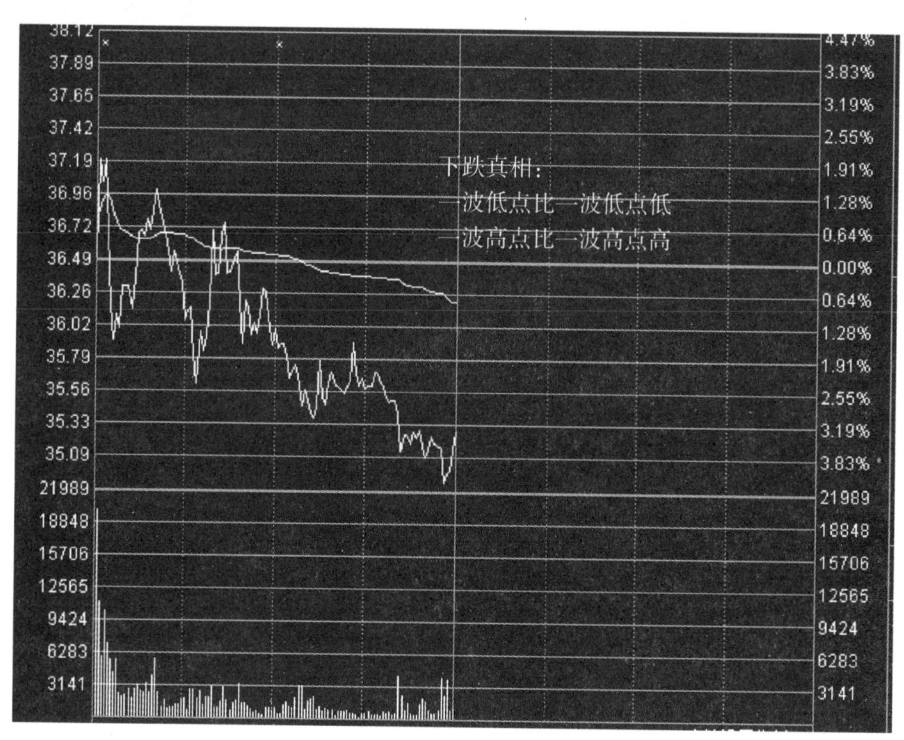


**图3－18　下跌分时图**

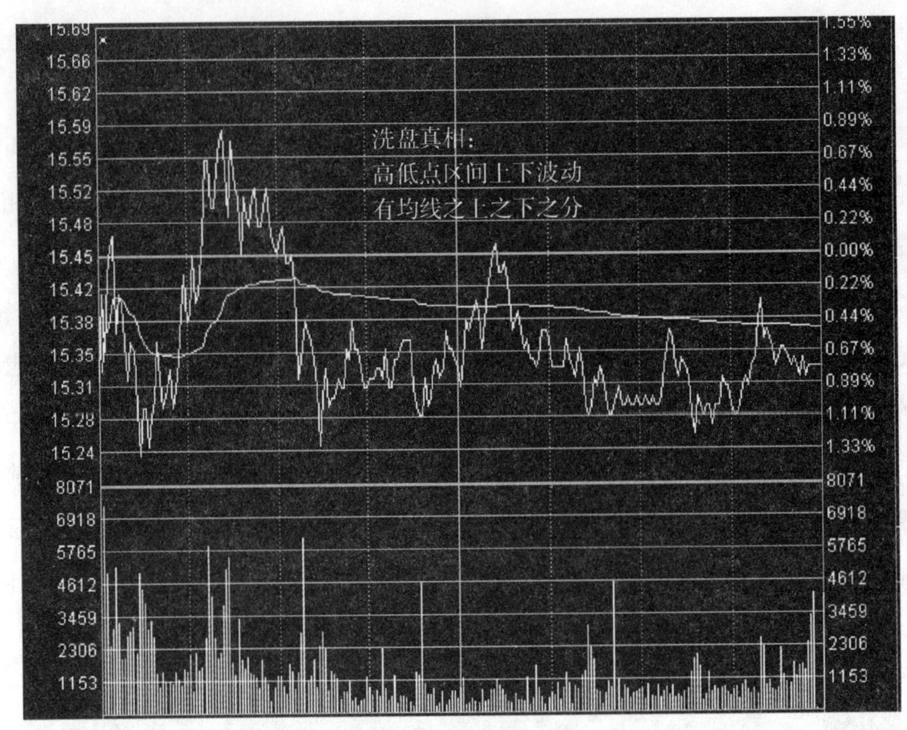

洗盘真相:
高低点区间上下波动
有均线之上之下之分


图 3－19　洗盘分时图

真相是所有结果的原因，只有弄明白事情的真相，才能知道事情发生的原因。找到了事情的真相，找到了涨停板与主升浪发生的原因，才能享受主升浪带来的乐趣。

## 第四节　识破假象获利出局

002323 雅百特 2017 年 2 月 17 日当天，买进金额最大的游资是两个证券营业部：一是浙商证券股份有限公司青岛香港东路证券营业部买进金额 4368.97 万元，卖出金额 885.73 万元；二是华鑫证券有限责任公司福州杨桥路证券营业部买进金额 4235.01 万元。

2017 年 2 月 20 日，华鑫证券有限责任公司福州杨桥路证券营业部的游资没有买进，全部卖出 4658.75 万元。

2017 年 2 月 20 日，浙商证券股份有限公司青岛香港东路证券营业部在对倒交易，买进金额 5432.20 万元，卖出金额 2641.82 万元。

2017 年 2 月 22 日，华鑫证券有限责任公司福州杨桥路证券营业部没有买进，继续卖出 3585.43 万元；至此，该营业部的游资已经全身而退。

雅百特在 2017 年 2 月 23 日盘中 10:20 时买一卖一位置都出现了 5 位数的大单堆积形态，是谁在买、谁在卖？可以说都是盘中主力在捣鬼对倒，在引诱看不懂形态的散户买进。

2017 年 2 月 23 日盘中截图——雅百特（图 3－20）。

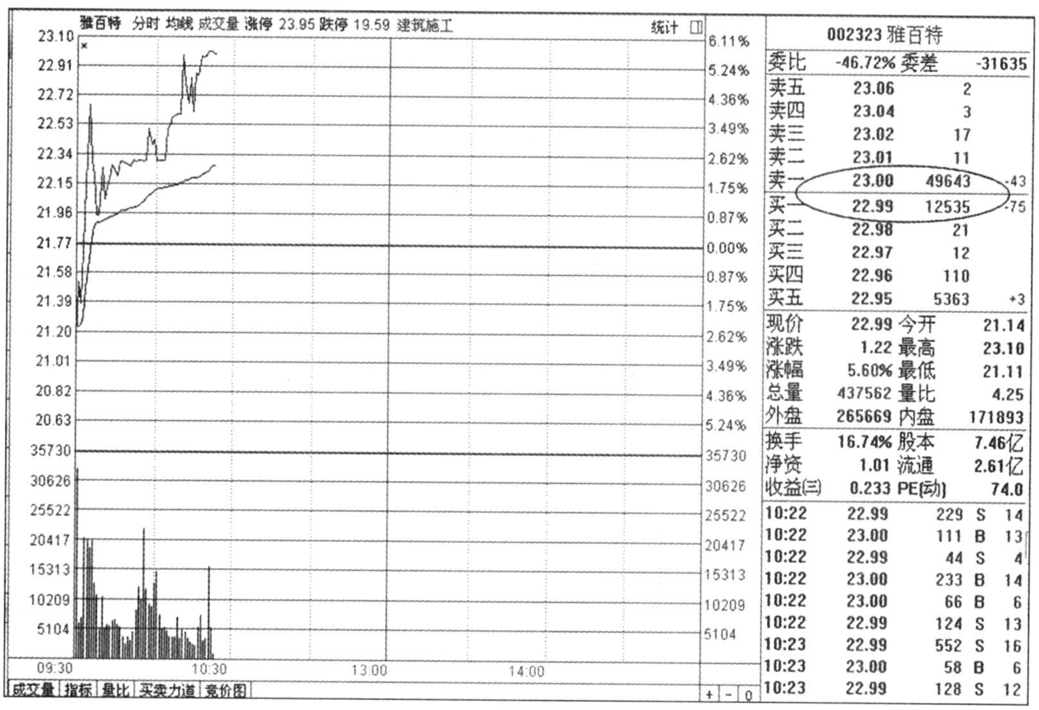


图 3－20　雅百特分时图

10 分钟过去了，盘中卖一位置的大单在减少，买一位置的大单超过了卖一位置的大单，给市场造成一种买盘强劲的假象。

2017 年 2 月 23 日盘中截图——雅百特（图 3－21）。

雅百特 分时 均线 成交量 涨停 23.95 跌停 19.59 建筑施工 统计

23.10 22.91 22.72 22.53 22.34 22.15 21.96 21.77 21.58 21.39 21.20 21.01 20.82 20.63
6.11% 5.24% 4.36% 3.49% 2.62% 1.75% 0.87% 0.00% 0.87% 1.75% 2.62% 3.49% 4.36% 5.24%
35730 30626 25522 20417 15313 10209 5104
09:30 10:30 13:00 14:00
成交量 指标 量比 买卖力道 竞价图

002323 雅百特
委比 38.30% 委差 14687
卖五 23.06 7
卖四 23.05 11 +1
卖三 23.02 12
卖二 23.01 12
卖一 23.00 11788 -47
买一 22.99 21198 -14
买二 22.98 43
买三 22.97 10
买四 22.96 9
买五 22.95 5257
现价 23.00 今开 21.14
涨跌 1.23 最高 23.10
涨幅 5.65% 最低 21.11
总量 487692 量比 4.19
外盘 312408 内盘 175284
换手 18.66% 股本 7.46亿
净资 1.01 流通 2.61亿
收益(三) 0.233 PE(动) 74.1
10:29 23.00 712 B 21
10:29 23.00 243 B 26
10:29 23.00 165 B 18
10:29 23.00 170 B 13
10:29 23.00 212 B 14
10:29 23.00 147 B 12
10:29 23.00 75 B 11
10:29 23.00 194 B 12
10:30 23.00 60 B 9

图 3－21 雅百特分时图

两分钟过去了，卖一的大单已经减少到 3 位数，买盘强劲一目了然——其实这就是主力营造的假象。在买卖窗口中出现的巨量挂单，实际上是主力引导股价朝某一方向走，在这里无疑是引导买盘跟进。

2017 年 2 月 23 日盘中截图——雅百特（图 3－22）。

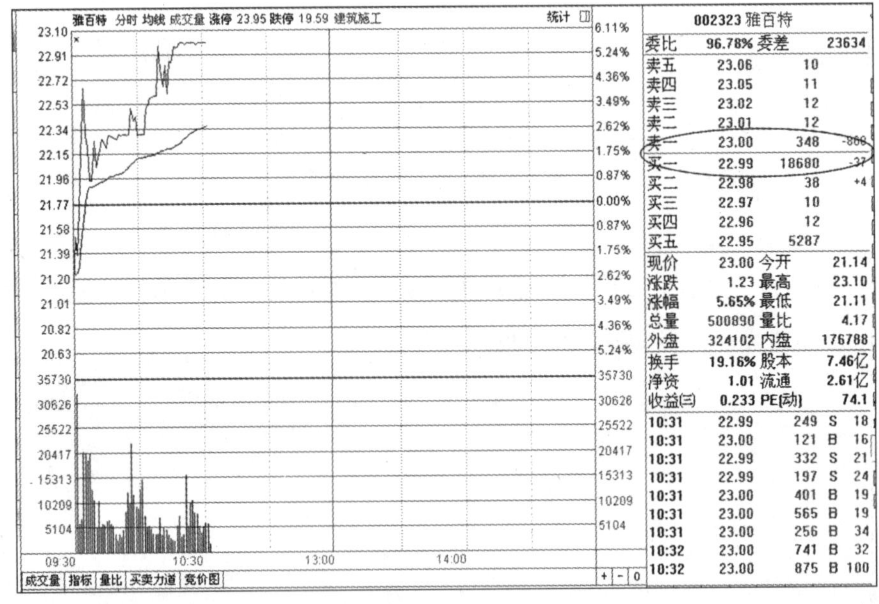


图 3－22 雅百特分时图

很快，3 位数的买单被吃掉，旋即冲高到 23.60 元，一旦买盘跟进，大单就毫不客气地砸下来，让买盘成交。当时在冲高后我给一位同事的兄弟在微信上做了提示，在雅百特上涨这几天中，这位同事的兄弟一直持有该股，在 2017 年 2 月 23 日盘中看到雅百特在对倒引诱市场买盘后，我建议他出局。

2017 年 2 月 23 日盘中微信交流（图 3－23）。

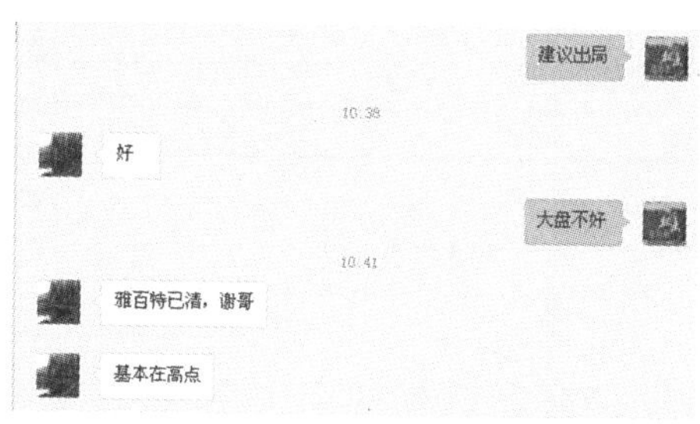


图 3－23　盘中微信交流

很快，价格又回到 22.99 元价位。

2017 年 2 月 23 日盘中截图——雅百特（图 3－24）。

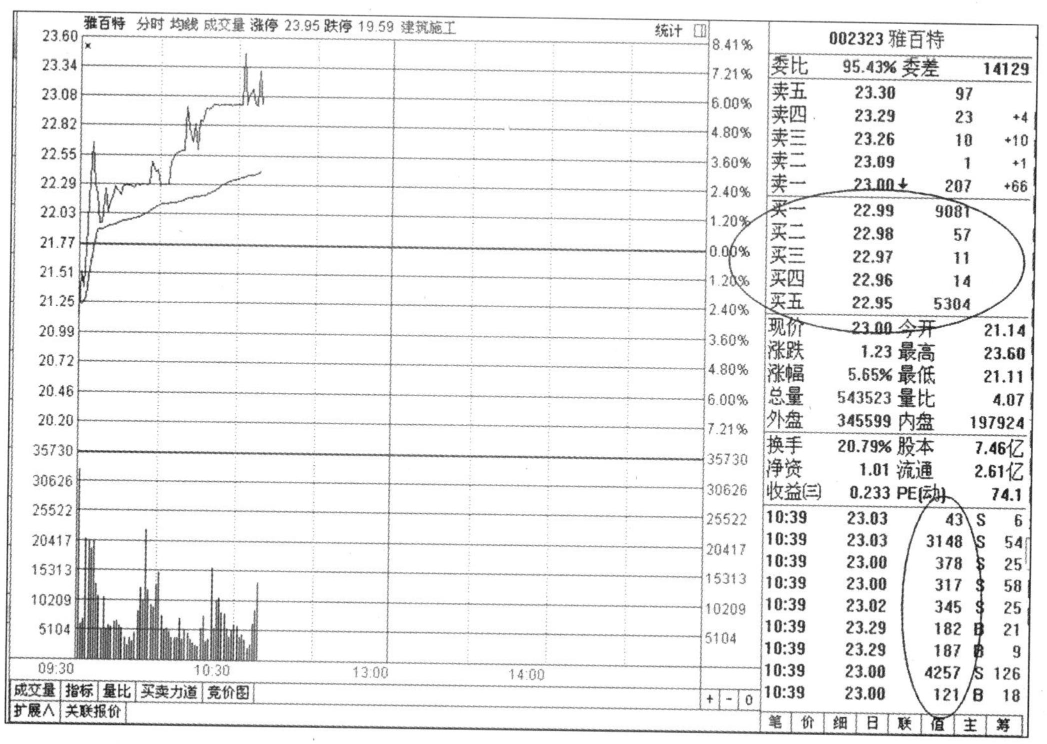


图 3－24　雅百特分时图

1分钟后，抛单从天而降，价位线飞流直下，底下的买盘几乎悉数成交。

2017年2月23日盘中截图——雅百特（图3-25）。

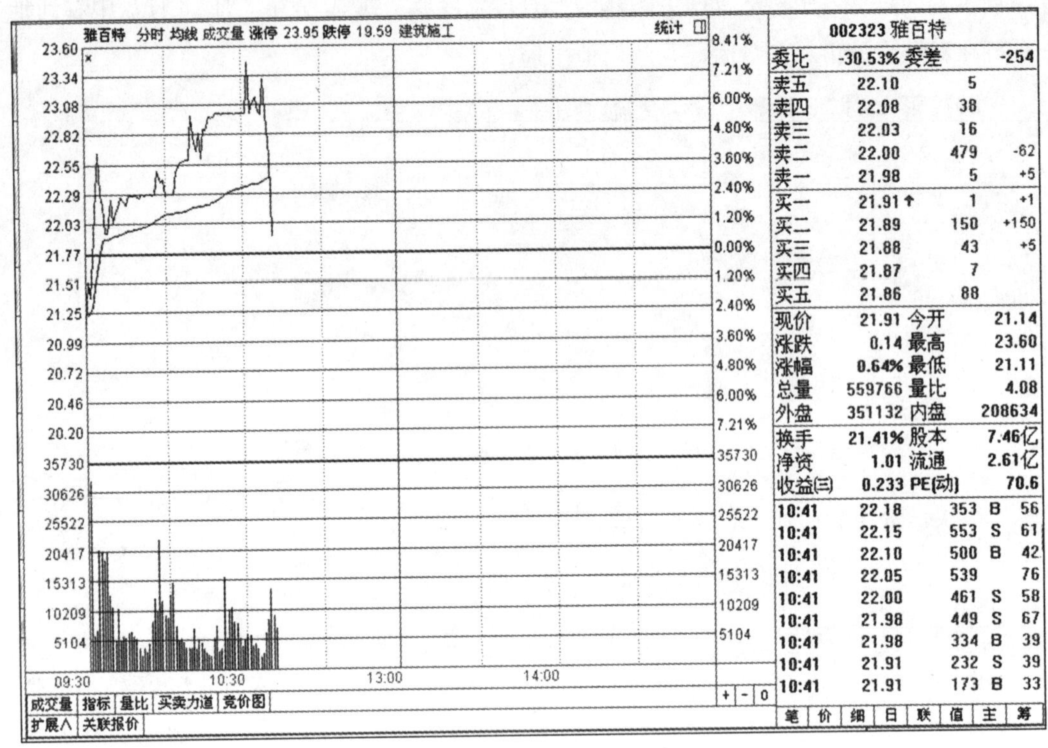


**图3-25 雅百特分时图**

强悍的主力在上午接近尾盘时两波对倒拉升，把股价拉到涨停板，旋即封板、打开，从成交的卖单上主力出货的迹象已经暴露无遗，最终上午尾盘收盘前偷袭封板——直至收盘。

从2017年2月23日公布的数据来看，当天浙商证券股份有限公司青岛香港东路证券营业部买进金额高达11415.65万元，对倒卖出金额只有4646.47万元。

岂不知次日，也就是2017年2月24日星期五，该股低开低走，且一路下行直至跌停板，前一个交易日买进的追涨者被牢牢地套在了高位。

2017年2月24日收盘后截图——雅百特（图3－26）。

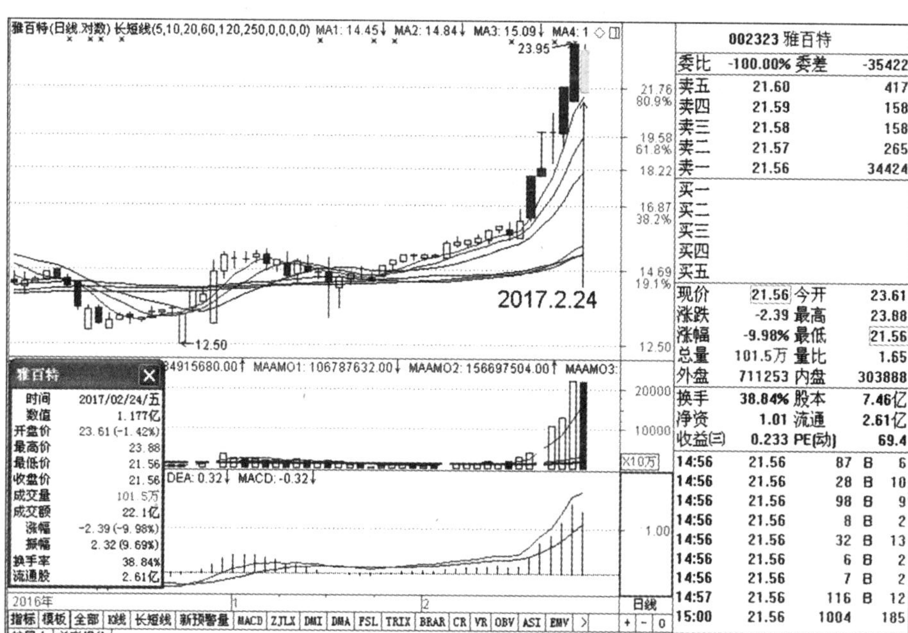


**图3－26　雅百特走势图**

2017年2月24日收盘后截图——雅百特（图3－27）。

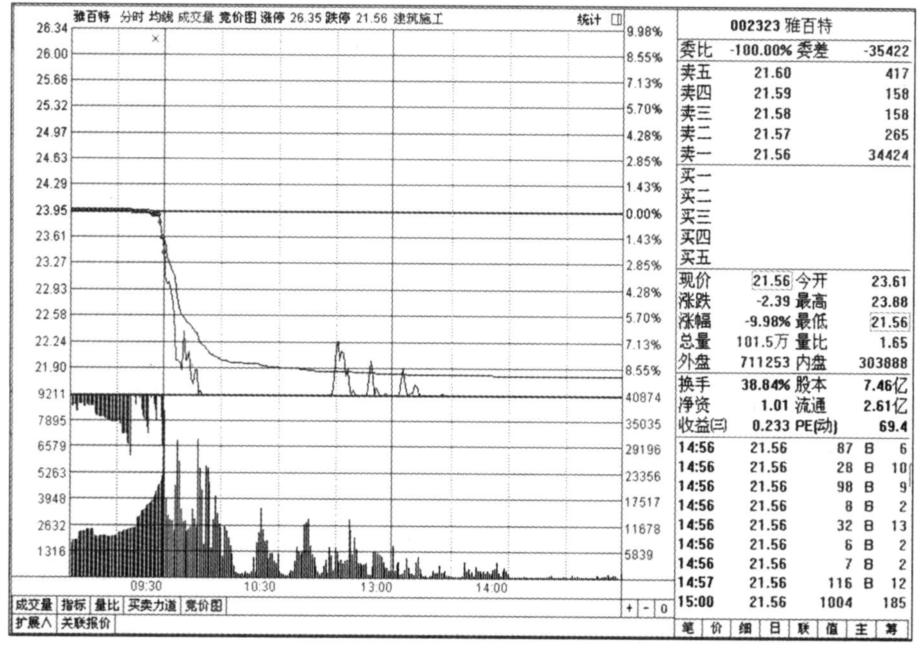


**图3－27　雅百特分时图**

从2017年2月24日公布的数据来看，浙商证券股份有限公司青岛香港东路证券营业部24日当天买进金额只有1834.76万元，卖出金额高达17195.90万元。

朋友们，当我们能够从分时图上识破主力盘中的假象后，结合K线图和龙虎榜中的数据，我们就不会轻易地上当受骗了。看看雅百特后面的走势图。

2017年3月23日星期四截图——雅百特（图3-28）。

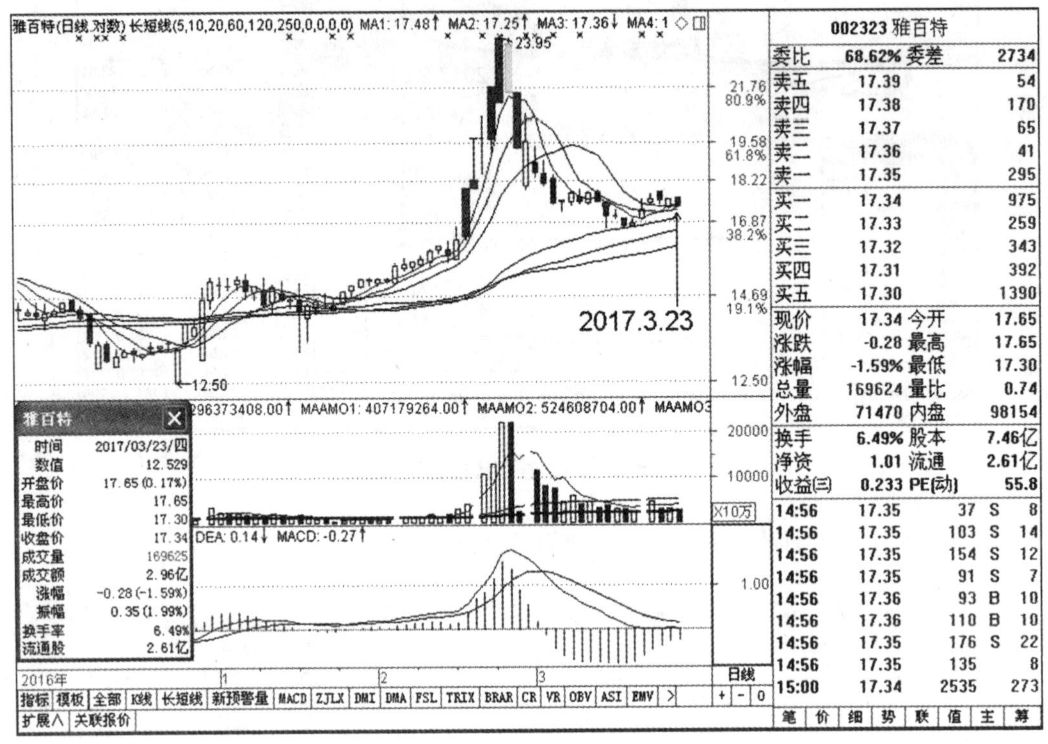


图3-28 雅百特走势图

## 股市箴言

• 在这个市场上，有主力就有异动，有主力就有涨停板，有主力就有主升浪；有了主升浪不敢巧取豪夺就获不了大利。

• 跟上有主力运作的股票、跟上有主力拉升的股票，股价就会翻番，财富就会增值；反之，如果拿着主力已经出局的股票，股价就会跌跌不休，即使遇到利好、遇到牛市，也跑不赢大盘。

• 牛散的思路：选好主力、借主力拉升之机与浪共舞。

• 牛散的操作：空仓等待、主力不动牛散不出击。非此不能成为牛散！

• 请牢记：正确的规律就是正确的，永远都是正确的，永远都不会变成错误的。

• 重复犯同样的错误，是你自己内心不断描绘出重复的盘中假象，而没有分辨出盘中假象后的盘中真相；当你内心不断地吸引盘中假象的时候，就越来越不会从错误中摆脱出来。要想改变这种错误，就必须改变自己心中的盘中假象。时时刻刻想到目前是盘中假象，还是盘中真相？把假象与真相联系起来考虑，就不会冲动地重复犯错误了。

• 看盘的目的是培养自己的直觉，而不是个股价格的涨涨跌跌。直觉是可以培养的，当你对投资环境、国家政策、主力动向都有了敏感的反应的时候；当你对每根K线形态的含义都了解的时候；当你能识破盘中主力的动向的时候；当你把自己的直觉培养成与市场同呼吸共命运的时候，你的直觉就培养成功了，财富之门就会向你打开。

• 在股市里你的思考方式决定着你的操作结果。所以，你必须学会用你所希望股票上涨的方式去思考，然后，你才能用你希望股票上涨的方式去操作。假如从思想上你希望股票上涨，操作上却在买下跌的股票，还美其名曰抄底，请问你股票能马上上涨吗？

• 思考是一种能力，是一种透过现象看本质的能力。如果你被表面现象所迷惑，看不到事物的本质，同样是没有好结果的。

• 想与牛股、妖股、龙头股共舞，必须知道这些股启涨背后的真相，知道它们背后的真相对投资者来说意义非凡，如果你能够透过表面现象看到它们的本质，你将收获到不一样的东西——这就是改变命运的神秘力量。

• 在大幅震荡的背后往往隐藏着巨大的财富，在股市里，震荡幅度越大，赚钱赢利的机会就越大。

• 在股市里没有人能阻碍你关注的焦点，唯一能阻碍你的人就是你自己。

## 小结

### 改变命运的神秘力量

无论是从K线图上分析异动，还是从分时图上分析异动，以及从龙虎榜上分析异动——其核心只有一个，从异动的蛛丝马迹中寻找主力。

从盘中的异动上分析一只股票是什么样的主力在运作，是长线的主力、中线的主力，还是短线的主力？这些都要研究清楚。不同的主力有不同的操盘手法，弄不明白就不要匆忙地操作。

当我们找到主力，弄明白是谁在运作这只股票后，也不要轻举妄动；还要耐心地等待主力残酷地洗盘、试盘、装死……等到主力发力拉升时就要果断出击；持有到主力骗线买进时就要果断出局，只有这样才能巧取豪夺到主升浪。

**想与牛股、妖股、龙头股共舞，必须知道这些股启涨背后的真相，知道它们背后的真相对投资者来说意义非凡，如果你能够透过表面现象看到它们的本质，你将收获到不一样的东西——这就是改变命运的神秘力量。**

试想，如果一个交易者4小时考虑的都是买在最低价、抄在最低点，关注的都是下跌的、横盘的、低价的股票，或许仅仅有4分钟想到了牛股、妖股、龙头股，能行吗？绝对不行，因为你的思想中接受的负能量太多了，接受的正能量又太少了。

正能量带来的是积极、向上、阳线……

负能量带来的是消极、向下、阴线……

**在股市里没有人能阻碍你关注的焦点，唯一能阻碍你的人就是你自己。**

## 思考（致富）题

1. 从K线图上分析异动的核心是什么？
2. 从分时图上分析异动的核心是什么？
3. 从龙虎榜上分析异动的核心是什么？

# 第四项注意

## 位置性质仔细辨，避实击虚狙击涨停板

没有规律不成方圆。

试问，没有涨停板哪来主升浪？

试问，哪一个主升浪不是从涨停板起来的？

要想在股市里有所斩获，建议你把主升浪当作自己的奋斗目标。有了目标，你就有了渴望；有了目标，你才能做到准确狙击。

看看A股，几乎每个交易日都有涨停板，多则几十、几百个涨停板，甚至出现过千股涨停的奇观；就是大盘下跌、市场悲观、人气低落的交易日里也少不了几个涨停板，没有涨停板的交易日几乎微乎其微。

但要注意的是并不是每个涨停板都是可以做的！

可以这样说，**股市里的涨停板80%多是不能买的，只有那不到20%的涨停板才有关注的价值；能操作的就仅仅只有“个位数”了。**这就要求狙击涨停板的朋友认真地选择、仔细地分析，机会不到不出击！！！

何时出击最好？

《孙子兵法》讲道：“夫兵形像水，水之形，避高而趋下；兵之形，避实而击虚。水因地而制流，兵因敌而制胜。故兵无常势，水无常形。能因敌变化而取胜者，谓之神。”其大意是，用兵的规律像水，水流动的规律是避开高处而流向低处，用兵的规律

是避开敌人坚实之处而攻击其虚弱的地方。水因地势的高下而制约其流向，用兵则要依据敌情而决定其取胜的方针。打仗是这样，炒股何尝不是这样，要根据其性质而避实击虚狙击涨停板才能成功。

## 第一节　位置与性质理论

2008 年我曾论述过“位置与性质理论”，它是我在股市里的第二个重大发现，这个理论的核心内容是：

**涨停板出现的位置不同，其性质也就不同。位置决定性质，性质决定成败。**

**市场运行的方向无非是上升、下降以及横向延伸三种趋势，在各种趋势中都会出现涨停板，重要的是在各种不同趋势的不同位置出现的涨停板具有不同的性质。**

涨停板的位置与性质可分为四种，如图 4－1 所示：

在 A、B、C 点出现的涨停板，多为吸货性质；

在 D 点或 E 点出现的涨停板，多为突破拉升性质；

在 F 点或 G 点出现的涨停板，多为出货性质；

在下跌途中 H 点出现的涨停板，多为反弹自救性质。

关于四种不同性质涨停板的具体论述可以参考《狙击涨停板》（四川人民出版社 2008 年 7 月版）一书，这里不再赘述。

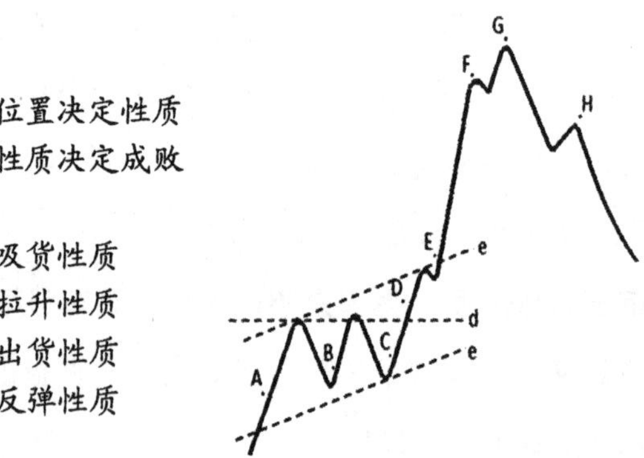


**图 4－1　涨停板位置与性质理论图示**

有读者会问，几年前的这个理论还适合当下的市场吗？现在还有用吗？

也有悟性很高的读者不这样看，图 4－2 是 2016 年 12 月 29 日，一位读者在 QQ 上与我交流内容的截图。

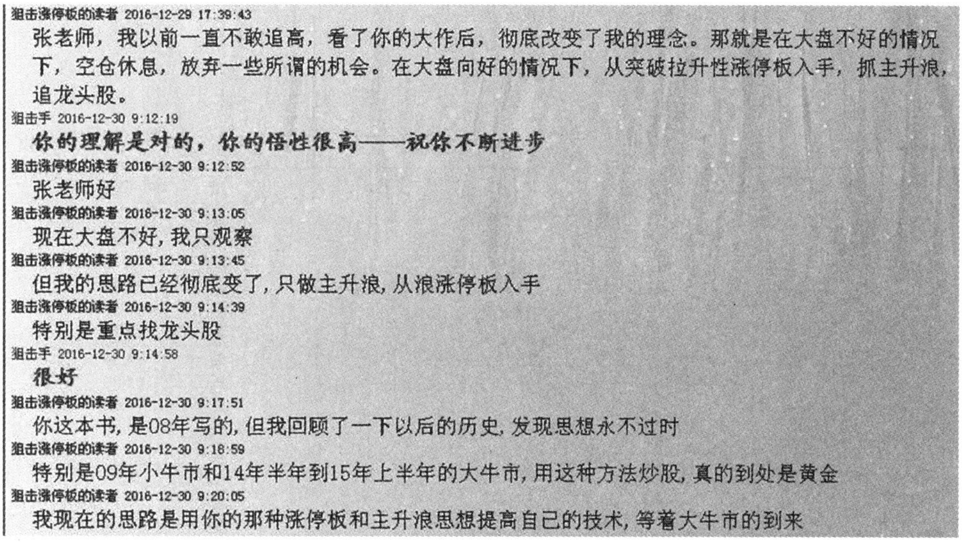

狙击涨停板的读者 2016-12-29 17:39:43
张老师，我以前一直不敢追高，看了你的大作后，彻底改变了我的理念。那就是在大盘不好的情况下，空仓休息，放弃一些所谓的机会。在大盘向好的情况下，从突破拉升性涨停板入手，抓主升浪，追龙头股。
狙击手 2016-12-30 9:12:19
**你的理解是对的，你的悟性很高——祝你不断进步**
狙击涨停板的读者 2016-12-30 9:12:52
张老师好
狙击涨停板的读者 2016-12-30 9:13:05
现在大盘不好，我只观察
狙击涨停板的读者 2016-12-30 9:13:45
但我的思路已经彻底变了，只做主升浪，从浪涨停板入手
狙击涨停板的读者 2016-12-30 9:14:39
特别是重点找龙头股
狙击手 2016-12-30 9:14:58
**很好**
狙击涨停板的读者 2016-12-30 9:17:51
你这本书，是08年写的，但我回顾了一下以后的历史，发现思想永不过时
狙击涨停板的读者 2016-12-30 9:18:59
特别是09年小牛市和14年半年到15年上半年的大牛市，用这种方法炒股，真的到处是黄金
狙击涨停板的读者 2016-12-30 9:20:05
我现在的思路是用你的那种涨停板和主升浪思想提高自己的技术，等着大牛市的到来

图 4－2　QQ 交流

正像这位读者说的那样“思想永不过时”，但应该是“正确的思想永不过时”。

我认为，只要管理层不取消涨跌板限制这个制度，我的“涨停板战法”就是有用的（注：1996 年 12 月 16 日，沪、深证券交易所开始实行涨跌停板制度）。理论是什么？理论是对某种事物运行规律的一种表述。规律是指事物内在的、本质的、必然的联系。当事物存在的环境、条件、本质不变，其规律就不会变。

请牢记：正确的规律就是正确的，永远都是正确的，永远都不会变成错误的。

**心理学家认为：“在你的头脑中，心里描绘什么，就会得到什么。”你是否能在你的心里将涨停板不同的位置、不同的性质图形清晰地描绘出来？你是否能按图索骥？如果你现在还不能描绘，那么请你每天不断地反复描绘，直至心里描绘的图形在股票走势中出现了，当机遇来临了你再操作，你所描绘的图形就会变为现实。**

我们可以用涨停板位置与性质理论来分析一下 2016 年出现的几个经典股票的图形，看看这个理论的实用性。

# 第二节 实例分析

## ★实例1 300459金科娱乐

2016年9月30日截图——金科娱乐（图4-3）。

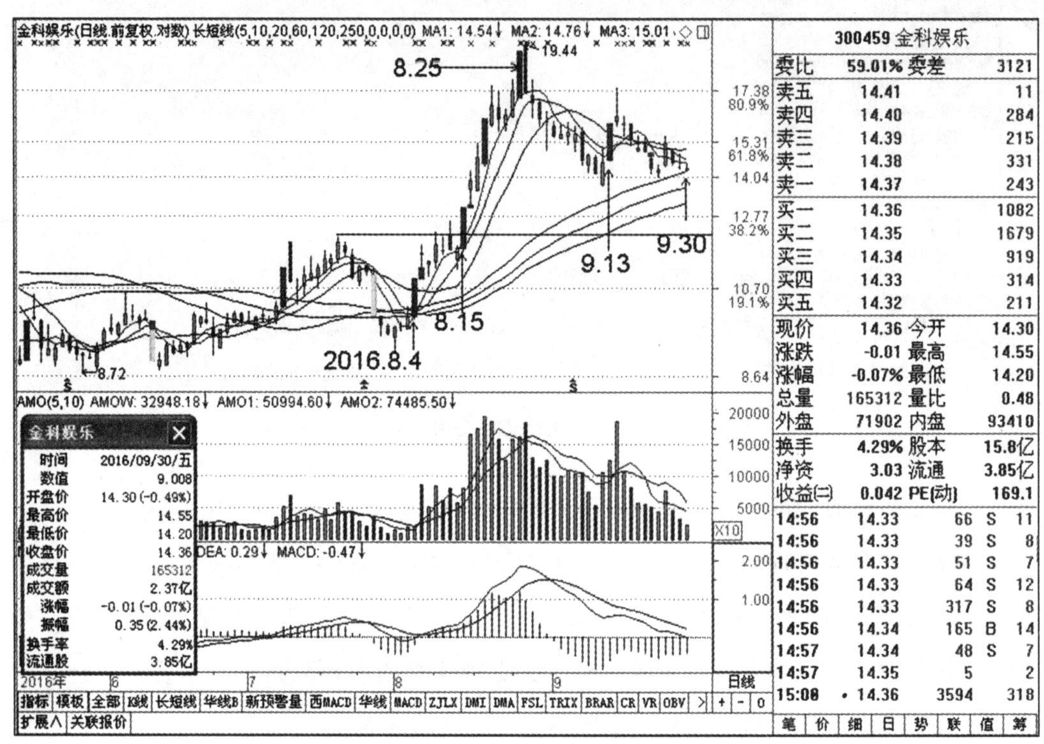


图4-3 金科娱乐走势图

如图4-3所示，2016年8月4日之前的涨停板都可以看成是吸货性质的涨停板；8月15日的涨停板就是突破拉升性质；8月25日的涨停板是出货性质；9月13日的涨停板是反弹自救性质。

从这里我们看到，吸货性质的涨停板距主升浪还有一段时间，如果买进，持有的时间成本太长。因此只能欣赏，只能耐心等待，等到突破时介入才是一波主升浪。

当一波大幅上涨的主升浪顶部出现出货性质涨停板时，则要逢高获利止盈。

对于主力出货之后9月13日反弹自救性质的涨停板就没有必要去冒险了。

## ★实例 2　000918 嘉凯城

2016 年 8 月 31 日截图——嘉凯城（图 4－4）。

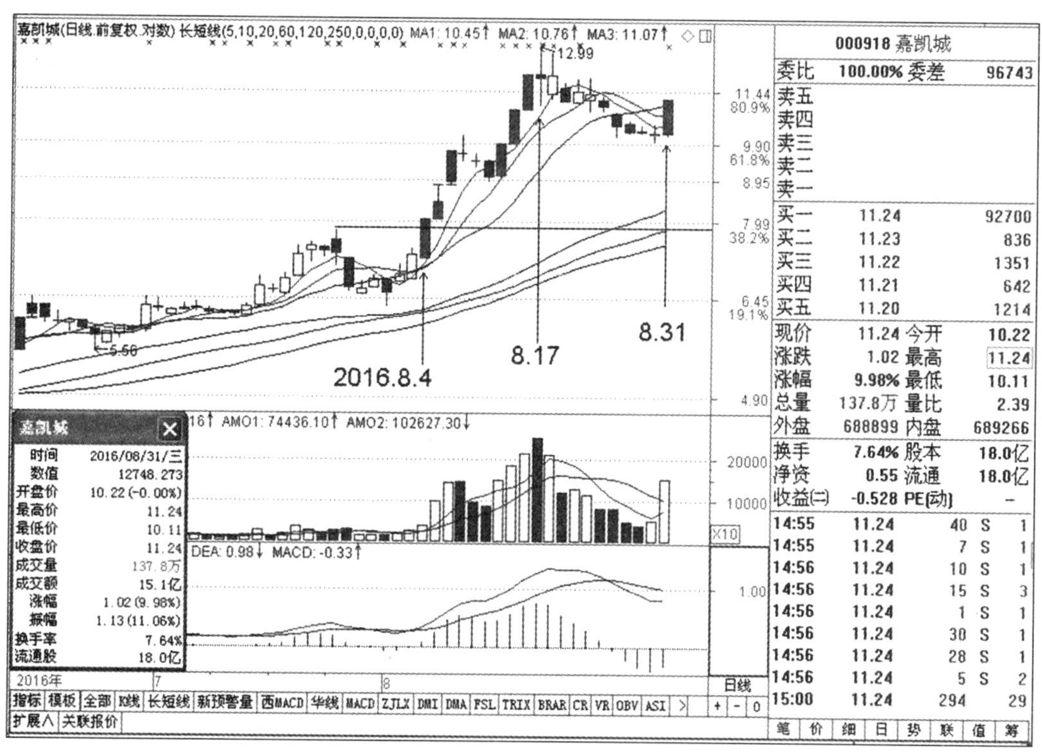


**图 4－4　嘉凯城走势图**

从图 4－4 中我们看到 2016 年 8 月 4 日出现突破拉升性质的涨停板，在这里是可以买进的；8 月 16 日的涨停板则有出货性质的嫌疑；8 月 17 日一根高位的长十字线则宣告了波段顶部的来临；8 月 31 日，显然是一个反弹自救性质的涨停板，是不能买进的。如果你理解了涨停板位置与性质理论，你也不会买进的。

**知识就是力量，知识就是财富，不看书不学习的人是理解不了的。**

2016 年 9 月 30 日星期一截图——嘉凯城（图 4－5）。

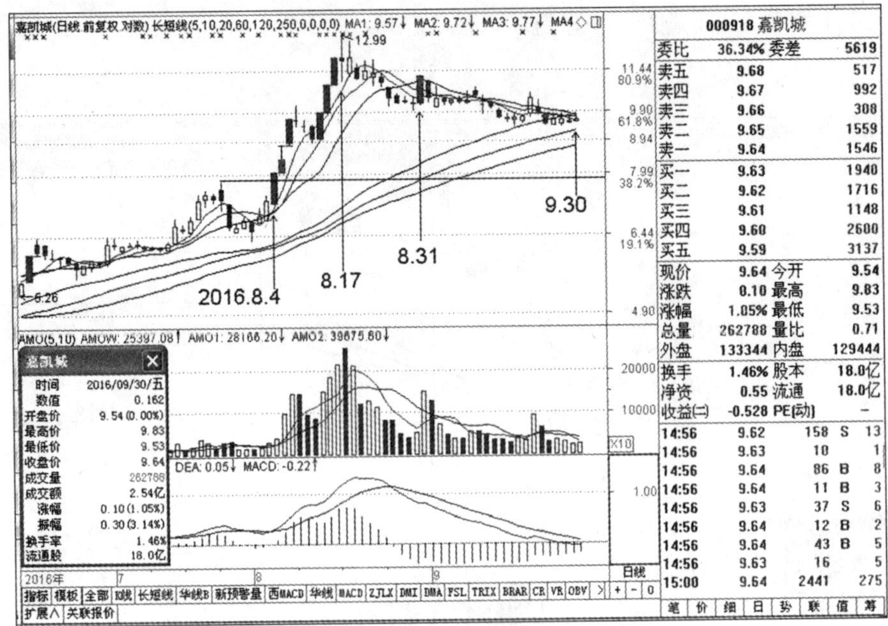


图 4－5　嘉凯城走势图

## ★实例 3　600149 廊坊发展

2016 年 8 月 31 日截图——廊坊发展（图 4－6）。

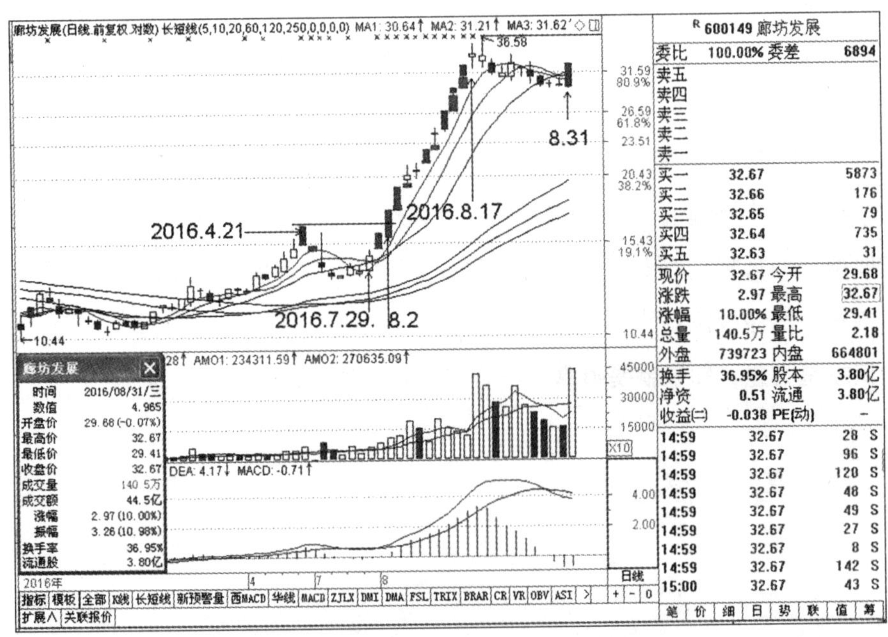


图 4－6　廊坊发展走势图

注意：图 4－6 中“2016.4.21”应该为“2016.4.12”，抱歉，一时疏忽所致，本书的截图绝大部分都是当天的截图，次日截图就不会有当天盘口的数据；只有真实的才是可靠的。

图 4－6 中四种不同性质的涨停板，请读者自己先分析判断。

2016 年 9 月 30 日星期一截图——廊坊发展（图 4－7）。

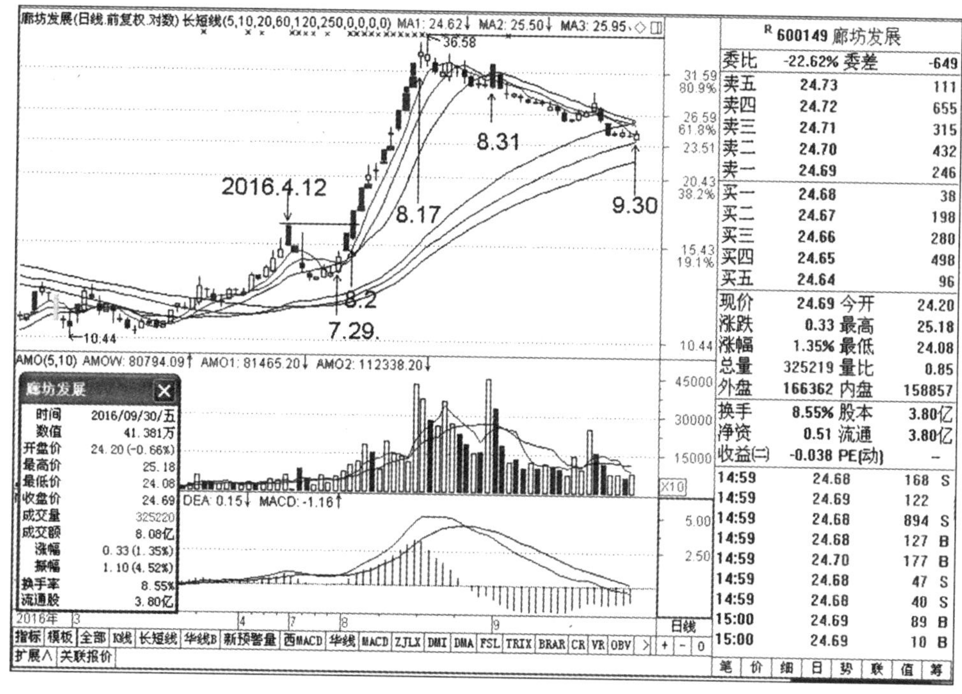


图 4－7　廊坊发展走势图

【2.大宗交易】

| 交易日期 | 成交价格(元) | 成交数量(万股) | 成交金额(万元) | 买方营业部 | 卖方营业部 |
|---|---|---|---|---|---|
| 2016-04-11 | 15.28 | 1845.73 | 28202.75 | 国泰君安证券股份有限公司广州黄埔大道证券营业部 | 机构专用 |

图 4－8　廊坊发展大宗交易数据

从图 4－8 中我们看到，机构在 2016 年 4 月 11 日买进了廊坊发展。从图 4－7 中我们看到，4 月 12 日，廊坊发展涨停板后下跌到短线组附近止跌。我们可以把这个位置之前的涨停板都理解为主力吸货性质的涨停板，吸货之后主力要洗盘清理跟风盘，清理结束后才会大幅拉升。

2016 年 7 月 29 日，出现了长阳突破三线的形态后开启了主升浪。

8 月 2 日，涨停板突破前高后一路飙升，直到 8 月 17 日见顶，8 月 31 日反弹自救涨停板后一路下行。

大家知道，嘉凯城、廊坊发展 2016 年 8 月的上涨都是产业资本举牌引起的大幅上涨。产业资本是不会做短线的，既然产业资本已经介入，其后也会有行情的，但更大的行情何时到来局外人不知道。我们用涨停板位置与性质理论跟随主力做波段；一波拉升结束就出局，回避其后的下跌。当主力再次启动拉升时又可以再次与浪共舞，这才叫涨停板之巧取豪夺。

通过以上 3 个实例我们可以看出，2008 年至今涨停板位置与性质理论仍然具有鲜活的生命力；2008~2017 年期间的更多符合这个理论的形态，请读者自己寻找，以便加深理解形成自己的条件反射。**在牛散的身上，我们可以看到，经典形态，一旦被有心人坚定地保留在脑海里并转化成行动，在理念、远见、勇气、力量、毅力、纪律的支持下，都会变成现实。**

2016 年 12 月 23 日星期五截图——金路集团（图 4－9）。

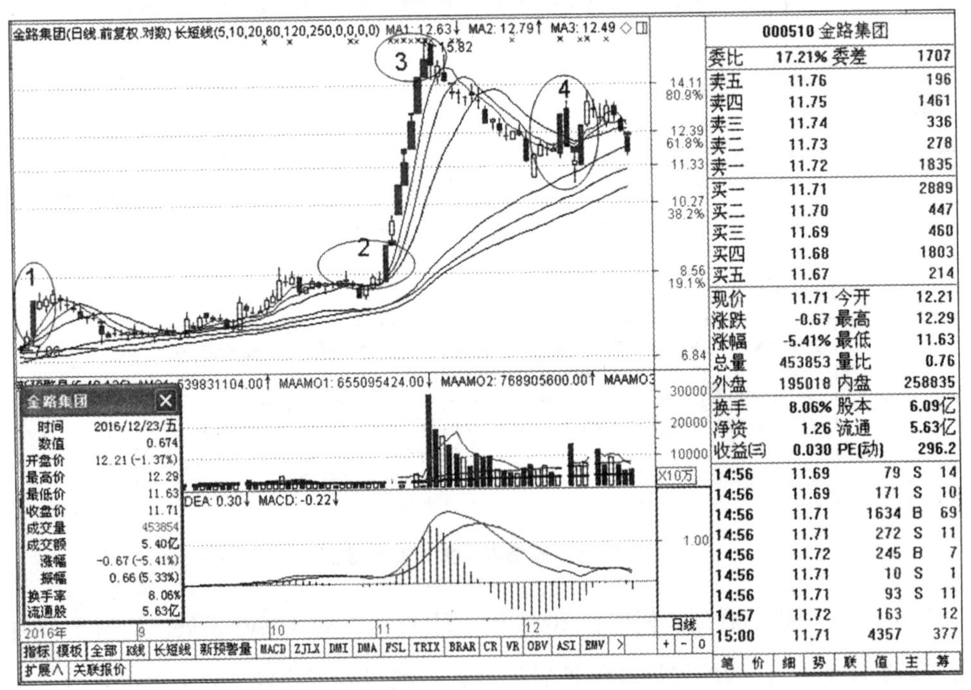


**图 4－9　金路集团走势图**

试用位置与性质理论解析金路集团走势图中椭圆形 1、2、3、4 中的涨停板。

## 第三节　回避下降趋势的涨停板

涨停板位置与性质理论适合上升趋势，如果在下跌趋势时，再多的涨停板、再大的利好都不应该介入。因为市场的主力以及游资会用涨停板来引诱不了解内幕的人接盘。正在缓慢下跌、已走下降通道的个股，坚决不能买。牢记：下跌趋势无好股，下水道中无好货。什么时候主力开始行动了、个股趋势改变了，才可以关注。

### ★ 实例 1　600696 匹凸匹

2016 年 9 月 30 日星期一截图——匹凸匹（图 4－10）。

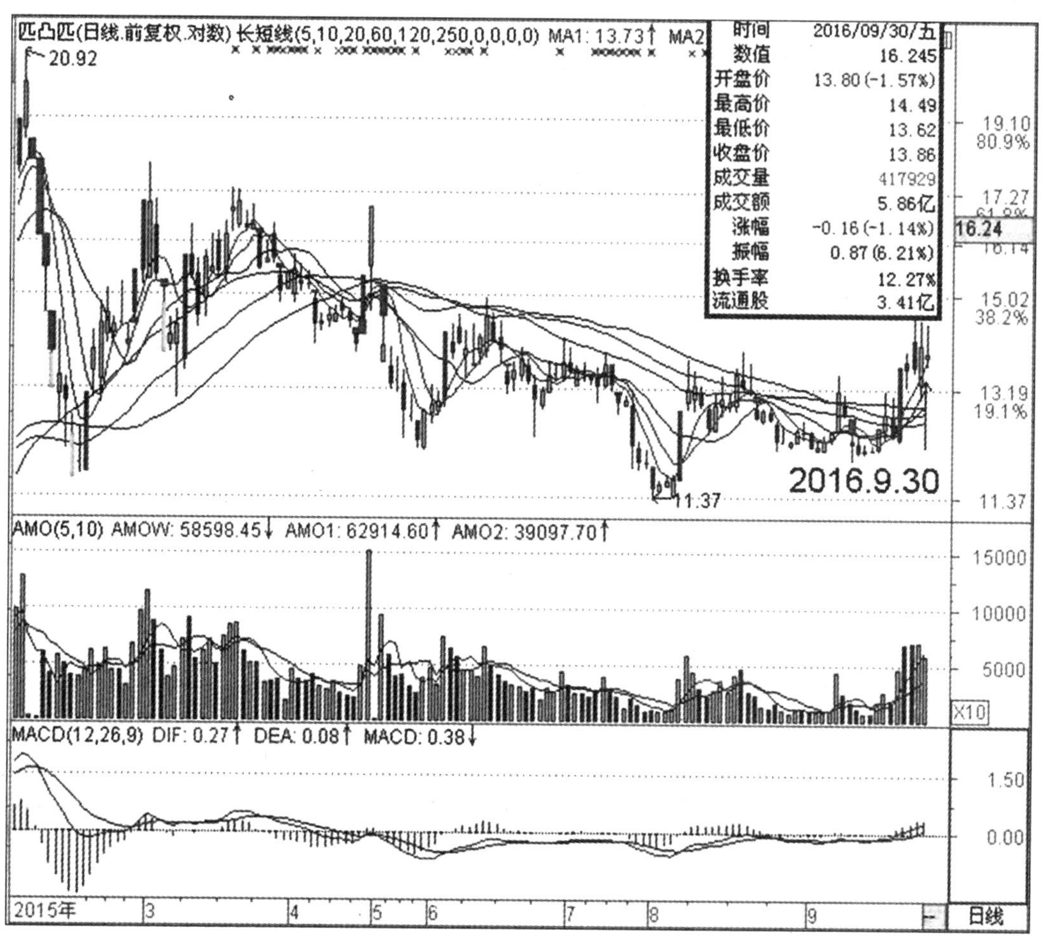


图 4－10　匹凸匹走势图

## ★实例2　300104 乐视网

2016年12月6日星期二截图——乐视网（图4-11）。

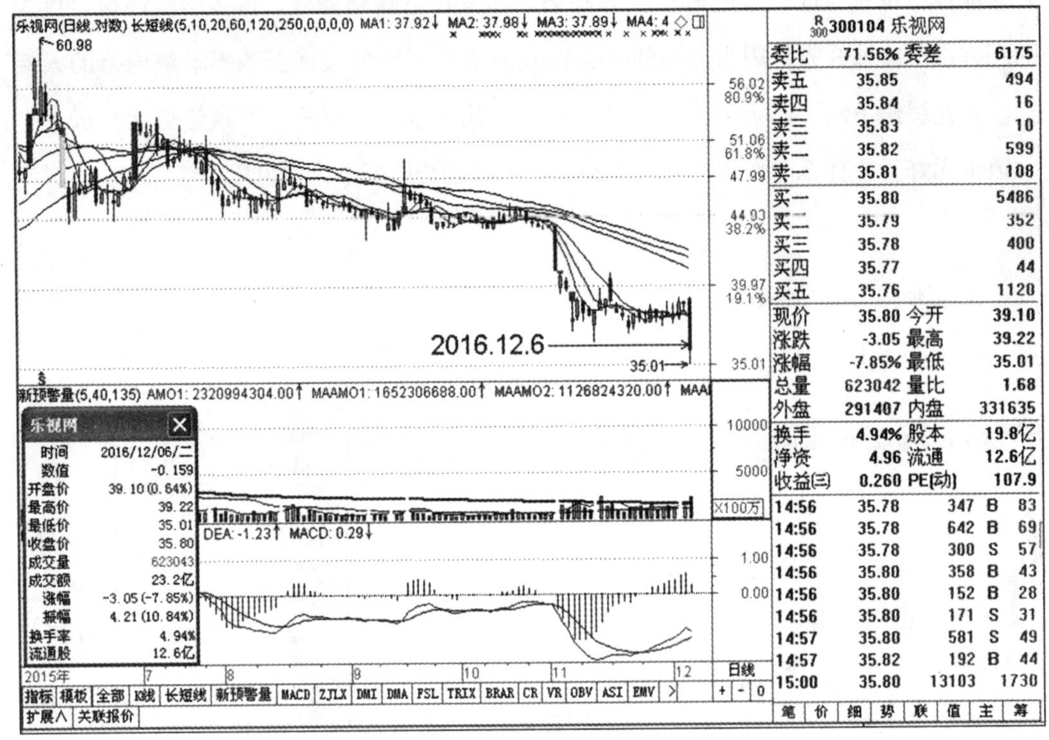


**图4-11　乐视网走势图**

2015年12月4日也就是上图最高股价60.98元前一个交易日后，12月7日周一，乐视网筹划收购乐视影业公告停牌。

停牌期间，乐视网利好不断，如《中国证券报》2016年3月18日报道：

乐视网（300104）去年净利增长57%

乐视网3月17日晚披露年报。2015年，公司实现营业收入130.17亿元，同比增长90.89%；净利润为5.73亿元，同比增长57.41%。公司拟向全体股东每10股派发现金红利0.31元。

根据公告，“平台+内容+终端+应用”的“乐视生态”战略，引领公司实现内容资源、应用服务与用户之间的无缝衔接，并最终通过广告或用户付费等多维度实现收益。

公司预计，2016年一季度净利润约为1.05亿元至1.34亿元，同比增长10%至40%。因超级电视热销，一季度营业收入将保持快速增长。

公司表示，互联网行业取得了突飞猛进的发展，产品与服务呈现出更为智能化、未来化的趋势，行业竞争愈发激烈。公司不断完善乐视生态，持续拓展和创新，进一步提升用户体验，开拓更为有效的营销模式。

【2016—06—03】【出处】中国网

乐视网（300104）复牌半日即打开跌停板　48亿元定增尘埃落定

中国网财经6月3日讯　今日，停牌5个月有余的乐视网首日复牌，开盘时一度跌停，但开盘后快速打开跌停板并翻红涨近4%，随后有所回调。截至午间收盘，乐视网报58.60元，跌0.29%。资料显示，今日乐视网振幅达到13.77%。

消息面上，6月2日晚间，乐视网发布公告称收到证监会批复，核准公司非公开发行不超过1.5亿股新股。据乐视网2015年度定增预案，公司拟向不超过5名特定对象非公开发行不超过1.55亿股，募集资金总额不超过48亿元，拟用于视频内容资源库建设项目、平台应用技术研发项目及品牌营销体系建设项目。

复牌后的乐视网图形却并不乐观，2016年6月3日冲高60.98后大幅震荡，有跌停板、有涨停板。但7月22日最低价50.00击穿6条均线后就一路下行。

在复牌的这几个月里，曾经的创业板“大哥”乐视网，经历了上市以来的最大危机，质押爆仓、定增资金被套、50亿融资盘伺机而动……2016年12月6日大跌7.85%，创出35.01元低价后停牌了，身在其中的关联方14.9689万名乐视网的投资者又陷入不明朗的等待中了……

2017年1月16日，乐视网复牌了，复牌当天收阴，次日涨停板，但这个涨停板是不能做的。此后走势如图4-12所示。

2017年3月3日星期五截图——乐视网（图4-12）。

图4－12 乐视网走势图

对这样的图形，我们看一眼就要放弃，因为它的趋势是下行的。因此无论多大的利好、多大的明星、多大的传闻都是杂音，都是引君入瓮的诱多。在这里我们应该把这种反面的形态也牢记心中，当它出现时，心里的思维活动会提醒你保持警惕，防止上当受骗。

## ★实例3 300372欣泰电气

300372欣泰电气2016年7月7日收到证监会的《行政处罚决定书》及《市场禁入决定书》，除对相关人员处以罚款外，对温德乙、刘明胜采取终身禁入证券市场措施，不得从事证券业务或担任上市公司董事、监事、高级管理人员职务。

同时，证监会对欣泰电气责令改正，给予警告，并处以832万元的罚款；对公司董事长、实际控制人温德乙给予警告，并处以892万元罚款；对公司总会计师刘明胜给予警告，并处以60万元罚款，还对12名有关人员给予警告和罚款。

同时，欣泰电气保荐机构兴业证券设立了5.5亿元先行赔付专项基金，赔付金额约为保荐收入的46倍，也成为监管部门对券商的最大罚单。

2016年7月8日证监会新闻发言人张晓军在例行新闻发布会上宣布，证监会已经完成对欣泰电气涉嫌欺诈发行以及信息披露违法违规案的调查工作，已发送行政处罚决定书和市场禁入决定书，对欣泰电气及相关当事人作出了行政处罚及市场禁入决定。

同时证监会已经对相关中介机构采取调查，对兴业证券和兴华会计师事务所发送了行政处罚事先告知书，对东易律师事务所还在调查中。深交所则将对欣泰电气启动退市程序，且根据相关规定，欣泰电气不可重新上市。在欣泰电气股票2016年7月12日复牌后30个交易日期间，将其证券简称调整为“*欣泰”，股票价格涨跌幅限制比例不变；30个交易日期限届满后的次一交易日，将对欣泰电气股票实施停牌，并在停牌后15个交易日内作出暂停其股票上市的决定。

欣泰电气从2011年到2014年，持续4年在6期财务报告中，每期虚构收回应收账款从7000多万元到近2亿元不等，并于2014年1月在创业板上市，于2015年7月14日被证监会立案调查，终因欺诈发行及信息披露违法违规行为触发上市公司退市条件而被实施退市。在奉行“三公”原则的证券市场，上市企业“欺诈发行”这一违法行为具有不可纠正、不可消除影响的特征。根据创业板的退市规则，欣泰电气在终止上市后无法重新上市。因欺诈而上市的欣泰电气的创业板之旅将因退市而尘埃落定，即将成为创业板退市第一股，更将成为国内证券市场第一家因欺诈发行被退市的上市公司。欣泰电气因负债6.26亿元，退市后将考虑走破产程序。退市的欣泰电气将在创业板画上句号，对于今天的创业板与资本市场，价值重大且必将影响深远。

2016年8月22日星期一截图——欣泰电气（图4-13）。

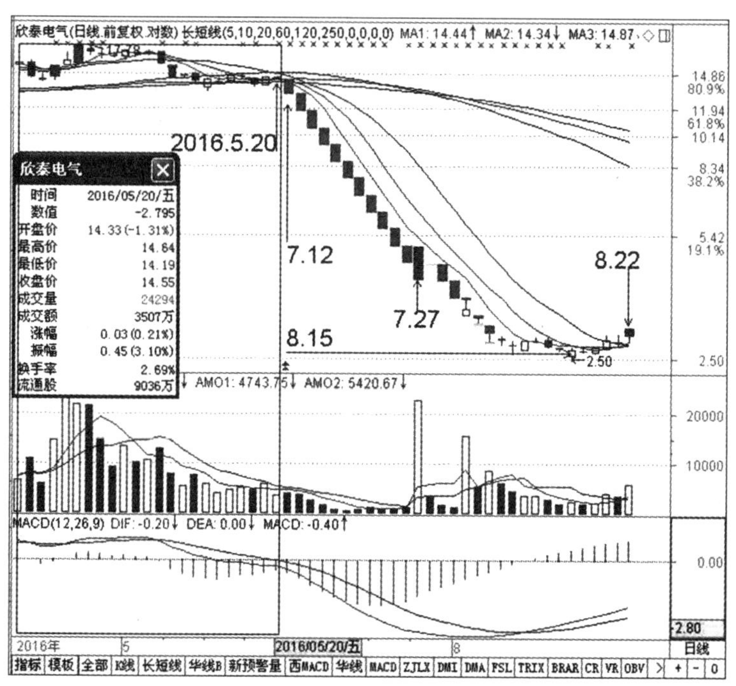


图4-13　欣泰电气走势图

欣泰电气2016年5月20日停牌，7月12日更名“*欣泰300372”复牌，当天跌停板。该股从2016年7月12日~8月22日，30个交易日，从前收盘价14.55元跌到8月22日以3.03元收盘，其间出现了14个一字跌停板、2个十字跌停、6个小阳线、2个涨停板；跌幅高达80.76%。

对于7月27日这个涨停板，《上海证券报》2016年7月28日刊登了题为“谁在撬动*欣泰（300372)?”的报道。原文如下：

7月27日一早，对于持有*欣泰的上万名个人投资者来说，又是难熬一天的开始。由于欺诈发行而确定将“一退到底”的*欣泰自复牌以来已连续11个交易日一字跌停。为了尽可能挽回损失，早前买入*欣泰的投资者们日复一日地早起挂单，希望能够在当天成为少数被接盘的幸运儿。

不过，这天似乎有所不同。

早盘深市集中竞价时段，*欣泰在跌停板价位上的买单迅速堆积。9时30分，*欣泰放量成交，瞬间打开跌停并直线拉升。2分52秒后，*欣泰在万众瞩目之下触及涨停，一度短暂打开后封住涨停并保持到收盘。

深交所反复提示，*欣泰将“一退到底”，无法恢复上市或重新上市。而公司自身也公告表示，目前生产经营步履维艰、资金紧张，无法履行股份回购承诺。在这样的背景下，昨日围绕*欣泰的2.27亿元成交，57.37%换手，无疑是一场赤裸裸的资本博弈游戏。

也许，游戏中互为交易对手的每个人在成交的那一刻都自信满满。然而，当这场游戏最终谢幕时，又是谁来为谁买单呢?

大资金23秒定调涨停剧情

深交所披露的信息显示，*欣泰昨日以跌停价4.11元开盘，开盘成交1689.89万股，开盘后快速上涨，9时32分52秒达到涨停价5.03元，以涨停价报收。全日成交5184.33万股，成交金额22742.79万元，换手率57.37%。

从账户数据统计来看，昨日共有7372个账户买入该股，其中仅2个机构账户，其他均为个人投资者。个人账户合计买入4922.94万股，占买入总量的94.96%，其中超大户买入2777.05万股，占买入总量的53.57%。

深交所认为，昨日上午推动股价短期内较大幅度上涨的主要因素是个人投资者追买，此期间共有1267个账户买入，分布相对较为分散。

逐笔成交数据则透露了更多信息。

Level2逐笔成交数据显示，有多笔大单在集中竞价阶段被敲入并撮合成交，小则数百手一单，大则上千手，最大一笔高达2453手，以跌停板价格计算约合100.8万元。这些大单在集中竞价阶段吸引了市场的目光，奠定了*欣泰开盘放量成交的基础。

受到开盘放量成交的刺激，开盘后*欣泰出现密集的小单买入成交，而500手至700手规模的单子也不时出现。*欣泰股价瞬间升至4.53元，距前日收盘价仅有4分钱的差距。

此后，*欣泰陷入了一段长达23秒的“拉锯战”。小额买单开始密集出现，股价围绕前日收盘价反复震荡。多头资金则以4.57元的前日收盘价为核心点位以逸待劳，防守反击。分价表显示，在4.57元点位上盘中合计成交7431手，最终多头力压空头实现突破，这一点位也成为当日*欣泰涨停之旅中争夺最为激烈的关口之一。

开盘23秒后，*欣泰股价首次翻红，市场情绪得到充分调动，空头纷纷倒戈，大单资金隐身幕后，小额买单成为之后股价无量拉升的主要推手。从开盘23秒后至首次接触涨停，*欣泰成交2.69万手，而当日在此之前已成交逾36万手。

也就是说，昨日尽管有逾2亿元资金将*欣泰从跌停拉升至涨停，但大资金的建仓时机相对更早，成本价估计在4.57元以下。

“撬板”手法似曾相识

深交所收盘后披露的交易公开信息显示，昨日*欣泰的前五大买入席位及卖出席位均为券商营业部。买入排名第一的是中信证券杭州凤起路营业部，净买入3285.41万元。其次是华泰证券的三家营业部，分别为华泰证券深圳留仙大道众冠大厦营业部、华泰证券南通通州人民路营业部、华泰证券深圳益田路荣超商务中心营业部，分别买入1644万元、1233.2万元、1126.7万元。排名第五的是方正证券宁波解放北路营业部，买入838.44万元。

有资深市场人士指出，上述营业部中有不少是市场中赫赫有名的“撬板专业户”。经这些营业部席位之手而撬开一字跌停板的上市公司不在少数，包括步森股份、*ST皇台、旋极信息等。

旋极信息就是上述“撬板专业户”的一大“撬板”成功案例。旋极信息在去年11月30日停牌筹划重组。今年3月9日晚间，公司公布预案，拟在原有业务基础上，加强智慧城市顶层设计、实施和运营业务，购买北京泰豪智能工程有限公司100%的股权。尽管携利好复牌，但由于其间大盘回撤20%，旋极信息复牌跌停，在两个一字跌停板之后，该股成功打开跌停，“撬板专业户”现身龙虎榜。虽然在打开跌停后的第二天旋极信息继续下跌，但很快在第三天便止住跌势，其后更是随着大市反弹而大举上涨，其间股价一度逼近历史高点。

如果说，进驻旋极信息是“撬板”资金看好公司未来发展潜力，那么抄底被监管层立案调查的ST股，其背后的交易逻辑又是什么？今年6月19日，*ST皇台披露，公司因涉嫌信息披露违法违规被证监会立案调查，因而根据相关规定，大股东上海厚丰投资有限公司暂停股权转让事宜的商业谈判。公司自6月20日复牌之后便毫无悬念地被封一字跌停板，在连续5个一字板之后，*ST皇台迎来“白衣骑士”撬开跌停，“撬板专业户”再度现身。

业内人士表示，一些上市公司在出现重大利空后有强烈的股价维护需求。因而，他们会主动找到市面上的活跃游资，希望通过他们之手打开无量跌停板，并止住二级市场上跌跌不休的走势，如能带来股价进一步企稳回暖则更好。

有资深市场人士指出，“撬板”手法因曾被如今已身陷囹圄的泽熙掌门人徐翔惯用而被市场所知，而“撬板”本身只是一整套盈利模式的最初一步。其核心盈利逻辑在于初期用大量资金不惜成本撬开跌停，从而吸引市场目光，待市场预期反转后资金流入追涨，“撬板者”的撬板资金连同此前埋伏的筹码就可获利离场。因此，此次撬开*欣泰的大资金能否最终获利，关键还在于此后几个交易日中是否有更多投资者“飞蛾扑火”，助其顺利出货。

一位私募基金经理指出，一些个股由于利空因素被情绪放大而出现超跌，此时有资金介入“撬板”，属于正常的市场博弈，在一定程度上还有利于上市公司估值回归。然而在*欣泰案例中，监管层反复提示其将“一退到底”，如果“撬板者”仍能像之前一样靠刺激市场情绪顺利找到接盘方买单，最终盈利脱身，可能会对广大中小投资者形成一种心理暗示，即无论公司真实基本面如何，只要还在交易，就仍有博弈价值。这不利于培养市场价值投资的理念。

据深交所介绍，昨日*欣泰涨停后，深交所立即核查交易情况并采取监管措施。包括通过电话向*欣泰买入量较大的8家会员进行风险提示，要求提醒客户交易风险，涉及买入数量居前的17个账户；对买入量较大的1个账户发出限制交易警示函，17个账户发出异常交易警示函；对买入量居前的55个账户调阅账户资料。

深交所同时指出，下一步将密切监控有关“*欣泰”的各类异常交易行为，不断加大实时盯盘、电话警示、书面警示等一线监管措施力度，精准锁定异常交易账户，严格执行递进式监管措施。对未能落实投资者适当性管理和客户交易行为管理责任的会员，深交所将按照《会员管理规则》的规定采取相应的自律监管或纪律处分措施，并视情况上报证监会。

监管层继续从严监管

面对*欣泰涨停，深交所昨日再次强调*欣泰“欺诈发行”这一违法行为具有不可纠正、不可消除影响的特征的风险，其在暂停上市后无法恢复上市，在终止上市后无法重新上市，即“一退到底”，退市进程已经确定。“*欣泰”将成为中国证券市场第一家因欺诈发行被退市的上市公司。

深交所也再次提醒，投资者现阶段买入产生的投资损失将不会得到公司保荐机构兴业证券先行赔付方案的赔偿。

深交所同时表示，下一步，将尽最大可能强化风险提示工作。一是严密监控交易，加强盘中交易风险提示。二是督促会员做好客户风险提示工作。三是督促上市公司继续强化披露风险。四是继续通过官方微信、微博、官网、上市公司、会员等多种渠道，采取多种方式揭示风险，希望投资者能充分知悉风险。

据悉，包括国信证券在内的多家券商已于昨日收盘后升级了对客户买入*欣泰的风险提示力度。国信证券已要求拟买入*欣泰的投资者到券商营业部现场接受特别风险提示，临柜签署《特别风险提示函》之后方可以以柜台委托方式进行委托买入。

对于8月22日最后一个交易日的涨停板，《证券日报》8月23日刊登题为“欣泰电气（300372）上演‘末日轮’　公司高管相继‘出逃’”的报道。原文如下：

*欣泰昨日换手率高达21.36%，成交5721万元，创近十个交易日以来新高。

8月22日，*欣泰在二级市场上演了最后的狂欢。当天上午11点左右，*欣泰一路上扬冲到涨停，而后被打开，然而在下午开盘之时，*欣泰又被强势封涨停，续写了“神话”。

在《证券日报》记者采访中，一位股民对*欣泰在二级市场的表现直呼“太妖了！”

当天，*欣泰换手率高达21.36%，成交金额5721万元，创近十个交易日以来的新高。

这是*欣泰退市第二阶段的最后一天。公司股票将于8月23日停牌。同时，深交所将在停牌后15个工作日内作出是否暂停其上市的决定。

在这段退市旅程中，*欣泰一共迎来了2个涨停，15个跌停，一直打破市场预期。自7月12日复牌后，在30个交易日内*欣泰股价共跌去11.52元，*欣泰股价跌幅达79%，日均换手率约为12%。

香颂资本执行董事沈萌认为，"*欣泰股价涨停的原因不排除是有人在抢筹码，目前*欣泰处于较低的价格，不排除*欣泰在未来有以被收购等方式'改头换面'从而重新上市的机会，而且只要其资产质量不降低、盈利潜能稳健，未来可能产生的收益对部分激进型的投资者而言很有吸引力"。

有消息人士透露，*欣泰正有意多方联系有实力的上市公司或同行资本财团，对其自身进行全新收购改造。

不过，与投资者疯狂冲进*欣泰相反的是，欣泰电气的管理层处于"疯狂出逃"状态。8月18日*欣泰就发布公告称，公司监事会于近日收到公司现任监事范永喜提交的书面辞职报告。近日，董事兼总经理孙文东和证券事务代表牛越相继递交了书面辞职报告。

同时，《证券日报》记者发现，在二级市场上，自公司上市以来，*欣泰高管及相关人员有六位减持或买卖过公司股份。虽然部分持股的高管由于尚在锁定期无法减持，但大部分管理层可以自由支配的股份均有变动。

2016年8月22日最后一个交易日买卖金额排名（图4-14）。

【3. 最新异动】

【交易日期】2016—08—22日涨幅偏离值达7%

涨跌幅：11.73%　成交量：1930.00万股　成交金额：5721.00万元

| 买入金额排名前5名营业部 | | |
|---|---|---|
| 营业部名称 | 买入金额（万元） | 卖出金额（万元） |
| 中天证券股份有限公司沈阳十三纬路证券营业部 | 201.54 | 0.93 |
| 国元证券股份有限公司广州体育东路证券营业部 | 149.22 | 3.26 |
| 中国银河证券股份有限公司北京建国路证券营业部 | 120.97 | — |
| 湘财证券股份有限公司北京顺义站前街证券营业部 | 112.48 | 0.09 |
| 浙商证券股份有限公司义乌江滨北路证券营业部 | 104.76 | 18.38 |

**续表**

| 卖出金额排名前 5 名营业部 | | |
|---|---|---|
| 营业部名称 | 买入金额（万元） | 卖出金额（万元） |
| 海通证券股份有限公司上海共和新路证券营业部 | 0.30 | 105.74 |
| 西部证券股份有限公司成都锦城大道证券营业部 | — | 84.56 |
| 西藏东方财富证券股份有限公司拉萨察古大道第二证券营 | 50.45 | 81.09 |
| 财通证券股份有限公司杭州解放东路证券营业部 | 5.15 | 71.69 |
| 光大证券股份有限公司北京东中街证券营业部 | — | 68.90 |

**图 4－14　买卖金额排名**

2016 年 8 月 22 日星期一截图——欣泰电气（图 4－15）。

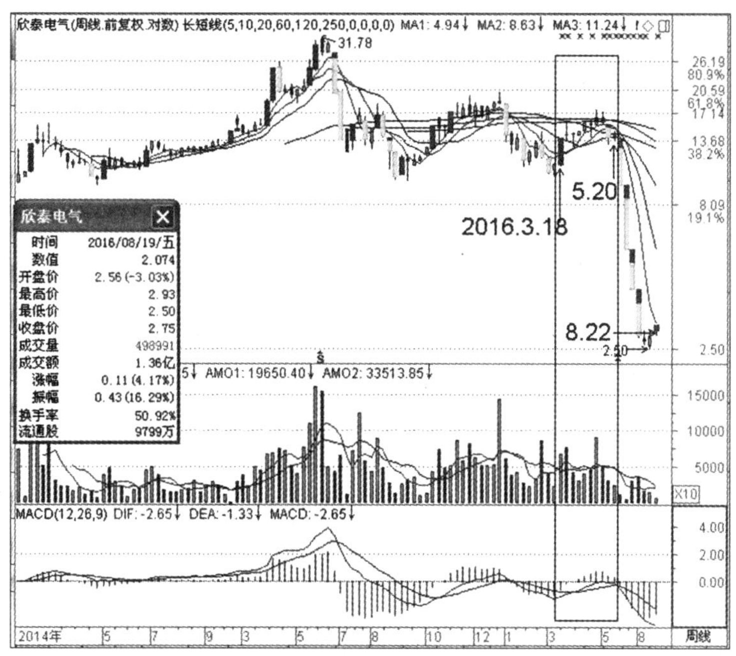


**图 4－15　欣泰电气周线图**

从以上实例中我们可以得到以下启示：

**1. 资本市场永远不缺乏投机者，游资总是善于把握市场情绪谋利。**

*欣泰复牌后连续跌停 11 个交易日后，7 月 27 日 *欣泰出现从跌停直飙涨停的奇观，令众多市场参与者瞠目结舌。这天多笔大单在集合竞价阶段撮合成交，吸引资金跟风买入。*欣泰全天成交额高达 2.27 亿元，其中就有“撬板专业户”的身影。次日，尽管公司股价再度跌停，却依然有逾 3000 万元零散资金被吸引进场，令前一日进入的部分“撬板”资金得以迅速撤离。

**2. 技术分析不要仅仅只看日线图，最好周线、月线都看看，没有止跌反转、没有走上上升趋势的个股最好回避。**

**3. 只看自己能看得懂、能把握住的机会；其他的机会让给其他人去做好了，有道是“君子不立于危墙之下”。**

**4. 对诸如*欣泰这样的问题股只看不做——避而远之。**

## 第四节　狙击涨停板的两个最佳位置

在《狙击涨停板》第七章第六节我分析了狙击涨停板的两个最佳位置，即：一、洗盘后的第一个涨停板；二、突破异动高点的第一个涨停板。

我们看看下面 2016 年 8 月的 3 个实例，在图 4－16、图 4－17、图 4－18 的椭圆形之内就符合以上两个条件，请大家务必理解。

### ★实例 1　300459 金科娱乐

2016 年 10 月 3 日星期一截图——金科娱乐（图 4－16）。

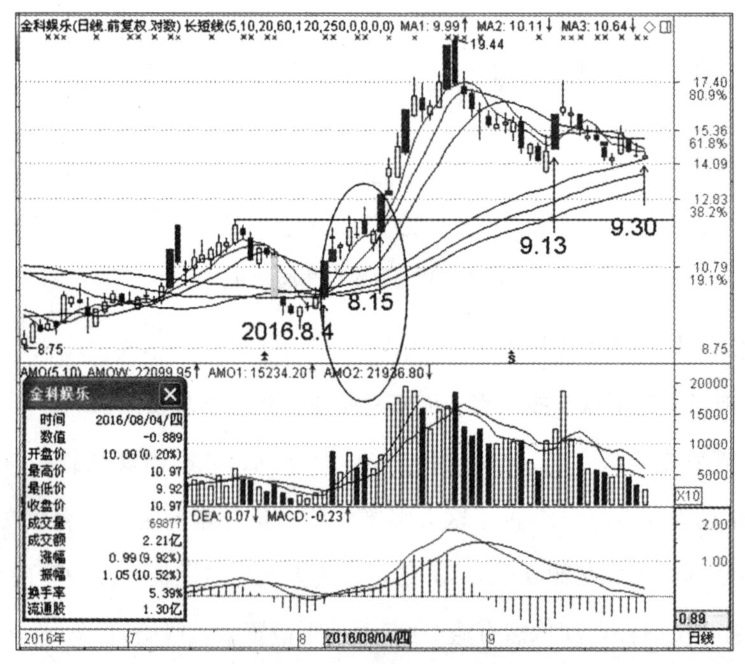


图 4－16　金科娱乐走势图

2016 年 8 月 4 日为洗盘后的第一个涨停板。

2016 年 8 月 15 日为突破异动高点的第一个涨停板。

## ★实例 2　000918 嘉凯城

2016 年 9 月 26 日星期一截图——嘉凯城（图 4－17）。

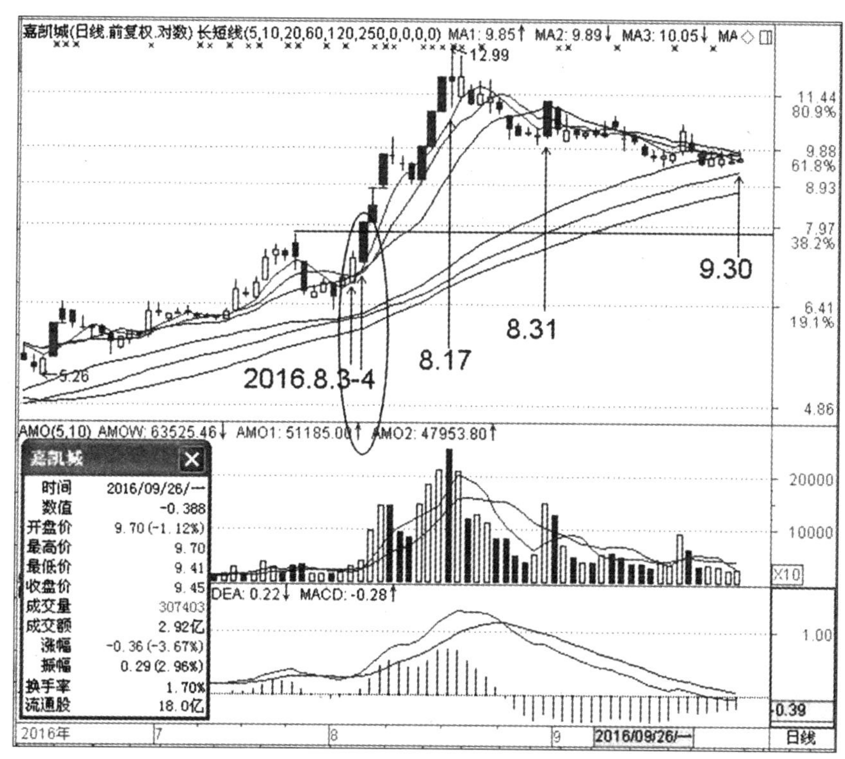


图 4－17　嘉凯城走势图

2016 年 8 月 4 日为突破异动高点的第一个涨停板。

## ★实例 3　600149 廊坊发展

2016 年 9 月 30 日星期一截图——廊坊发展（图 4－18）。

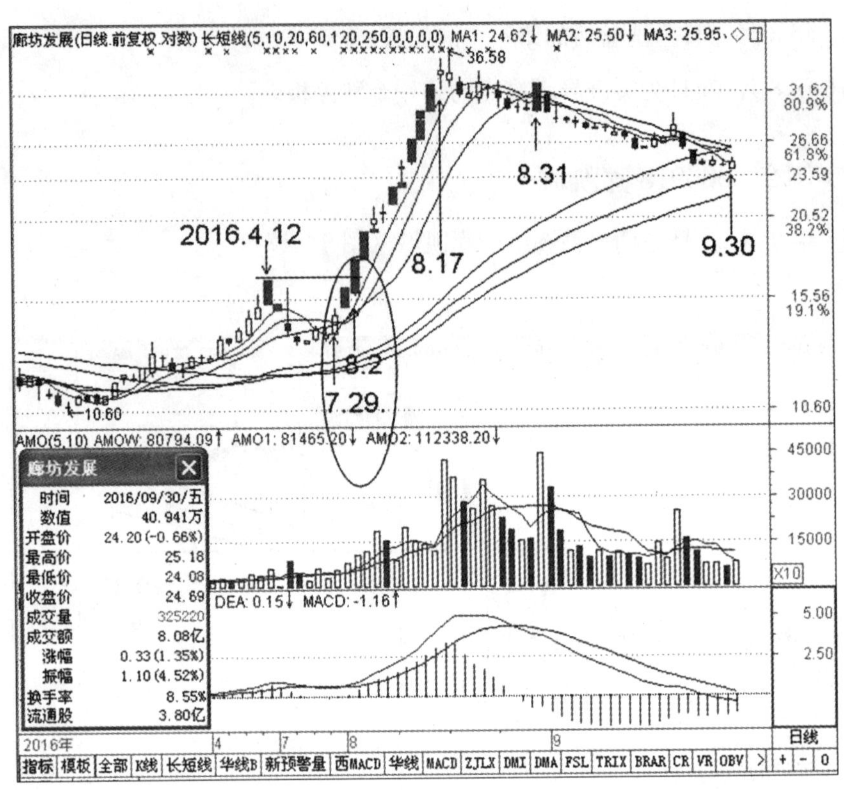


图 4-18　廊坊发展走势图

2016 年 8 月 1 日为洗盘后的第一个涨停板。

2016 年 8 月 2 日为突破异动高点的第一个涨停板。

## 第五节　奋斗目标——主升浪之巧取豪夺

**要想在股市里有所斩获，建议您把主升浪当作自己的奋斗目标；有了目标，你就有了渴望。**渴望就是你有意识地指引，有意识地反复不断地观察、分析、练习如何在涨停板启动之前、之中、之时及时地参与其中，只允许这样的信息进入自己的大脑，直到掌握了其中的核心。千万不要三天打鱼两天晒网、这山望着那山高；千万别让垃圾书籍、垃圾理论、垃圾思想占据了你的头脑。

2017 年元月 13 日，一位 QQ 昵称为“猎取主升浪的读者”与我在 QQ 交谈中这样写道“赔了很多钱，也看过很多书，屡败屡战，直到看了你的《猎取主升浪》，开始悟了”，如图 4-19 所示。希望正在阅读的你，也能像他一样领悟到“做股票一定要做主升浪，而每个主升浪都是由涨停板开始的”。

狙击手 2017-01-13 8:34:50
进股市多久了？
猎取主升浪的读者 2017-01-13 8:36:59
06-08有一段，14-17连续做的，前后加起来有四五年了
猎取主升浪的读者 2017-01-13 8:38:27
·不断的实践，赔了很多钱，也看过很多书，屡败屡战，直到看了你的《猎取主升浪》，开始悟了。
·尤其是 长短2组均线的方法，自此没有再赔钱了
狙击手 2017-01-13 8:39:02
很好，关键悟到了什么？
猎取主升浪的读者 2017-01-13 8:39:38
做股票一定要做主升浪，而每个主升浪都是由涨停板开始的。
猎取主升浪的读者 2017-01-13 8:40:55
我是去年十月份看到你的书的，从十月份到现在三个多月时间，账户没有再缩水了，大的调整也都保住了本金。
猎取主升浪的读者 2017-01-13 8:41:47
·几年以来学的很多知识，开始在你的理论指导下汇流成河，形成战斗力了
·我很开心，除了工作之外，自己有了一门赚钱的手艺
狙击手 2017-01-13 8:42:38
祝你不断进步

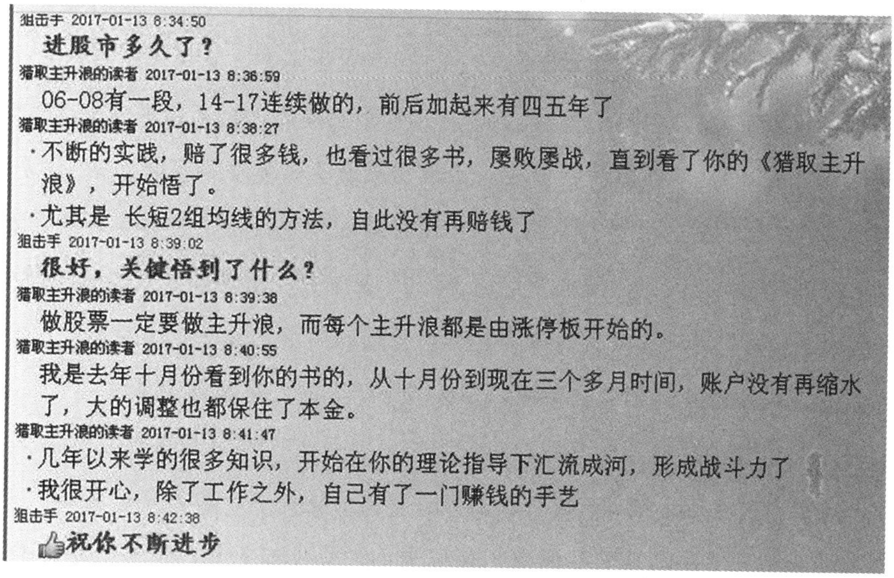

图 4－19　QQ 交流

有了主升浪这个目标，并坚持观察、坚持分析、坚持练习，你才能了解到涨停板的真相。当主升浪的形态在你的脑海中形成模式后，你的潜意识就会在你无意下帮助你发现可以参与的主升浪，这时就可以说你成功了。

试想，一个在思想上没有明确目标的人，会有哪种力量去参与涨停板与主升浪呢？因此一定要把自己的注意力最大限度地集中在涨停板与主升浪上，不要在任何与此无关的形态上去浪费时间、精力与金钱，那样常常会得不偿失。

陈大惠说过，**“有目标的人在奔跑，没有目标的人在流浪，因为不知道要去哪里；有目标的人睡不着，没有目标的人睡不醒，因为不知道起来干吗”。**

## 股市箴言

• 股市里的涨停板 80％多是不能买的，只有那不到 20％的涨停板才有关注的价值；能操作的就仅仅只有“个位数”了。懂得舍弃，看得准确，才是高手。

• 买股票一定要冷静，必须有 80％以上的把握才可以出击，宁愿错过也不要做错。赚钱了卖股可以随意一些，只是赚多赚少的问题。一定要磨炼自己的心理，克服盲目追高。

• 涨停板出现的位置不同，其性质也就不同。位置决定性质，性质决定成败。

• 理论是什么？理论是对某种事物运行规律的一种表述。规律是指事物内在的、本质的、必然的联系。当事物存在的环境、条件、本质不变，其规律就不会变。

• 请牢记：正确的规律就是正确的，永远都是正确的，永远都不会变成错误的。

• 心理学家认为："在你的头脑中，心里描绘什么，就会得到什么。"你是否能在你的心里将涨停板不同的位置、不同的性质图形清晰地描绘出来？你是否能按图索骥？如果你现在还不能描绘，那么请你每天不断地反复描绘，直至心里描绘的图形在股票走势中出现了，当机遇来临了你再操作，你所描绘的图形就会变为现实。

• 知识就是力量，知识就是财富，不看书不学习的人是理解不了的。

• 在牛散的身上我们可以看到，经典形态，一旦被人坚定地保留在脑海里并转化成行动，在理念、远见、勇气、力量、毅力、纪律的支持下，都会变成现实。

• 技术分析不要仅仅只看日线图，最好周线、月线都看看，没有止跌反转、没有走上上升趋势的个股最好回避。

• 只看自己能看得懂、能把握住的机会；其他的机会让给其他人去做好了，有道是"君子不立于危墙之下"。

• 要想在股市里有所斩获，建议你把涨停板与主升浪当作自己的奋斗目标；有了目标，你就有了渴望。

• 有目标的人在奔跑，没有目标的人在流浪，因为不知道要去哪里；有目标的人睡不着，没有目标的人睡不醒，因为不知道起来干吗。

• 人们意识中出现的任何一种想法都会在人们的潜意识中留下相应的印记，当这种印记演变成一种模式的时候，当你看盘时候，无论是有意识还是潜意识都会瞬间发现曾经在你脑海里出现过的模式——这就是我们一直强调必须掌握更多的盈利模式对操盘者的意义所在。当更多的盈利模式在你的意识和潜意识中留下更多的印记的时候，你在浏览股票走势图时，能获利的模式会自然而然地跳进你的眼中——使你的渴望成为现实。

• 在自然界我们常说"种瓜得瓜、种豆得豆"，那么在人们的思想里也是同样的道理，在你的炒股生涯中，你种下的是什么，得到的也就是什么。

• 不妨冷静地思考，从你进入股市的那一刻，在你接触到的人、事、物、书……中你都接受了什么？你接受的这些给你带来的是成功，还是失败？是赚钱，还是亏损？

请你把它们一一都写在纸上，然后针对自己的实际状况写下哪些需要清除出自己的思想，哪些需要保留在自己的思想中。记住：千万不要把那些正确的废话记下，千万不要把那些不赚钱的垃圾技术记下，刮骨疗毒才能驱除病灶！你种下什么，你将收获什么。

• 当你在实盘中能盈利的模式一次又一次地重复运用，久而久之就形成习惯；当习惯成为自然的时候——也就是你走向成功的时候。

• 你运作的资金如果不是很多的话（千万以下），持有股票最好不要超过 3 只；行情好的时候一般持有 2 只；行情不好的时候持有 1 只就可以了。你知道不？军人在打靶或者实战的时候，枪瞄准的目标只有一个，才能打得准、打得狠，才能击毙敌人。试问，两个以上能不能做到准确地打击？可以说，两个以上就是没有目标！

• 要将人生的主升浪当作你唯一的奋斗目标，这其中当然也包含了在股市里猎取主升浪的目标。思想与行动结合起来才会产生神奇的力量；光有思想、没有行动，只能是空想。

• 种下什么，就会收获什么。你对主升浪的需求越多、付出越多，并把它转化成为行动，在自身理念、信心、勇气、毅力、技术、心态、纪律的支持下，都会成为现实。你对主升浪越热爱，主升浪对你的回报就越巨大！信念创造奇迹！付出创造财富！

## 小结

### 强烈的欲望产生巨大的财富

涨停板能带来暴利，在前言中我们讲过 1 周 1 个涨停板，资金 1 年就能翻到 142 倍；也许你认为这是痴人说梦、是天方夜谭；但我告诉你，别吃不到葡萄就说葡萄是酸的。许多股民把狙击涨停板、猎取主升浪当成了奋斗目标。关键是你有没有狙击涨停板的理念、信心、技术、心态、纪律。如果你 1 周狙击不到 1 个涨停板，那么 1 个月如何？1 个季度如何？半年如何？1 年如何？1 年 1 个涨停板也有 10%的利润，也比你把钱存在银行里的利息高多了。

假如你 1 个月狙击到 1 个涨停板，其获利程度如图 4－20 所示。

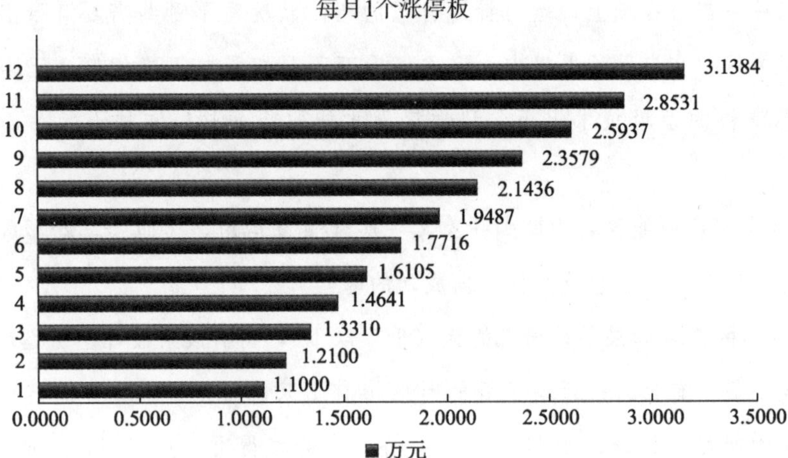


**图 4-20 用 1 万元 1 个月狙击到 1 个涨停板，1 年则可以翻到 3.1384 万元**

朋友们，**种下什么，就会收获什么。你对涨停板的需求越多、付出越多，并把它转化成为行动，在自身理念、信心、勇气、毅力、技术、心态、纪律的支持下，都会成为现实。你对涨停板越热爱，涨停板对你的回报就越热烈！你对主升浪越热爱，主升浪对你的回报就越巨大！信念创造奇迹！付出创造财富！**

英国作家玛丽·科雷利说："任何人拥有的思想都会让他具备某些特殊的优点，善于学习的人能够拥有这种优点，其他一些人则会因为自己的冷漠和懒惰无法获得这样的优点。这样的差距很容易激起无知者的愤怒。傻瓜总是嘲笑自己不懂的东西、总以为可以通过笑声展现自己的优越感而不是潜在的无知。"

## 思考（致富）题

1. 什么是规律？试用唯物辩证法的三大规律解析主升浪的走势图。涨停板、主升浪的规律何在？

2. 你在股市的目标是什么？

3. 如何用黄金分割率来抄底与逃顶？

# 第五项注意

## 下跌止损三五点，果断执行不能再犹豫

没有人不知道“小洞不补，大洞吃苦”的道理，但在股市里很多聪明人也很难做到“知行合一”。为什么？希望每一个亏损的股民不妨静下心来好好想一想。

股市有风险，入市需谨慎！——几乎每一个证券公司营业部都有这样的警示，请问，又有哪一个营业部告诉股民应当如何止损呢？

买进股票后首要的任务是设置止损。当我们买进之后，股票运行的方向无非三种，第一种是上涨，第二种是横向盘整，第三种是下跌。当我们买进后不幸遇到第三种情况时，就要止损，下跌多少时可以止损？

巧取豪夺 21 条原则的第 3 条原则是：**“买进后按你的成本设置止损！在你的成本之下 3%~5%点处设置止损，亏损千万不能超过 5%!!! 股价一旦跌到止损价，就要无条件地执行这一条止损原则。”**

当我们买进股票后，不涨反跌，这就是一次失败的操作。这个教训，每一个炒股的人都会遇到，对于今后的操作来说，这个教训就是基础。假如没有这个基础，成功就不会来得那么快。区别就在于有的人很快接受了教训，找到了成功的方法；有的人没有接受失败的教训、没有找到成功的方法，却在错误的路上原地踏步。

## 第一节 游资是如何止损的

2016 年 9 月 23 日星期五，603393 新天然气在上一个交易日一字板后低开，在跌幅 5%的价位 64.30 元附近有游资逢低进入，上午收盘前一路拉升超过昨天收盘价 8%，从低位拉升将近 14%。尾盘收出一根高位长十字，跌幅在 1.75%。

2016 年 9 月 23 日星期五截图——新天然气（图 5-1）。

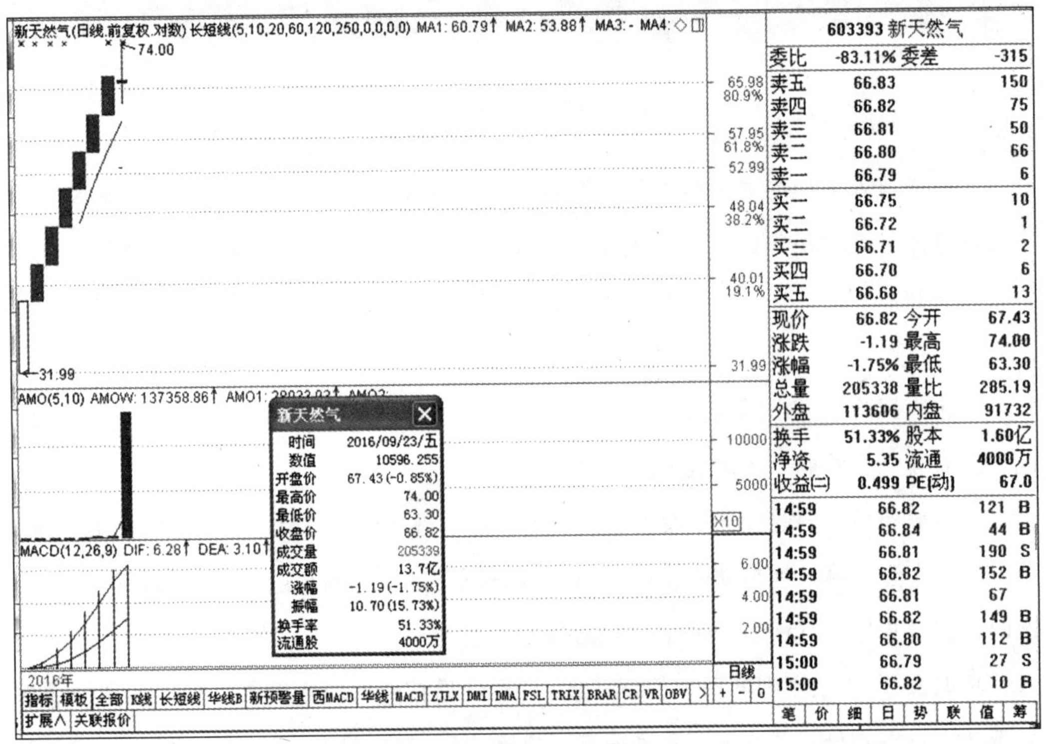


图 5-1 新天然气走势图

2016年9月23日星期五截图——新天然气（图5-2）。

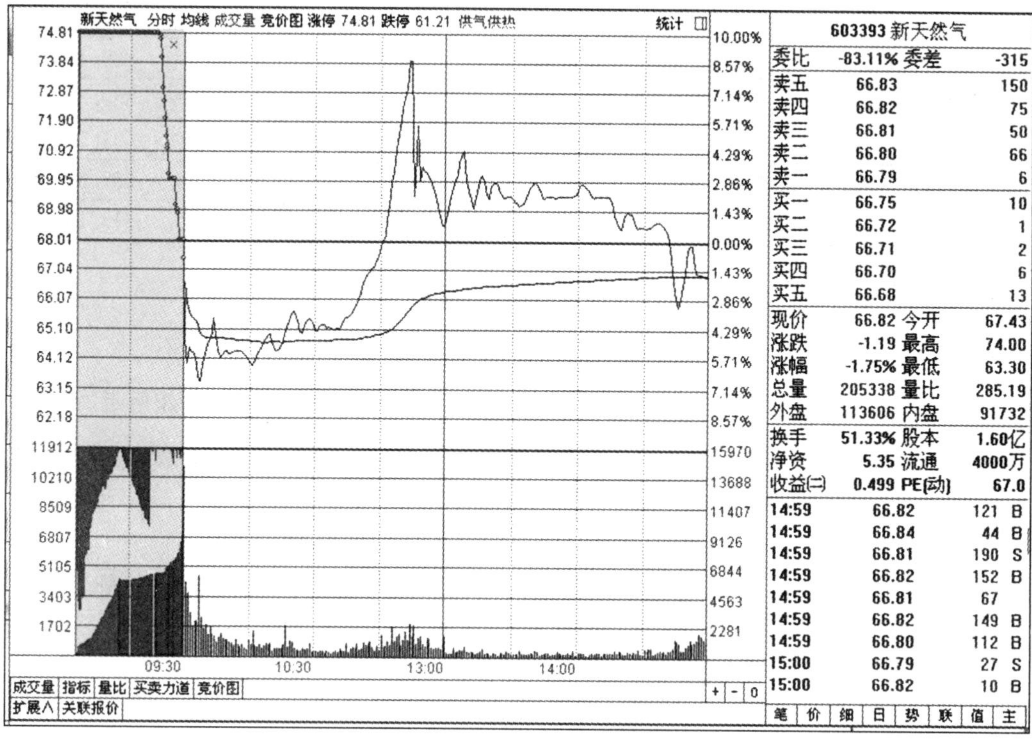


**图5-2　新天然气分时图**

从当日涨跌幅异动当中我们看出，当日有市场著名游资“光大证券股份有限公司佛山绿景路营业部”进入（图5-3）。

【1. 涨跌幅异动】

【交易日期】2016-09-23日振幅达15%

涨跌幅：-%　成交量：2053.39万股　成交金额：137358.86万元

| 买入金额排名前5名营业部 | | |
|---|---|---|
| 营业部名称 | 买入金额（万元） | 卖出金额（万元） |
| 国金证券股份有限公司上海奉贤区金碧路证券营业部 | 1388.77 | — |
| 光大证券股份有限公司佛山绿景路证券营业部 | 1279.48 | — |
| 平安证券有限责任公司深圳深南东路罗湖商务中心证券营业部 | 1000.28 | — |
| 财通证券股份有限公司临海靖江中路证券营业部 | 944.73 | — |
| 平安证券有限责任公司芜湖江北证券营业部 | 886.59 | — |

续表

| 卖出金额排名前 5 名营业部 | | |
| --- | --- | --- |
| 营业部名称 | 买入金额（万元） | 卖出金额（万元） |
| 湘财证券股份有限公司沈阳绥化西街证券营业部 | — | 889.42 |
| 恒泰证券股份有限公司上海杜鹃路证券营业部 | — | 839.39 |
| 西部证券股份有限公司总部 | — | 791.51 |
| 方正证券股份有限公司厦门厦禾路证券营业部 | — | 587.33 |
| 国金证券股份有限公司上海互联网证券分公司 | — | 513.15 |

**图 5－3　新天然气涨跌幅异动**

如图 5－1 所示，面对这样一个高位的长十字，我们看看游资下一步如何走。

次日，2016 年 9 月 26 日星期一，大盘跳空低开低走，收出一根中阳线，四大指数涨跌幅如图 5－4 所示。

| 代码 | 名称 | 涨幅% | 现价 | 涨跌 | 买价 | 卖价 | 总量 |
| --- | --- | --- | --- | --- | --- | --- | --- |
| 999999 | 上证指数 | -1.76 | 2980.43 | -53.47 | – | – | 1.44亿 |
| 399001 | 深证成指 | -2.05 | 10392.70 | -217.00 | – | – | 1.80亿 |
| 399005 | 中小板指 | -2.27 | 6667.08 | -154.95 | – | – | 7405万 |
| 399006 | 创业板指 | -1.56 | 2122.90 | -33.61 | – | – | 3240万 |

**图 5－4　四大指数涨跌幅**

新天然气向下跳空 3.49％低开，开盘价 64.49 元；然后一路走低，最终以跌停板收盘。

从 2016 年 9 月 26 日星期一的涨跌幅异动中，我们看到“光大证券股份有限公司佛山绿景路营业部”排在卖出第一名，如图 5－5 所示。

【1. 涨跌幅异动】

【交易日期】2016—09—26 日换手率达 20％

涨跌幅：—％　成交量：1109.77 万股　成交金额：68726.58 万元

| 买入金额排名前 5 名营业部 | | |
| --- | --- | --- |
| 营业部名称 | 买入金额（万元） | 卖出金额（万元） |
| 国泰君安证券股份有限公司上海福山路证券营业部 | 1258.97 | — |
| 华泰证券股份有限公司成都蜀金路证券营业部 | 567.84 | — |
| 平安证券有限责任公司芜湖江北证券营业部 | 495.97 | — |
| 国金证券股份有限公司上海奉贤区金碧路证券营业部 | 482.75 | — |

**续表**

| 招商证券股份有限公司深圳蛇口工业七路证券营业部 | 390.10 | — |
|---|---|---|
| 卖出金额排名前5名营业部 | | |
| 营业部名称 | 买入金额（万元） | 卖出金额（万元） |
| 光大证券股份有限公司佛山绿景路证券营业部 | — | 1231.71 |
| 国金证券股份有限公司上海奉贤区金碧路证券营业部 | — | 637.94 |
| 光大证券股份有限公司深圳深南大道证券营业部 | — | 599.49 |
| 西藏东方财富证券股份有限公司拉萨察古大道第二证券营业部 | — | 439.92 |
| 平安证券有限责任公司芜湖江北证券营业部 | — | 407.17 |

**图5－5　新天然气涨跌幅异动**

2016年9月27日星期二截图——新天然气（图5－6）。

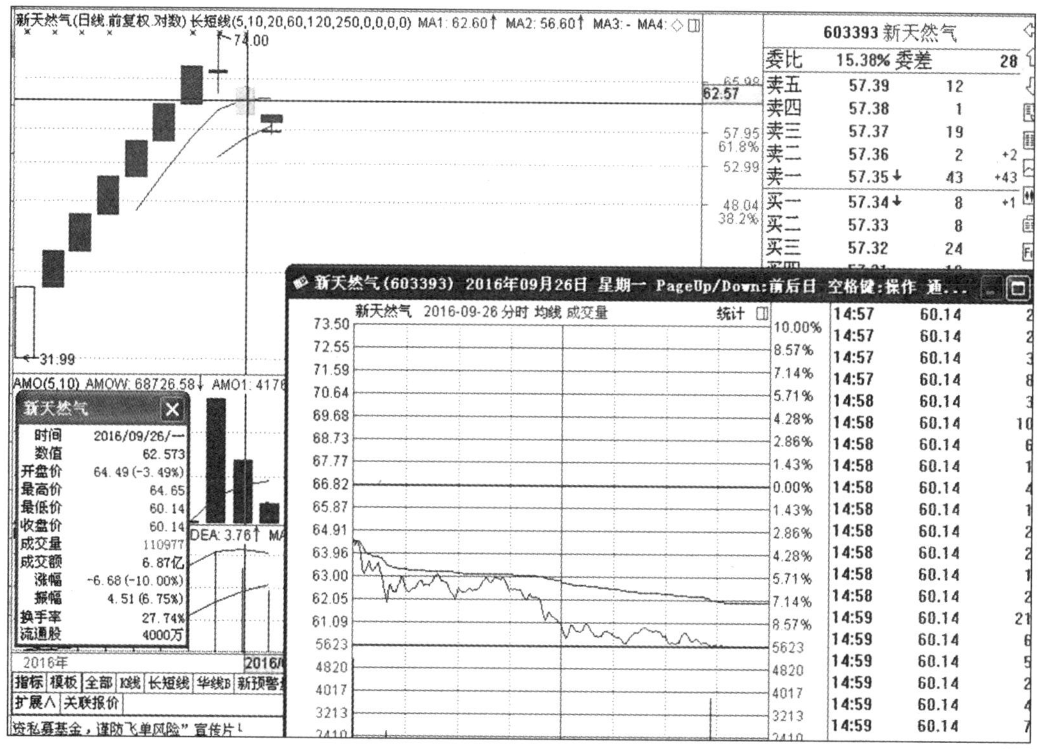


**图5－6　新天然气走势图**

从两天涨跌幅异动的数据中我们可以看到，著名游资“光大证券股份有限公司佛山绿景路营业部”在低开后就逢高止损出局了。1231.71万元说止损就止损了——其操盘果断的做法是每一个操盘人应该学习的。

## 第二节　三个不止损的散户

第一个：

2007 年 5 月 25 日，东莞一位股民在 12.80 元买进了 601002 晋亿实业，不幸的是买进后该股就下跌、反弹；这位股民抱着不能亏损的心态持有，不收回自己的投入就不出局。谁知该股就是不如股民所愿，一路下行，最终晋亿实业跌到 3.34 元，随后才逐步反弹。

这位股民在期盼中耐心地等待了三年多时间，实实在在的 856 个交易日后，2010 年 12 月 8 日，晋亿实业终于上涨冲高到了 12.95 元，这位股民终于解套了，他飞快地在 12.80 元价位卖出了持有 856 个交易日的晋亿实业。当天晋亿实业收盘价 12.68 元，这位股民心中暗暗庆幸自己多亏卖出了……三年多的折磨、煎熬终于结束了，12.80 元买进，12.80 元卖出——**看着没有亏损，实际上亏损了手续费、亏损了时间成本、亏损了健康的心态……在错误里找理由和正确是不止损的理由吗？**

次日，晋亿实业低开高走，一路上涨直奔涨停板。这位股民由于被晋亿实业折磨、煎熬了三年多的时间，实在不敢再碰晋亿实业，但一直在关注它的走势图。

在这位股民的关注下，晋亿实业开始了一波主升浪，上涨了 39 个交易日，由 12.70 元一路上涨到最高价 31.86 元，区间上涨幅度高达 133.04%（图 5－7）。

图 5－7　晋亿实业走势图

第二个：

与东莞那位股民不同的是，河北这位股民当晋亿实业大涨后在 30 元附近用 20 万元资金买进。

遗憾的是买进晋亿实业后，该股就下跌，这位股民同样不止损，反而等晋亿实业下跌在 22 元附近用 40 万元资金补仓再次买进。

岂不知晋亿实业已经走向下跌趋势，在 22 元这个平台维持了没多久，又开始了新一轮的下跌；下跌到 17 元附近，这位股民用 80 万元资金再次补仓买进……可以说是错上加错。

很快晋亿实业向下击穿 17 元的平台……用这位股民的话说“这次看着下跌，手都软了，再也不敢补仓了”，如图 5－8 所示。

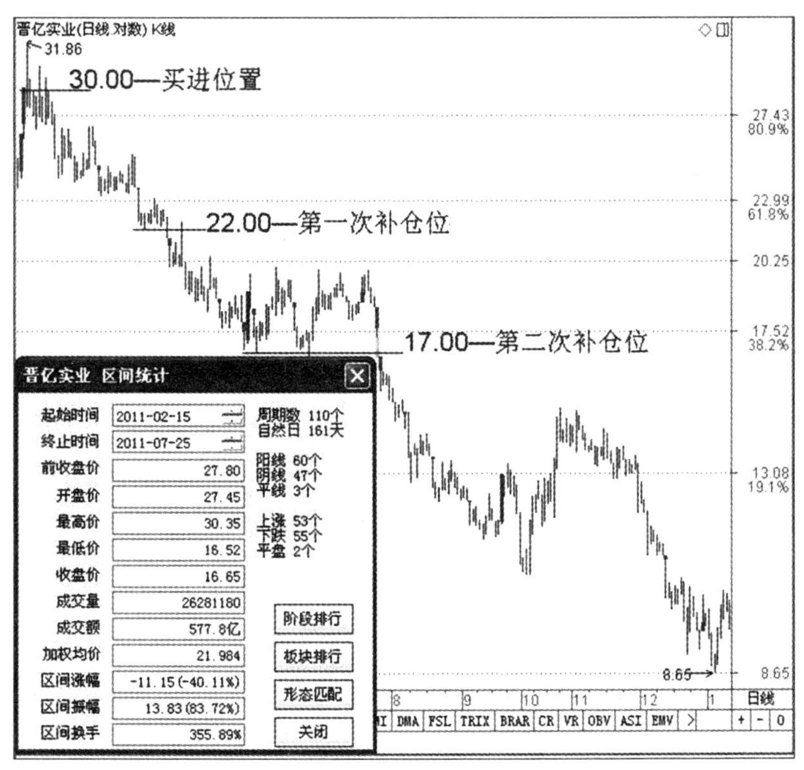

图 5－8　晋亿实业走势图

从河北这位股民的操作中同样可以看出，他既是一个不会止损的股民，更是一个用补仓来摊薄成本的股民，祈求摊薄成本后获利出局，最后落了个越补越跌的结局。

由此可见，脱离顶部正在缓慢下跌、已走下降通道的个股，绝对不要再补仓，须知“下水道中无好货，下跌趋势无好股”。

第三个：

再看看第三位股民账户里的持股，在 2017 年 6 月 5 日时账户里的持股全是亏损的（图 5—9）。

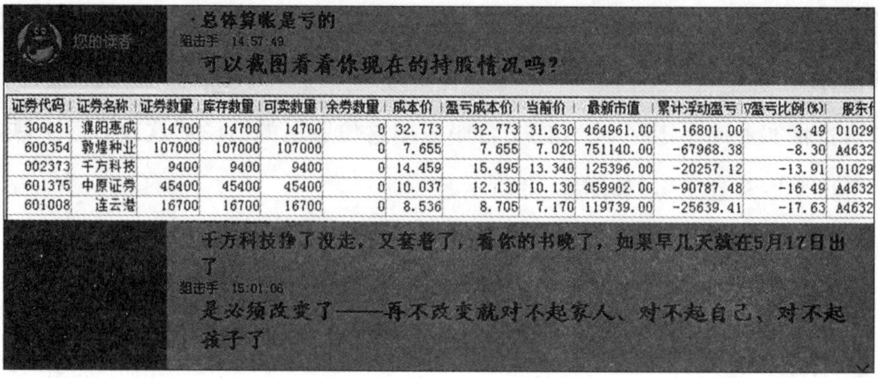

总体算账是亏的
狙击手 14:57:49
可以截图看看你现在的持股情况吗？

| 证券代码 | 证券名称 | 证券数量 | 库存数量 | 可卖数量 | 余券数量 | 成本价 | 盈亏成本价 | 当前价 | 最新市值 | 累计浮动盈亏 | 盈亏比例(%) | 股东代 |
|---|---|---|---|---|---|---|---|---|---|---|---|---|
| 300481 | 濮阳惠成 | 14700 | 14700 | 14700 | 0 | 32.773 | 32.773 | 31.630 | 464961.00 | -16801.00 | -3.49 | 01029 |
| 600354 | 敦煌种业 | 107000 | 107000 | 107000 | 0 | 7.655 | 7.655 | 7.020 | 751140.00 | -67968.38 | -8.30 | A4632 |
| 002373 | 千方科技 | 9400 | 9400 | 9400 | 0 | 14.459 | 15.495 | 13.340 | 125396.00 | -20257.12 | -13.91 | 01029 |
| 601375 | 中原证券 | 45400 | 45400 | 45400 | 0 | 10.037 | 12.130 | 10.130 | 459902.00 | -90787.48 | -16.49 | A4632 |
| 601008 | 连云港 | 16700 | 16700 | 16700 | 0 | 8.536 | 8.705 | 7.170 | 119739.00 | -25639.41 | -17.63 | A4632 |

千方科技挣了没走，又套着了，看你的书晚了，如果早几天就在5月17日出了
狙击手 15:01:06
是必须改变了——再不改变就对不起家人、对不起自己、对不起孩子了

图 5－9 盘中交流

是的，是自己没有弄懂的东西影响了自己，使自己受尽了折磨，但是我认为：

**只有在苦难中，才能认识自我！**

**只有在亏损中，才能认识自我！**

**只有在学习中，才能改变自我！**

我们要想在股市里获取成功，就要努力地学习操作股票的相关知识。

开始学习——永不嫌晚……学习好比登山，山路曲折盘旋，但毕竟朝着顶峰延伸；只有登上山顶，才能看到那里的风光。**学习好比盖房打地基，地基的深度决定楼房的高度，学习的深度决定盈亏的幅度。**

我真正引以为傲的，不是拥有财富，而是得到财富的理念，得到财富的技术，得到财富的纪律！

再重复一次牛散之道：

**理念 40%+技术 20%+纪律 40%＝成功**

## 第三节　一个黑暗的心理游戏

来源：王佩敏的日志

一个黑暗的心理游戏："恶魔列车"

四个人上错了一辆不知道终点的列车，列车只会停四次，只有四次下车的机会。而每次下车，都必须满足恶魔的条件。

第一次停车，恶魔说"砍掉双手双脚的人就可以下车"。四个人没一个下车。

第二次停车，恶魔说"砍掉双手的人就可以下车"。只有一个人砍掉了自己的双手下了车。

第三次停车，恶魔说"砍掉右手的人就可以下车"。剩下三个人更没一个人下车。

第四次停车，恶魔说"砍掉脑袋的人就可以下车"……

列车抵达终点——恶魔的晚宴。最后三个人被恶魔当作食物吃掉了。

心理分析：沉淀成本、参照物。

第一次的时候，参照物为正常时候。无法接受条件 1。

第二次的时候，参照物为条件 1，产生期待。谁都不愿做那个傻瓜，反正大部分人和我一样，自己不是最傻的。

第三次的时候，参照物为条件 2，产生期待和贪婪。

第四次的时候，参照物为条件 3，产生恐惧，终点不确定，渴求希望。

这个心理游戏有趣在于恶魔的条件可以任意转换，叠加式、随机式或者递减式，生活中也可以类似玩，可以看到人有趣的一面。对于研究心理、认识自我都有所警示。

条件只是玩人而已，因为就算给这三个人后悔的机会，你以为他们会后悔什么？他们只会后悔为什么没在第三次下车。

**做错了事，就像上错了车，目的只有下车。在错误里找理由和正确，也只能是自欺欺人。**

## 股市箴言

• 买进后按你的成本设置止损！在你的成本之下3%～5%点处设置止损，亏损千万不能超过5%!!! 股价一旦跌到止损价，就要无条件地执行这一条止损原则。

• 看着没有亏损，实际上亏损了手续费、亏损了时间成本、亏损了健康的心态……在错误里找理由和正确是不止损的理由吗？

• 只有在苦难中，才能认识自我！

只有在亏损中，才能认识自我！

只有在学习中，才能改变自我！

• 学习好比盖楼房打地基，地基的深度决定楼房的高度，学习的深度决定盈亏的幅度。

• 做错了事，就像上错了车，目的只有下车。在错误里找理由和正确，也只能是自欺欺人。

• 现实生活中，往往是思想主宰着你的精神状态。有什么样的思想，就会有什么样的精神状态。

• 引起人们思想上恐惧的原因多种多样，遭受巨亏、遭到打击、迷失方向、对相关知识缺乏等都会引起心中的恐惧。当恐惧袭入人的思想，人的血液系统、肌肉系统都会出现紧张，产生不舒服，甚至感到心慌气短、胸闷不适，好像要窒息一样；不由得想找一个空旷的地方透气，呼吸一下新鲜空气，以缓解心情因恐惧造成的紧张难受。

• 试想你把所有的注意力都集中在恐惧和怀疑上，在你心中为此担忧的那一时刻，负面的、消极的能量会带走你身上积极的、正向的能量。此时，迎接你的不再是成功，很可能将是失败的来临。

• 远离跌跌不休的股票，走进上涨的股票才是你炒股的重心；一个总想着抄底的人，往往看到的是一个底比一个底低——因为它在走下降趋势；相反，一个总是想着上涨的人，往往是看到一波比一波高的走势——因为它是在走上升趋势。

• 明明你被活生生地套住了，为什么不止损出局？为什么不改正错误？为什么要任其发展？关键在持股者思想上为自己“虚构事实”。

## 小结

### 亏损的心理根源

一位心理学家说过“一个人内心里认为自己是什么样的人，他就会成为什么样的人”。

**现实生活中，往往是思想主宰着你的精神状态。有什么样的思想，就会有什么样的精神状态。**

如果你是一个果断的人，看到股票下跌到了止损价位，就会毫不犹豫地止损出局。如果你是一个优柔寡断的人，看到股票下跌到了止损价位，却还在考虑会不会反弹上涨，还想再等等看，结果越等越跌，最后自己也不忍下手割肉了。这就明确地告诉了你，你的精神状态有问题。这个问题不解决，还会继续犯错误。

譬如恐惧，当你的思想上产生恐惧时，你的精神状态必然是消极担忧的；当疾病的恐惧袭上你的心头，你就会变成疾病的俘虏；当阴线的恐惧袭上你的心头，你就会变成胆小的俘虏；岂不知是你没有看清楚这根阴线的真相，如果不是主力出货，而是主力在洗盘，就会故意地以盘中阴线下跌形态来恐吓你交出手中的筹码，当你交出手中的筹码后，主力在收盘前就会把价格拉上去，阴线变成阳线，洗盘结束股价则开始上涨了。如果是主力在出货，总是以阳线的形态来欺骗你持股或者买进；当你持有或买进之后，总是以防不胜防的速度下跌，将你套在高位。

股票明明下跌了，**明明你被活生生地套住了，为什么不止损出局？为什么不改正错误？为什么要任其发展？关键在持股者思想上为自己“虚构事实”，**自己虚构了一个明天下跌会停止的事实，在自己虚构事实的想法下，等待着下跌的停止。往往在自己虚构事实被击穿后，则变为无奈，最后任其“无可奈何花落去”。由小亏变为大亏甚至巨幅亏损。最后麻木了，却仍然在虚构事实——虚构着股票某天能上涨，在自我虚构中痛苦地坚持着。

为什么在股市里别人能赚钱，你却在亏损？亏损的原因找到没有？赚钱的方法找到没有？

如果没有找到，不妨仔细地研读本书，研究游资是如何在股市里随机应变保全自身的；研究散户不能止损的根本原因在哪里。

我想，散户首先要研究学习的是如何掌握正确的交易理念、技术、纪律。只有掌握了正确的交易理念、技术、纪律，才能够帮助你战胜恐惧、紧张、害怕、疑虑、担忧、沮丧、挫折、失败以及偏见等不良的精神障碍。驾驭命运的舵是奋斗，不抱有一丝幻想、不放弃一点机会，不停止一日努力，这才是奋斗！只有奋斗才有成功。

## 思考（致富）题

1. 游资止损的操作有什么可取之处？
2. 散户不能及时止损的心理因素是什么？
3. 如何分清主力洗盘与出货？

## 第六项注意

# 上涨加仓金字塔，下跌补仓坚决克服掉

当我们共同走到这本书结尾，你的变化可能连你自己都想不到，在上涨中加仓，你将走上通往主升浪之路。你在交易中获得成就感，是一种无法描述的愉快感。想成为股市里的牛散，想跻身于千万富翁的行列将不再是梦。能不能实现这个目标，全在你自己！你就是自己命运的主人，你也是自己最大的敌人。

如果买进股票后，不幸就开始下跌，许多散户趁下跌价格低于买进价时补仓，还美其名曰“摊薄成本”；有的越跌越补，补到最后没有资金补了才停止操作；然后天天盼望着股价上涨……

正确的做法应当是分清目标个股目前多空处在哪个阶段，三种供求关系如何？三种关系即①供求平衡；②供过于求；③供不应求。

供过于求则无需参与，因为其后股价会下跌到供求平衡的价位。

供求平衡时股价波动较小，多在一个横向盘整区间运行，还不到快速上涨的时候。

只有供不应求的时候才是不断加仓的时机，这时愿意卖出的人不多，很小的成交量就能拉动股价上升。

聪明的投资者能争取机会；勇敢的投资者能抓住机会；胆小的投资者往往失去机会；固执的投资者经常错上加错。

## 第一节　金字塔式的交易

江恩对金字塔式的交易是这样说的："对于活跃的股票，一般来说，每10个点的上涨或下跌进行一次金字塔式交易十分安全，但应当逐渐减少交易金额，绝对不要逐渐增加交易金额。

"假设第一次交易了100股，股市上涨了10个点。继而又买了50股，股市又上涨了10个点；接下来，又买进了30股，股市又上涨了10个点；然后再买20股，股市又上涨了10个点；下一次，就应当只买10股。此后，股市每上涨10个点就只买进10股。这样，如果用止损单跟进，利润就会始终在增加而风险却会越来越低。最后一次交易根据所下止损单的不同可能会损失掉3～5个点，可其他所有交易就会带来大量的利润。在股票走出吸筹或者派发区域之后进行金字塔式交易总是更为安全一些。"

学习江恩的这个金字塔式交易方式应注意：

（1）美国股市没有涨跌停板规则的限制。

（2）金字塔式的交易限定于活跃的股票。

（3）股市上涨10个点可不是10%。

（4）在股票上涨时走出吸筹区后才比较安全。

（5）美国有做空机制，故江恩说在派发区之后进行金字塔式交易。

## 第二节　大资金是怎样加仓的

我们看看2016年8月G20峰会前后的环境保护、装饰园林与PPP的领涨龙头——300355蒙草生态之中的大资金是怎样加仓的。

2016 年 8 月 30 日截图——蒙草生态（图 6－1）。

【交易日期】2016-08-29 日涨幅偏离值达到7%
涨幅偏离值:9.82 成交量:9086.00万股 成交金额:76532.00万元

| 买入金额排名前5名营业部 | | |
|---|---|---|
| 营业部名称 | 买入金额(万元) | 卖出金额(万元) |
| 中信山东交易单元(394874) | 4268.01 | -- |
| 华泰证券股份有限公司北京月坛南街证券营业部 | 2586.32 | 20.44 |
| 机构专用 | 1432.24 | -- |
| 机构专用 | 1263.67 | -- |
| 西部证券股份有限公司西安东大街证券营业部 | 1097.57 | 5.17 |
| **卖出金额排名前5名营业部** | | |
| 营业部名称 | 买入金额(万元) | 卖出金额(万元) |
| 中国银河证券股份有限公司遂昌北街证券营业部 | 2.06 | 1599.22 |
| 招商证券股份有限公司上海翔殷路证券营业部 | 1.61 | 1315.78 |
| 深圳分公司华富路证券营业部 | 77.24 | 1046.57 |
| 国金证券股份有限公司上海互联网证券分公司 | 255.05 | 941.91 |
| 东方证券股份有限公司成都天祥寺街证券营业部 | 1.71 | 857.54 |

图 6－1　2016 年 8 月 29 日蒙草生态买卖金额排名

从图 6－1 中我们看到，中信山东交易单元（3948774）在 2016 年 8 月 29 日买进金额排名第一，当天买进了 4268.01 万元，且没有一点卖出。

再看 2016 年 9 月 6 日蒙草生态买卖金额排名前 5 名的营业部统计表。

2016 年 9 月 6 日截图——蒙草生态（图 6－2）。

【交易日期】2016-09-06 日涨幅偏离值达到7%
涨幅偏离值:7.95 成交量:15548.00万股 成交金额:150996.00万元

| 买入金额排名前5名营业部 | | |
|---|---|---|
| 营业部名称 | 买入金额(万元) | 卖出金额(万元) |
| 中信山东交易单元(394874) | 6194.83 | -- |
| 广发证券股份有限公司吴江仲英大道证券营业部 | 6014.52 | 0.49 |
| 中国银河证券股份有限公司南京江宁竹山路证券营业部 | 5733.11 | 7.43 |
| 华泰证券股份有限公司孝感长征路证券营业部 | 3466.17 | 24.61 |
| 东吴证券股份有限公司苏州西北街证券营业部 | 3075.74 | 173.14 |

| 卖出金额排名前5名营业部 | | |
|---|---|---|
| 营业部名称 | 买入金额(万元) | 卖出金额(万元) |
| 申万宏源证券有限公司呼和浩特兴安南路证券营业部 | 0.19 | 6963.75 |
| 机构专用 | -- | 1497.90 |
| 华泰证券股份有限公司合肥长江东大街证券营业部 | 28.77 | 1485.02 |
| 中信建投证券股份有限公司上海北京西路证券营业部 | 3.35 | 996.82 |
| 上海证券有限责任公司乐清旭阳路证券营业部 | 2.45 | 881.45 |

图 6－2　2016 年 9 月 6 日蒙草生态买卖金额排名

从图 6－2 中我们看到，中信山东交易单元（394874）在 2016 年 9 月 6 日还在买进，且买入金额排名第一，当日又加仓买进 6194.83 万元。

下面我们看看中信山东交易单元（394874）在 2016 年 8 月 29 日买进、9 月 6 日加仓的具体位置，如图 6－3 所示。

2016 年 9 月 7 日截图——蒙草生态（图 6－3）。

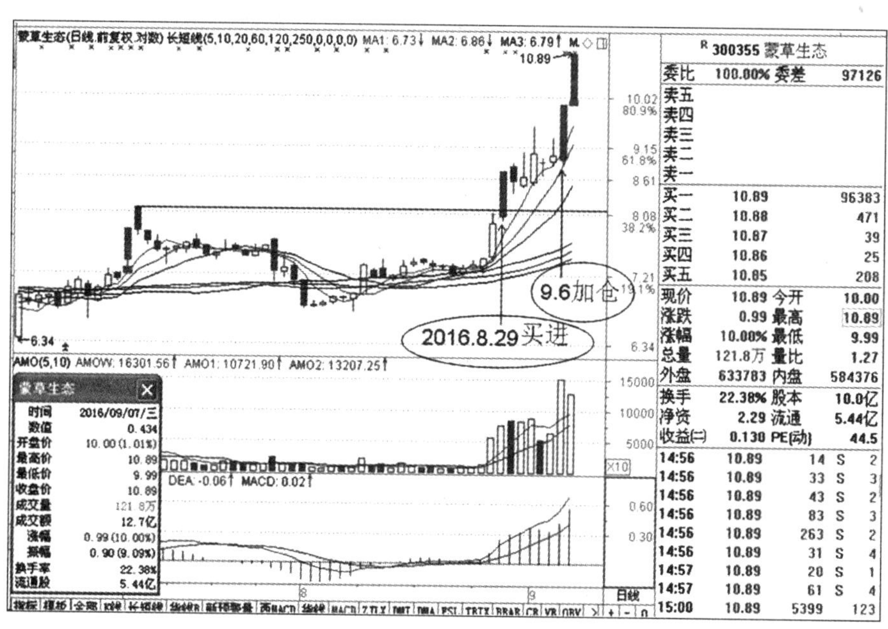


图 6－3　蒙草生态走势图

从 2016 年 8 月 G20 峰会前后的环境保护、装饰园林与 PPP 领涨龙头蒙草生态的三幅截图之中我们看到，**大资金在股票上涨时买进，在股票上涨中加仓**。大资金尚且如此操作，散户应何去何从？聪明的散户会得出自己的结论。

## 第三节　散户加仓到手软

2015 年“股灾”过后，上海一位姓刘的散户讲了他买进 300216 千山药机的经历，以及对自己盲目相信消息的悔恨交加。

2015 年 6 月 2 日，刘散户收到了“敢死队”（QQ 名称为“敢死队”的经常给他发消息）发来的一条新消息（图 6－4）。

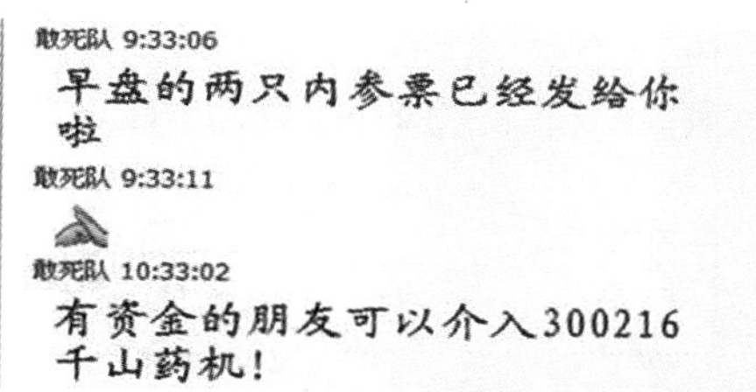


图 6－4　“敢死队”QQ 提示消息

之前刘散户一直接到“敢死队”发来的消息，有时准，有时不准，但他没有操作过。6月2日，他看到早盘发来的两只票都涨停板了，当10:33收到“可以介入300216千山药机”这条消息后，他终于忍不住动手操作了，千山药机早盘一波放量拉升到76.20元，在回调到75.00元时他买进了1万股。当天买进，当天就被套住了，千山药机收盘价74.19元。

他买进之后的几天，千山药机连续4根阴线，好不容易在第五天止跌了，尾盘最后半小时他看到不跌了，在60.00元附近用30万资金加仓买进了5000股；当天，该股在60.27元收出一个红十字星，他不禁为自己的加仓暗自窃喜。

谁知，其后第五天2016年6月15日，大盘下跌，千山药机也大跌，加仓后又被套住了。

6月17日，千山药机止跌，刘散户在56.00元又加仓买进了3000股，当天收盘56.87元。他心想，这次千万别再跌，不料第二天、第三天——连续两个跌停板，亏损了30%多。第四天，6月23日千山药机收出一根锤子线，看到这根似乎止跌的锤子线，朋友叫他不妨再补一点仓位，他说，自己看着千山药机的走势图，手都软了，不敢再补了……最后在6月25日，当千山药机下午拉升到涨停板49.69元封不住的时候，亏损30%多——他咬着牙斩仓出局了。

刘散户的交易区间如图6－5所示。

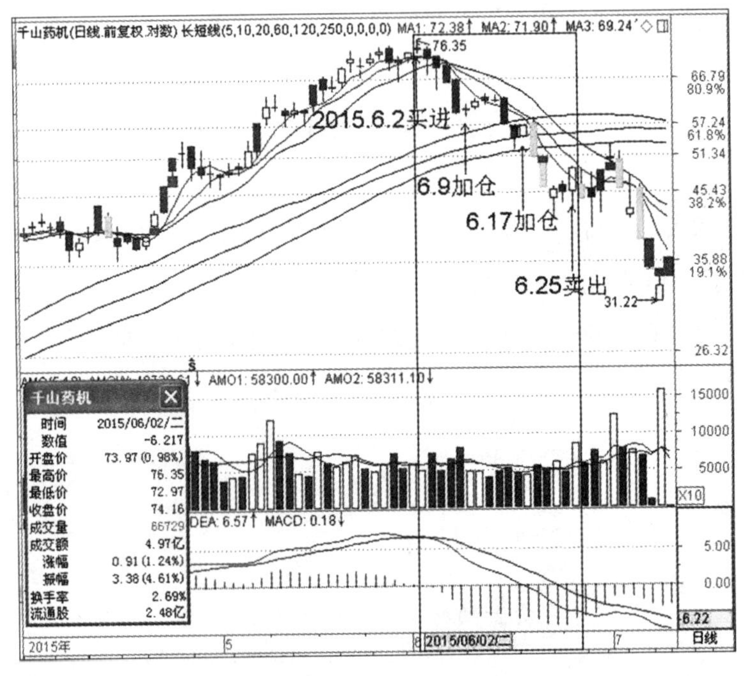


图6－5 千山药机走势图

从刘散户操作千山药机的经历来看，教训很多：

第一，在股市千万不要相信“好心人”发给你的消息。

第二，大幅上涨后的股票千万不要买进。

第三，下跌加仓是错上加错；正确的加仓应该是在自己持有上涨的股票上加仓。

如果你买进的股票没有像你期望的那样上涨，那错误一定是出在你自己的身上。错了，立即就改；千万不要坚持错误，更不要错上加错。有些散户，股票上涨就心慌；股票下跌反而安心了。股票下跌没有想到止跌，反而想到的是加仓，结果越加亏损越多。

第四，知错能改即圣贤，还好最后挥泪斩仓出局，回避了更大的亏损、更久的心理折磨。

再看看下面这个散户，他也是越跌越加仓，最后盼望解套。这是他 2016 年 10 月 11 日星期二与我的交流截图（图 6－6、图 6－7）。

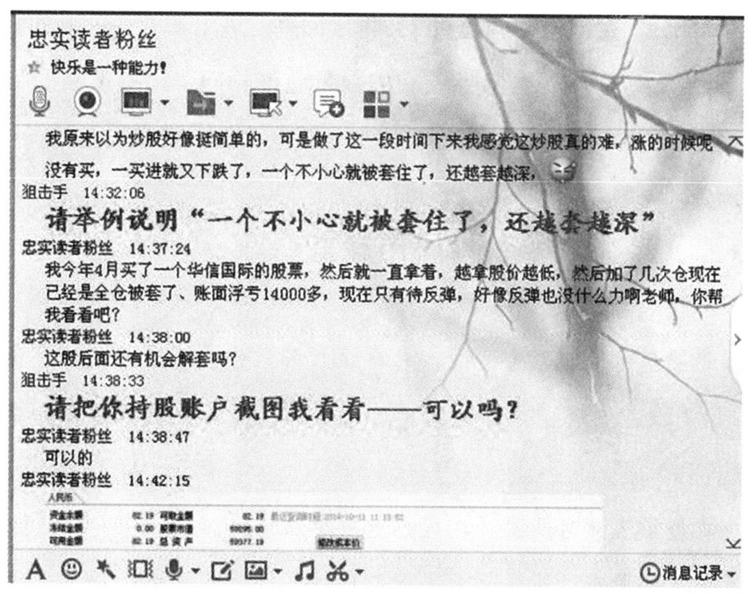


图 6－6　盘中交流

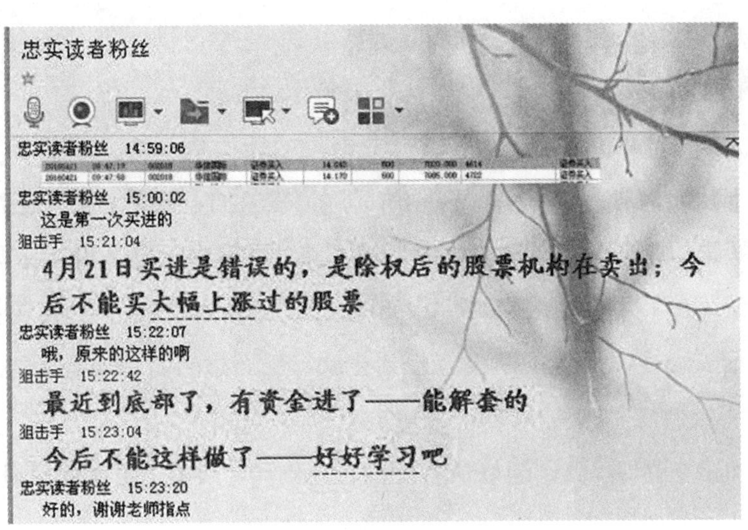


图6－7 盘中交流

如果不慎买进了供求平衡在横盘期间的股票，可以在盘中高抛低吸做差价，以便摊薄成本，尽早解套出局。**高抛低吸可以用分时图作为依据，如果盘中冲高大于2%以上，可以抛出一部分；待向下回调超过2%再接回来。**进出要有幅度上的数据，不能没有数据地高抛低吸。另外，高抛低吸成交的数量应该相同。高抛低吸的目的是降低成本，因此不能加大低吸的数量，如果那样增加了持仓比例，就是失败的操作。

## 股市箴言

• 初次买进股票时只能轻仓测试，看看这只股票处在哪个阶段，分清供求的三种关系，看看该股是准备上涨还是要下跌。如果上涨则可以分批加仓；如果下跌就要止损出局回避更大的风险。

• 大资金在股票上涨时买进，在股票上涨中加仓。

• 在瞬息万变的股市，机会是无限的而你的子弹是有限的。懂得放弃机会留下子弹，才是给市值最大的机会。股市格言：“会买的是徒弟，会卖的是师父；会空仓留子弹的，那是祖师爷。”

• 股价涨跌的直接原因是资金的流入与流出。在交易时要看成交量，如果指数大跌且成交量降到均量的一半以下，此时买进风险很低，正是投资的最佳时机，你应抓住这个时机，果断出手，切不可犹豫不决。

• 踏上主升浪的机会，人人都可以获取，关键在于你能否将机会变为现实。主升浪的机会向来是面对股市所有的人。对没有准备的人来说，机会只是机会；只有有所准备的人，才能踏上主升浪的机会。

• 当你主动接近涨停板时，涨停板也在向你靠近。你距离涨停板越近，你得到涨停板的机会就越多。

• 光有信念是不够的，只有愿意将信念付诸行动的人，才能得到自己想要的东西。

• 如果你对涨停板、主升浪的渴望还尚未形成或是比较含糊，你就不可能发挥自己的力量去狙击涨停板、猎取主升浪，那么你离它们的距离将是遥远的。

• 你如果让自己所有的思想和精力都投入到追求涨停板与主升浪的行动中，你又一直相信通过自己的努力一定能够得到它，你也就一定能够得到它。

• 在股市里最重要的是一定要将自己对涨停板与主升浪的渴望付诸行动、努力学习、努力实践，在实盘中不断总结提高；如果只有渴望、只有梦想，没有行动，那是不可能得到它的。实干家与梦想家最大的区别在于，前者能将脑海里的渴望化为现实，后者始终停留在渴望之中。

• 无知是所有错误的根源，要想进步，首先是努力地学习知识、掌握知识，这样才能改变无知。

• 你是自己最大的敌人。

## 小结

### 你是自己最大的敌人

股市里赚钱、亏钱都不是偶然的，所有的结果都是你自己交易的理念、技术、纪律所导致的。对的、正确的交易理念、技术、纪律必然导致你是赚钱的，错误的交易理念、技术、纪律必然导致你是亏损的。

要明白，如果你的思想上没有牛股、妖股、龙头股的思维，就不可能关注、研究它们，更不可能在它们上涨途中去加仓。或许你关注的、寻找的、操作的是那些下跌的、横盘的、没有启涨的低市盈率个股，有可能在它们下降的途中再补仓。

对那些用走势图告诉你你已经做错了的个股，有什么理由再去补仓呢？补仓很多时候带来的是无穷无尽的痛苦与折磨。

**无知是所有错误的根源，要想进步，首先是努力地学习知识、掌握知识，这样才能改变无知。**

要认清自己错误出现在哪里。只有找到了错误、改正了错误，你才会开始前进。

**你为什么是自己最大的敌人**——必须想明白。

首先请你回想一下买入了那只令你遭受了巨大亏损的股票，并尽量在脑海中将它们完整地再现出来。其次你要找到操作失败的原因，并逐条写在纸上。然后，你要比较这些原因，并试着去掉其中一些次要的原因，最后剩下一个主要的原因，这个主要原因就是让你遭受巨大亏损的罪魁祸首。只要找到它，才能避免在你的下次操作中不再犯这样的错误。每次遭受亏损后都要这样找到错误的主要原因，然后改正自己的错误。什么时候你操作的股票不再亏损了，财富的大门就向你开启了。

## 思考（致富）题

1. 何为金字塔式交易方式？
2. 看到大资金加仓的位置有何体会？
3. 你知道自己最大的错误是什么吗？

## 第七项注意

# 波段操作信如神，教条主义往往害死人

波段底部正是别人恐惧之时，波段顶部正是别人贪婪之时，按巴菲特“在别人恐惧时贪婪，在别人贪婪时恐惧”去做没有错。

获得财富有效的方法就是波段操作，当一波主升浪结束时，就不要留恋，要立即出局；然后去寻找新的主升浪，时间就是金钱！股市里总是一波又一波的主升浪在奔腾，机会就是金钱！在时间与机会面前人人平等，唯有不平等的是不同的理念、技术、纪律。

2011 年以来，股市里现金分红上市公司数不断增加，占 A 股上市公司比例基本维持在 70%以上。上市公司现金分红的连续性不断提高，连续 5 年现金分红公司数量由 2011 年的 452 家逐年增加到 2015 年的 1080 家，占当年现金分红上市公司数的一半以上。每股现金分红金额大于 0.4 元的上市公司数量相对比较稳定，存在部分业绩优良的上市公司。2016 年 3 月 24 日证监会新闻发布会通报，2016 年有 2031 家公司现金分红，总计 8301 亿元。

而像 601688 中国神华、000651 格力电器这样分红的上市公司就比较少。

2017 年 3 月 18 日，中国神华公告“以公司 2016 年 12 月 31 日总股本 19,889,620,455 股为基础，派发 2016 年度末期股息现金人民币 0.46 元/股（含税），共计人民币 9，149 百万元（含税）；派发特别股息现金人民币 2.51/股（含税），共计人民币 49，923

百万元（含税)”。

2016 年 7 月 7 日，格力电器每 10 股派发现金 15.00 元——为什么这么牛？那是在董明珠的领导下，格力电器对国家、对企业、对员工、对股民是认真负责的……

2016 年，格力电器对国家的税收保证了 150 亿；

2016 年，格力电器对员工普调增加工资 1000 元。

如果买进股票后持有不动，好的上市公司会分红，分红的幅度也有可能超过银行存款的利息，这就是名副其实的价值投资了。为什么投资者要自己炒股、不停地买进卖出呢？因为像格力电器这样把股民当成股东的上市公司太少了！因为盘中的主力机构都在做波段，做投机！

## 第一节　价值投资不服中国水土

巴菲特说：“我们的投资基于股票的价值，而不是股票是否热门。”在美国，巴菲特把价值投资做到了顶峰，每年稳定盈利有 20％之多，他把个人资产做到了全球炒股人的首富。我们不由得给巴菲特点赞。

如果谁想与巴菲特共进午餐，就需要付出 3456789 美元；尽管如此，付费共进午餐者不乏中国人……如果中国人学到巴菲特的精髓，到美国去投资倒也无可厚非；如果把巴菲特的价值投资运用到中国的股市上，就可能得到尴尬的结局。

601857 中国石油在 2005 年以 1333 亿元的盈利首次超过汇丰成为亚洲最赚钱公司。2007 年 11 月 5 日，被吹嘘成中国最具价值投资的中国石油上市了，以 46.26 元开盘，秒间冲高到 46.28 元，收盘在 41.62 元。1619 亿的流通盘，当天成交额 699.9 亿，换手率高达 51.58％，多少价值投资的信奉者冲了进去，结果第二天，中国石油向下跳空以 39.06 元的价格低开，将上市当日买进的人悉数套住，然后犹如飞流直下三千尺，一路下跌到 2008 年 9 月 18 日的最低价 7.57 元……一年不到。

2013 年，电视媒体报道，在巴菲特年会上，中国财经记者带去一个中国投资者的问题当面问巴菲特：“我 46 元买的中国石油，现跌到 7 元多；我今年 46 岁，我什么时候能解套？”只见巴菲特笑而不答……

2017 年 3 月 3 日星期五截图——中国石油（图 7－1）。

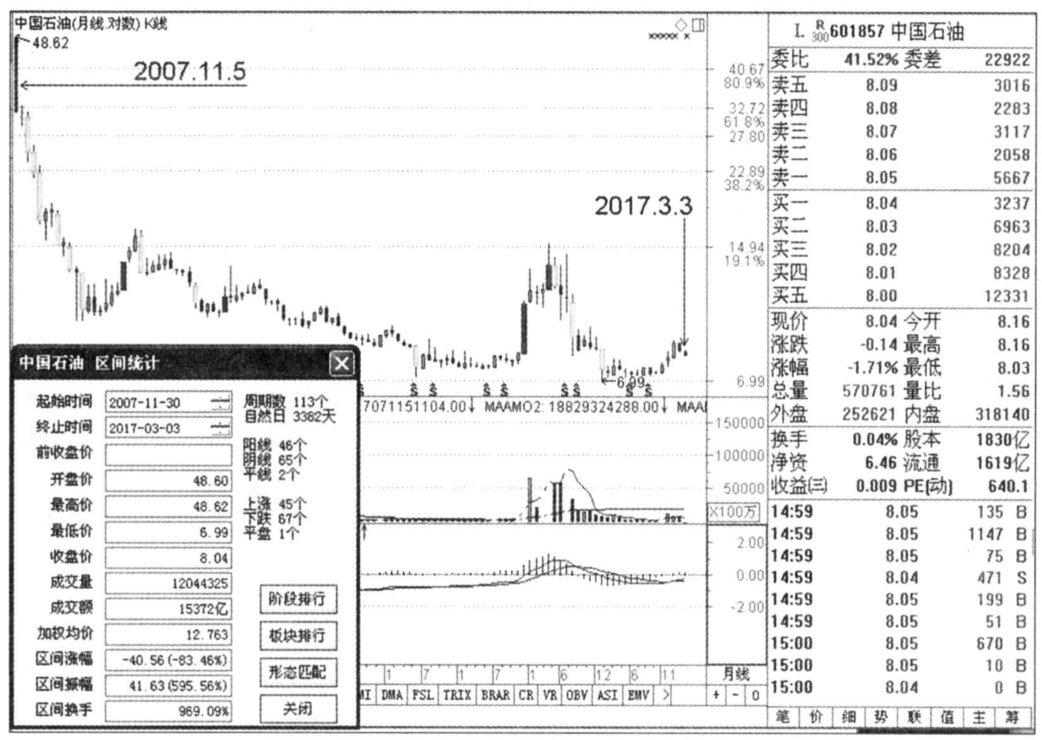


图 7－1　中国石油走势图

2007 年到 2017 年，中国石油截至 2017 年 3 月 3 日，跌幅高达 83.46%；也许有人说，这仅仅是个例。

无独有偶，话说北京一位姓马的高材生、白领美女，国内某知名财经大学毕业后去了美国留学深造金融专业，学成归国后在某银行就职。这位马女士，每个月把工资所得除自己生活开销之外，剩余全部按照自己所学的价值投资理论买了她认为最具价值投资的股票，一买就是 20 年，共付出了 120 多万元。截至 2015 年 6 月共计买进 160 多只股票，从没有卖出过，她要学习巴菲特长期持有；其结果，她的证券账户资金截至 2015 年 6 月，共计亏损 60 余万元……（信息来源，某营业部客户经理）。

希望信奉价值投资的散户朋友能明白**“橘生淮南则为橘，生于淮北则为枳”**的道理；中国不是美国！巴菲特在做价值投资时有一条，即他持股的比例要达到进入公司董事会，要影响企业的决策，甚至改变企业运营从而提升公司价值——对公司的运营有决策权，不知道中国的价值投资人能否做到这一点？

## 第二节 ST里飞出金凤凰

在中国股市，像贵州茅台那样的股票实属凤毛麟角，其当然可以做价值投资的标的，但如果波段操作的话，利润更可观。

反倒是一些ST股票则令价值投资者吃不到葡萄反说葡萄是酸的。

重庆某证券公司营业部一位王经理给我讲了这样一则真实的事例。一位姓孙的老股民，在股市里摸爬滚打五年了，投资亏损了几十万元，最后用所剩不到6万元资金捡最便宜的一只股，在每股价格1.40元买了4万股的兴业聚酯，4天后该股变成"ST聚酯"，他一气之下放下不管了，看来自己没有炒股赚钱的命。因为进入股市就没有盈过利，在家里被老婆、女儿经常当作出气筒。

2010年8月18日，因女儿要买房资金不够，就想起老爸在股市里的钱，跟老妈两个像押犯人似的将老孙押到营业部，抱着不管股票亏损多少都要全部卖出买房的心态要老孙卖股取钱。当老孙说出自己买的股票名称后，工作人员一时还真找不出该股。

后来，经过工作人员的努力，终于查出ST聚酯2009年2月6日已更名为"ST有色"，2010年5月18日又更名为"广晟有色"……营业部工作人员当时一看广晟有色的价格，惊讶地说道："查到了，变成了600259广晟有色，目前是101元，卖不卖?"

"啊！101元!"老婆以为市值只剩了101元了，随手抽了老孙一个耳光。这一耳光，响亮而清脆；这一耳光的声音，刹那间惊动了营业部的许多股民纷纷围来观看。

营业部工作人员赶紧补充道，"是1股101元，4万股就是404万，卖不卖?"

霎时，眼冒金花的老孙捂着刚被老婆打疼的右脸大声喊道，卖！全卖!

当时重庆一套百多米房才30来万，404万能买十几套房子……瞬间喜从天降，娘儿两个抱住老孙的脸左亲右亲，老孙憋了5年多的泪水夺眶而出……终于从地狱来到了天堂。

营业部围过来看热闹的股民沸腾了，称赞声、羡慕声、尖叫声、掌声响成一片……400万元！天哪400万元！运气太好了!

广晟有色——从2006年4月26日，到2010年10月18日，经过1637天，由1.40元涨到101.37元，见图7-2。

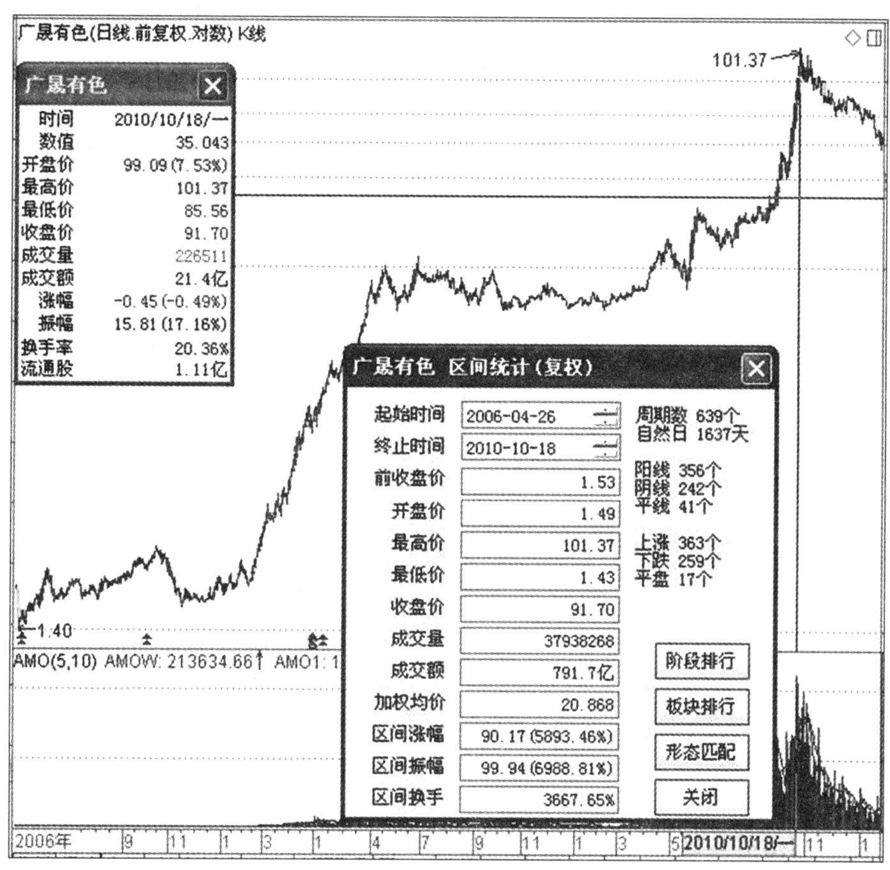


图 7－2　广晟有色走势图

股市中千千万万个散户并没有像老孙那样苦尽甘来，只能在价值投资、追涨杀跌、打探消息、追踪股评……的迷雾中盼望着奇迹。

## 第三节　机构大资金如何波段操作

2016 年 8 月 G20 峰会前后的环境保护、装饰园林与 PPP 领涨龙头——蒙草生态之中的大机构也在做波段操作。

2016 年 8 月 29 日，蒙草生态跳空高开后突破前高点涨停板，成为当时板块的领涨龙头，先看其走势图。

2016 年 8 月 29 日收盘后截图——蒙草生态（图 7－3）。

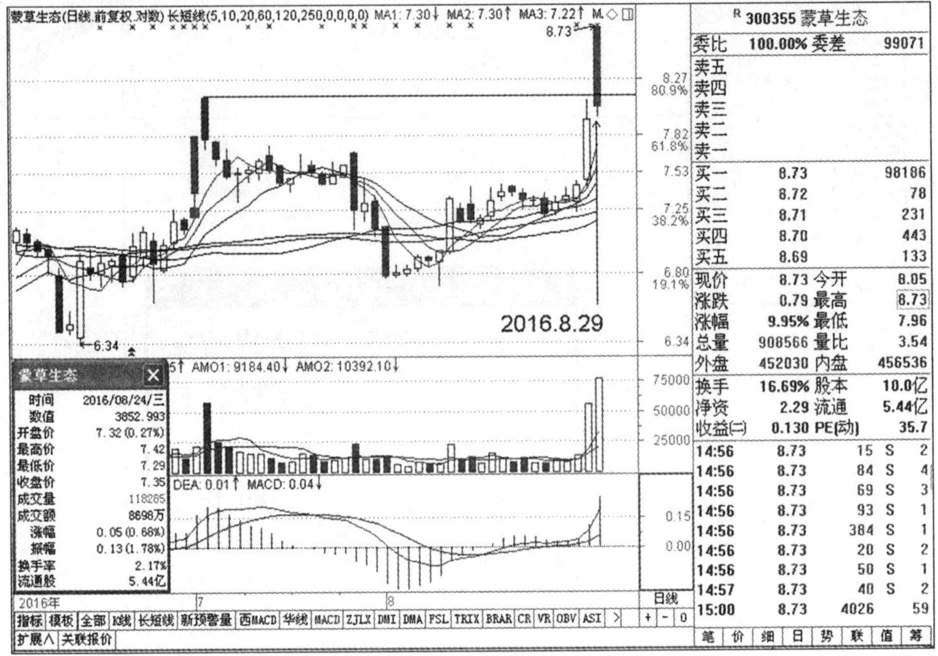


图 7－3　蒙草生态走势图

再看看 8 月 29 日买进卖出蒙草生态的前五名主力机构是谁（图 7－4）。

【交易日期】2016-08-29 日涨幅偏离值达到7%
涨幅偏离值:9.82 成交量:9086.00万股 成交金额:76532.00万元

| 买入金额排名前5名营业部 | | |
|---|---|---|
| 营业部名称 | 买入金额(万元) | 卖出金额(万元) |
| 中信山东交易单元(394874) | 4268.01 | -- |
| 华泰证券股份有限公司北京月坛南街证券营业部 | 2586.32 | 20.44 |
| 机构专用 | 1432.24 | -- |
| 机构专用 | 1263.67 | -- |
| 西部证券股份有限公司西安东大街证券营业部 | 1097.57 | 5.17 |

| 卖出金额排名前5名营业部 | | |
|---|---|---|
| 营业部名称 | 买入金额(万元) | 卖出金额(万元) |
| 中国银河证券股份有限公司遂昌北街证券营业部 | 2.06 | 1599.22 |
| 招商证券股份有限公司上海翔殷路证券营业部 | 1.61 | 1315.78 |
| 深圳分公司华富路证券营业部 | 77.24 | 1046.57 |
| 国金证券股份有限公司上海互联网证券分公司 | 255.05 | 941.91 |
| 东方证券股份有限公司成都天祥寺街证券营业部 | 1.71 | 857.54 |

图 7－4　蒙草生态买卖金额排名

从图 7－4 中我们看到：

第一，当天买入金额前 5 名买进金额总量超过了卖出前 5 名。

第二，买入金额最大的是中信山东交易单元（394874）。

第三，买进的前 3 名、4 名都是机构专用。

注意：当天是无法看到这个数据的，只有次日才可以看到。

2016 年 9 月 6 日，蒙草生态经过 5 天的横盘整理后再次涨停板。

2016 年 9 月 6 日收盘后截图——蒙草生态（图 7－5）。

**图 7－5　蒙草生态走势图**

再看 2016 年 9 月 6 日买卖蒙草生态金额排名前 5 名的营业部统计表（图 7－6）。

【交易日期】2016-09-06 日涨幅偏离值达到7%
涨幅偏离值:7.95 成交量:15548.00万股 成交金额:150996.00万元

| 买入金额排名前5名营业部 | | |
|---|---|---|
| 营业部名称 | 买入金额(万元) | 卖出金额(万元) |
| 中信山东交易单元(394874) | 6194.83 | -- |
| 广发证券股份有限公司吴江仲英大道证券营业部 | 6014.52 | 0.49 |
| 中国银河证券股份有限公司南京江宁竹山路证券营业部 | 5733.11 | 7.43 |
| 华泰证券股份有限公司孝感长征路证券营业部 | 3466.17 | 24.61 |
| 东吴证券股份有限公司苏州西北街证券营业部 | 3075.74 | 173.14 |
| **卖出金额排名前5名营业部** | | |
| 营业部名称 | 买入金额(万元) | 卖出金额(万元) |
| 申万宏源证券有限公司呼和浩特兴安南路证券营业部 | 0.19 | 6963.75 |
| 机构专用 | -- | 1497.90 |
| 华泰证券股份有限公司合肥长江东大街证券营业部 | 28.77 | 1485.02 |
| 中信建投证券股份有限公司上海北京西路证券营业部 | 3.35 | 996.82 |
| 上海证券有限责任公司乐清旭阳路证券营业部 | 2.45 | 881.45 |

图 7－6　蒙草生态买卖金额排名

从图 7－6 中我们看到，中信山东交易单元（394874）还在买进，且买入金额最大、排名第一。

2016 年 9 月 7 日，蒙草生态跳空高开再次涨停板。

2016 年 9 月 7 日收盘后截图——蒙草生态（图 7－7）。

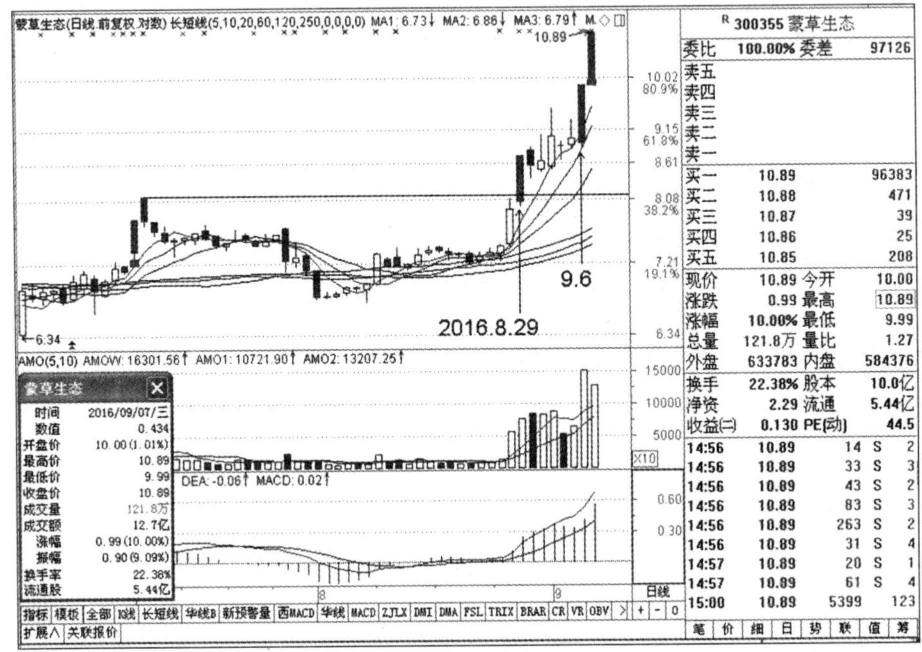


图 7－7　蒙草生态走势图

我们再看看 2016 年 9 月 7 日买卖蒙草生态金额排名前 5 名营业部统计表（图 7－8）。

从图 7－8 中我们看到，在 2016 年 8 月 29 日、9 月 6 日都在买进的中信山东交易单元（394874）在 9 月 7 日成为卖出金额最大的，卖出 6457.81 万元，而且没有一点买进金额。

通过以上 3 天的交易情况，我们看出几千万、几个亿的资金都在做波段操作，一波上涨，8 个交易日，中信山东交易单元（394874）获利 37.15%，就锁定利润出局了。仅仅 8 个交易日获利幅度在 30%以上，想想巴菲特 1 年的获利也不过是 20%多（当然巴菲特操作的资金量是巨大的）；比较一下，散户的资金量那么小，需要长期持有还是波段操作？结论不言而喻。

【交易日期】2016-09-07 日涨幅偏离值达到7%
涨幅偏离值:10.29 成交量:12182.00万股 成交金额:127193.00万元

| 买入金额排名前5名营业部 | | |
|---|---|---|
| 营业部名称 | 买入金额(万元) | 卖出金额(万元) |
| 海通证券股份有限公司上海共和新路证券营业部 | 7206.97 | 15.42 |
| 东方证券股份有限公司上海浦东新区银城中路证券营业部 | 5098.93 | -- |
| 中国银河证券股份有限公司南京江宁竹山路证券营业部 | 4361.80 | 6024.14 |
| 天风证券股份有限公司杭州教工路证券营业部 | 2457.51 | 1.47 |
| 中信证券股份有限公司绍兴越王城证券营业部 | 2262.82 | 2.97 |

| 卖出金额排名前5名营业部 | | |
|---|---|---|
| 营业部名称 | 买入金额(万元) | 卖出金额(万元) |
| 中信山东交易单元(394874) | -- | 6457.81 |
| 广发证券股份有限公司吴江仲英大道证券营业部 | 0.11 | 6362.96 |
| 中国银河证券股份有限公司南京江宁竹山路证券营业部 | 4361.80 | 6024.14 |
| 中信证券股份有限公司北京总部证券营业部 | -- | 3267.00 |
| 华泰证券股份有限公司孝感长征路证券营业部 | 1.42 | 3146.85 |

图 7－8　蒙草生态买卖金额排名

再看看下例——600868 梅雁吉祥。

从图 7－9 的走势图中看出，2016 年 9 月 28 日，有资金大量入场。10 月 28 日，一根高位放量的长十字线和其后的涨停板、跌停板，告诉能看得懂图形的朋友，有人离场了，是谁？当时盘中没有人能知道，只有待事后的公告了。

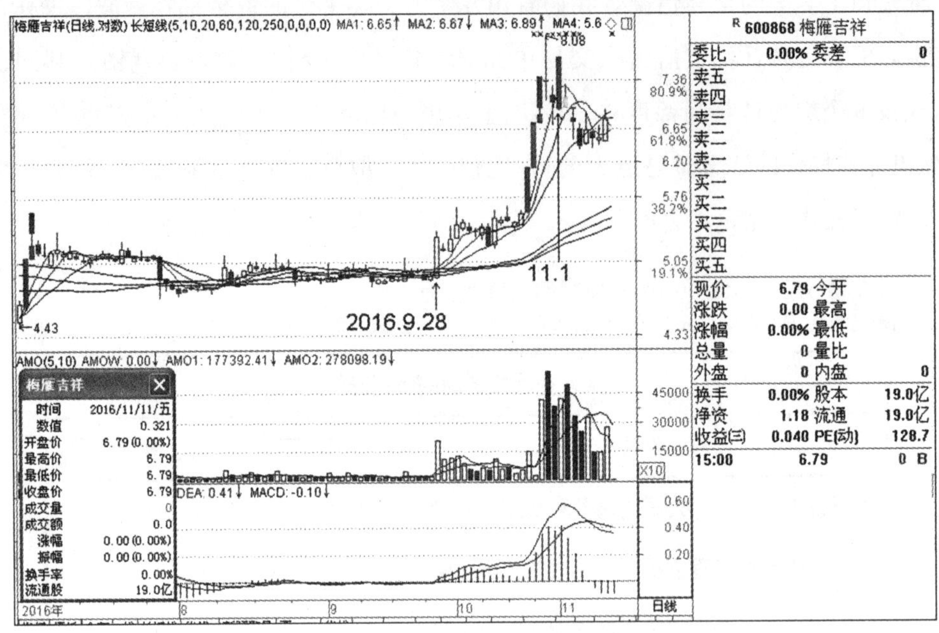


图 7－9　梅雁吉祥走势图

根据公告，恒大人寿在 2016 年 9 月 28 日至 9 月 30 日买入梅雁吉祥 9395.83 万股，占公司总股本的 4.95%；因三季报披露恒大人寿入驻，梅雁吉祥再度成为市场关注的焦点之一。

【3. 股东变化】

截至日期：2016－09－30　十大流通股东情况　A 股户数：425304　户均流通股：4463

累计持有：16476.04 万股，累计占流通股比例：8.68%，较上期变化：11882.92 万股↑

| 股东名称（单位：万股） | 持股数 | 占流通股比（%） | 股东性质 | 增减情况 |
|---|---|---|---|---|
| 恒大人寿保险有限公司 | 9395.83 | 4.95 A 股 | 保险公司 | 新进 |
| 王元昊 | 1621.63 | 0.85 A 股 | 个人 | 新进 |
| 王安全 | 1525.00 | 0.80 A 股 | 个人 | 未变 |
| 王涛 | 1023.96 | 0.54 A 股 | 个人 | 新进 |
| 胡海艳 | 814.83 | 0.43 A 股 | 个人 | 新进 |
| 徐薇 | 467.17 | 0.25 A 股 | 个人 | 新进 |

续表

| 股东名称（单位：万股） | 持股数 | 占流通股比（%） | 股东性质 | 增减情况 |
|---|---|---|---|---|
| 霍少华 | 430.00 | 0.23 A股 | 个人 | 新进 |
| 张博芳 | 423.80 | 0.22 A股 | 个人 | 新进 |
| 都本立 | 393.81 | 0.21 A股 | 个人 | 新进 |
| 中国新纪元有限公司 | 380.00 | 0.20 A股 | 公司 | ↑72.00 |

**图7－10　梅雁吉祥十大流通股东**

恒大人寿一个月内火速建仓梅雁吉祥，利用逼近举牌线的4.95%持股9395万股公告“提醒”成为第一大股东，不过，恒大人寿持股仅维持了一个月。10月31日，恒大人寿将所持有的9395.83万股梅雁吉祥全部卖出，持股时间仅约一个月。11月1日，梅雁吉祥收到上交所问询函。根据上交所市场监察信息，恒大人寿通过旗下两个保险组合账户，于9月28日至9月30日买入公司股票9395.83万股，占公司总股本的4.95%；10月31日，上述两账户将所持有的9395.83万股已全部卖出——闪电清仓，以7亿成本获利超1.7亿元。

再看看梅雁吉祥的区间统计（图7－11），从2016年9月28日～11月1日，20个交易日，区间涨幅57.55%。

梅雁吉祥　区间统计

| | | |
|---|---|---|
| 起始时间 | 2016-09-28 | 周期数 20个<br>自然日 35天 |
| 终止时间 | 2016-11-01 | |
| 前收盘价 | 4.90 | 阳线 13个<br>阴线 6个<br>平线 1个 |
| 开盘价 | 4.89 | |
| 最高价 | 8.08 | 上涨 11个<br>下跌 9个<br>平盘 0个 |
| 最低价 | 4.86 | |
| 收盘价 | 7.72 | |
| 成交量 | 49679749 | |
| 成交额 | 315.7亿 | 阶段排行 |
| 加权均价 | 6.355 | 板块排行 |
| 区间涨幅 | 2.82(57.55%) | 形态匹配 |
| 区间振幅 | 3.22(66.26%) | |
| 区间换手 | 261.73% | 关闭 |

**图7－11**

我们看看腾讯证券是如何解读的：

【2016－11－02】【出处】腾讯证券

盘面追踪：恒大概念走势分化“买而不举”个股大跌

周三，恒大概念股走势分化，廊坊发展连续一字涨停，嘉凯城大涨逾5%，梅雁吉祥盘中逼近跌停、栋梁新材跌近5%。

恒大“买而不举”概念股上演过山车戏码，不举概念股纷纷下杀。

A股从来不缺少股神，最近又多了一个跨界新股神——造房子的许家印，已经公布的三季报显示，许家印旗下的恒大系已经进出了29只A股和新三板股票，浮盈达到了惊人的156亿元！在香港上市的中国恒大，半年报才赚了71.37亿，许老板在A股折腾了半年，收益比卖房子高多了。

梅雁吉祥（600868）11月1日晚间的一则公告，一石激起千层浪，让市场一片哗然。截至10月31日，此前持有公司4.95%股份、位列第一大股东的恒大人寿，已将所持有的公司股票全部减持。《每日经济新闻》记者注意到，就在几天前的10月25日晚间，梅雁吉祥发布三季报更正公告。更正后的三季报显示，恒大人寿成为上市公司第一大股东，恒大人寿持有9395.83万股梅雁吉祥，持股比例为4.95%，梅雁吉祥的股价因此而暴涨。

此次体现在梅雁吉祥身上的规则套利，可以说是被恒大人寿发挥得淋漓尽致：巧妙利用了交易所的举牌制度和信披制度的规则空间，在一只股权极为分散的个股身上实施了一次短线套利。

对于恒大人寿在梅雁吉祥股票上的操作是否合法合规，上海明伦律师事务所王智斌律师向每经记者表示，“只要是自有资金，不构成短线交易即可”。看来梅雁吉祥这种股权极为分散的上市公司，在这波举牌概念股炒作大潮中，已经成为规则套利者的最佳猎物。

而同样的操盘手法，还有恒大人寿对002082栋梁新材的操作。栋梁新材三季报显示，恒大人寿通过传统组合A和万能组合B这两款产品进入前十大股东榜单，分别以693.9万股和484.19万股名列第5和第8大股东，合计持股占公司总股本达4.95%（图7-12）。

截至日期：2016—09—30　十大股东情况　A股户数：19071　户均流通股：10772

累计持有：9509.09万股，累计占总股本比例：39.94%，较上期变化：—616.14万股↓

| 股东名称（单位：万股） | 持股数 | 占总股本比（%） | 股份性质 | 增减情况 |
|---|---|---|---|---|
| 万邦德集团有限公司 | 2247.17 | 9.44 | 无限售A股 | 未变 |
| 陆志宝 | 2247.17 | 9.44 | 限售A股 | 未变 |
| 湖州市织里镇资产经营有限公司 | 1095.78 | 4.60 | 无限售A股 | 未变 |

**续表**

| 宋铁和 | 218.42 | 0.92 | 无限售 A 股 | 未变 |
|---|---|---|---|---|
|  | 655.27 | 2.75 | 限售 A 股 | — |
| 恒大人寿保险有限公司－传统组合 A | 693.90 | 2.92 | 无限售 A 股 | 新进 |
| 俞纪文 | 552.11 | 2.32 | 无限售 A 股 | ↓ −38.00 |
| 徐引生 | 534.00 | 2.24 | 无限售 A 股 | ↓ −18.00 |
| 恒大人寿保险有限公司－万能组合 B | 484.19 | 2.03 | 无限售 A 股 | 新进 |
| 沈阳宝嘉投资管理有限公司 | 421.20 | 1.77 | 无限售 A 股 | 新进 |
| 沈百明 | 359.88 | 1.51 | 无限售 A 股 | ↓ −159.97 |

**图 7－12 栋梁新材十大股东**

10 月 31 日，媒体曝出恒大人寿的两款产品已经退出栋梁新材十大股东名单。从栋梁新材其后的走势图就可以看出没有主力操作之后走势是多么的弱不禁风。

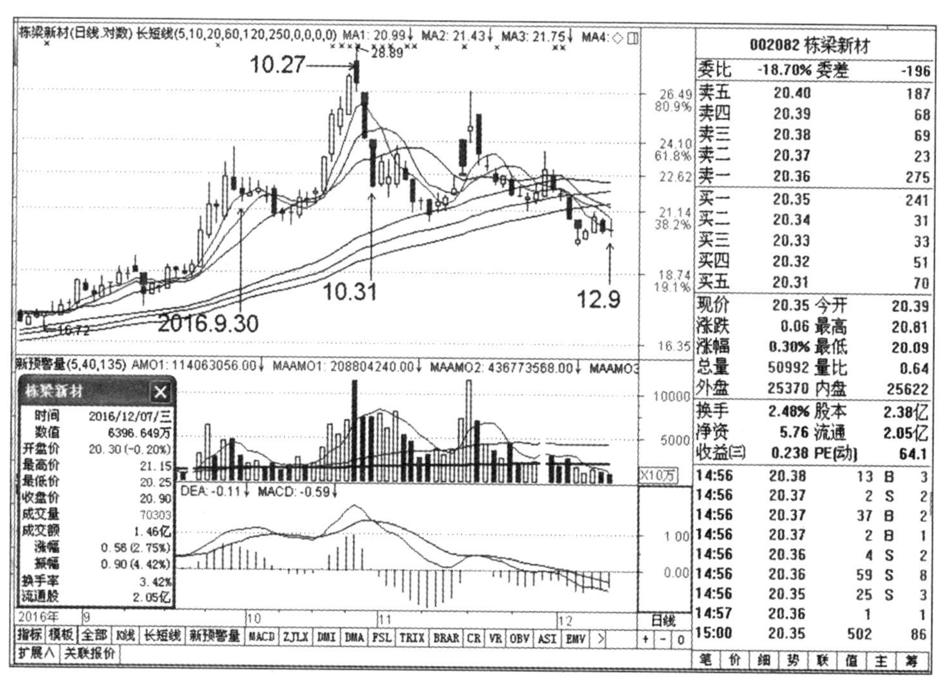


**图 7－13 栋梁新材走势图**

朋友们，从以上的实例中不难看出，**游资，产业资本，几千万、几个亿的资金进入一只股票，短则三两天、长则一个月就巧妙地获利出局了——他们获利的速度、幅度不值得深思吗？**他们是对实体经济发展的支持吗？

企业家董明珠说“他们是对实体经济的犯罪”，万科的董事长王石称他们是“野蛮人”。不管他们怎样说，卖出的人把巨额利润锁定了。在股市赚钱才是硬道理！

## 第四节 看大盘下跌

2016年12月2日，上证指数高开低走，是11月29日创出3301.21的波段高点后的第三天，在中国石油、中国石化两只大盘股的拉抬下，前期强势个股纷纷下跌，形成了明显的背离效应。盘中我分析提示，大盘走坏了，有可能调整2～3周的时间……建议回避风险，空仓等待机会（图7-14）。

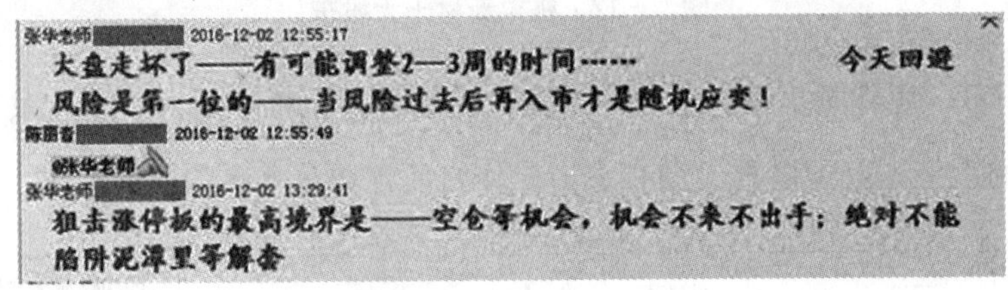


图7-14 盘中分析

2016年12月2日星期五截图——上证指数（图7-15）。

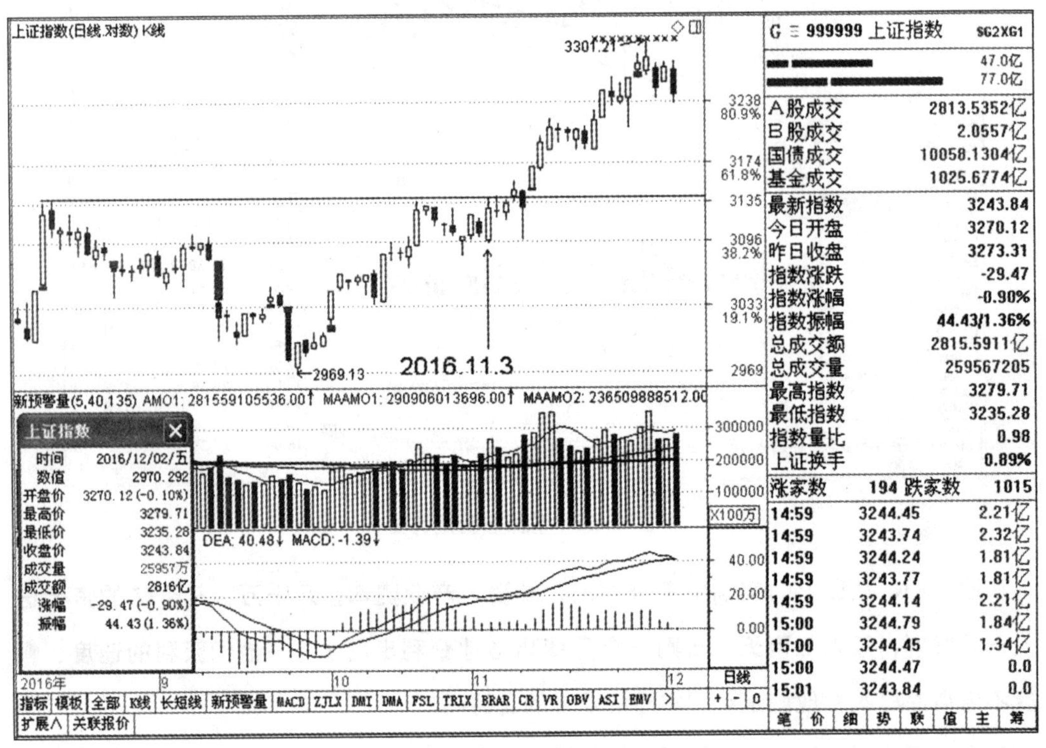


图7-15 上证指数走势图

2016 年 12 月 2 日星期五截图——上证指数（图 7－16）。

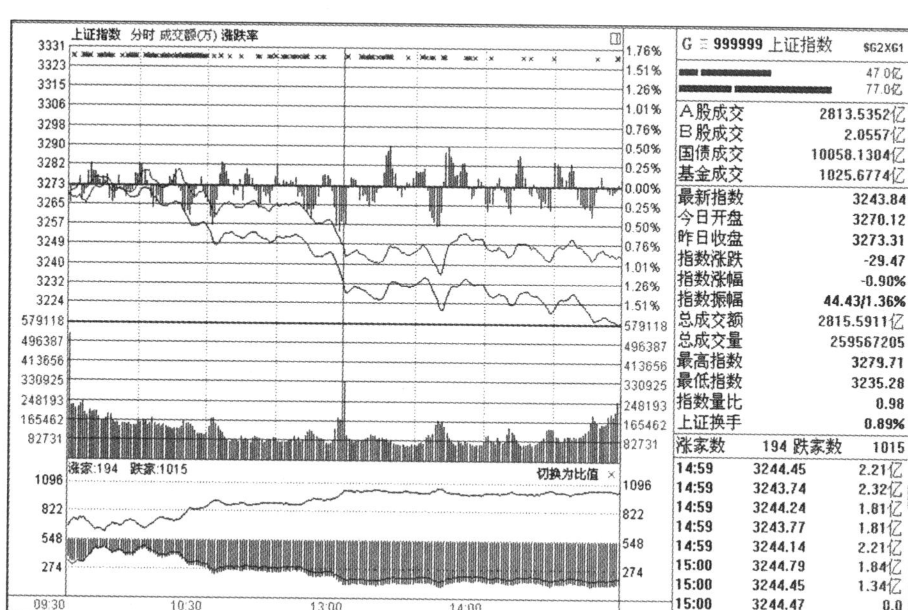


图 7－16　上证指数分时图

2016 年 12 月 2 日星期五截图——深证成指（图 7－17）。

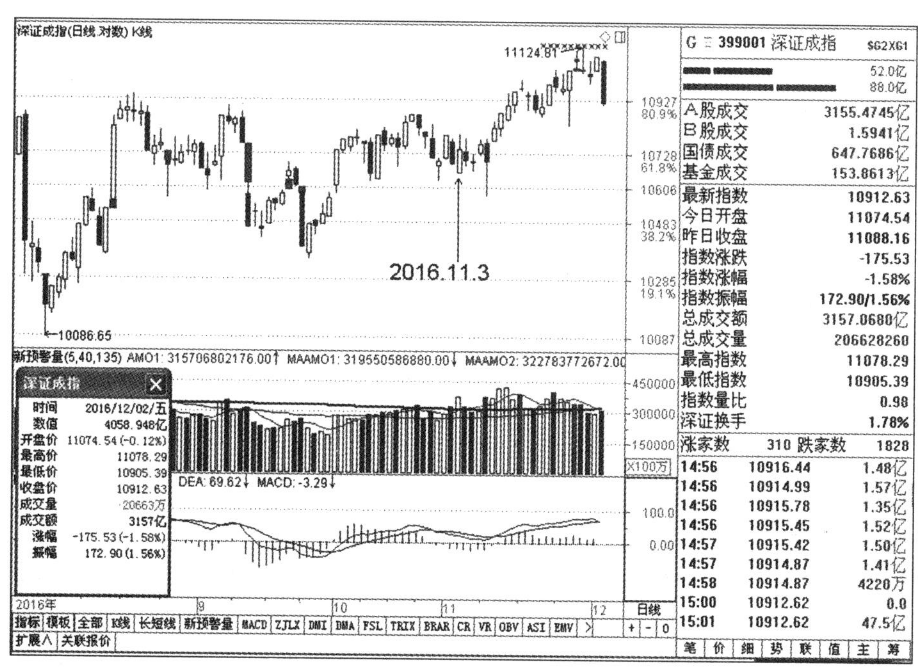


图 7－17　深证成指走势图

2016 年 12 月 2 日星期五截图——深证成指（图 7－18）。

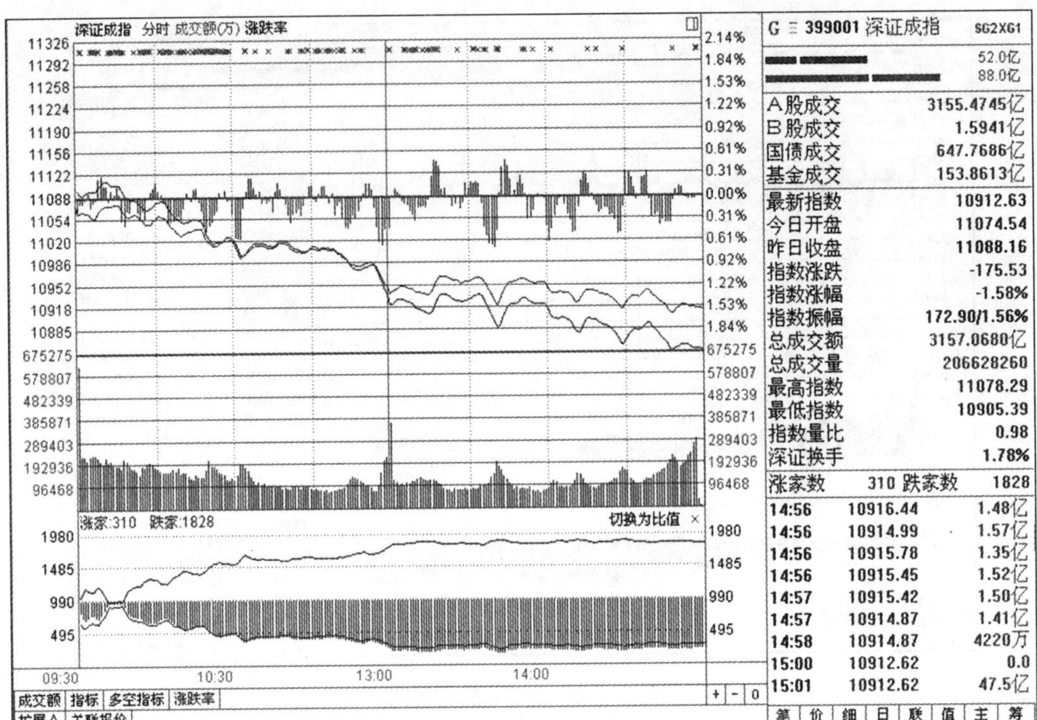

图 7－18 深证成指分时图

为什么在 12 月 2 日下午开盘前我做出了大盘走坏了，要回调 2～3 周的时间，让大家回避风险的提示呢？我们看到上证指数在 2016 年 11 月 29 日创出 3301.15 的高点后，次日阴线下跌，击穿前一日最低价；12 月 1 日反弹无力，12 月 2 日盘中又击穿了 12 月 1 日的最低价，说明做空力量很大。此时已经是周五，看看上证指数的周 K 线，就会发现周 K 线出现了上影线，如图 7－19 所示。这标志着多方在大量地卖出，主力虽然非常狡猾，在日线上上上下下地骗线，但如果要在周线上骗线则不太容易。因此周 K 线对趋势的判断非常重要，如果周 K 线出现上影线，或者较长的上影线，或者长长的上影线，都是主力在逃跑的信号。既然主力在逃跑，散户为什么要留在山顶上被套？我们一定要跑在趋势开始改变之际，不能陷进泥潭里等解套。散户要出局非常容易，关键是你是否知道风险来临？是否会遵守操盘纪律？

2016 年 12 月 2 日收盘后，根据技术分析我判断上证指数将向下调整，具体原因尚未得知，但调整则是必然的，于是做了下调的标记。

2016 年 12 月 2 日星期五截图——上证指数（图 7－19）。

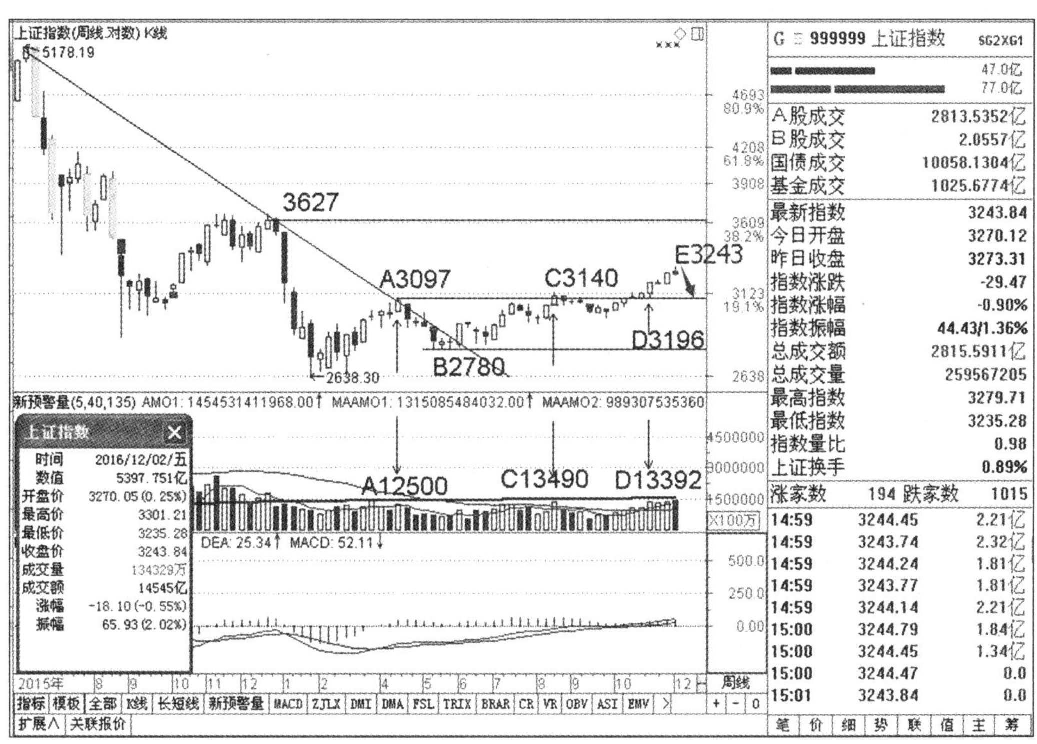


**图 7－19　上证指数走势图**

朋友们，技术分析第一可以有效地识破主力的骗线；第二可以克服信息的不对称性；第三具备了非常实用的操作性；第四不靠别人靠自己就能抄底逃顶。

朋友们，学习——好好学习是散户唯一的出路，只有学习，你才能看懂大资金是何时入场、何时离场的；而看电视、听广播、读报纸都是——事后诸葛亮。当时不能与主力共出局，事后往往会被关门打狗……

12 月 3 日证监会网站（引自证监会网站）发布消息：中国证券投资基金业协会第二届第一次会员代表大会今日举行，证监会主席发表演讲，指出，希望资产管理人，不当奢淫无度的土豪、不做兴风作浪的妖精、不做坑民害民的害人精。最近一段时间，资本市场发生了一系列不太正常的现象，你有钱，举牌、要约收购上市公司是可以的，作为对一些治理结构不完善的公司的挑战，这有积极作用。但是，你用来路不当的钱从事杠杆收购，行为上从门口的陌生人变成野蛮人，最后变成行业的强盗，这是不可以的。这是在挑战国家金融法律法规的底线，也是挑战职业操守的底线，这是人性和商业道德的倒退和沦丧，根本不是金融创新。

证监会主席表示，要全面加强资产管理行业监管，坚决查处触碰底线的行为，及时清除害群之马，证监会将会同市场各方面、政府有关部门共同推动《私募投资基金管理暂行条例》尽快出台。

2016 年 12 月 5 日是证监会主席讲话后的第一个交易日（周一），也是“深港通”第一天开通，四大指数均向下跳空低开。

2016 年 12 月 5 日星期一集合竞价截图——四大指数（图 7－20）。

| 步 | 代码 | 名称 | 涨幅% | 现价 | 涨跌 | 买价 | 卖价 | 总量 |
|---|---|---|---|---|---|---|---|---|
| 1 | 999999 | 上证指数 | × -1.23 | 3203.78 | -40.06 | – | – | 288.9万 |
| 2 | 399001 | 深证成指 | × -1.25 | 10776.12 | -136.51 | – | – | 213.4万 |
| 3 | 399005 | 中小板指 | -0.63 | 6814.89 | -43.54 | – | – | 676363 |
| 4 | 399006 | 创业板指 | -0.66 | 2129.25 | -14.20 | – | – | 325692 |

图 7－20　四大指数集合竞价

2016 年 12 月 5 日星期一集合竞价截图——上证指数（图 7－21）。

图 7－21　上证指数集合竞价结果

2016 年 12 月 5 日星期一集合竞价截图——深证成指（图 7－22）。

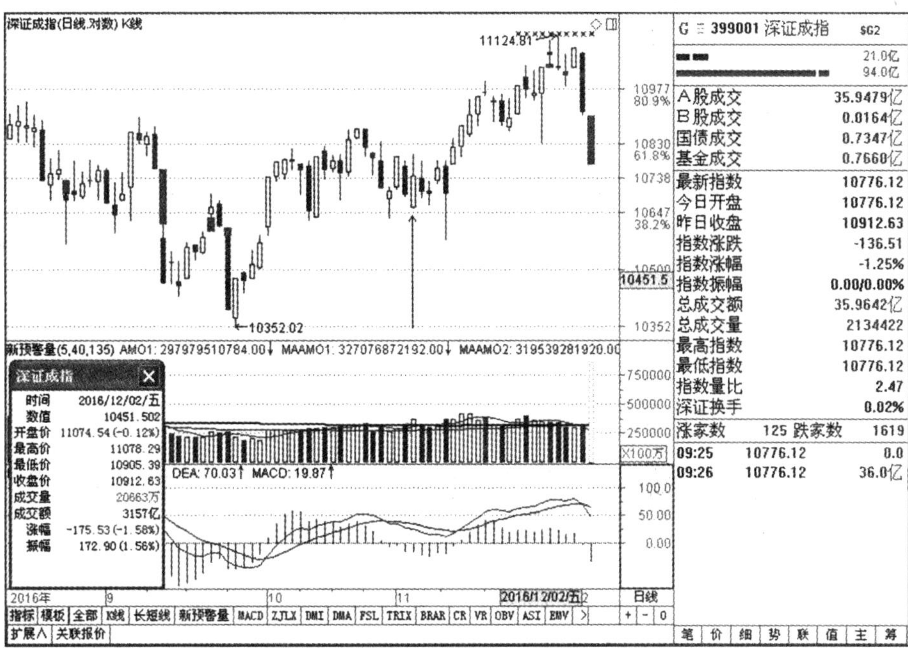


**图 7－22　深证成指集合竞价结果**

2016 年 12 月 5 日星期一集合竞价截图——创业板指（图 7－23）。

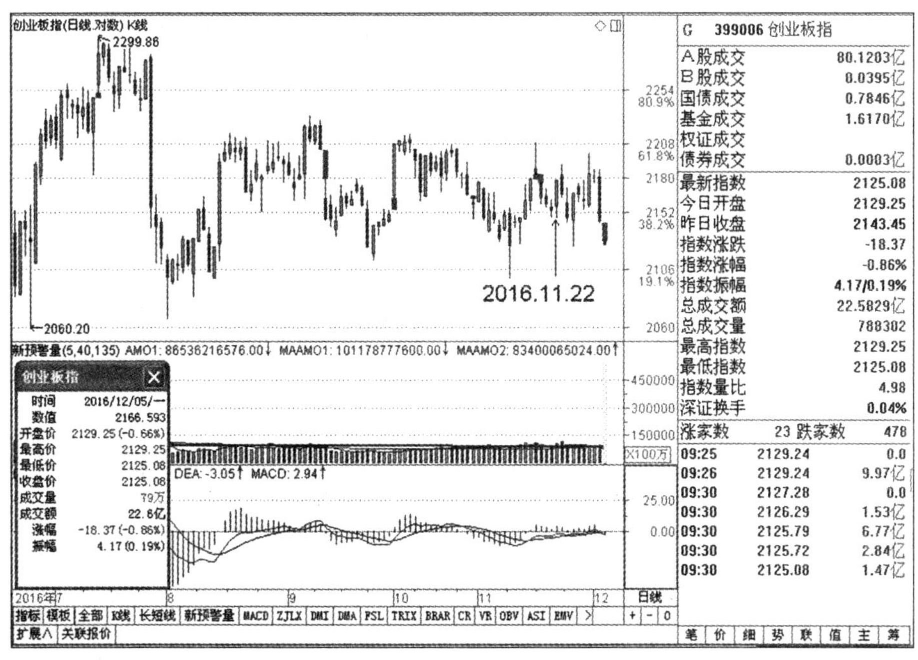


**图 7－23　创业板指集合竞价结果**

2016 年 12 月 5 日星期一收盘截图——四大指数（图 7－24）。

| 同步 | 代码 | 名称 | 涨幅% | 现价 | 涨跌 | 买价 | 卖价 | 总量 |
|---|---|---|---|---|---|---|---|---|
| 1 | 999999 | 上证指数 | -1.21 | 3204.71 | -39.13 | – | – | 2.23亿 |
| 2 | 399001 | 深证成指 | -1.18 | 10784.33 | -128.30 | – | – | 1.83亿 |
| 3 | 399005 | 中小板指 | -0.38 | 6832.56 | -25.87 | – | – | 6744万 |
| 4 | 399006 | 创业板指 | 0.02 | 2143.88 | 0.43 | – | – | 3034万 |

图 7－24　四大指数收盘涨跌数据

12 月 5 日保监会出手了，保监会下发监管函，对万能险业务经营存在问题，并且整改不到位的前海人寿采取停止开展万能险新业务的监管措施；同时，针对前海人寿产品开发管理中存在的问题，责令公司进行整改，并在三个月内禁止申报新的产品。

当天，保监会检查组进驻前海人寿、恒大人寿，对两家保险公司治理规范性、财务真实性、保险产品业务和资金运用合规性展开检查。据了解，这项检查预计在 2017 年 1 月末完成，并在同年 3 月完成报告。

下面是“七大保险系举牌情况”，引自同花顺（图 7－25）。

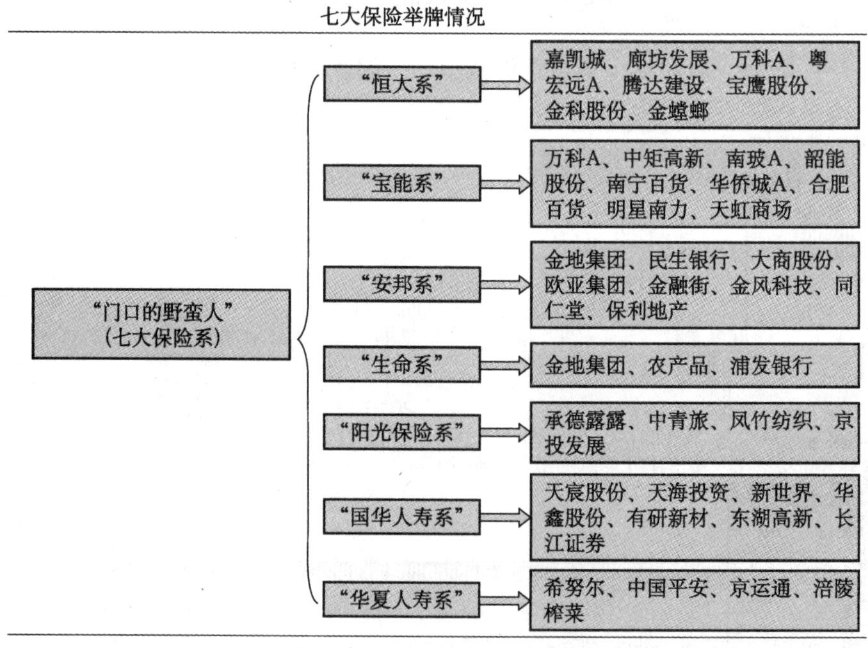


图 7－25　七大保险系举牌情况

市场风云变化莫测，三天后，2016 年 12 月 9 日（星期五），保监会公告称，决定暂停恒大人寿委托股票投资业务，并责令公司进行整改。此前，保监会派出检查组进驻恒大人寿，并曾叫停恒大人寿互联网渠道保险业务（委托股票投资业务是指委托其他机构投资股票业务，目前恒大人寿自身并没有直接投资股票资格，只能委托其他机构投资），现在委托投资的业务被叫停，简单来说，就是“不能再买股票了”。

Wind资讯数据显示，三季度末，恒大系持股20只，持仓市值达142.13亿元，主要集中在房地产、建筑以及电气设备等行业中。其中，新进持股11股、增持1股、减持1股、清仓20股。

新进11股（图7-26）。

| 代码 | 证券简称 | 三季报持股（万股） | 占总股本比例（%） | 所属行业 |
|---|---|---|---|---|
| 002108.SZ | 沧州明珠 | 429.25 | 0.69 | 化工 |
| 002082.SZ | 栋梁新材 | 1178.09 | 4.95 | 建筑材料 |
| 300077.SZ | 国民技术 | 2790.04 | 4.95 | 电子 |
| 002339.SZ | 积成电子 | 1877.32 | 4.95 | 电气设备 |
| 000918.SZ | 嘉凯城 | 95229.25 | 52.78 | 房地产 |
| 002443.SZ | 金洲管道 | 2580.04 | 4.96 | 钢铁 |
| 600868.SH | 梅雁吉祥 | 9395.83 | 4.95 | 公用事业 |
| 002555.SZ | 三七互娱 | 165.99 | 0.08 | 传媒 |
| 000970.SZ | 中科三环 | 572.43 | 0.54 | 有色金属 |
| 603018.SH | 中设集团 | 355.24 | 1.71 | 建筑装饰 |
| 300018.SZ | 中元股份 | 2381.71 | 4.95 | 电气设备 |

数据来源：Wind资讯　备注：所持梅雁吉祥股份已于10月底前清仓

图7-26　恒大三季度末新进11股

增持1股（图7-27）。

| 代码 | 证券简称 | 三季报持股（万股） | 增持股份（万股） | 所属行业 |
|---|---|---|---|---|
| 600149.SH | 廊坊发展 | 5702.46 | 3799.66 | 综合 |

数据来源：Wind资讯

图7-27　恒大三季度末增持1股

减持1股（图7-28）。

| 代码 | 证券简称 | 三季报持股（万股） | 减持股份（万股） | 所属行业 |
|---|---|---|---|---|
| 002081.SZ | 金螳螂 | 6659.10 | -462.56 | 建筑装饰 |

数据来源：Wind资讯

图7-28　恒大三季度末减持1股

恒大三季度末持股名单（图 7－29）。

| 代码 | 证券简称 | 股东名称 | 三季报持股（万股） | 参考市值（万元） |
|---|---|---|---|---|
| 600149.SH | 廊坊发展 | 恒大地产 | 5702.46 | 140794 |
| 000918.SZ | 嘉凯城 | 恒大地产 | 95229.25 | 918010 |
| 002443.SZ | 金洲管道 | 恒大人寿-传统组合A | 1628.57 | 21123 |
| 603018.SH | 中设集团 | 恒大人寿-传统组合A | 203.92 | 6729 |
| 002082.SZ | 栋梁新材 | 恒大人寿-传统组合A | 693.90 | 15058 |
| 000970.SZ | 中科三环 | 恒大人寿-传统组合A | 572.43 | 8941 |
| 300018.SZ | 中元股份 | 恒大人寿-传统组合A | 1419.14 | 17668 |
| 002555.SZ | 三七互娱 | 恒大人寿-传统组合A | 165.99 | 3072 |
| 002339.SZ | 积成电子 | 恒大人寿-传统组合A | 1063.34 | 20044 |
| 300077.SZ | 国民技术 | 恒大人寿-传统组合A | 1655.56 | 29386 |
| 600868.SH | 梅雁吉祥 | 恒大人寿 | 9395.83 | 49704 |
| 002443.SZ | 金洲管道 | 恒大人寿-万能组合B | 951.47 | 12341 |
| 002081.SZ | 金螳螂 | 恒大人寿-万能组合B | 6659.10 | 80176 |
| 603018.SH | 中设集团 | 恒大人寿-万能组合B | 151.31 | 4993 |
| 002047.SZ | 宝鹰股份 | 恒大人寿-万能组合B | 2305.77 | 25940 |
| 002108.SZ | 沧州明珠 | 恒大人寿-万能组合B | 429.25 | 9302 |
| 002082.SZ | 栋梁新材 | 恒大人寿-万能组合B | 484.19 | 10507 |
| 300018.SZ | 中元股份 | 恒大人寿-万能组合B | 962.57 | 11984 |
| 002339.SZ | 积成电子 | 恒大人寿-万能组合B | 813.97 | 15343 |
| 300077.SZ | 国民技术 | 恒大人寿-万能组合B | 1134.48 | 20137 |

数据来源：Wind资讯



图 7－29　恒大三季度末持股名单

2016 年 12 月 11 日（星期日），是中国加入 WTO15 周年，WTO 有 80 多个成员国承认了中国市场经济地位；但美国、欧盟、日本拒绝承认中国市场经济地位。15 年前的今天，中国接受了 WTO 自由贸易规则；15 年来，中国按照协议，该做的，中国都做了，中国该付出的，都付出了。但是，15 年后的今天，当美国、欧盟、日本该兑现承诺的时候，他们却拒绝承认中国市场经济地位——是流氓还是无赖？大家知道。但此举无疑又是一个影响股市的利空，12 月 12 日，在多重利空的打击下，A 股黑色的星期一出现了。

2016 年 12 月 12 日星期一，恒大持股全盘收绿（图 7－30）。

| 代码 | 名称 | 涨幅% | 现价 | 涨跌 | 买价 | 卖价 | 总量 | 现量 | 涨速% | 换手% | 今开 |
|---|---|---|---|---|---|---|---|---|---|---|---|
| 600149 | 廊坊发展 | × -1.90 | 26.36 | -0.51 | 26.28 | 26.30 | 228081 | 92 | 0.03 | 6.00 | 26.30 |
| 000918 | 嘉凯城 | -7.09 | 8.25 | -0.63 | 8.25 | 8.26 | 273523 | 2938 | 0.00 | 1.52 | 8.88 |
| 002443 | 金洲管道 | × -9.96 | 11.12 | -1.23 | 11.12 | 11.13 | 188282 | 791 | 0.00 | 3.74 | 12.18 |
| 603018 | 中设集团 | -4.50 | 32.47 | -1.53 | 32.45 | 32.47 | 19779 | 2 | -0.09 | 1.57 | 33.73 |
| 002082 | 栋梁新材 | -6.14 | 19.10 | -1.25 | 19.08 | 19.10 | 102289 | 515 | 0.00 | 4.98 | 20.12 |
| 000970 | 中科三环 | × -8.68 | 13.88 | -1.32 | 13.87 | 13.88 | 402186 | 4656 | 0.07 | 3.78 | 15.20 |
| 300018 | 中元股份 | × -8.96 | 11.08 | -1.09 | 11.08 | 11.09 | 117392 | 1645 | -0.09 | 3.54 | 12.03 |
| 002555 | 三七互娱 | × -5.49 | 16.86 | -0.98 | 16.85 | 16.86 | 71470 | 850 | 0.00 | 1.53 | 17.84 |
| 002339 | 积成电子 | × -9.96 | 17.54 | -1.94 | 17.54 | 17.55 | 172997 | 1634 | -0.11 | 5.84 | 19.10 |
| 300077 | 国民技术 | × -8.68 | 16.20 | -1.54 | 16.20 | 16.21 | 307495 | 3319 | 0.06 | 5.72 | 17.53 |
| 600868 | 梅雁吉祥 | × -6.46 | 5.94 | -0.41 | 5.93 | 5.94 | 100.4万 | 42 | 0.16 | 5.29 | 6.19 |
| 002081 | 金螳螂 | × -7.55 | 10.29 | -0.84 | 10.28 | 10.29 | 467510 | 7760 | -0.29 | 1.86 | 11.06 |
| 002047 | 宝鹰股份 | -9.96 | 10.22 | -1.13 | – | 10.22 | 281422 | 629 | 0.00 | 4.12 | 11.11 |
| 002108 | 沧州明珠 | × -4.92 | 21.43 | -1.11 | 21.43 | 21.44 | 154770 | 922 | -0.13 | 2.52 | 22.44 |

图 7－30　恒大持股全盘收绿

2016 年 12 月 12 日星期一收盘截图——四大指数（图 7－31）。

| 同步 | 代码 | 名称 | 涨幅% | 现价 | 涨跌 | 买价 | 卖价 | 总量 | 现量 | 涨速% | 换手% | 今开 |
|---|---|---|---|---|---|---|---|---|---|---|---|---|
| 1 | 999999 | 上证指数 | -2.47 | 3152.97 | -79.91 | – | – | 2.75亿 | – | 0.02 | 0.94 | 3233.67 |
| 2 | 399001 | 深证成指 | × -4.51 | 10302.85 | -486.77 | – | – | 2.43亿 | – | 0.01 | 2.09 | 10774.59 |
| 3 | 399005 | 中小板指 | -4.47 | 6526.36 | -305.35 | – | – | 9790万 | – | 0.00 | 2.23 | 6828.32 |
| 4 | 399006 | 创业板指 | -5.50 | 1984.39 | -115.50 | – | – | 4532万 | – | 0.00 | 2.72 | 2095.58 |

图 7－31　四大指数收盘数据

2016 年 12 月 12 日星期一，当天，沪深股市跌停板近 200 只股票，跌幅 5%以上的有 1500 多只股票。这是半年来单日最大的跌幅。

2016 年 12 月 12 日星期一截图——上证指数（图 7－32）。

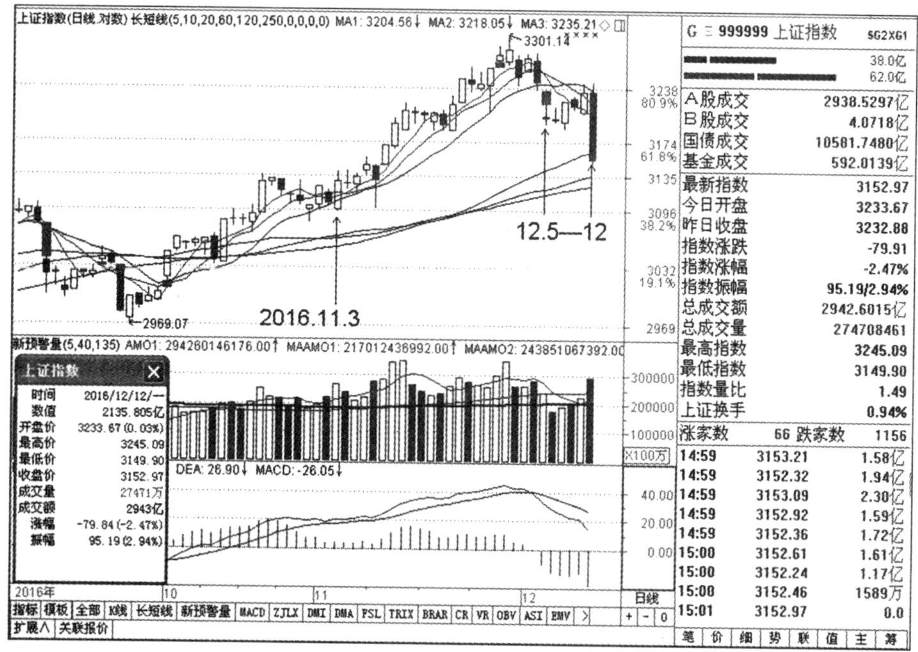


图 7－32　上证指数走势图

2016年12月12日星期一截图——深证成指（图7－33）。

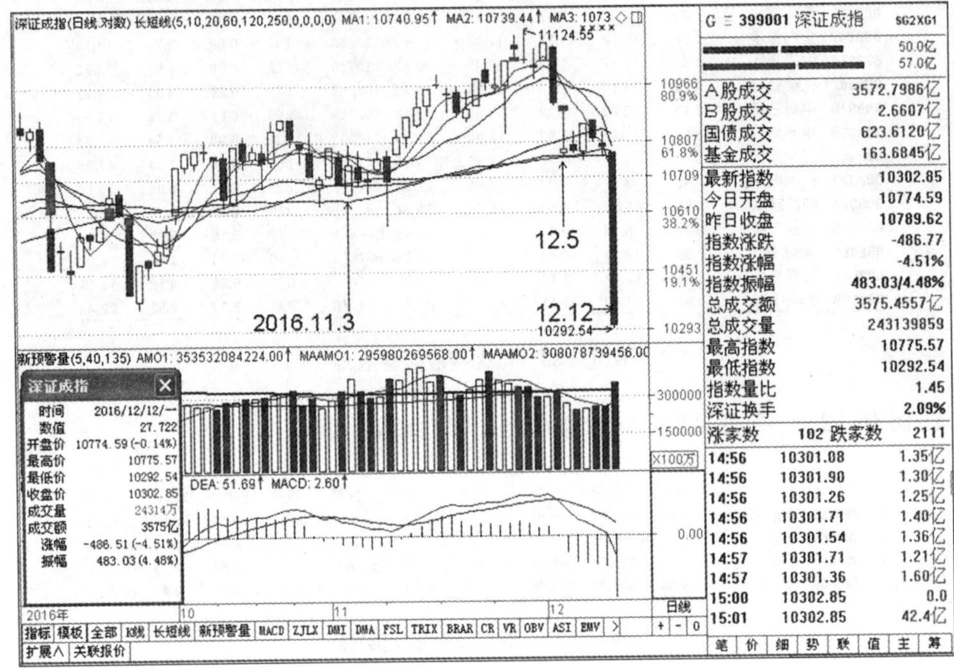


图7－33 深证成指走势图

2016年12月12日星期一截图——创业板指（图7－34）。

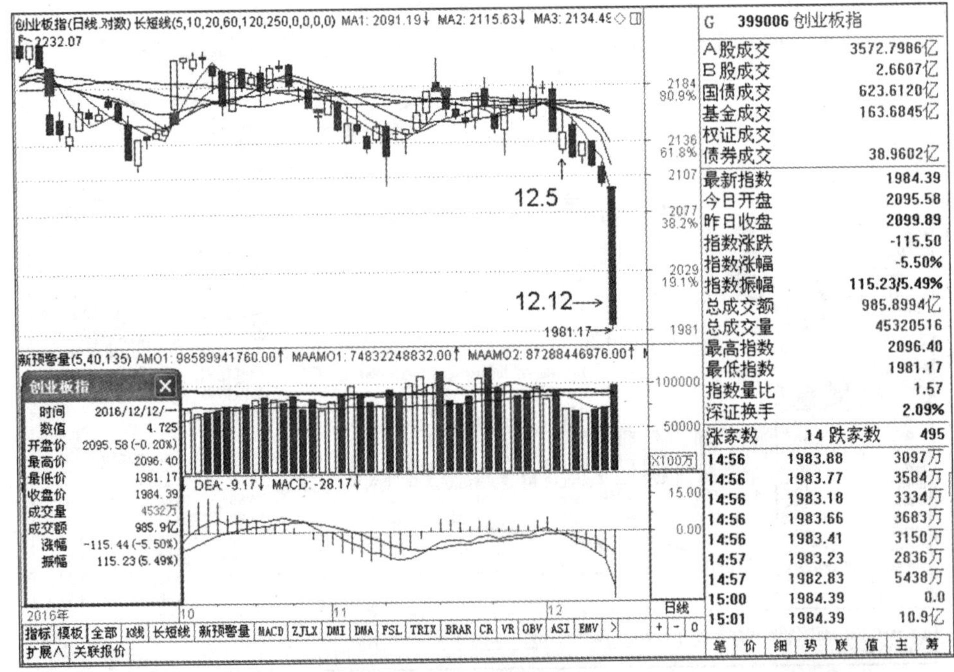


图7－34 创业板指走势图

2016年12月15日，美联储加息0.25；这个加息幅度并不大，但严重的是美联储预期未来3年都将加息，2017年将加息3次，2017年年底预计加息至1.4%，2018年底加息至2.1%，2019年加息至2.9%……这将对未来3年全球的金融市场形成重大的打击，股市、汇市、大宗商品、贵金属将会大幅下跌。

在2016年12月2日（星期五）盘中我们提示出局后出现了四次重大的事件：

第一，12月3日，"痛打野蛮人"。

第二，12月5日，保监会暂停恒大人寿委托股票投资业务。

第三，12月11日，美欧日拒绝承认中国市场经济地位。

第四，12月15日，美联储加息。

以上堪称四只"黑天鹅"。

这四只"黑天鹅"短短9个交易日使上证指数从3300点高位回调到了3100点。如果你严格地按照技术分析操作，12月2日出局就回避了四只"黑天鹅"的风险，不知那些价值投资的信仰者是否逃过这一波下跌，我们信奉波段操作则回避了这一波的大幅下跌。

## 第五节　看大盘止跌

从2016年12月2日到2017年1月16日，经过31个交易日的大幅下跌调整，四大指数终于探底止跌，我在盘中及时地做了点评提示。

2017年1月16日星期一，大盘四大指数跳空低开低走，盘中毫无反弹之力。9:59我在盘中提示如下（图7-35）。

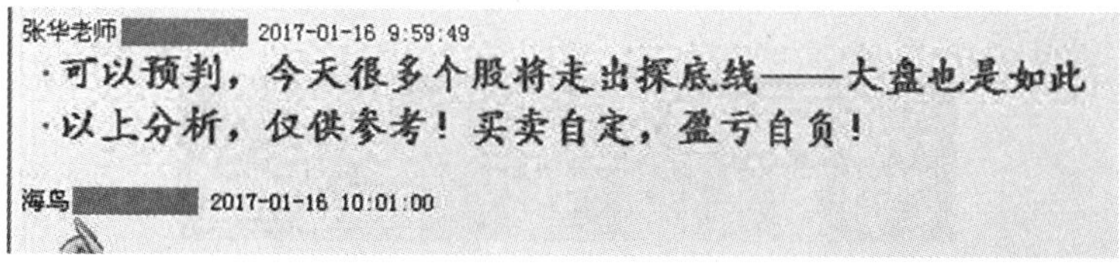


图7-35　盘中分析

上午 11:22 时，我们看到两市行业板块全盘一片绿色（图 7－36）。

全部板块　行业板块　概念板块　风格板块　地区板块　沪深统计

| | 代码 | 名称 | 涨幅% | 现价 | 涨跌 |
|---|---|---|---|---|---|
| 1 | 880473 | 保险 | -0.08 | 1317.73 | -1.08 |
| 2 | 880301 | 煤炭 | -0.11 | 530.11 | -0.56 |
| 3 | 880474 | 多元金融 | -0.35 | 2147.93 | -7.62 |
| 4 | 880471 | 银行 | -0.47 | 1481.05 | 6.95 |
| 5 | 880318 | 钢铁 | -0.48 | 831.15 | -4.05 |
| 6 | 880310 | 石油 | -0.57 | 890.43 | -5.13 |
| 7 | 880390 | 汽车类 | -0.70 | 1577.35 | -11.15 |
| 8 | 880380 | 酿酒 | -0.75 | 1510.92 | -11.41 |
| 9 | 880324 | 有色 | -0.79 | 637.70 | -5.10 |
| 10 | 880472 | 证券 | -0.96 | 1447.21 | -14.01 |
| 11 | 880387 | 家用电器 | -0.99 | 1924.54 | -19.29 |
| 12 | 880494 | 互联网 | -1.00 | 3952.84 | -40.01 |
| 13 | 880360 | 农林牧渔 | -1.00 | 1351.42 | -13.68 |
| 14 | 880430 | 航空 | -1.06 | 1617.38 | -17.39 |
| 15 | 880456 | 环境保护 | -1.08 | 2164.78 | -23.57 |
| 16 | 880355 | 日用化工 | -1.10 | 1408.64 | -15.72 |
| 17 | 880305 | 电力 | -1.15 | 1370.97 | -15.95 |
| 18 | 880447 | 工程机械 | -1.17 | 576.93 | -6.85 |
| 19 | 880465 | 交通设施 | -1.17 | 1487.04 | -17.68 |
| 20 | 880418 | 传媒娱乐 | -1.28 | 1721.84 | -22.35 |
| 21 | 880459 | 运输服务 | -1.32 | 950.30 | -12.68 |
| 22 | 880448 | 电器仪表 | -1.34 | 2006.21 | -27.30 |
| 23 | 880400 | 医药 | -1.39 | 1708.13 | -24.13 |
| 24 | 880372 | 食品饮料 | -1.41 | 1538.10 | -22.02 |
| 25 | 880491 | 半导体 | -1.41 | 1150.80 | -16.48 |
| 26 | 880446 | 电气设备 | -1.45 | 1200.53 | -17.63 |
| 27 | 880414 | 商贸代理 | -1.48 | 1226.31 | -18.36 |

图 7－36　行业板块统计

下午 2:00 后大盘开始加速下跌，一度暴跌 6%，跌破熔断时期最低点，为连续第八天下跌，且两百余股跌停，差点崩盘了!!! 沪指一度跌 2%，深成指一度跌 5.1%。

下午 2:40，保险、银行、石油三大权重个股逐步拉升，两市跌幅逐渐缩窄（图 7－37）。

| | 代码 | 名称 | 涨幅% | 现价 | 涨跌 | 涨速% | 量比 |
|---|---|---|---|---|---|---|---|
| 1 | 880473 | 保险 | 1.71 | 1341.33 | 22.52 | 0.54 | 2.77 |
| 2 | 880471 | 银行 | 1.61 | 1511.94 | 23.94 | 0.41 | 1.05 |
| 3 | 880310 | 石油 | 0.67 | 901.57 | 6.01 | 0.96 | 1.41 |

图 7－37　三大权重股统计

最后半小时疑似国家队救场，狂拉 399300 沪深 300 指数，该指数最后临近收盘微跌 0.01%。

2017年1月16日星期一收盘截图——沪深300（图7-38）。

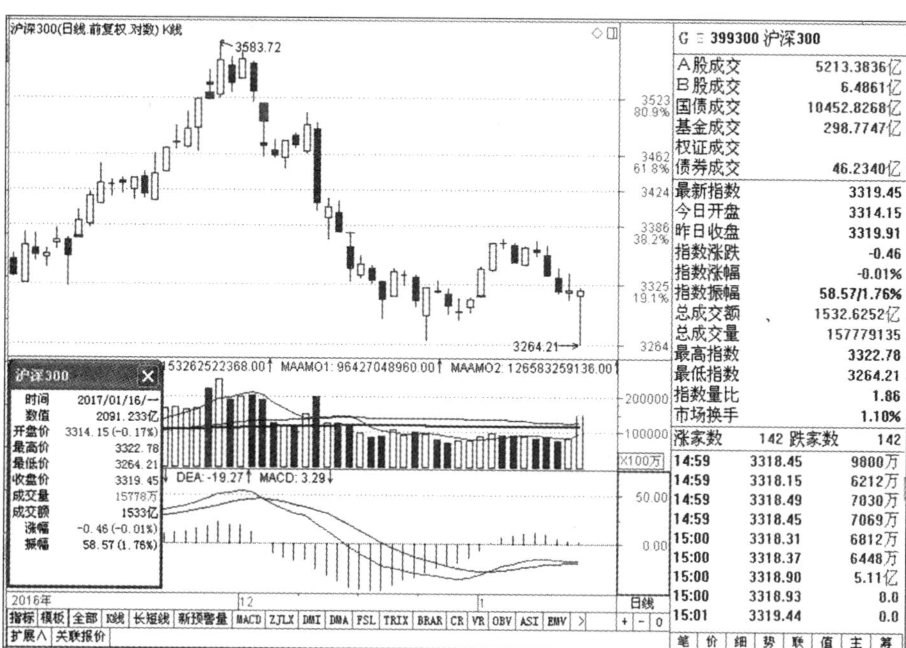


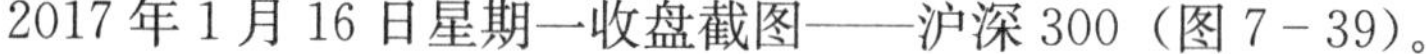
图7-38　沪深300走势图

2017年1月16日星期一收盘截图——沪深300（图7-39）。

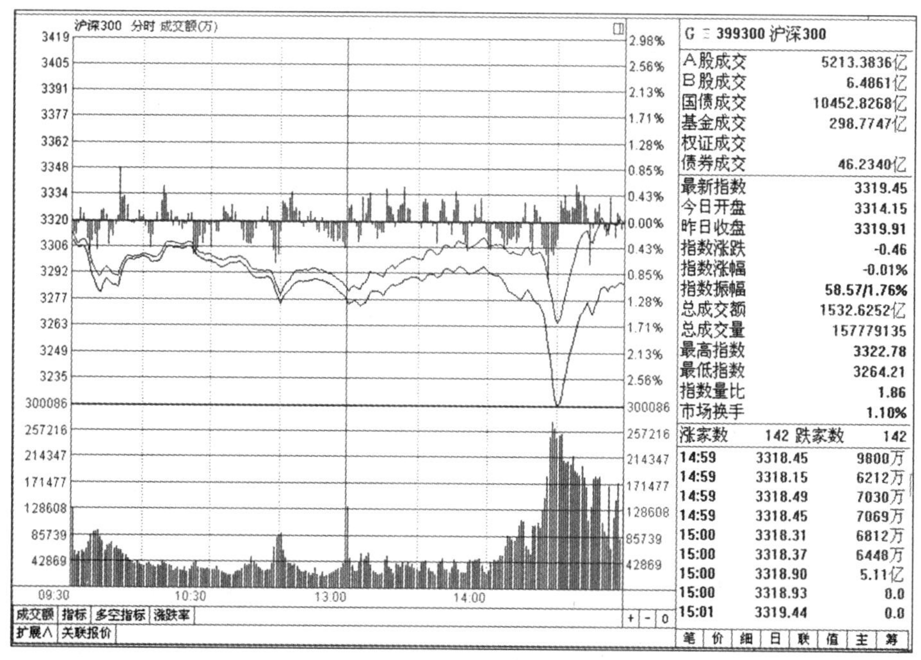


图7-39　沪深300分时图

上证指数在权重股的拉抬下，也只跌了0.3%。

2017年1月16日星期一收盘截图——上证指数（图7－40）。

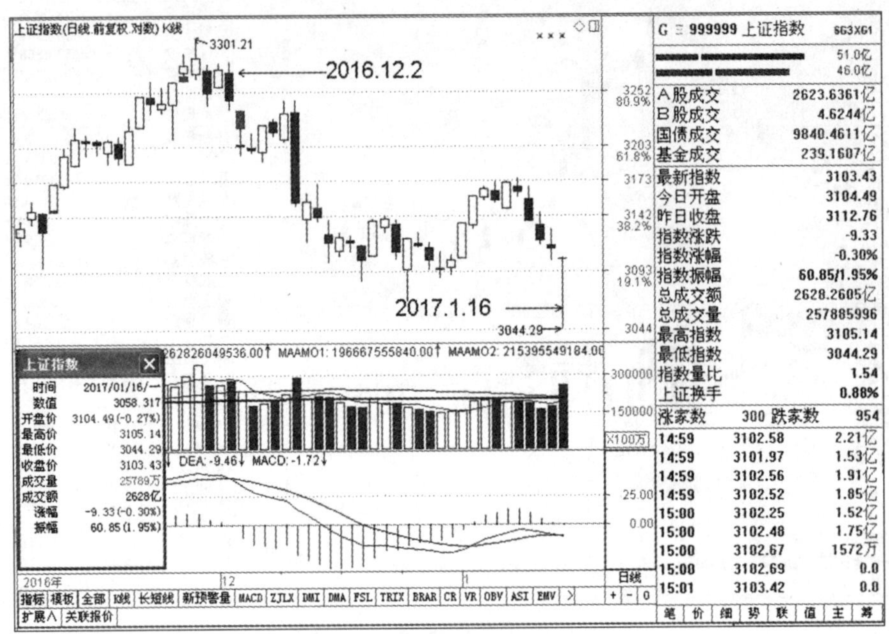


图7－40 上证指数走势图

2017年1月16日星期一收盘截图——上证指数（图7－41）。

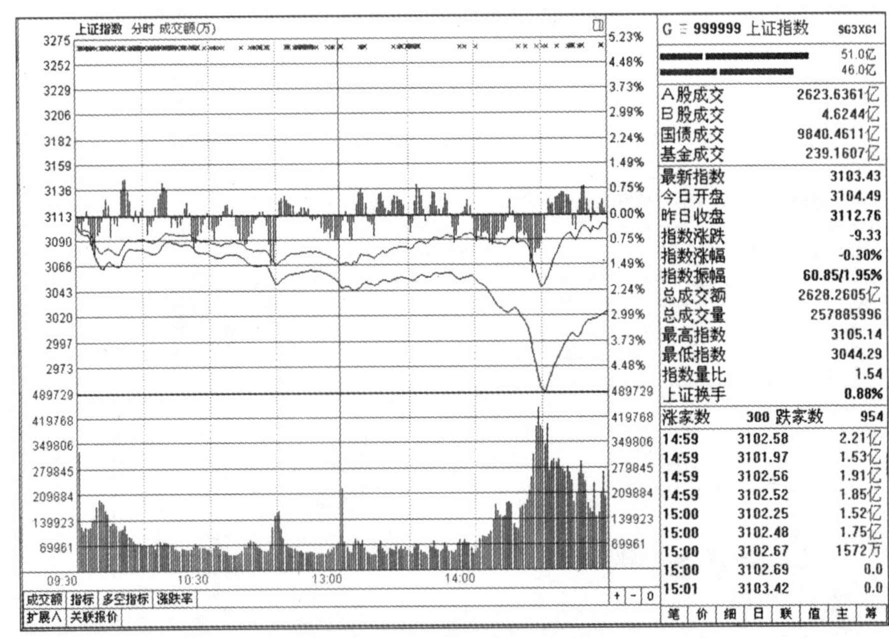


图7－41 上证指数分时图

2017 年 1 月 16 日星期一，盘中市场一片恐慌，每个身在其中的投资者莫不悲观失望，A 股两市跌幅超沪指的股票超两千多只（图 7－42）。

| 全市场涨跌家数 | |
|---|---|
| 涨停 | 32 |
| 涨幅 >7% | 2 |
| 涨幅 5-7% | 1 |
| 涨幅 3-5% | 20 |
| 涨幅 0-3% | 284 |
| 跌幅 0-3% | 601 |
| 跌幅 3-5% | 655 |
| 跌幅 5-7% | 607 |
| 跌幅 >7% | 550 |
| 跌停 | 93 |

**图 7－42　沪深两市涨跌家数**

看看沪深 300 和上证指数，都收出了一根探底线；指数表现虽好，但股民却深套其中。盘中，我们交流如图 7－43 所示，“上证指数收出探底线，最恐惧的时刻过去了”。

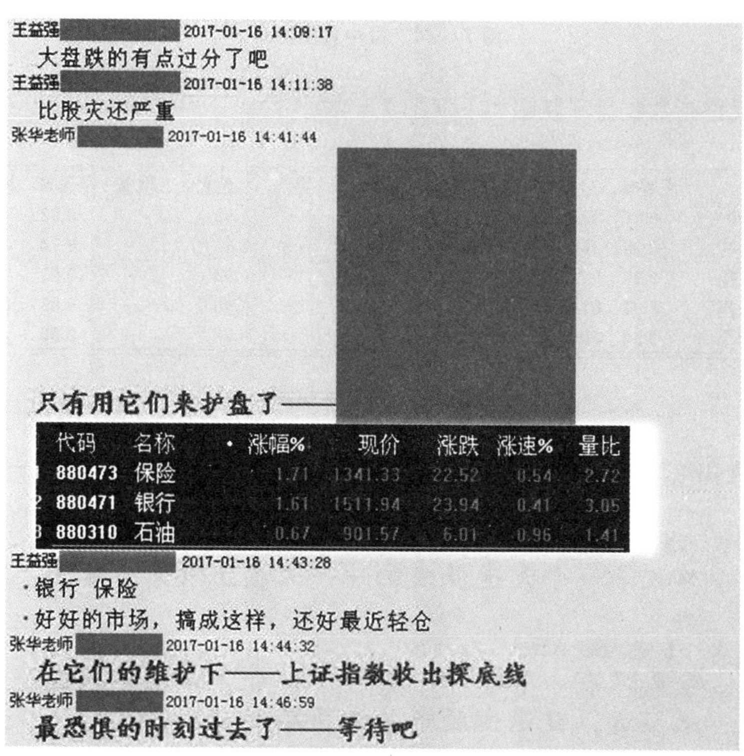


**图 7－43　盘中交流**

在下午 2:51:31 我截图提示沪深 300 收出探底线；上证指数收出探底线。回头看看我在 9:59 的判断“可以预判，今天很多个股将走出探底线——大盘也是如此”还是正确的。

2017 年 1 月 16 日盘中截图——QQ 群（图 7－44）。

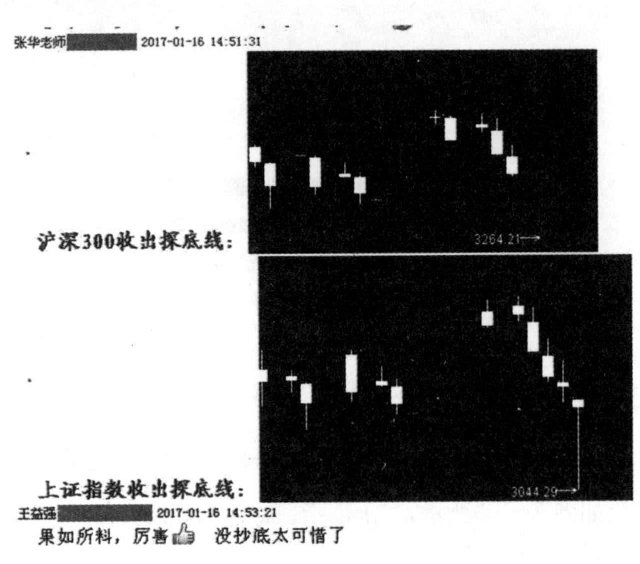


图 7－44　盘中截图提示

当天，最终指数收盘涨跌幅如下（图 7－45）。

| 代码 | 名称 | 涨幅% | 现价 | 涨跌 | 买价 | 卖价 | 总量 | 现量 | 涨速% | 换手% | 今开 |
|---|---|---|---|---|---|---|---|---|---|---|---|
| 399300 | 沪深300 | -0.01 | 3319.45 | -0.46 | – | – | 1.58亿 | – | 0.02 | 0.64 | 3314.15 |
| 999999 | 上证指数 | × -0.30 | 3103.43 | -9.33 | – | – | 2.58亿 | – | 0.14 | 0.88 | 3104.49 |
| 399001 | 深证成指 | × -2.95 | 9712.80 | -295.50 | – | – | 1.93亿 | – | 0.03 | 1.64 | 9993.56 |
| 399005 | 中小板指 | -2.81 | 6146.85 | -177.66 | – | – | 7546万 | – | 0.06 | 1.69 | 6316.76 |
| 399006 | 创业板指 | -3.64 | 1830.85 | -69.09 | – | – | 3682万 | – | 0.00 | 2.19 | 1897.45 |

图 7－45　指数数据统计

看着大盘在 1 月 16 日收出探底线，1 月 17 日早盘我建议如下（图 7－46）。

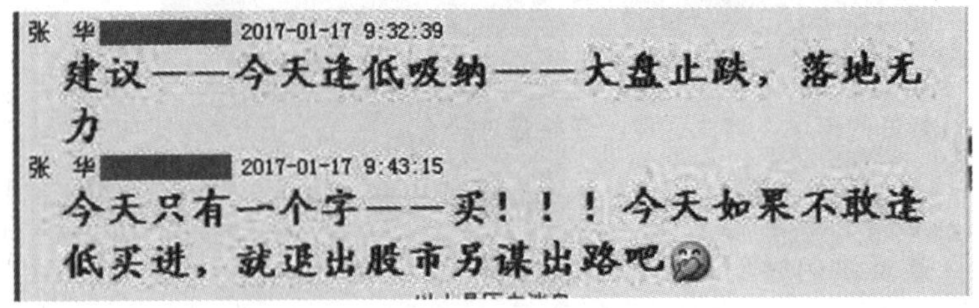


图 7－46　盘中建议

2017 年 1 月 17 日星期二截图——沪深 300（图 7－47）。

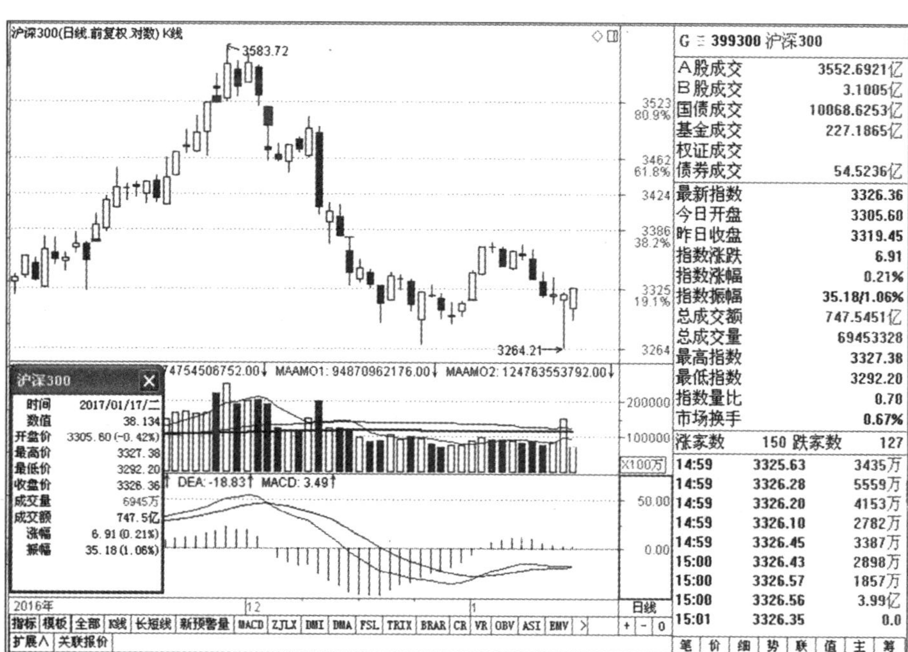


**图 7－47　沪深 300 走势图**

2017 年 1 月 17 日星期二截图——上证指数（图 7－48）。

**图 7－48　上证指数走势图**

2017 年 1 月 17 日星期二截图——深证成指（图 7 - 49）。

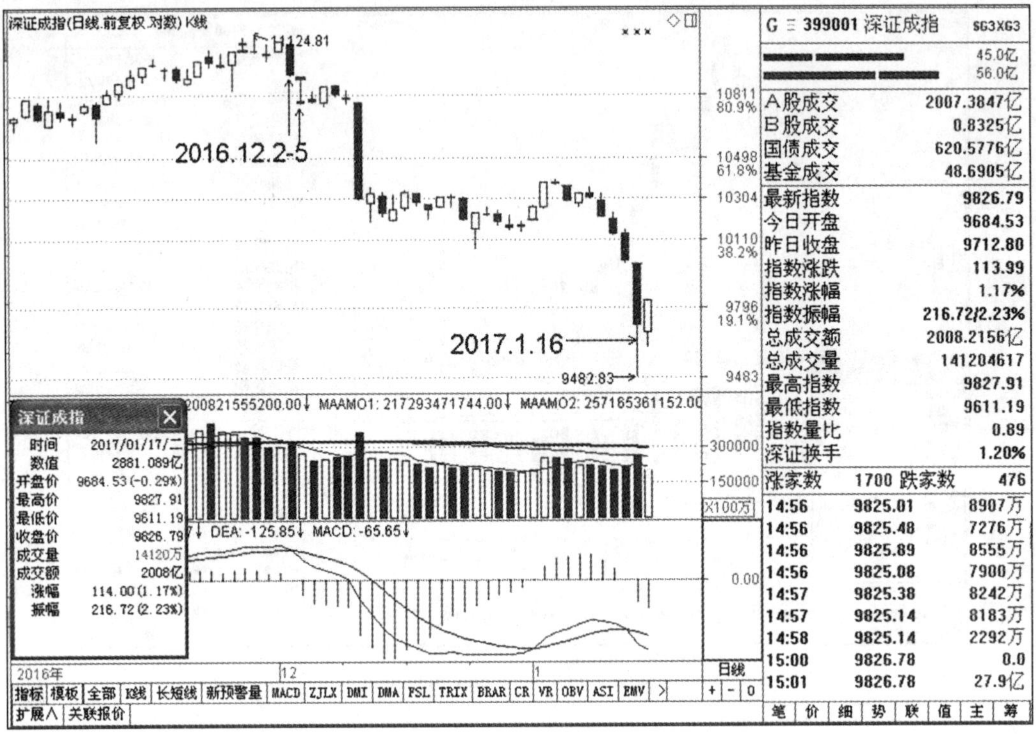

图 7 - 49　深证成指走势图

从图 7 - 47、图 7 - 48、图 7 - 49 中我们看到，几个指数都走出了止跌形态，这个形态标志着大盘到了阶段性的底部，从此将有一波上涨。

## 第六节　事实胜于雄辩

价值投资者衡量股票价值的一个很重要的指标就是市盈率。PE【动】是动态市盈率［PE（动）=股票现价÷未来每股收益的预测值］，用以衡量某一阶段资本市场的投资价值和风险程度，也是资本市场之间用来相互参考与借鉴的重要依据。

PE 就是 Price Earning Ratio，中文译为“本益比”，也称为股价收益比率或市价盈利比率（市盈率）。PE 的算法简单，我们只需要把一只股票的股价除以它的每股净利就可得到它的本益比 PE。市盈率把股价和利润联系起来，反映了企业的近期表现。如果股价上升，但利润没有变化，甚至下降，则市盈率将会上升。一般来说，市盈率水平为 0～13，即价值被低估；14～20，即正常水平；21～28，即价值被高估；28 以上则反映股市出现投机性泡沫。PE 是随着股价而变动的，股价上升 PE 就会随着上升，股价下跌 PE 就会随着下跌。果真如此吗？

事实胜于雄辩。我们做波段的人只相信拉升的主力，让我们看看下面的事实。

000885 同力水泥在 2017 年 1 月 23 日，5 个交易日，涨幅高达 53.98%，其 PE【动】高达 4369.6。

2017 年 1 月 23 日截图——同力水泥（图 7－50）。

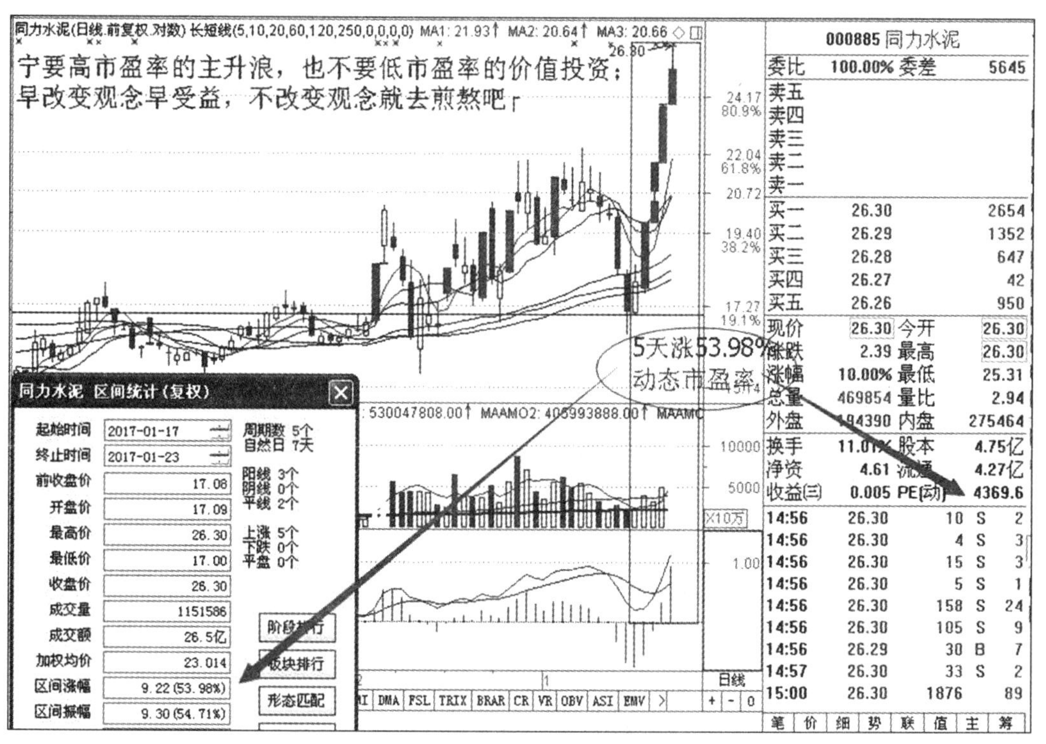


图 7－50　同力水泥走势图

同力水泥在 2017 年 1 月 17～24 日，6 个交易日，涨幅高达 69.38%，其 PE【动】高达 4806.6。

2017 年 1 月 24 日星期二截图——同力水泥（图 7－51）。

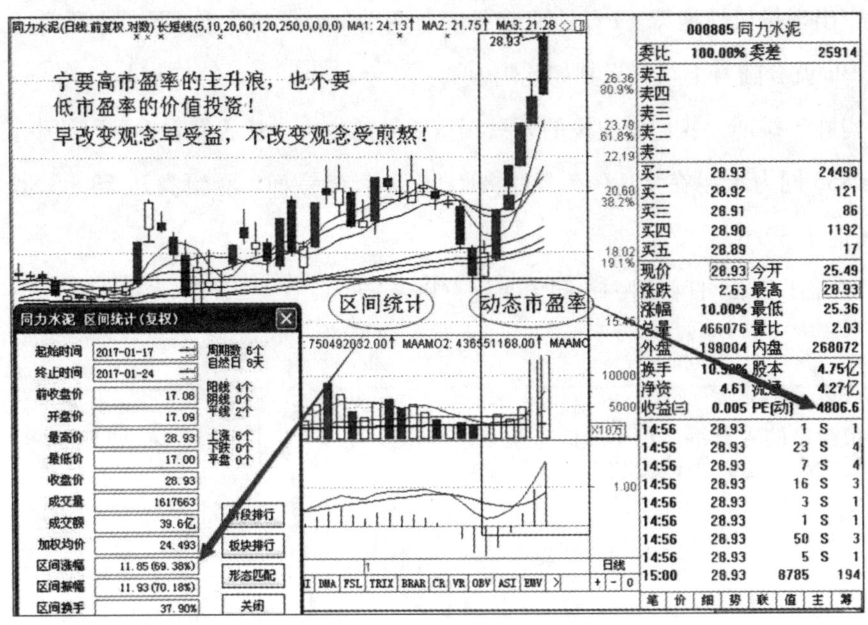


图 7－51　同力水泥走势图

同力水泥在 2017 年 1 月 17 日～2 月 6 日，7 个交易日，涨幅高达 86.30%，其 PE【动】高达 5286.7。

2017 年 2 月 6 日截图——同力水泥（图 7－52）。

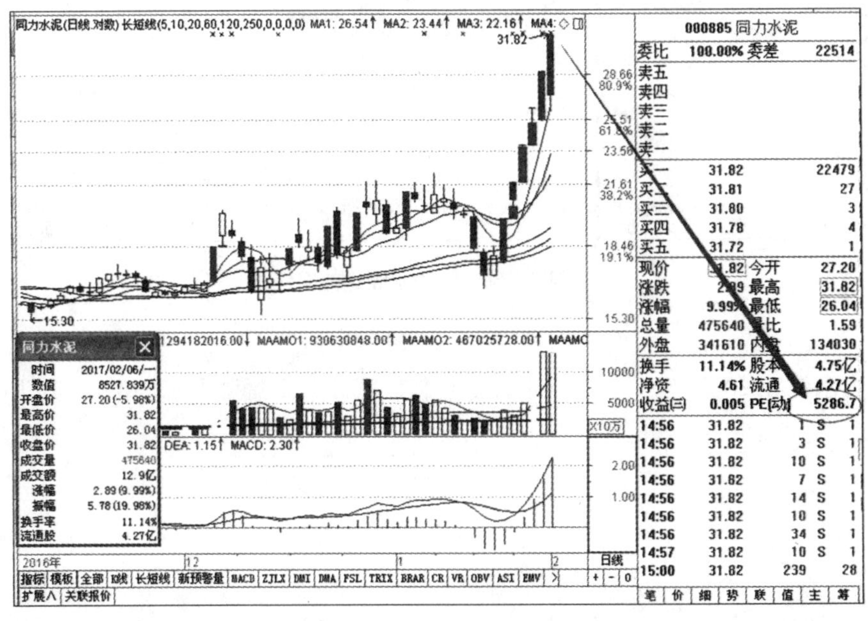


图 7－52　同力水泥走势图

同力水泥在2017年1月17日～2月7日，8个交易日，涨幅高达86.24%，其PE【动】高达5285.1。

2017年2月7日截图——同力水泥（图7－53）。

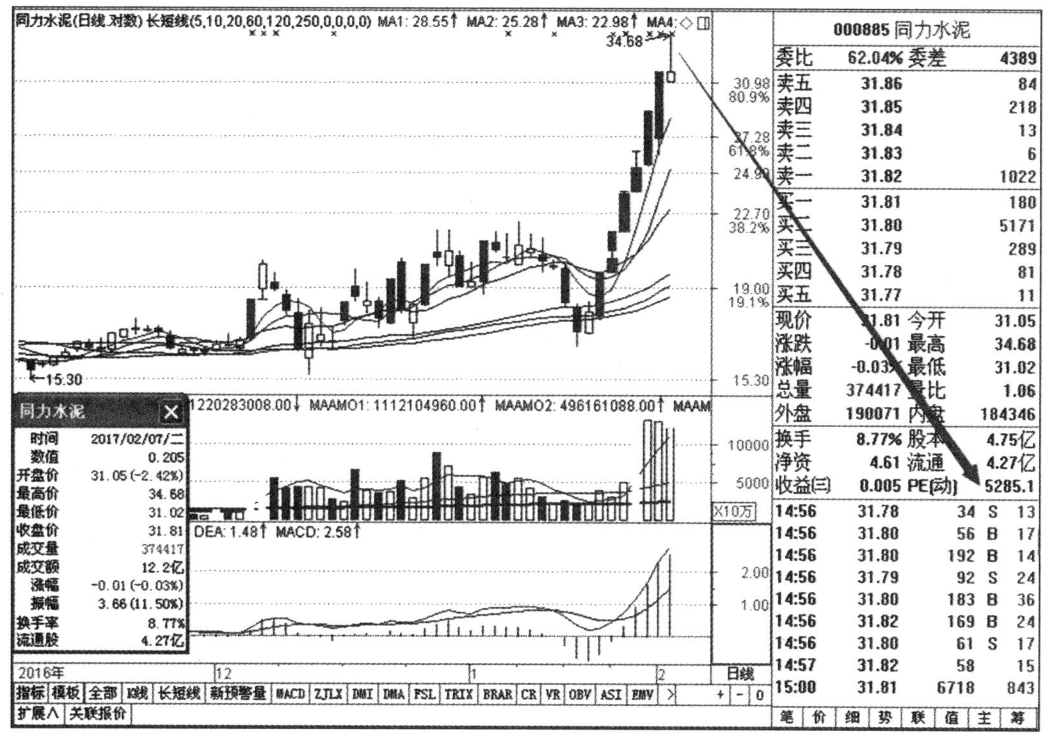


图7－53　同力水泥走势图

据证券时报【2017—02—08】报道：

同力水泥（000885）大幅冲高　接盘游资或全身而退

1月18日至2月6日，同力水泥连续收出6个涨停板，累计涨幅达到77.17%。特别是在2月6日，该股出现"地天板"的走势，被市场称之为是新的"妖股之王"。既然如此令人关注，那么公司层面的任何异动也自然就更加抢眼。昨日，同力水泥盘中一度冲高逾8%，2月6日大举买入的国海证券旗下三家位于山东的营业部获得全身而退的机会。

2月7日晚，同力水泥公告称，公司于2017年2月7日收到控股股东河南投资集团《关于同力水泥股份减持计划的告知函》，河南投资集团有限公司基于自身资金需求，计划在公告之日起最迟十五个交易日后的六个月内以集中竞价方式或大宗交易方式减持同力水泥股份不超过2000万股，占同力水泥总股本比例约4.21%。

据悉，河南投资集团目前持有2.79亿股同力水泥的股份，占同力水泥总股本比例为58.74%%。即便完成了本次减持，仍然处于绝对控股地位。

“同力水泥的二级市场股价已经创出历史新高，该股在近期的上涨显然是缺乏基本面的支撑，完全是游资在疯狂进行炒作。在这样的背景下，同力水泥的控股股东进行减持无可厚非，这也说明河南投资集团也一直在密切关注着同力股价的二级市场表现。”一位券商投顾人员告诉证券时报记者。

此前，曾有市场分析人士认为，河南投资集团持有同力水泥将近60%股份，未来在保证对上市公司控股权的前提下，是否会效仿黑龙江省高速公路集团公司对外转让上市公司部分股权、降低持股比例值得关注。

如今，河南投资集团的确是要降低持股比例，但却是要以集中竞价或大宗交易方式来完成。显然通过这样的方式不但更直接，而且还会使河南投资集团回笼更多的资金，对于即将改组为国有资本运营公司的河南投资集团而言，可以最大限度上解决资金需求。

由于本次减持计划还未实行，因此尚不知河南投资集团在未来是否还会继续进行减持。对此，上述券商投顾人士认为，在完成本轮减持之后，如果同力水泥的股价依然在高位运行，不排除河南投资集团继续减持的可能。

2月7日，同力水泥盘中最高涨幅曾达到9%左右，最终全天收于31.81元，下跌0.01元，微跌0.03%。另外，同力水泥全天成交12.2亿元，换手率达到8.77%。

2月6日龙虎榜数据显示，前一阶段参与炒作同力水泥的游资席位在2月6日纷纷加入到抛售行列中，而国海证券旗下位于山东的3家营业部成为买入主力。外界普遍认为，上述3家营业部在2月6日可能是以跌停价格买入同力水泥，参考昨日同力水泥的股价表现，前一天抄底的资金完全有机会全身而退。

同力水泥在2017年1月17日~2月8日，9个交易日，涨幅高达90.28%，其PE【动】高达5399.7。

2017年2月8日截图——同力水泥（图7-54）。

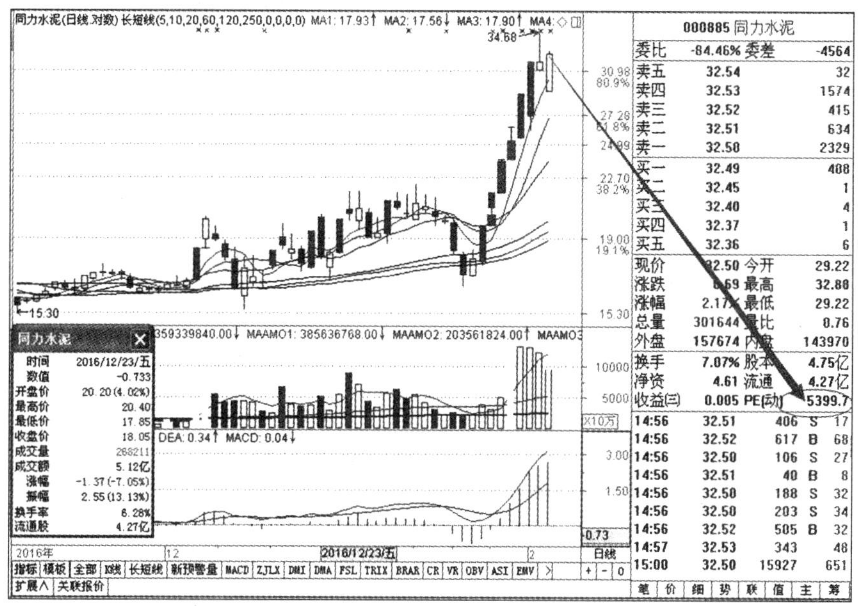

图7-54　同力水泥走势图

同力水泥在2017年1月17日～2月9日，10个交易日，涨幅高达93.79%，其PE【动】高达5499.4。

2017年2月9日截图——同力水泥（图7-55）。

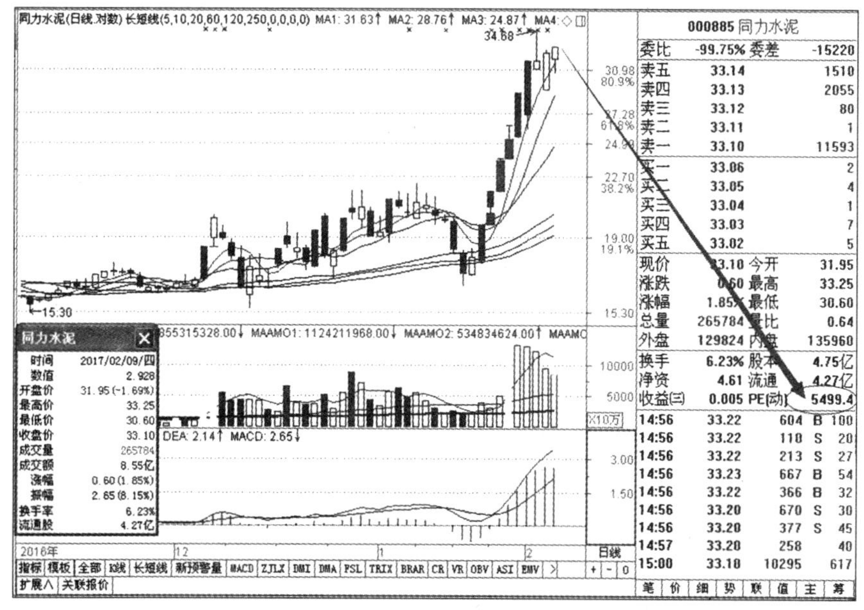

图7-55　同力水泥走势图

同力水泥在2017年1月17日~2月10日，11个交易日，涨幅高达112.88%，其PE【动】高达6041.0。能读懂K线的朋友都会在这里获利了结的。

2017年2月10日截图——同力水泥（图7-56）。

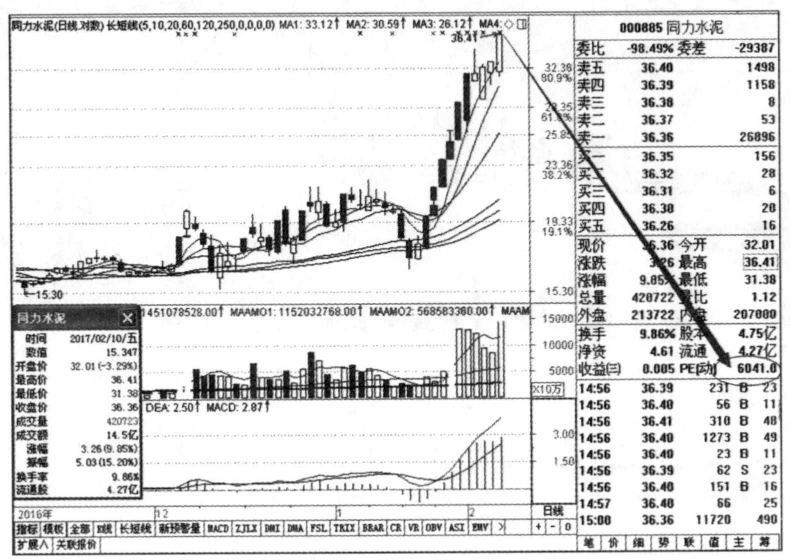


图7-56　同力水泥走势图

2017年2月13日，同力水泥结束了一波主升浪的大幅上涨，向下跳空开盘下跌，且低开低走跌到跌停板，盘中反弹后最终以跌停板收盘。

2017年2月13日截图——同力水泥（图7-57）。

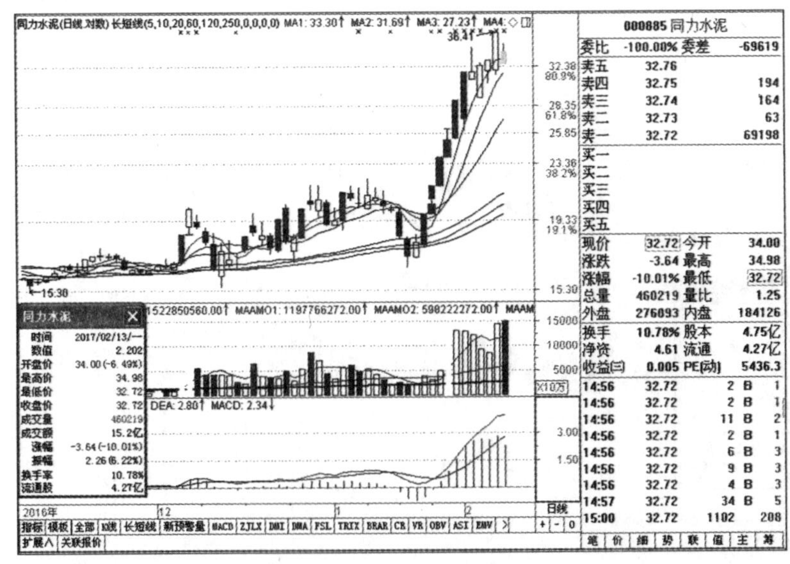


图7-57　同力水泥走势图

2017 年 2 月 13 日截图——同力水泥（图 7－58）。

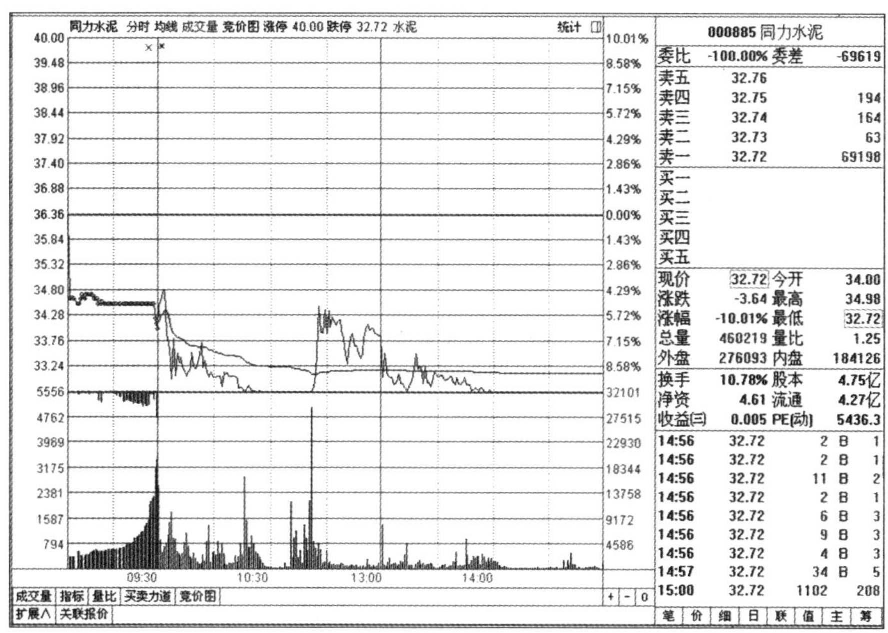

图 7－58　同力水泥分时图

从图 7－59 中可以看出主力在大肆卖出，至此该股将结束这一波的大幅上涨，从而走向下跌之势。

【3. 涨跌幅异动】

【交易日期】2017－02－13　日跌幅偏离值达 7％

偏离值：－10.74％　成交量：4602.00 万股　成交金额：152285.00 万元

| 买入金额排名前 5 名营业部 | | |
|---|---|---|
| 营业部名称 | 买入金额（万元） | 卖出金额（万元） |
| 华福证券有限责任公司宁德天湖东路证券营业部 | 1996.75 | 12.81 |
| 国海证券股份有限公司泰安擂鼓石大街证券营业部 | 1963.20 | 159.77 |
| 华鑫证券有限责任公司上海松江证券营业部 | 1378.94 | 3.39 |
| 东莞证券股份有限公司厦门枋湖东路证券营业部 | 1318.56 | 1.00 |
| 长城证券股份有限公司青岛台东一路证券营业部 | 1050.36 | — |
| 卖出金额排名前 5 名营业部 | | |
| 营业部名称 | 买入金额（万元） | 卖出金额（万元） |
| 华福证券有限责任公司深圳市深南大道证券营业部 | 1.96 | 7651.70 |
| 东海证券股份有限公司厦门祥福路证券营业部 | 11.97 | 5243.73 |
| 国海证券股份有限公司济南历山路证券营业部 | 0.65 | 4592.43 |
| 中信证券股份有限公司慈溪慈甬路证券营业部 | 10.94 | 3709.37 |
| 中信证券股份有限公司杭州四季路证券营业部 | 25.34 | 2701.02 |

图 7－59　同力水泥涨跌幅异动

2017年3月2日星期四截图——同力水泥（图7-60）。

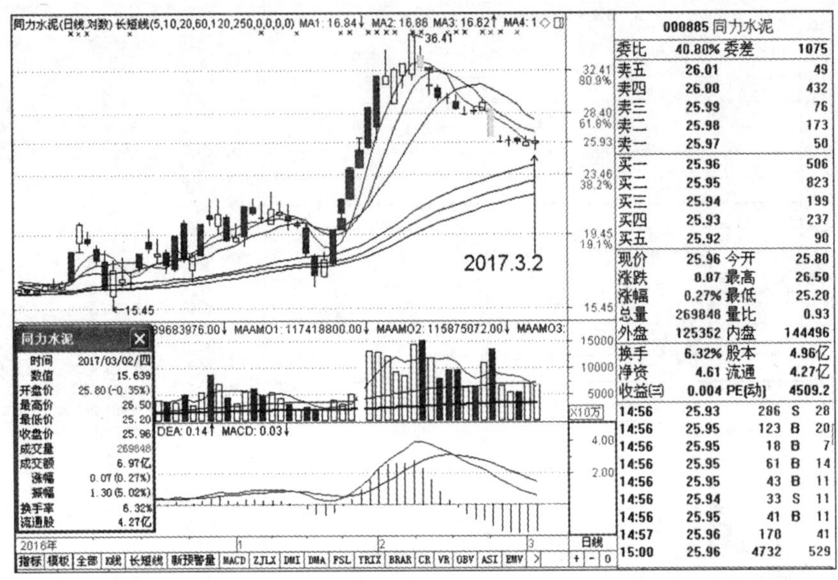


图7-60 同力水泥走势图

如果有价值投资者认为同力水泥高达几千倍的市盈率能大幅上涨仅仅是个案的话，就大错特错了，下面再看看600689湖南天雁PE【动】1000多倍又是如何大涨的。

湖南天雁从2017年1月3日~2月6日，20个交易日，区间涨幅高达76.75%，其PE【动】高达1096.5（图7-61）。

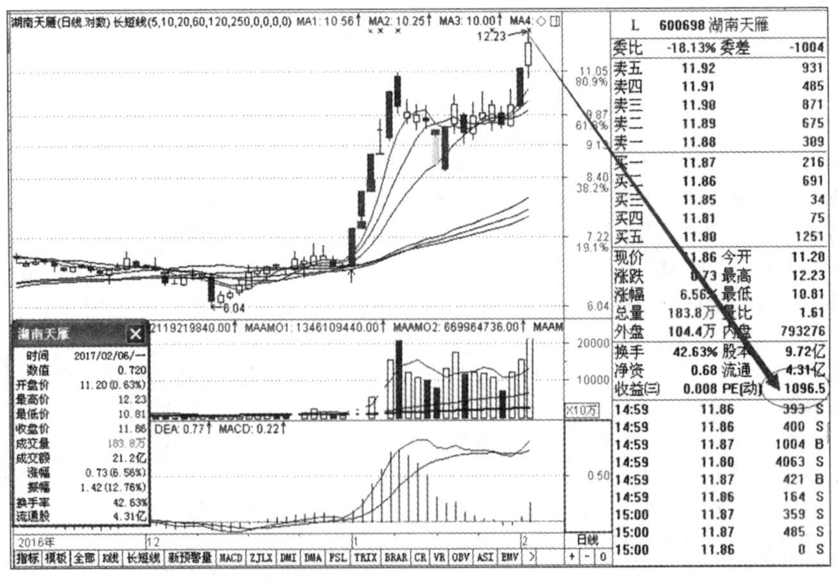


图7-61 湖南天雁走势图

湖南天雁从 2017 年 1 月 3 日～2 月 8 日，21 个交易日，区间涨幅高达 94.49%，其 PE【动】高达 1206.5（图 7－62）。

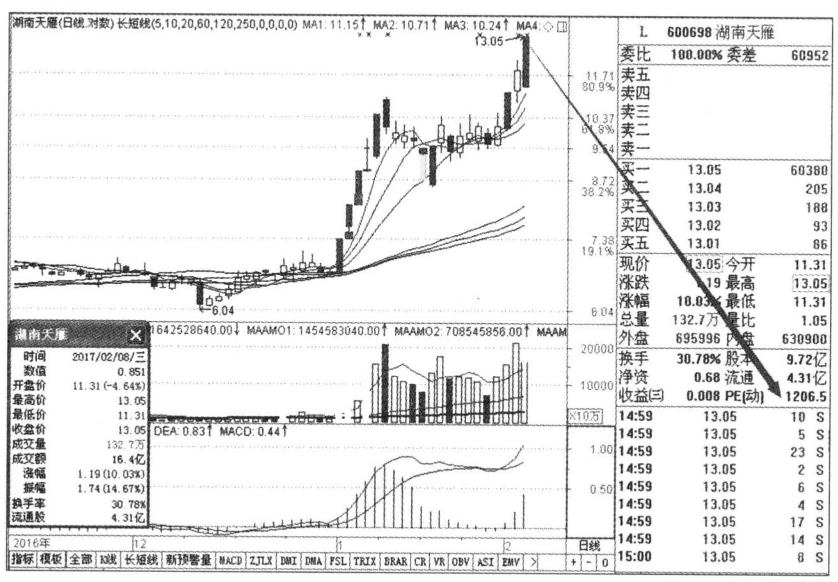


图 7－62　湖南天雁走势图

湖南天雁在 2017 年 2 月 9 日，继续在高位震荡，其 K 线形态是一个浪高线，标志着这一波的上涨有到顶形态，主力在高位大量出货，盘中所有能读懂 K 线图的人都有卖出的机会（图 7－63）。

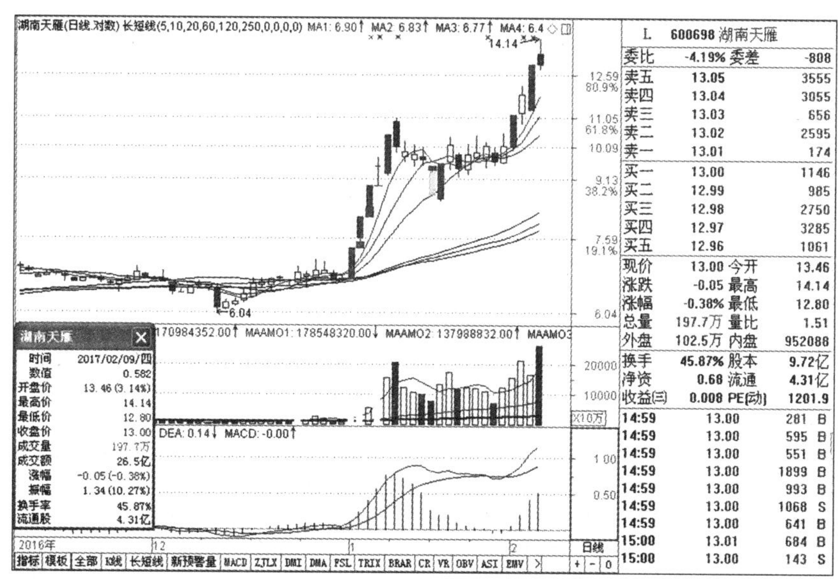


图 7－63　湖南天雁走势图

如果一个、两个实例还不能说明问题的话，请看下面第三个实例——000877 天山股份这个 PE【动】在 1000 多倍的个股在 2017 年 2 月份的主升浪是多么的波澜壮阔。

2017 年 2 月 7 日～10 日，4 个交易日，天山股份股价大涨 46.41%，其 PE【动】是 1712.0（图 7－64）。

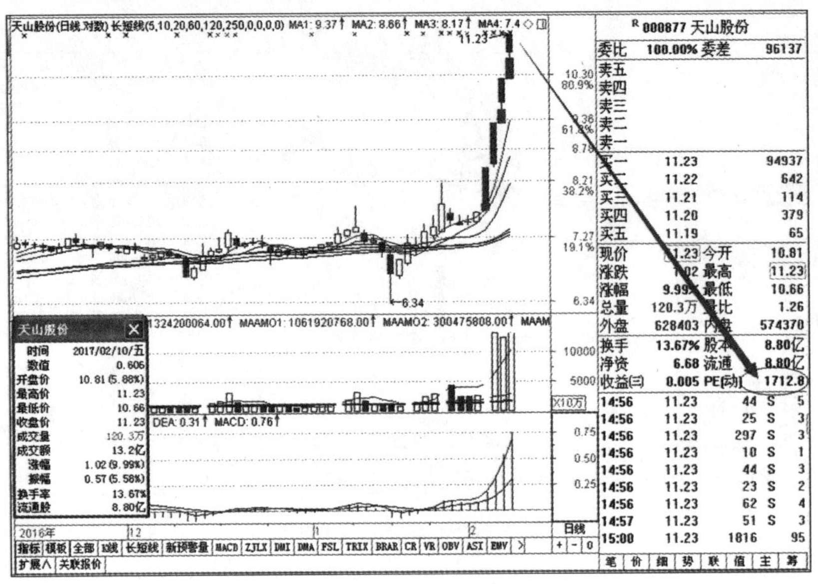


图 7－64 天山股份走势图

2017 年 2 月 7 日～13 日，5 个交易日，天山股份股价大涨 52.93%，其 PE【动】是 1789.1。当天收出一根浪高线的假阴线，有部分主力获利出局（图 7－65）。

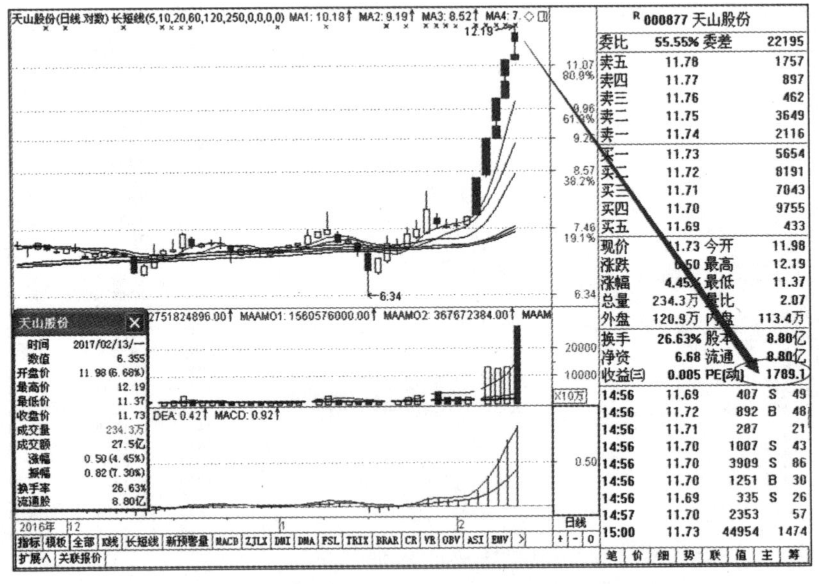


图 7－65 天山股份走势图

2017年2月13日截图——天山股份（图7－66）。

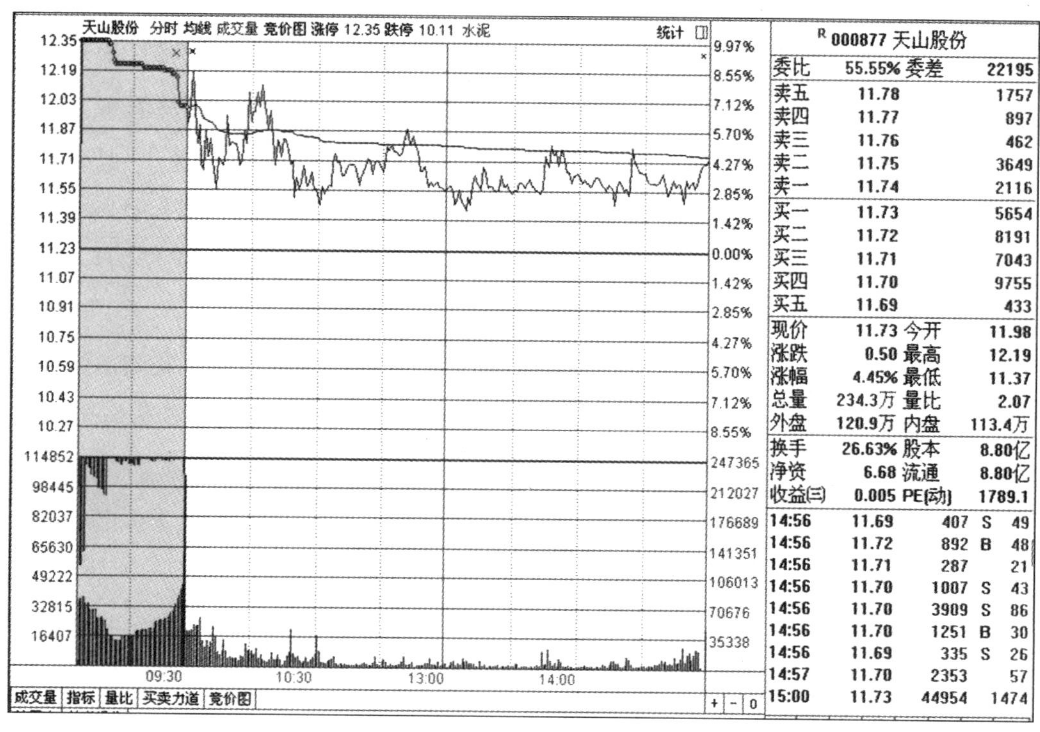


**图7－66　天山股份分时图**

我们看看2月13日《证券日报》的一篇文章，或许会明白为什么天山股份能如此强势。

【2017—02—13】【出处】证券日报

今年基建投资或达16万亿元　三维度细寻受益股投资机遇

编者按：近期，不少省份2017年重点项目投资计划公布，各省投资额均在千亿元之上，而基础设施建设尤其是交通领域的项目投资，均占据重要地位。有业内人士表示，2017年基建投资整体规模预计在16万亿元左右。受此影响，盘中水泥、钢铁等与基建相关的板块开始活跃，持续上涨。市场人士认为，政策与市场形成合力，有利于基建板块行情的继续演化。今日本文特从业绩、资金和机构评级等三维度仔细挖掘基建板块潜力股的投资机会，以供投资者参考。

29家基建类公司年报扭亏

《证券日报》记者统计显示，与基建投资密切相关的铁路、公路、钢铁、水泥、水利建设等细分行业内179家上市公司2016年整体业绩表现突出。截至昨日，上述公司中，共有103家公司披露2016年年报预告，其中80家公司年报预喜，占比77.67%。

进一步看，80家年报预喜公司中，32家为预增，6家为续盈，29家为扭亏，13家为略增。而从年报净利润预计同比增幅来看，20家公司2016年净利润预计将实现翻番，其中，鼎泰新材、圆通速递、新钢股份、飞马国际、宝钢股份、方大特钢、宁波海运、华新水泥、上峰水泥、南京港、湖南投资、宁夏建材和凌钢股份等13家公司预计2016年净利润同比增幅更是均在200%以上，分别为：17169.78%、3111.87%、857.73%、802.09%、770.00%、540.00%、460.85%、380.00%、341.00%、315.00%、246.00%、210.00%、200.00%。

而从年报扭亏角度来看，上述29家公司中，鞍钢股份、马钢股份、太钢不锈、三钢闽光、杭钢股份、本钢板材、安通控股、武钢股份、首钢股份、南钢股份和*ST兴业等11家公司在2016年业绩扭亏的同时，还预计2016年净利润下限均在2亿元以上，分别为16.10亿元、12.28亿元、10.50亿元、8.34亿元、7.29亿元、6.60亿元、4.20亿元、4.06亿元、3.50亿元、3.50亿元和2.30亿元。

对此，有分析人士表示，基建类公司2016年业绩整体向好与2016年基建投资增速维持高位密切相关。国家统计局数据显示，2016年基础设施投资（不含电力、热力、燃气及水生产和供应业）118878亿元，比上年增长17.4%。

18只个股节后资金净流入均超亿元

《证券日报》记者统计显示，在171只上市交易的基建类概念股中，有90只个股节后处于大单资金净流入状态，占比52.63%；其中18只个股期间大单资金净流入额居前，均在1亿元以上。具体来看，葛洲坝以5.07亿元居第一，中铁二局、中国交建分别以4.51亿元、4.20亿元位列第二、第三；另外15只个股按节后大单资金净流入额从大到小依次为酒钢宏兴、上峰水泥、连云港、新兴铸管、太钢不锈、中国铁建、中远海控、天山股份、北新路桥、抚顺特钢、万年青、四川路桥、中国中铁、厦门港务和青松建化。

对于资金净流入居前的葛洲坝，国泰君安表示，公司为建筑板块中估值最低个股，估值提升空间大。未来PPP项目持续落地将刺激建筑主业持续高增长，公司国企改革相关亮点多；另外，5月份“一带一路”国际合作高峰论坛的召开将成为建筑板块上涨催化剂，综合考虑，维持目标价13.7元，给予增持评级。

在资金的追捧下，上述90只个股节后市场表现突出，其中天山股份、青松建化、北新路桥、上峰水泥、同力水泥、万年青和酒钢宏兴期间累计涨幅均在20%以上，分别为：50.74%、43.03%、31.12%、29.37%、25.68%、20.81%和20.69%。另外，西藏天路、宁夏建材、祁连山、天顺股份、连云港、中国交建、厦门港务、安阳钢铁、凌钢股份、华新水泥、中铁二局、杭钢股份和中远海控等个股期间涨幅也较为居前，均在10％以上。

对此，有分析人士表示，资金大幅买入基建类股，与市场对2017年基建类投资将持续加码预期不无关系。消息面上，近期，多地2017年重大项目投资计划密集出炉。新疆、西藏、宁夏、云南、湖北、河南、四川、安徽、陕西、云南等中西部省份2017年的交通等领域基建投资额累计将达数万亿元。

逾半数个股被机构看好

资金积极抢筹基建类蓝筹股的同时，机构对基建类个股后市表现也较为看好，179只概念股中，近30日内，有92只个股被机构给予买入评级。其中18只个股机构买入评级均在4家及以上。具体来看，广深铁路以7家居首，葛洲坝、韵达股份均为6家，中国铁建、冀东水泥、圆通速递均为5家，另外，安徽水利、隧道股份、华新水泥、宝钢股份、河钢股份、久立特材和金洲管道等多只个股均为4家。

从上述机构扎堆看好的18只基建类股上周五的市场表现来看，华新水泥、葛洲坝、冀东水泥、安徽水利涨幅居前，均在4％以上，分别为：7.20％、5.54％、4.61％和4.25％。华新水泥方面，民生证券表示：公司是湖北地区水泥龙头企业，拟收购整合拉法基在西南地区水泥资产，随着2017年水泥供给侧结构性改革的深入推进，水泥价格将继续上涨。预计公司2016年—2018年归属母公司股东净利润分别为4.54亿元、10.1亿元、11.8亿元，给予“强烈推荐”评级。

对于整个基建板块后市机会，国海证券表示：预计二季度开始房地产投资增速将加速下滑。与此同时以PPP模式为核心的基建投资将发力，尤其是落后地区的投资将率先发力。近期各地“两会”纷纷出台2017年基建投资规划显示，西部地区的固定资产投资增速将维持高位，新疆2017年规划固定资产增速50％（2016年为—5.1％）；西藏2017年规划增速20％以上；宁夏2017规划增速10％（2016年为8.2％），利好本地基建、建材相关上市公司。

另外，国海证券还表示，除西部地区以外，根据各地“两会”报告数据显示，福建、内蒙古等地的固定资产投资增速规划要求较高，其中福建2017规划增速15％，相较于2016年9.3％的增速扩张力度较大；个股选择上，短期重点关注标的：新疆基建公司西部建设、西藏天路；宁夏低估值水泥标的宁夏建材；福建地区水泥股福建水泥。中长期持续关注“一带一路”受益标的：中国交建、北方国际等。

2017年2月7日～14日，6个交易日，天山股份股价大涨68.19%，其PE【动】是1967.5。当天盘中震荡大半天后，下午三波拉升到涨停板，还有部分主力获利出局（图7－67）。

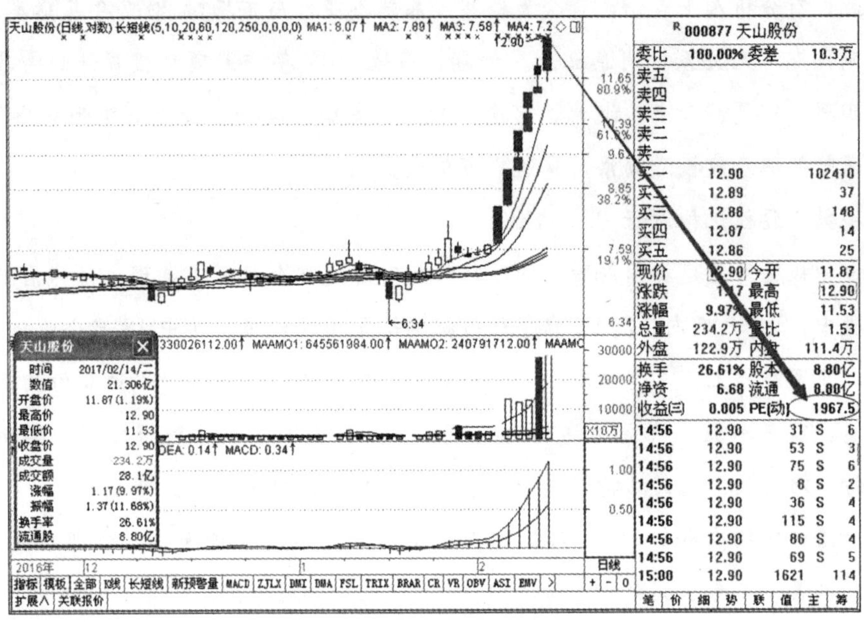

图7－67 天山股份走势图

2017年2月14日截图——天山股份（图7－68）。

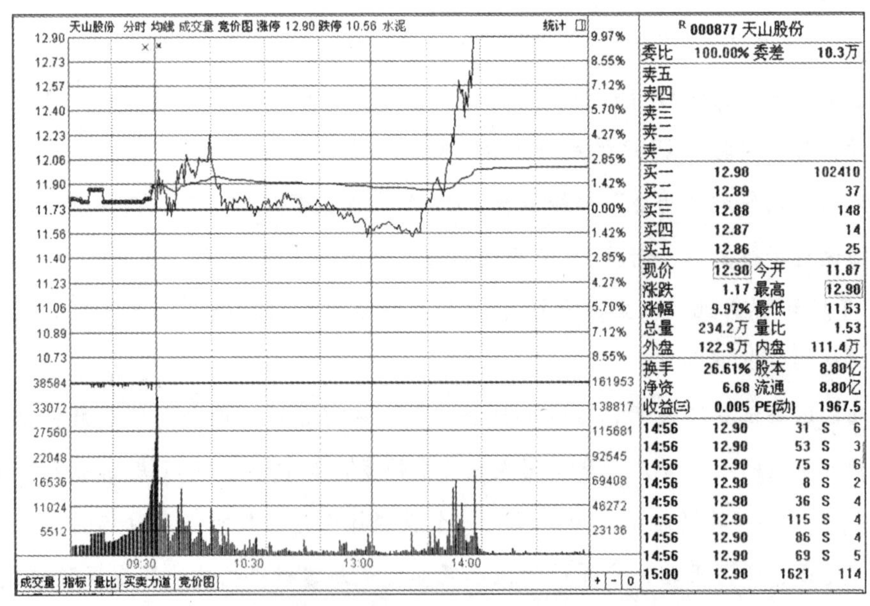

图7－68 天山股份分时图

2017 年 2 月 15 日，天山股份低开高走，再创 13.50 元的新高价，机构在大肆卖出，盘中大涨 4.26%后一路下行，最终收出一根射击之星。当天部分机构还在大肆卖出。

2017 年 2 月 15 日截图——天山股份（图 7－69）。

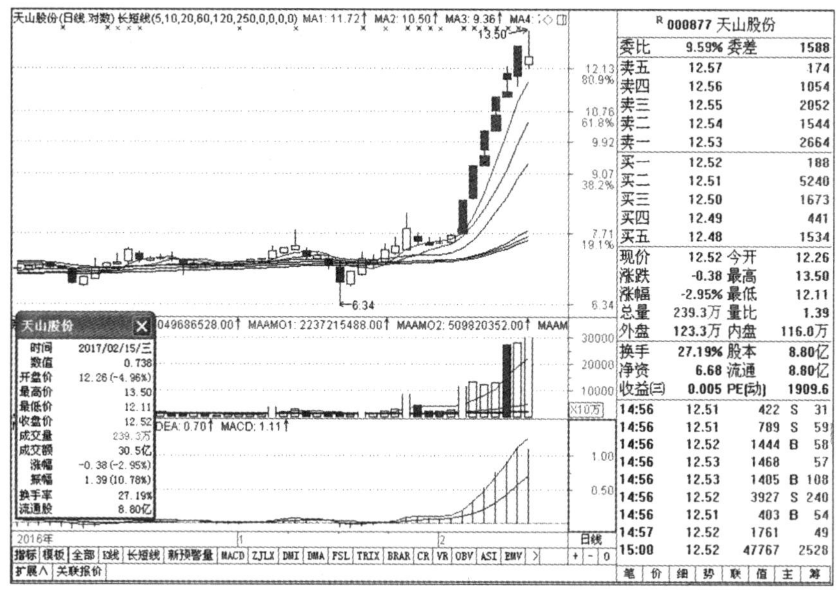


图 7－69　天山股份走势图

2017 年 2 月 15 日截图——天山股份（图 7－70）。

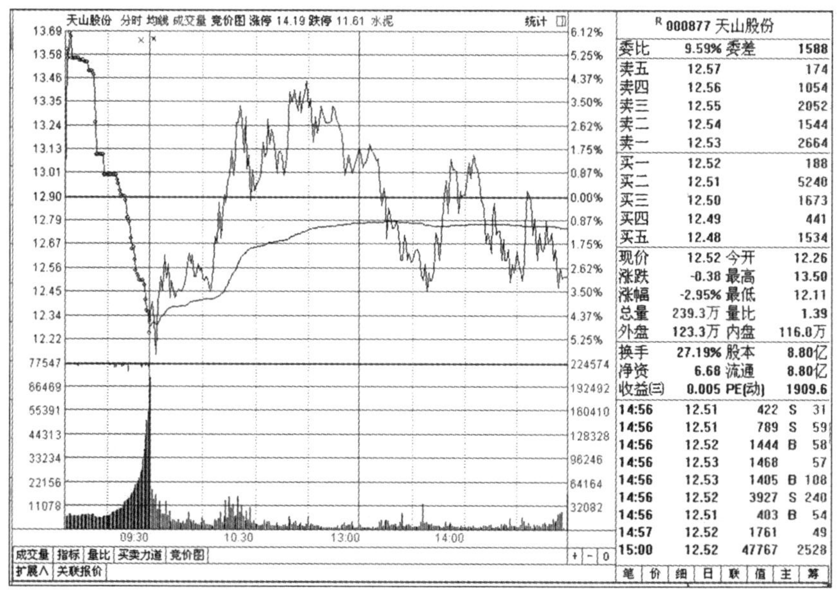


图 7－70　天山股份分时图

2017年2月7日～16日，8个交易日，天山股份股价大涨79.27%，其PE【动】是2097.1。当天盘中呈现出主力诱多出货格局。在盘中多次触及涨停板，下午，盘中我多次提示持有者获利止盈。

2017年2月16日盘中截图——天山股份（图7－71）。

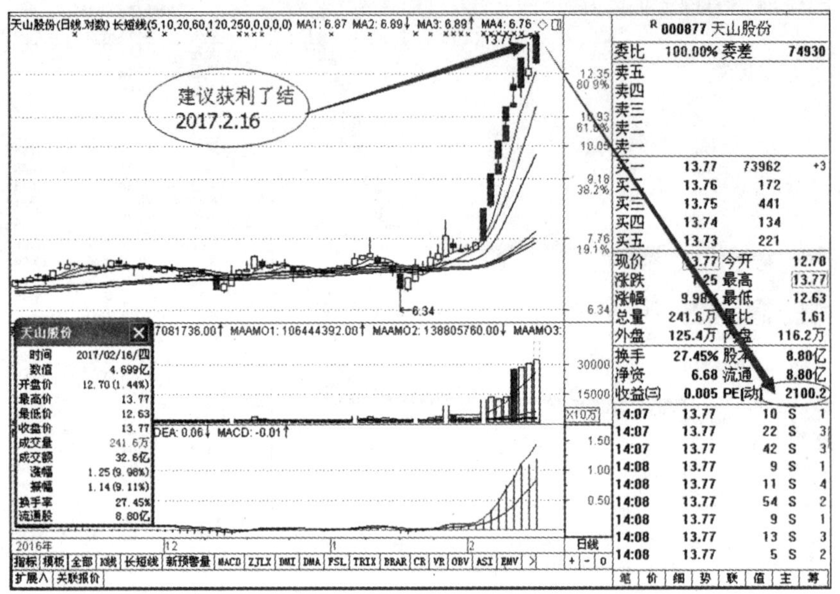


图7－71　天山股份走势图

2017年2月16日盘中截图——天山股份（图7－72）。

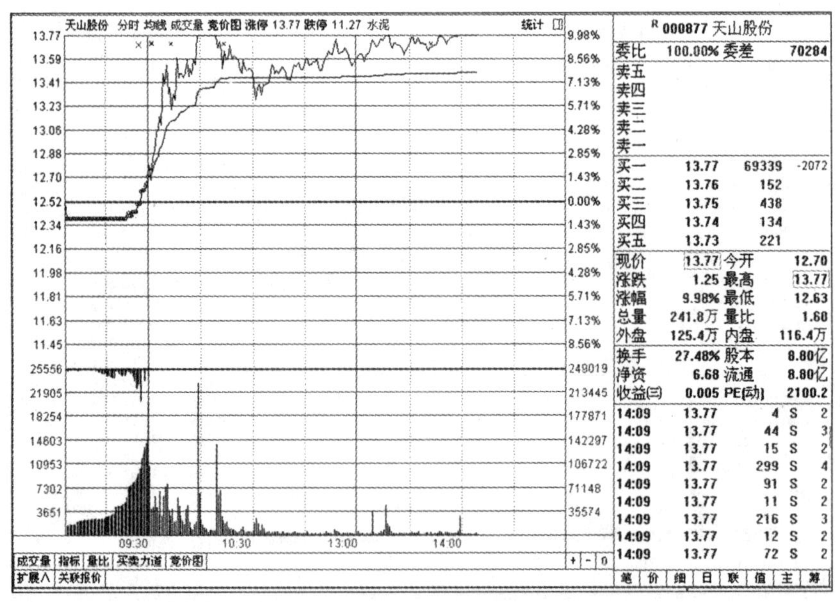

图7－72　天山股份分时图

2017 年 2 月 16 日盘中截图——天山股份（图 7－73）。

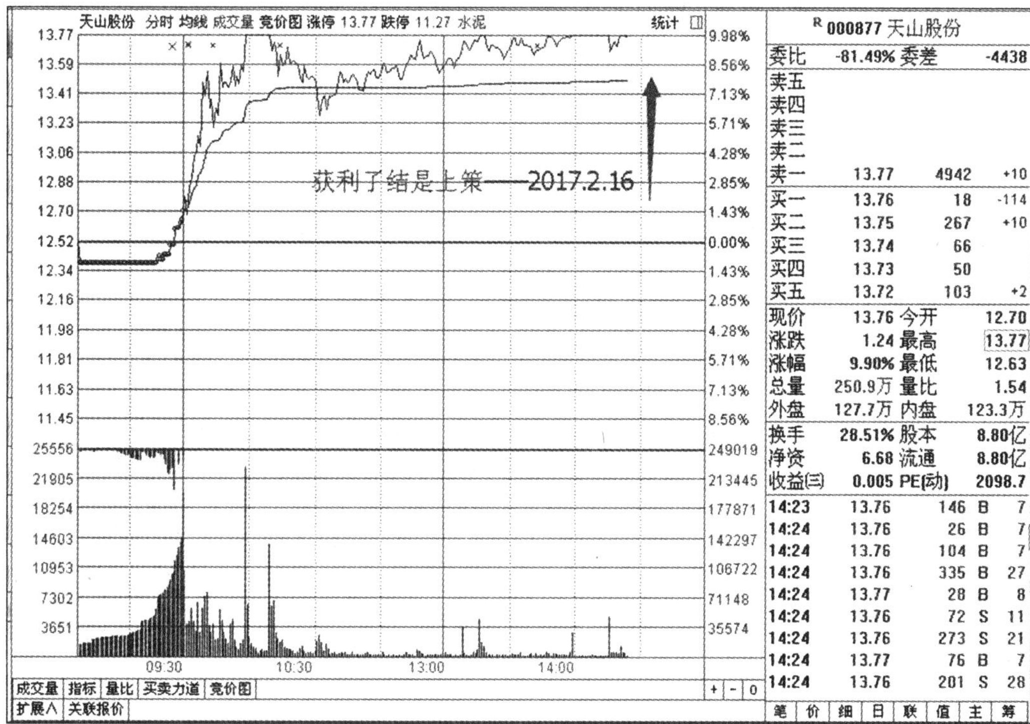


**图 7－73　天山股份分时图**

2017 年 2 月 16 日盘中截图——天山股份（图 7－74）。

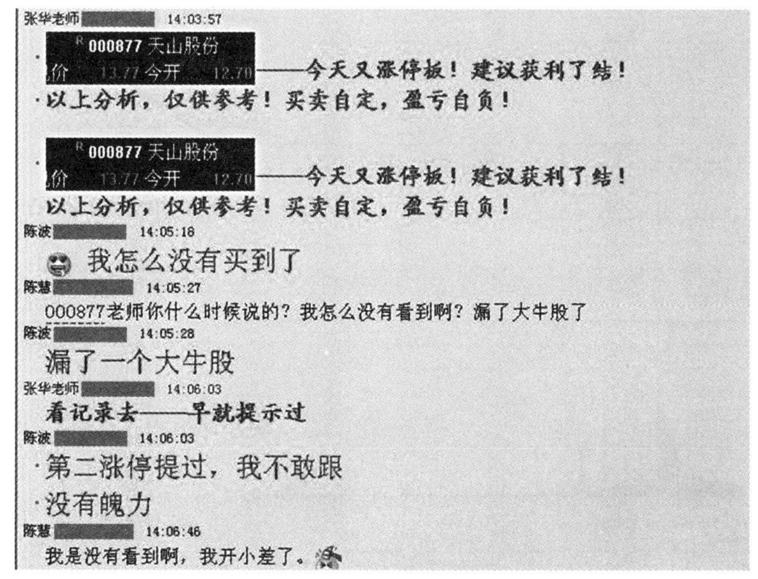


**图 7－74　盘中交流截图**

2017 年 2 月 16 日盘中截图——天山股份（图 7－75）。

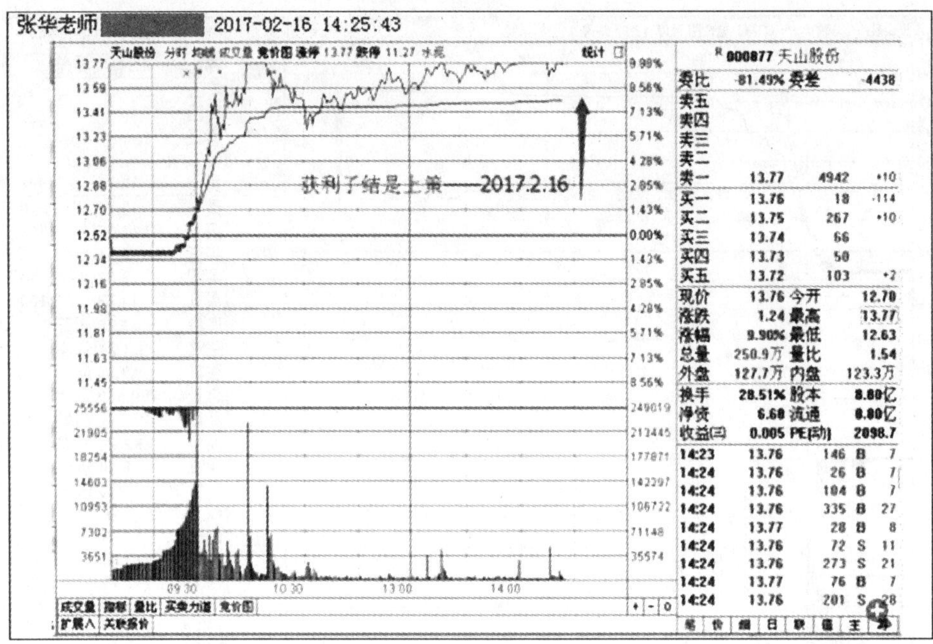


图 7－75　天山股份分时图

2017 年 2 月 16 日盘中截图——天山股份（图 7－76）。

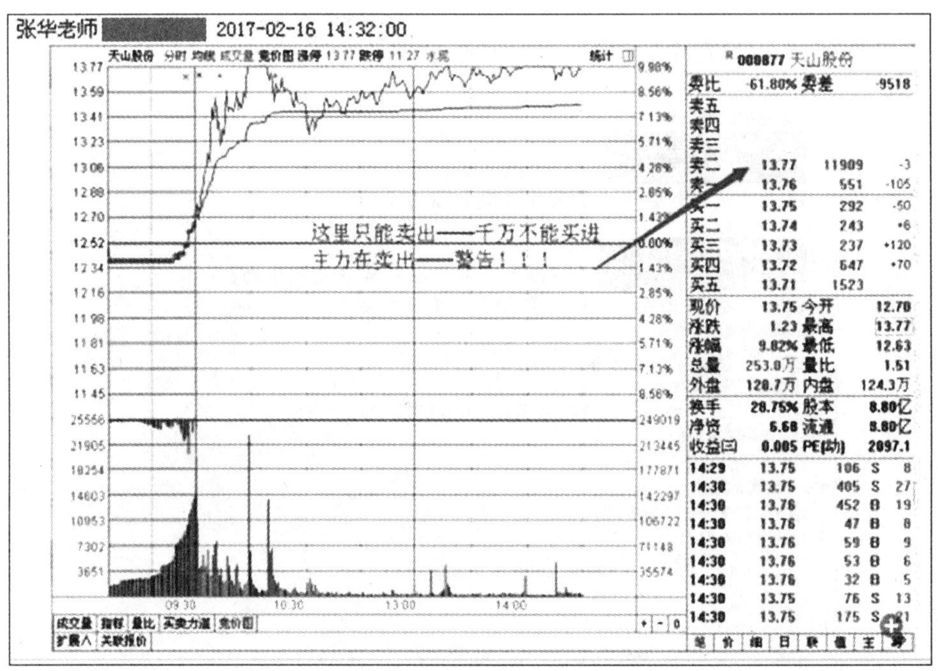


图 7－76　天山股份分时图

2017 年 2 月 16 日盘中截图——天山股份（图 7－77）。

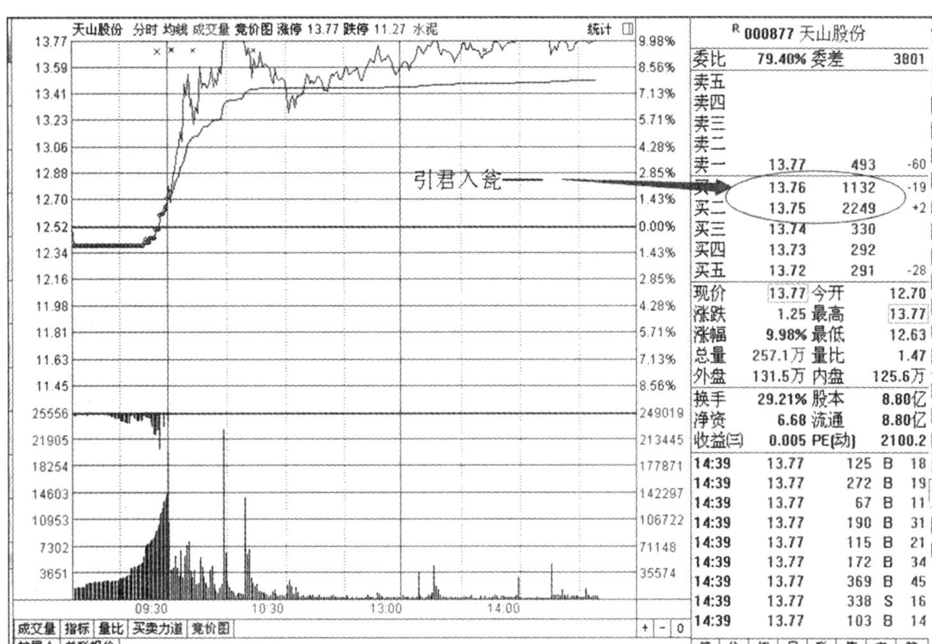


图 7－77　天山股份分时图

2017 年 2 月 16 日收盘截图——天山股份（图 7－78）。

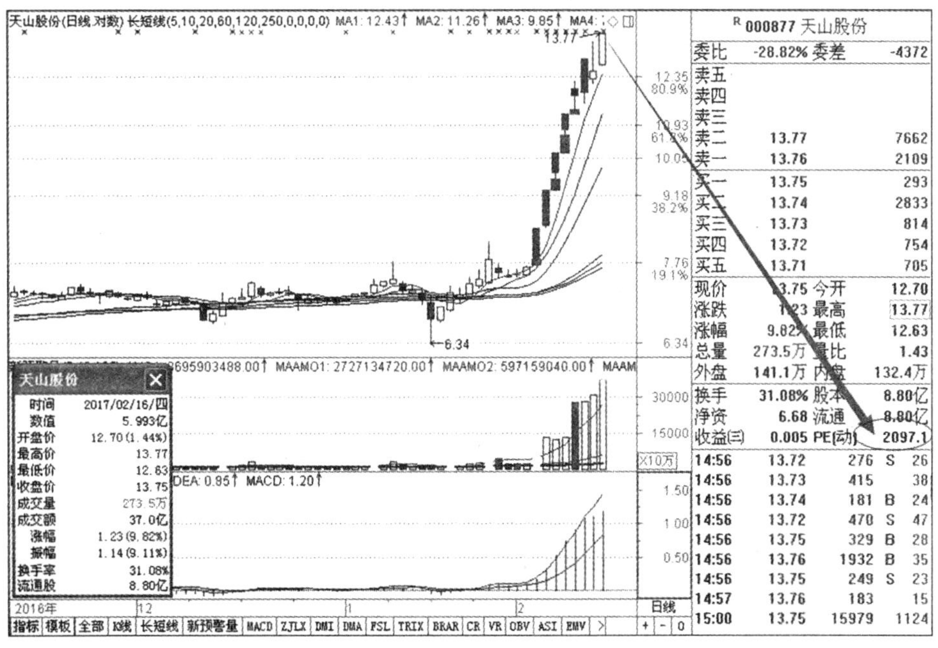


图 7－78　天山股份分时图

2017 年 2 月 16 日收盘截图——天山股份（图 7－79）。

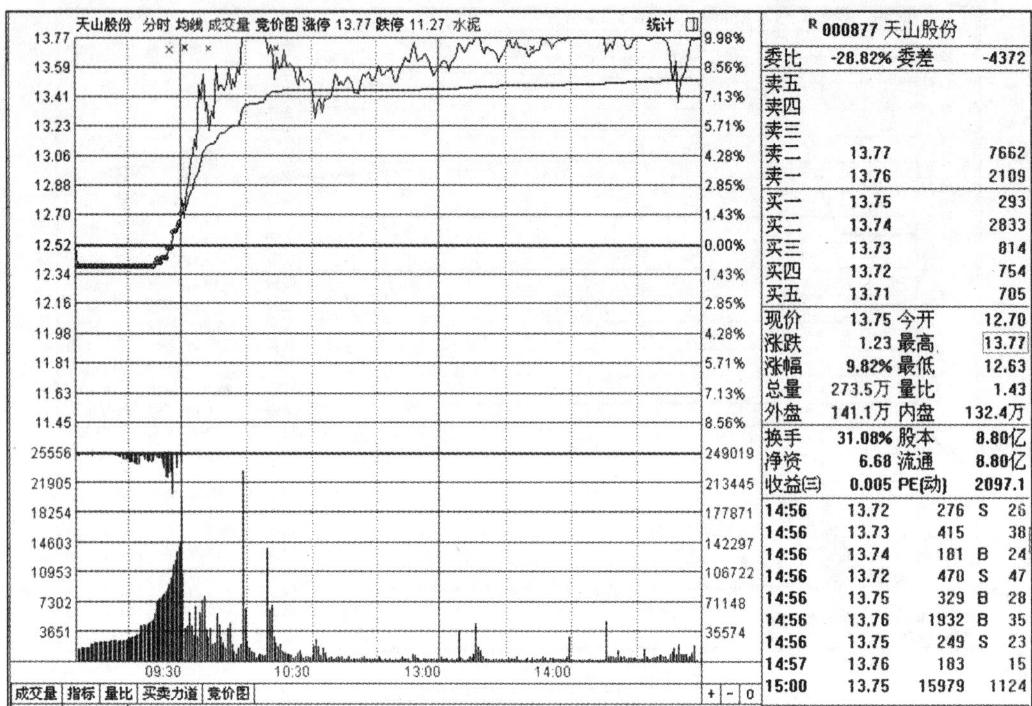


**图 7－79 天山股份分时图**

什么是波段操作，同力水泥、湖南天雁、天山股份的主升浪就是波段操作！是谁在操作？散户是无法操纵的，但散户是可以追随的。当然这要求散户要有牛散的理念、技术和纪律才可以做到；如果没有牛散的理念、技术和纪律，唯一的出路就是向牛散学习。

以上三例，PE【动】都在千倍以上，甚至几千倍；还有 PE【动】在几百倍的更多，就不用截图了。

000514 渝开发从 2016 年 12 月 13 日涨停板开始上涨到 2017 年 2 月 14 日，40 个交易日，股价从 8.55 元上涨到 14.00 元，区间涨幅 62.79%，2017 年 2 月 14 日当天 PE【动】为 813.9。流通盘 8.44 亿。

000725 京东方 A 从 2016 年 9 月 12 日 2.39 元开始上涨，到 2017 年 1 月 23 日收盘价为 3.43 元，88 个交易日，区间涨幅 43.51%，1 月 23 日当天 PE【动】为 642.9。流通盘 240 亿。

看到 A 股几百倍的 PE【动】、几千倍的 PE【动】也不要大惊小怪，还有万倍以上的 PE【动】，且是野马脱缰式的主升浪，从 2017 年 2 月 21 日到 3 月 1 日，002352 顺风控股 7 个交易日区间涨幅为 74.78%，其 PE【动】是 14814.9，在主力拉升的当天，给了充分的出局时间，就看你懂不懂了（请看 QQ 群中的截图）。

2017 年 3 月 1 日星期三收盘后截图——顺风控股（图 7－80）。

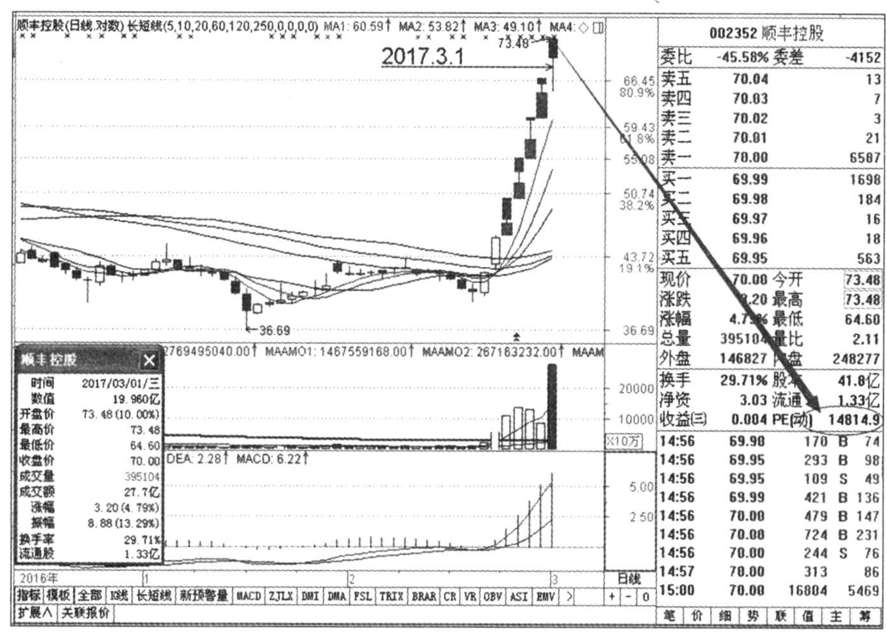


图 7－80　顺风控股走势图

顺风控股的主升浪，自然逃不过我们的目标，我在深圳的学员罗××在盘中截图如图 7－80 所示。在他截图后，我说“我正准备把顺风控股的案例用在下一本书中去”，这下一本书，就是你目前在读的《主升浪之交易纪律》。

2017 年 3 月 1 日星期三收盘后截图——QQ 群（图 7－81）。

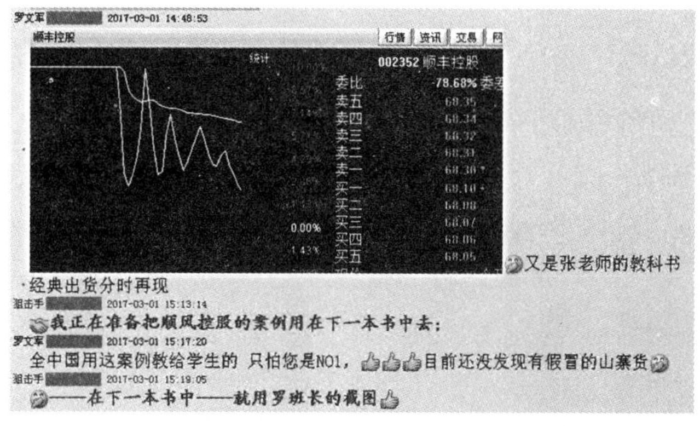


图 7－81　QQ 群中交流截图

股市的一切都在不断地变化，股价在变、市盈率在变，主力在变、散户也在变，千万不要教条地被误导。随着 2016 年第四季度财务报表的公布，我们看到顺风控股 2017 年 3 月 13 日公布的 2016 年第四季度基本每股收益为 1.06 元，其动态市盈率也由 3 月 1 日的 14814.9 变为 3 月 20 日的 59.0 倍。

2017 年 3 月 20 日星期一截图——顺风控股（图 7－82）。

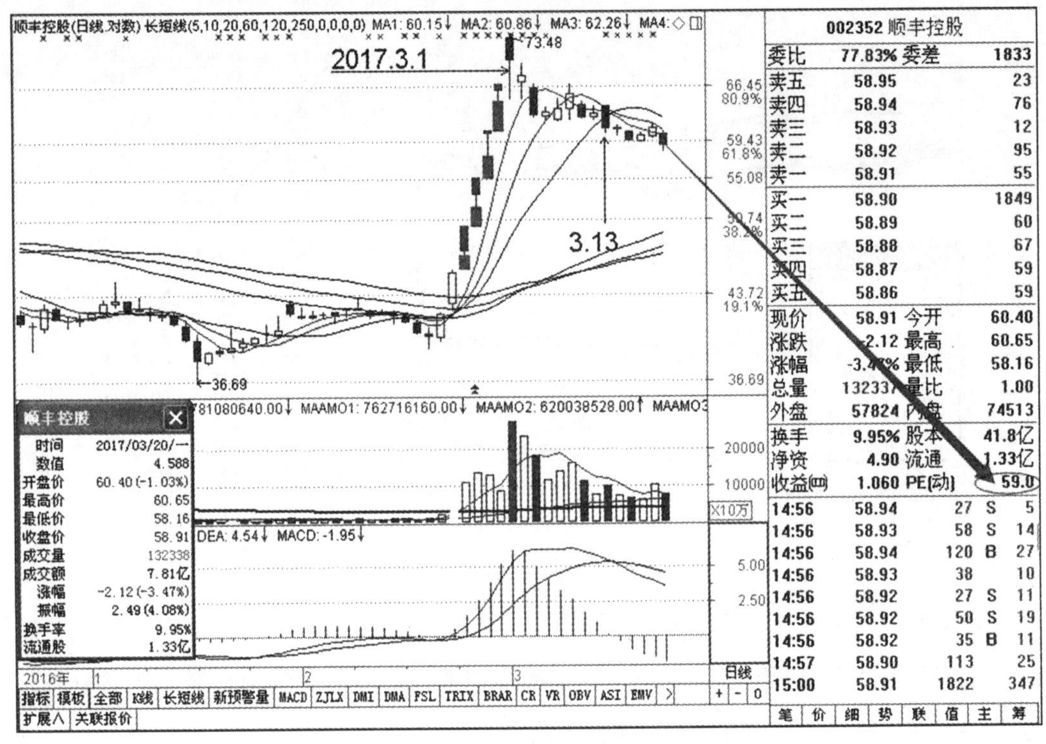


**图 7－82 顺风控股走势图**

再看看天山股份随着 2017 年 3 月 16 日公布的 2016 年第四季度的财务报表，该股 2016 年第四季度的基本每股收益为 0.1134 元，其动态市盈率也由 3 月 1 日的 2298.5 变为 3 月 20 日的 145.1。

2017 年 3 月 20 日星期一截图——天山股份（图 7－83）。

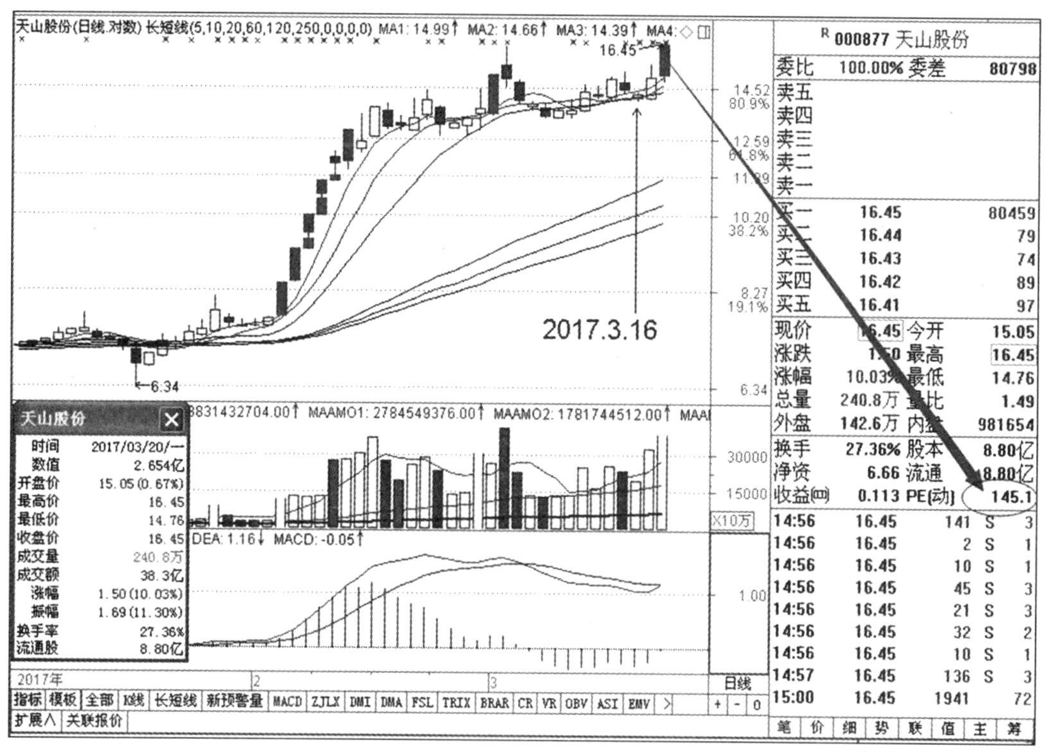


图 7－83　天山股份走势图

从以上的实例可以看出，许多牛股、妖股、龙头股的 PE【动】并不符合价值投资理论。不管价值投资被吹捧得有多好——在我看来它仿佛守株待兔。我们只相信主升浪，我们只相信拉升的主力。

我们用归纳的方法可以发现事物的真相、可以发现事物的规律；如果看不清事物的真相、看不清事物的本质，可以说在股市里永远只是一个优秀的消费者，但绝对不是一个对主升浪巧取豪夺的人。我相信实事求是的读者会做出正确的选择，教条主义者绝对不会做出因地制宜的选择。

股市是一个立竿见影的地方，是一个检验正确与错误的地方；“主力＋题材”永远是主升浪的本质。只要有了主力、只要有了题材，主升浪就会拔地而起、扶摇直上；只要有了主力、只要有了题材，价值投资就很尴尬，就很无语。只要账户是亏损的，就没有正确可言，就要抛弃让你操作失败的一切理念、技术。抛不掉让你亏损的那些东西，你就接受不了实事求是的理念、实事求是的技术、实事求是的纪律。明智的人会认可实事求是、会知错就改。

## 股市箴言

• 哲学上有句名言：“一切以时间、条件、地点为转移。”

• 橘生淮南则为橘，生于淮北则为枳。

• 游资、产业资本，几千万、几个亿的资金进入一只股票，短则三两天、长则一个月就巧妙地获利出局了——他们获利的速度、幅度不值得深思吗？

• 波段操作是短线，其思路是“只做一波上涨，当然主升浪最好；一波上涨结束就获利止盈”，绝对不坐电梯上去又下来。

• 宁可卖飞，也不要像傻子一样守株待兔。

• 在个人炒股的生涯中，个人的账户就是检验操作正确与错误的唯一标准。你的账户是红的，是盈利的，说明你的交易理念、交易技术、交易纪律是正确的；反之则是错误的，是你选择了错误才导致了你的错误。可以这样说，这些错误对你来讲就是垃圾。丢掉影响你的所有垃圾，你才能走向成功。

• 追求涨停板与主升浪的人从来不缺少机会，如果这个股不能提供这样的机会，还会有其他可以提供这样机会的个股。没有必要在一个水中月、镜中花，貌似有价值的低市盈率个股中守株待兔。谨记，低市盈率的个股往往是没有一流强势资金光顾的个股，一流强势资金要的是从一个主升浪走向另一个主升浪，要的是财富快速地增值。只有教条主义的牺牲品、只有那些书呆子、只有那些三四流的资金才相信低市盈率是有价值的个股。

• 记住：涨停板几乎每个交易日都有，主升浪机会每个交易周都有，只有善于发现和能抓住机遇的人，才能把握住机遇，才能踏上主升浪，成为与浪共舞的牛散。

• 头脑里有多少种涨停板与主升浪的形态，你抓住它们的机会就有多少。

• 主升浪启涨的机会经常是瞬间就出现且稍纵即逝，盘感敏锐的人更容易把握住机会，这种盘感要经常训练，训练就是准备，正如人们常常说的那样，机会只垂青有准备的人。平时缺少训练的人，在机会来临之时，也会错失机会。如果错过了一波主升浪，这一波主升浪将不会给你第二次机会。

• 在股市里，优柔寡断的人经常会失去机遇，从而失去获得财富的机会。果断出手，切忌优柔寡断。

• 抓住机遇，要敢于冒险，敢于当机立断，那些不敢冒险，不敢当机立断，不敢在主力向下骗线诱空时出手的人经常会失去大幅获利的机遇。在股市里不要慨叹没有抓住机遇，不要慨叹你曾经看好它而没有买进它，不要在主升浪的机遇面前彷徨不前。记住：错过了主升浪的机遇一切责任都在自己。只有不断地完善自己才能成就自己。

## 小结

### 想到就能做到

**波段操作是短线，其思路是“只做一波上涨，当然主升浪最好；一波上涨结束就获利止盈”，绝对不坐电梯上去又下来。**有好的波段就介入，没有就空仓等待。只要你能想到就一定能做到。

有人说这是急功近利的炒作，要告别这种炒作，要坚守“价值投资”云云。

价值投资当然是根据基本面长期投资，遗憾的是在A股市场上一方面具备价值投资的公司很少；另一方面，99%的散户没有资格像巴菲特那样能进入公司的董事；更没有时间在一只股票上“守株待兔”三五年。

还是让那些相信“价值投资”的人去做“价值投资”吧。美国的**江恩**、最牛的大师**杰西·利弗莫尔**都信奉波段操作，“酒田战法”的创始人**本间宗久**也是波段操作的泰斗……牛散是从来不相信“教条主义”的——“教条主义”会害死人。

我们只做波段、做短线，既要做股票的主升浪，也要做人生的主升浪。从几万做到百万、**从百万做到千万、从千万做到上亿，三个高峰要一个高峰一个高峰地攀登；这才是做人生的主升浪——这个目标你必须非常清楚。**

## 思考（致富）题

1. 你知道世界上波段理论、波段大师都有哪些？
2. 怎样才能看大盘做好波段？
3. 机构、游资是怎样做波段的？

# 第八项注意

## 获利止盈看 K 线，胜利出局人人都喜欢

技术分析三大假设："市场行为涵盖一切信息；价格沿着趋势移动；历史会重复。"

在一波主升浪的波段顶部，相同的顶部 K 线形态会重复地出现，当它们一旦出现，卖出速度快的人赚钱，卖出速度慢的人亏钱，赚钱与亏钱几乎就在一瞬间。

当一波主升浪拉升到顶部的时候，出现了经典的 K 线形态，且下跌幅度超过止盈标准时，就要谨防主升浪顶部形态的到来。顶部的"历史会重复"，且经常会重复。

获利止盈的标准：**持有的个股上涨超过 3%后，就可以设止盈了，股价回落危及 3%盈利时要获利止盈。其后股价上涨，止盈点要不断上移，可以按最高价下跌 5%~7%幅度设止盈，涨幅不断升高则不断提高止盈价……**某天股价跌破止盈价就出局——这样虽然有可能损失小部分利润，但却能保住大部分利润；也就不会把盈利变为亏损。

在本章中，我们用实盘中点评的股票，告诉大家获利止盈的位置。

当这些 K 线形态出现时千万要注意：结合巨量成交+筹码峰上移，它无疑告诉我们，该股的这一波到顶了，必须获利止盈。

## 第一节　阳线获利止盈

阳线获利止盈考验的是你对一波上涨后在顶部多方上涨无力，或者主力诱多出货的 K 线形态的判断。此时此刻在盘中 K 线乃至收盘都是阳线的形态，但多方力量已经是强弩之末，必须尽快获利止盈，否则风险就在眼前。

### ★例 1　"000935 四川双马"消耗性缺口——获利止盈

2016 年 11 月 2 日星期三截图——四川双马（图 8－1）。

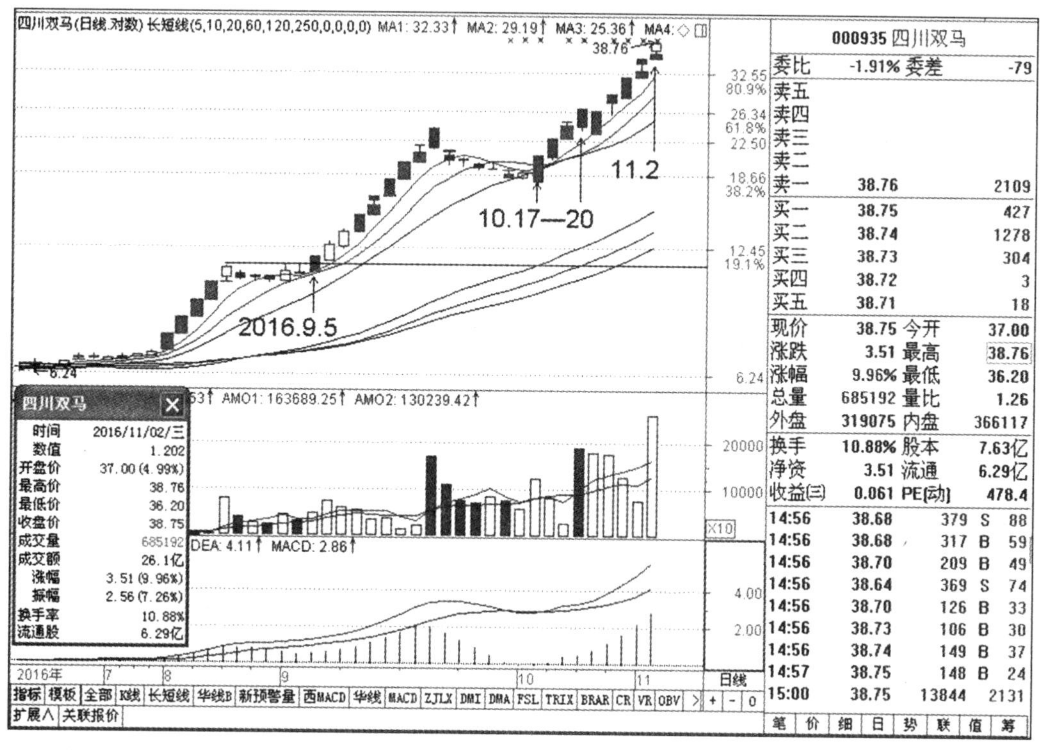


图 8－1　四川双马走势图

2016 年 11 月 2 日星期三截图——四川双马（图 8-2）。

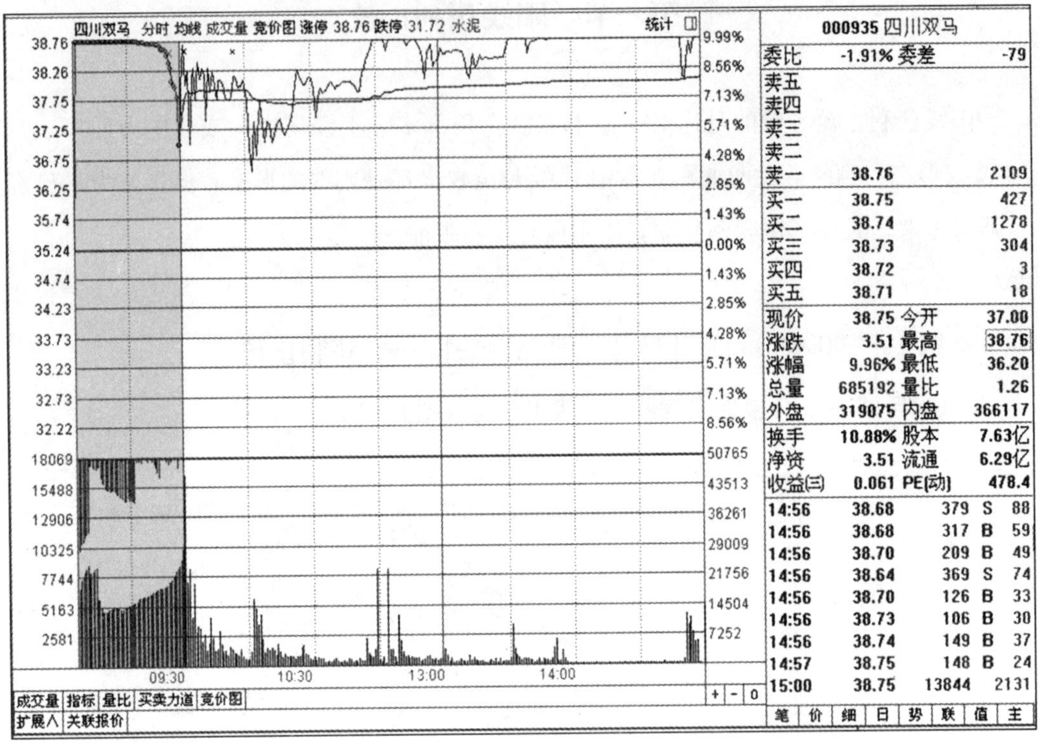

图 8-2　四川双马分时图

四川双马，可以说是 2016 年一道亮丽的风景线，在重大资产重组、实际控制人变更后，股权转让概念持续受到资金追捧。主要是涉及上市公司控制权的变更和转型预期，股价一飞冲天，经过连续三波的上涨后，在 11 月 2 日，跳空高开大幅震荡后强行拉升到涨停板，然后多次被打开，尾盘封板被打开后奋力向上冲到涨停板，却未能封死；说明多空的分歧非常大，以至于最后的 2109 手高悬卖方上空，多方再也没有力量吃掉了；这就是一个消耗性的跳空缺口。图 8-2 告诉我们行情接近尾声，这一天伴随着的是巨大的成交量。如果身在其中，最后的几分钟无论如何都要获利止盈、出局回避风险。次日，盘中冲高后下跌，最后收出一根阴浪高线。当天我们在盘中也做了提示。其后该股一路下行。

## ★例2　“000912 泸天化”吊首线——获利止盈

2016年11月4日10:02，盘中我分析“000912 泸天化”也到顶了（图8-3）。

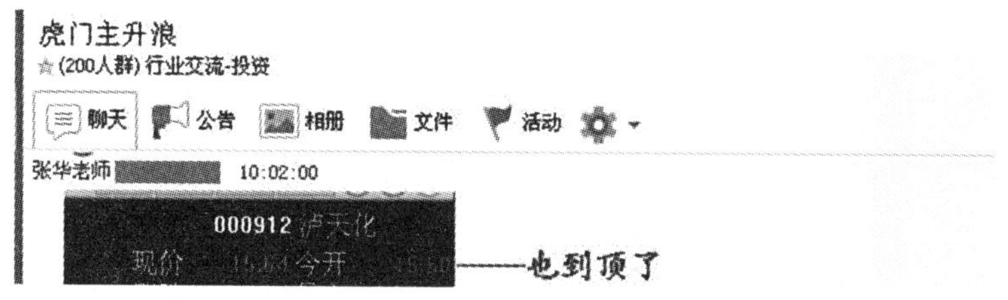


图8-3　盘中分析

尾盘在拉升时，我截图分析是一种骗线行为（图8-4）。

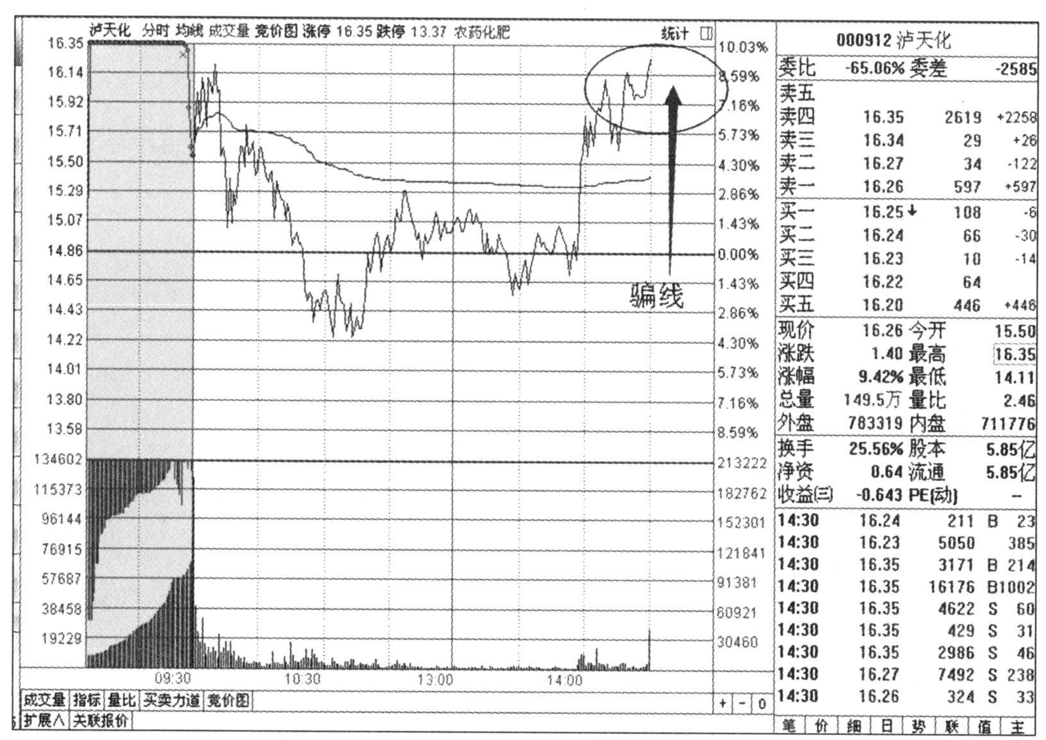


图8-4　泸天化分时图

在泸天化骗线拉升时，我继续分析其K线形态就是吊首线，在这里——既是涨停板，也是诱多骗线（图8-5）。

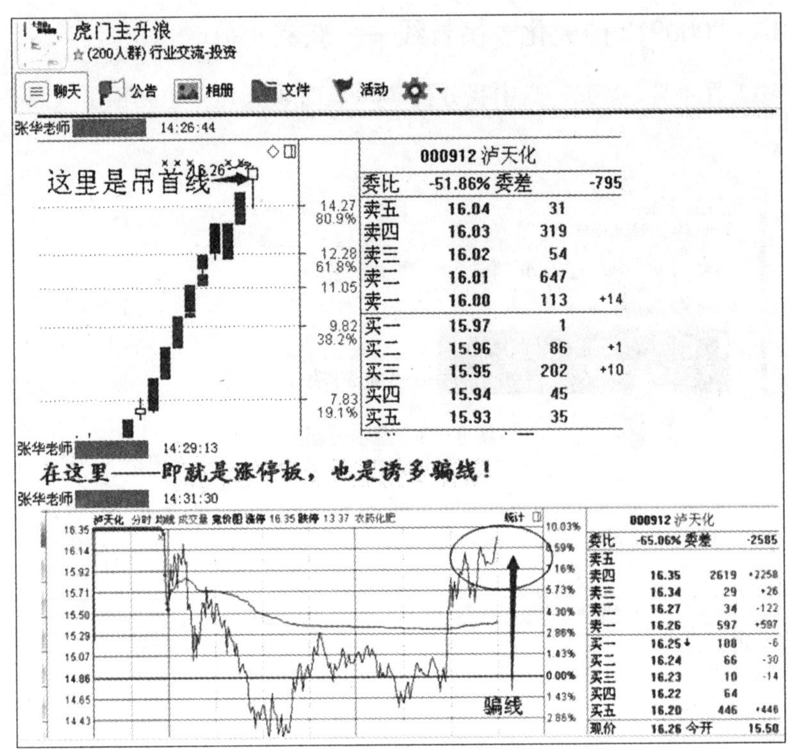


图 8-5 盘中分析

2016 年 11 月 4 日盘中截图——泸天化（图 8-6）。

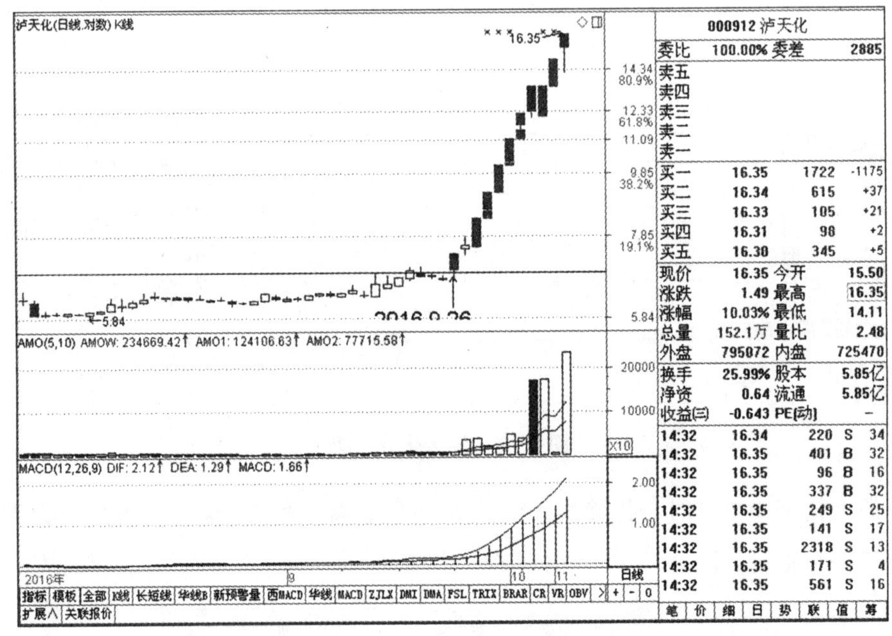


图 8-6 泸天化走势图

2016 年 11 月 4 日盘中截图——泸天化（图 8－7）。

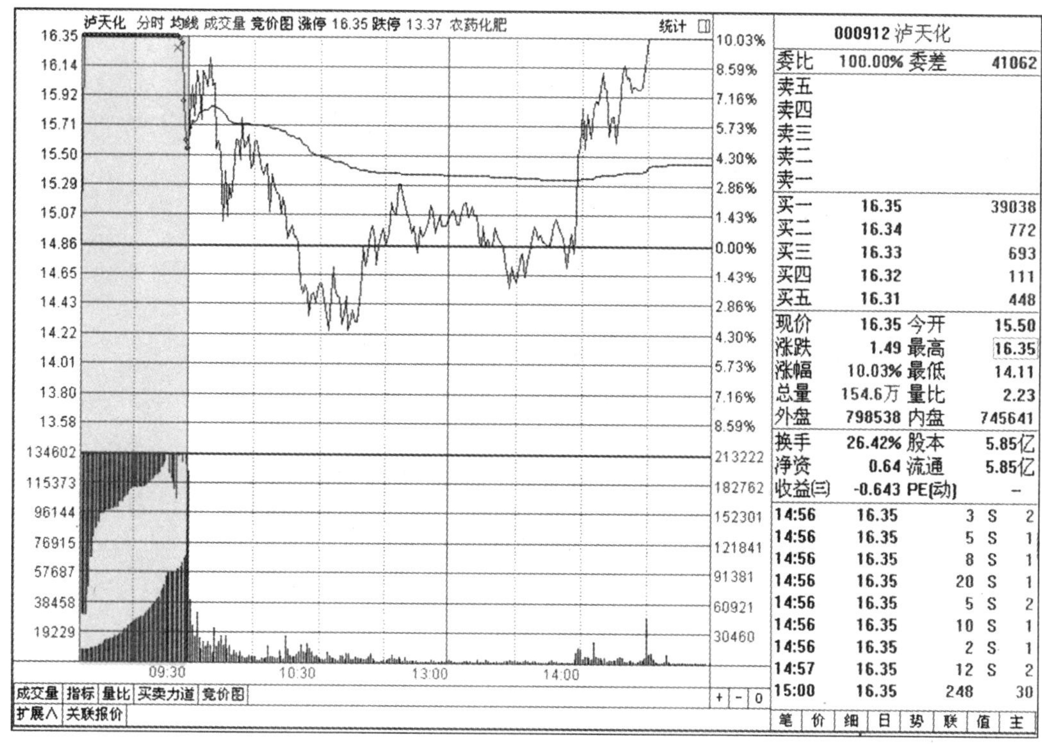


**图 8－7　泸天化分时图**

“酒田战法”原文：

【吊首线】——在上升的走势中，突然出现一支长下影线高悬在上，这种线型就称为“吊首线”，这是多头买势受挫的信号，并且十分的神准。

“吊首线”这一线型，可以推断为空头一时性的回补而将价位拉高，以及多头的获利了结，而导致下端拉出甚长的下影来（影线约为实体的 3 倍）。吊首线跳空，看来似乎还有一些涨势，但这是“骗线”形态之一，多头绝对不可贸然进场，否则将立刻被套牢。

注意：吊首线同样也有阴阳之分，无论阴阳都是骗线形态。在连续的大幅上涨之后，尾盘发现吊首线形态在欺骗市场时，就要坚决地、毫不犹豫地逢高获利止盈。

泸天化在吊首线出现的次日（2016 年 11 月 7 日），跳空低开，这种孕出线形态本身表明空方力量大于多方。

2016年11月7日盘中截图（图8－8）。

虎门主升浪
☆(200人群) 行业交流-投资
聊天 公告 相册 文件 活动
张华老师（■■■■）2016-11-07 9:36:02

| | 价格 | 数量 | 变动 |
|---|---|---|---|
| 卖十 | 15.46 | 30 | +30 |
| 卖九 | 15.45 | 45 | +45 |
| 卖八 | 15.43 | 638 | |
| 卖七 | 15.42 | 41 | |
| 卖六 | 15.40 | 153 | +7 |
| 卖五 | 15.39 | 133 | -15 |
| 卖四 | 15.38 | 198 | |
| 卖三 | 15.37 | 37 | |
| 卖二 | 15.36 | 209 | +14 |
| 卖一 | 15.35 | 389 | -15 |
| 买一 | 15.34 | 4 | +4 |
| 买二 | 15.33 | 4 | +4 |
| 买三 | 15.32 | 40 | +40 |
| 买四 | 15.31 | 4 | -144 |
| 买五 | 15.28 | 37 | -177 |
| 买六 | 15.27 | 137 | -2 |
| 买七 | 15.26 | 89 | |
| 买八 | 15.25 | 299 | +5 |
| 买九 | 15.24 | 25 | |
| 买十 | 15.23 | 25 | |

000912 泸天化

| | | | |
|---|---|---|---|
| 现价 | 15.34 | 今开 | 15.60 |
| 涨跌 | -1.01 | 最高 | 15.84 |
| 涨幅 | -6.18% | 最低 | 15.01 |
| 现量 | [illegible] | 均价 | 15.43 |
| 总量 | 164841 | 量比 | [illegible] |
| 涨停 | 17.99 | 跌停 | 14.72 |
| 总笔 | 14434 | 每笔 | 11.4 |
| 外盘 | 89691 | 内盘 | 75150 |
| 换手 | 2.82% | 股本 | 5.85亿 |
| 净资 | 0.64 | 流通 | 5.85亿 |
| 收益(三) | -0.643 | PE(动) | - |
| 净流入额 | | 466.1万 | 2% |
| 大宗流入 | | 11.5万 | 0% |
| 5日净流入额 | | -1.89亿 | -3% |
| 5日大宗流入 | | -3.31亿 | -5% |
| 09:34 | 15.30 | B | 36 |
| 09:34 | 15.30 | B | 69 |
| 09:34 | 15.30 | S | 57 |

图8－8 泸天化盘口数据

在尾盘，主力故伎重演，突破前一天的收盘价，是要继续上涨吗？非也，是骗局，我截图提示“有就赶快出”（图8－9）。

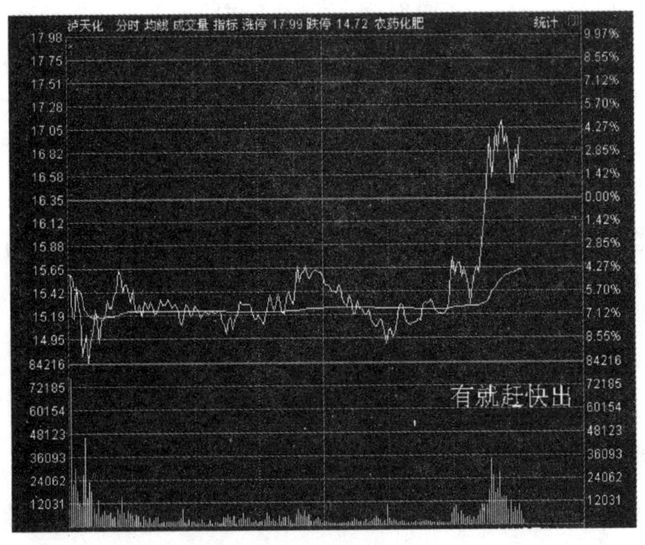


图8－9 泸天化分时图

收盘后，我们看到，一根浪高线又呈现在眼前，连续两天的K线形态提示我们，这就是波段的顶部。

2016年11月7日星期一收盘截图——泸天化（图8－10）。

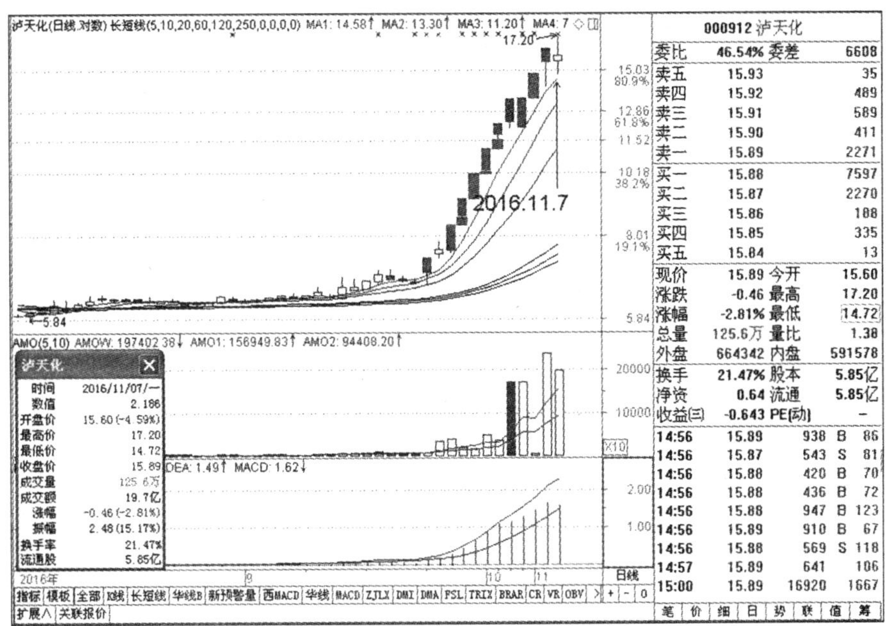

图 8－10　泸天化走势图

2016 年 11 月 7 日星期一收盘截图——泸天化（图 8－11）。

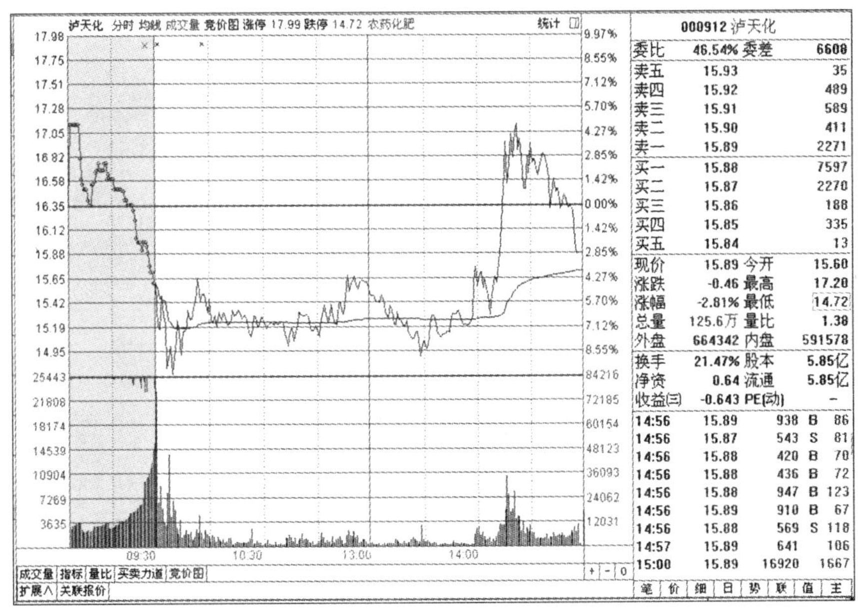

图 8－11　泸天化分时图

2016 年 11 月 10 日，泸天化拉升到涨停板，但依然低于 11 月 7 日的最高价，主力继续出货。次日，低开低走，继续出货，盘中形成一个孕出线形态，同时形成双顶形态，我截图分析“应该获利止盈”。

2016 年 11 月 11 日盘中截图——泸天化（图 8 - 12）。

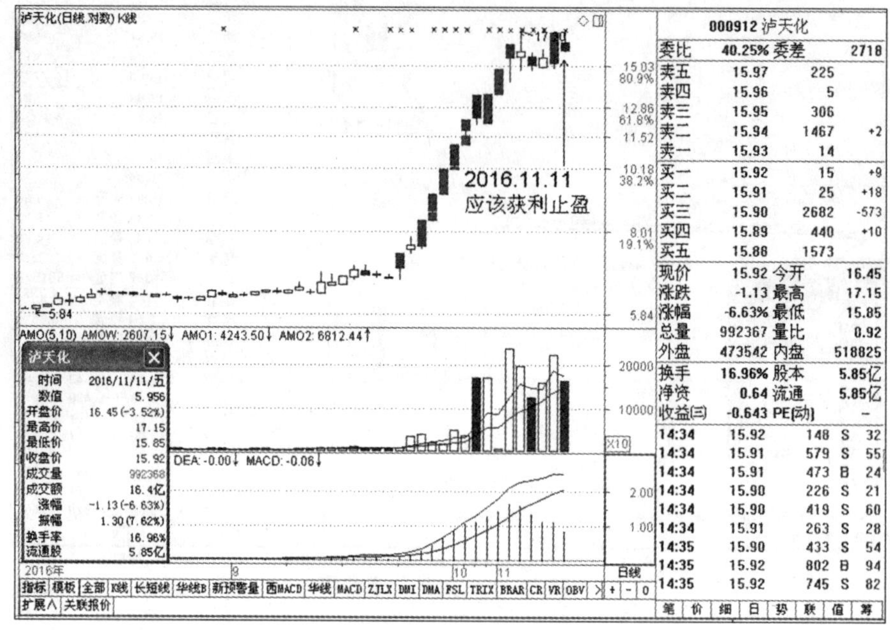


图 8 - 12　泸天化走势图

## ★例 3　“600288 大恒科技”射击之星——获利止盈

2016 年 11 月 11 日我在盘中分析提示，应该获利止盈（图 8 - 13）。

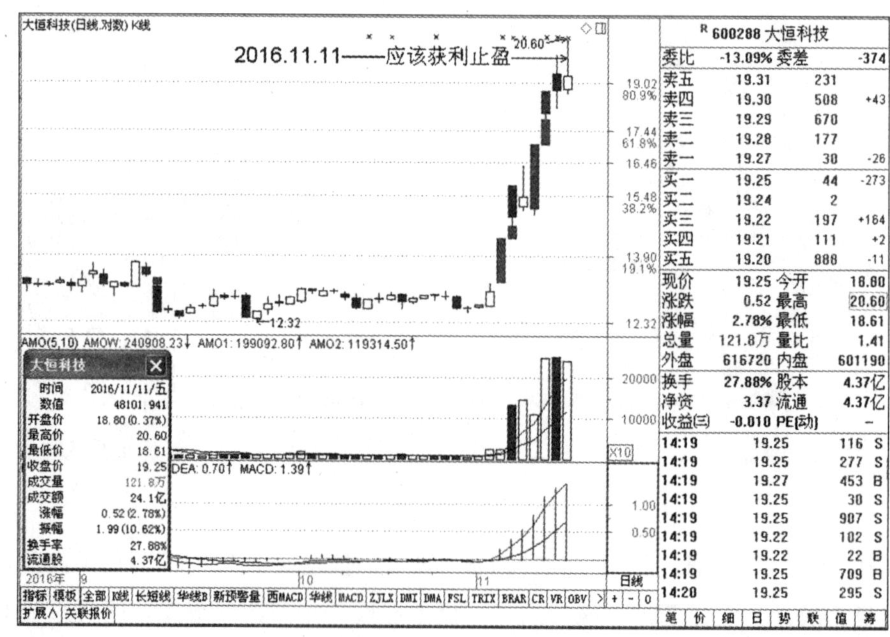


图 8 - 13　大恒科技走势图

盘中获利了结（图8－14）。

| 大恒科技 | 卖出 | 19.500 | 200.00 | 3900.00 | 8032763 | 31 | E0440386 |
|---|---|---|---|---|---|---|---|
| 大恒科技 | 卖出 | 19.500 | 200.00 | 3900.00 | 8034309 | 31 | E0440386 |
| 大恒科技 | 卖出 | 19.500 | 200.00 | 3900.00 | 8034710 | 31 | E0440386 |
| 大恒科技 | 卖出 | 19.500 | 600.00 | 11700.00 | 8034948 | 31 | E0440386 |
| 大恒科技 | 卖出 | 19.500 | 400.00 | 7800.00 | 8036522 | 31 | E0440386 |
| 大恒科技 | 卖出 | 19.290 | 2000.00 | 38580.00 | 9224378 | 33 | E0440386 |
| 大恒科技 | 卖出 | 19.290 | 500.00 | 9645.00 | 9224379 | 33 | E0440386 |
| 大恒科技 | 卖出 | 19.290 | 200.00 | 3858.00 | 9224380 | 33 | E0440386 |
| 大恒科技 | 卖出 | 19.290 | 3100.00 | 59799.00 | 9224381 | 33 | E0440386 |

| 大恒科技 | 卖出 | 19.360 | 200.00 | 3872.00 | 7292686 | 20 | E0440386 |
|---|---|---|---|---|---|---|---|
| 大恒科技 | 卖出 | 19.360 | 2000.00 | 38720.00 | 7292687 | 20 | E0440386 |
| 大恒科技 | 卖出 | 19.360 | 100.00 | 1936.00 | 7292944 | 20 | E0440386 |
| 大恒科技 | 卖出 | 19.360 | 200.00 | 3872.00 | 7293205 | 20 | E0440386 |
| 大恒科技 | 卖出 | 19.360 | 100.00 | 1936.00 | 7293429 | 20 | E0440386 |

**图8－14　卖出大恒科技交割单**

射击之星是浪高线的一个变种形态，一般有长长的上影线，没有下影线或有一点微乎其微的下影线；上影线表明上涨遇到了强大的阻力。当一波上涨到波段高位，主力出货时，拉高引诱不明真相的投资人买进。

注意：射击之星也有阴阳之分；阳线表现比阴线要强势一些，阳线后横盘的时间一般长于阴线后的横盘时间；阳射击之星出货量小于阴射击之星的出货量；无论阴阳，最好逢高获利止盈，免得被主力折磨时间、折磨心理。

### ★例4　“300402宝色股份”浪高线——获利止盈

“酒田战法”原文：

【浪高线】——一种波涛汹涌而欲掀起大浪的走势，到最后看两支日线的发展情形。第一支为小阳线，但上下影线甚长，这表示在上升的过程中涨跌都受到限制，所以收实体甚小的小阳线，这种线型的出现是表示“攻防分歧”，这时多头和空头都必须休战片刻，翌日开盘如何才是关键。

如果次日仍然没有大的发展，而只是出“孕出线”而已，那么整个涨势就到此告一段落。浪高线的尾端如果带有长长的上影线，就表示这一波涨势已到达天井，所以多头必须迅速获利出场为妙。

注意：

（1）浪高线也分阴阳两种。在一波大幅上涨之后，无论阴阳，都是顶部到来的信号。看看上证指数在 2015 年 5 月的阳浪高线、6 月的阴浪高线——其后的暴跌就可以早早地回避了。

（2）K 线形态不仅仅指日线，周线、月线及 60 分钟的含义基本一样。

2016 年 11 月 11 日盘中截图——宝色股份（图 8－15）。

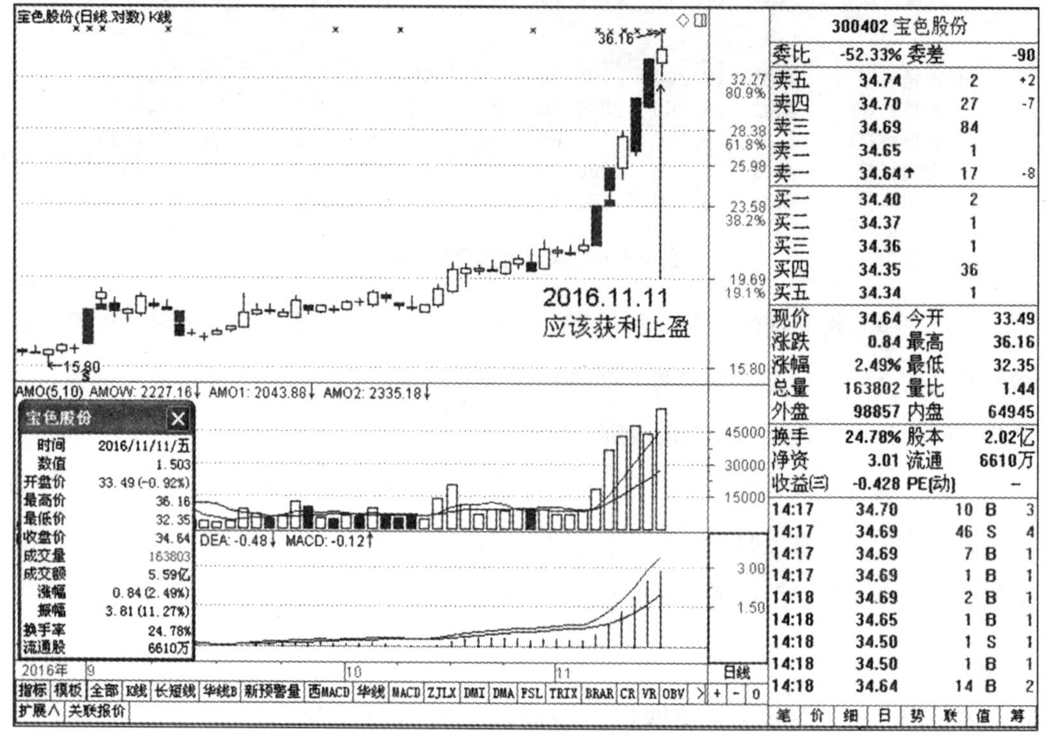


图 8－15　宝色股份走势图

★ 例 5　“002122 天马股份”上升最后的怀抱线——获利止盈

2016 年 11 月 3 日星期四截图——天马股份（图 8－16）。

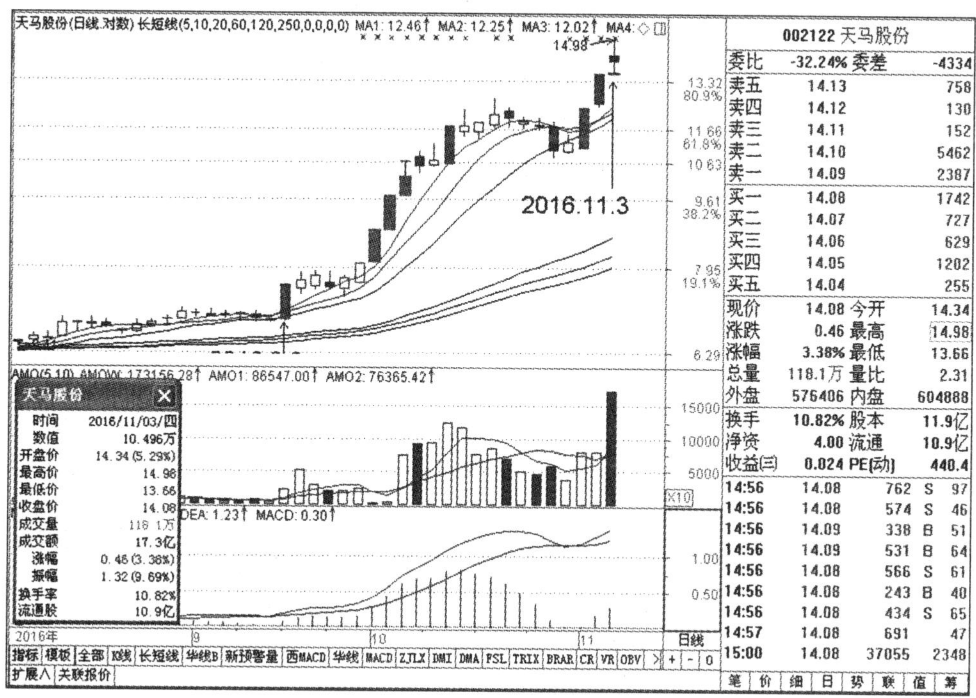


**图 8－16　天马股份走势图**

2016 年 11 月 3 日星期四截图——天马股份（图 8－17）。

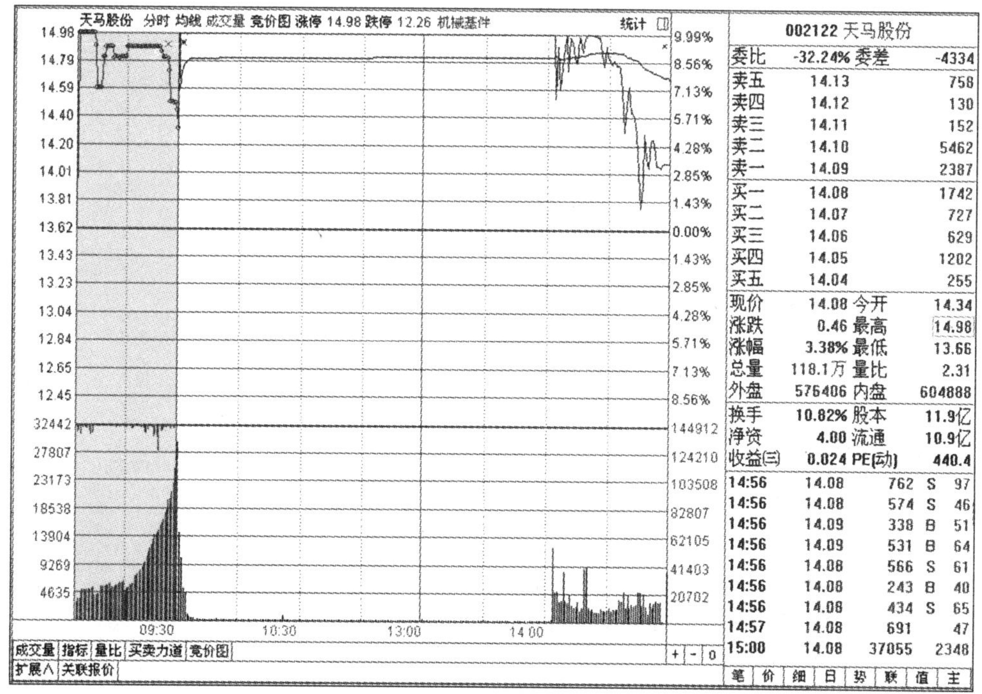


**图 8－17　天马股份分时图**

2016 年 11 月 4 日星期五截图——天马股份（图 8－18）。

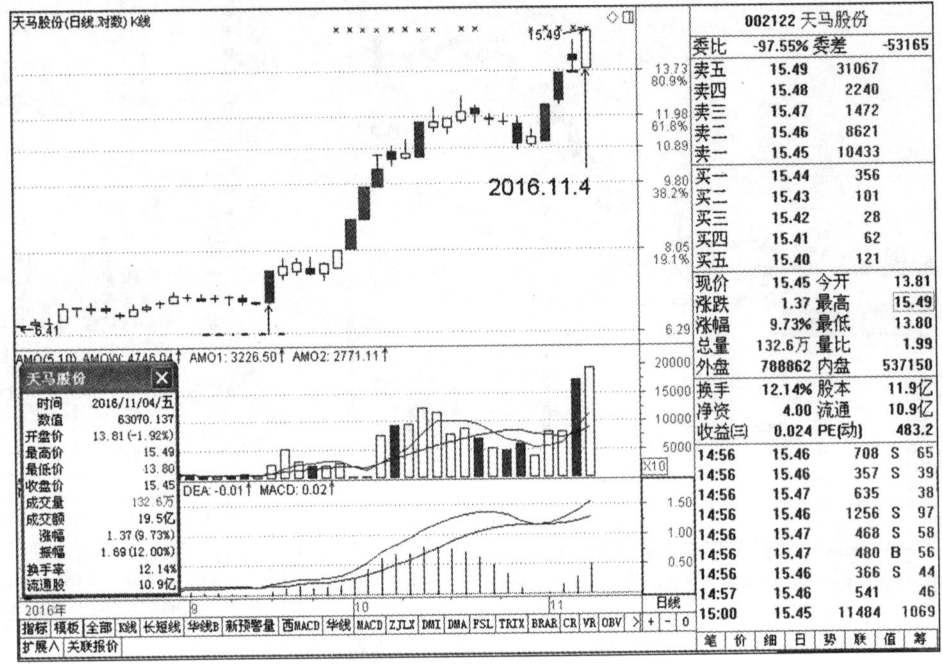


**图 8－18　天马股份走势图**

2016 年 11 月 4 日星期五截图——天马股份（图 8－19）。

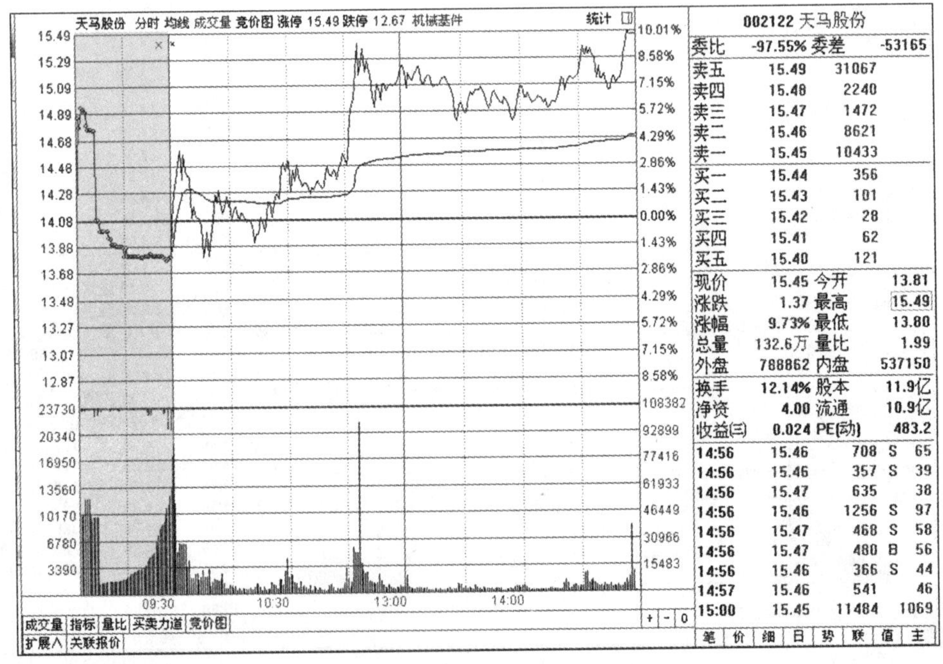


**图 8－19　天马股份分时图**

“酒田战法”原文：

【上升最后的环抱线】——在一连串的上升之后，最后出现一支大阳线，几乎环抱着前面的几支日线的涨势。乍看之下，好像是一种上涨的信号。不过，多头全力买进的结果，可能就会引发日后的下挫。

上升最后怀抱线的出现，必须确认它是否属于“骗线”——如果翌日低开时就可确认它是骗线，可立刻改持空头抛售的方针。当然也有翌日高开的情况；不过，最后如果收阴线时，仍然为看坏。所以，上升最后怀抱线是“转抛”的线型之一。

我在《借刀斩牛股》中是这样解析的：“判断上升最后的怀抱线第一个有力的武器，就是看这根长阳拉起的时间，如果是在尾盘拉起，那么骗线的概率就很大；

第二个有力的武器，就是看次日是阴线还是阳线，如果是阴线，那么骗线就可确认；

第三个有力的武器，就是看次日涨升的幅度是大是小，如果涨升的幅度小，或者仅仅是一根极短线，不论阴阳，都是见顶的信号，卖出是最佳的选择。”

天马股份在上升最后怀抱线次日，低开后横向盘整震荡，引诱不明真相的投资者买进。

上升最后怀抱线也有阴怀抱线，实际上是上升最后怀抱线的一个变种。一波大幅上涨后，某日高开低走一路向下，把前一日的阳线全部抱在其中，几乎从涨停板到跌停板，幅度之大，说明主力出货之坚决。面对这种形态，唯一的选择在盘中越早卖出越好，从集合竞价到开盘就给出了获利止盈的信号。

2016年11月7日截图——天马股份（图8－20）。

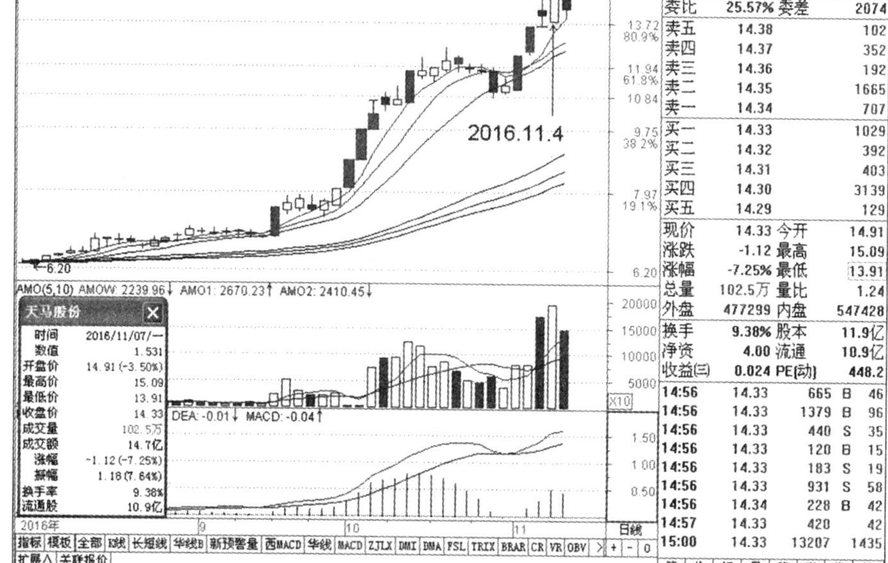


**图8－20　天马股份走势图**

## ★例 6　“002732 燕塘乳业”孕出线——获利止盈

2016 年 11 月 11 日盘中截图——燕塘乳业（图 8－21）。

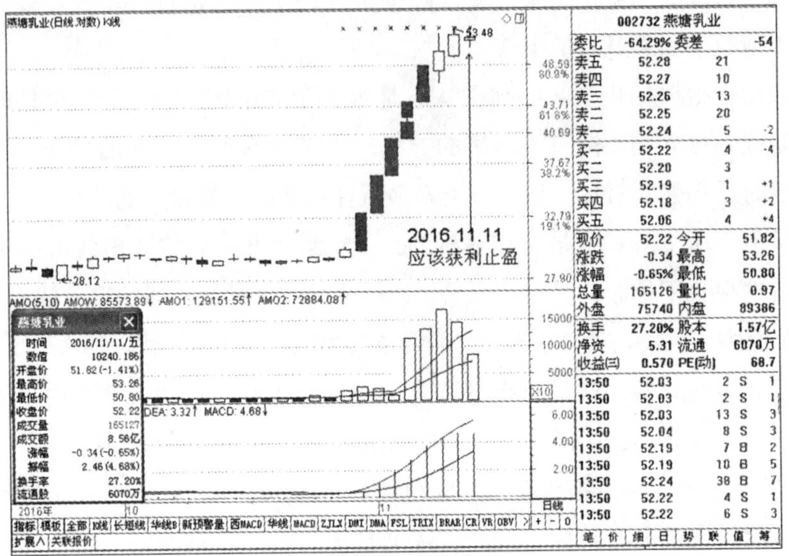


图 8－21　燕塘乳业走势图

孕出线是指……测试一下读者的理解程度。

## ★例 7　“601003 柳钢股份”外孕十字线——获利止盈

2016 年 12 月 6 日盘后截图——柳钢股份（图 8－22）。

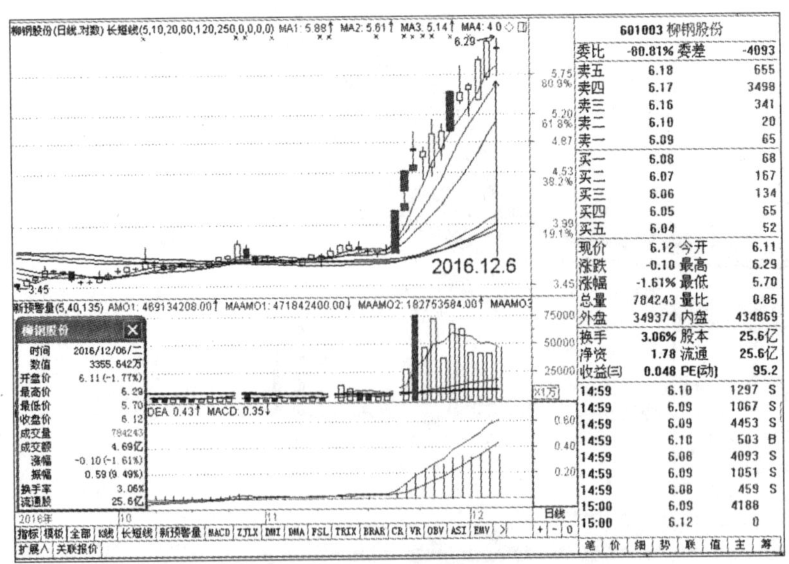


图 8－22　柳钢股份走势图

2016年12月6日盘后截图——柳钢股份（图8-23）。

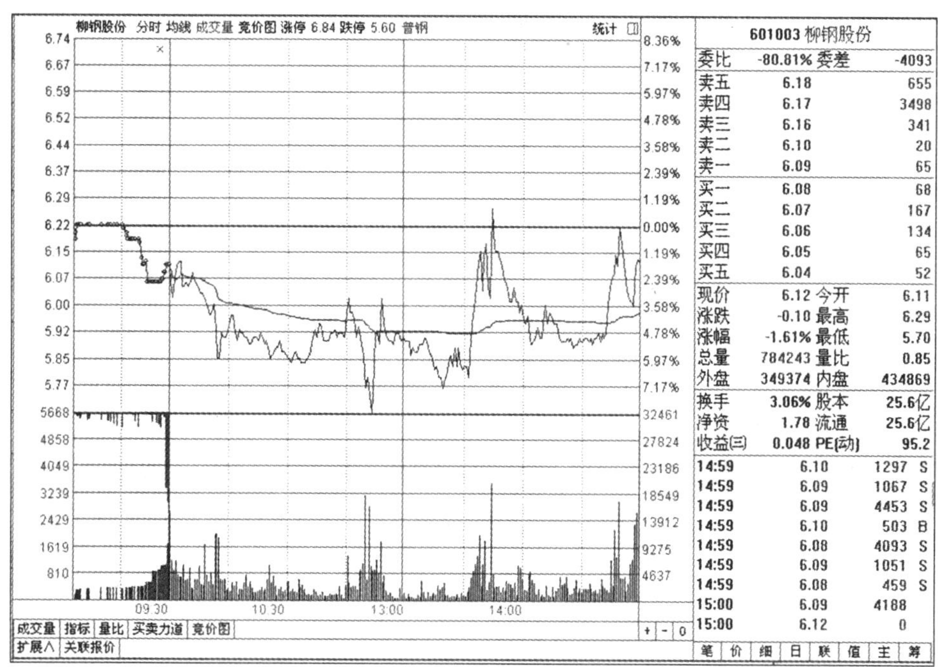

图8-23　柳钢股份分时图

## 第二节　阴线获利止盈

阴线获利止盈是指盘中已经出现了阴线的形态，表明下跌已经开始，在当天盘中最好及时获利止盈，否则将面临更大的损失。

### ★例1　“600149廊坊发展”大阴线——获利止盈

2016年11月7日星期一，廊坊发展低开后一波下跌到跌停板，14:15跌停板打开，在反弹时我点评到“建议……有就赶快出”（图8-24）。

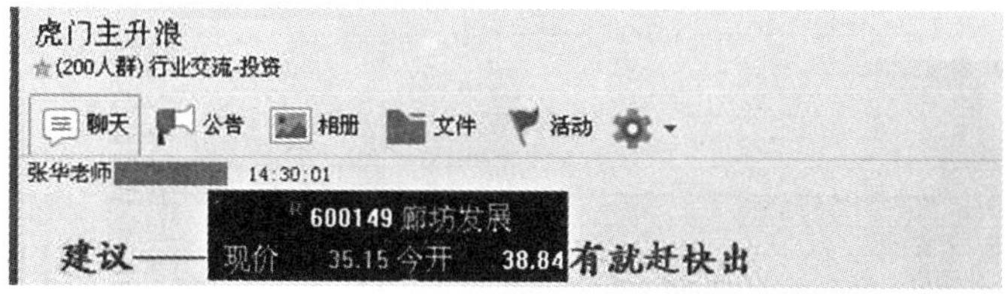


图8-24　盘中点评

2016 年 11 月 7 日星期一收盘截图（图 8－25）。

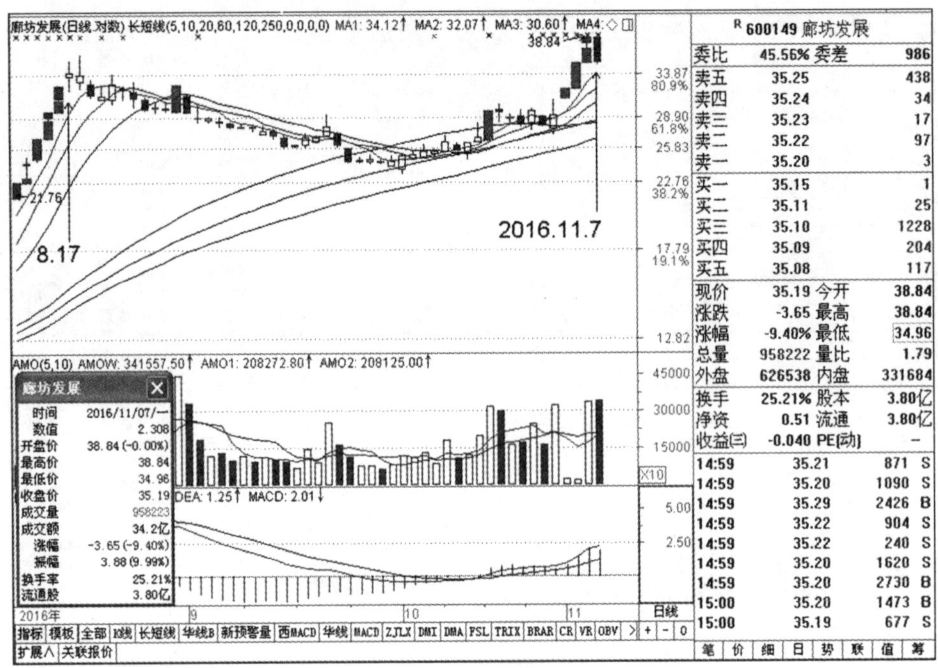


图 8－25　廊坊发展走势图

2016 年 11 月 7 日星期一收盘截图（图 8－26）。

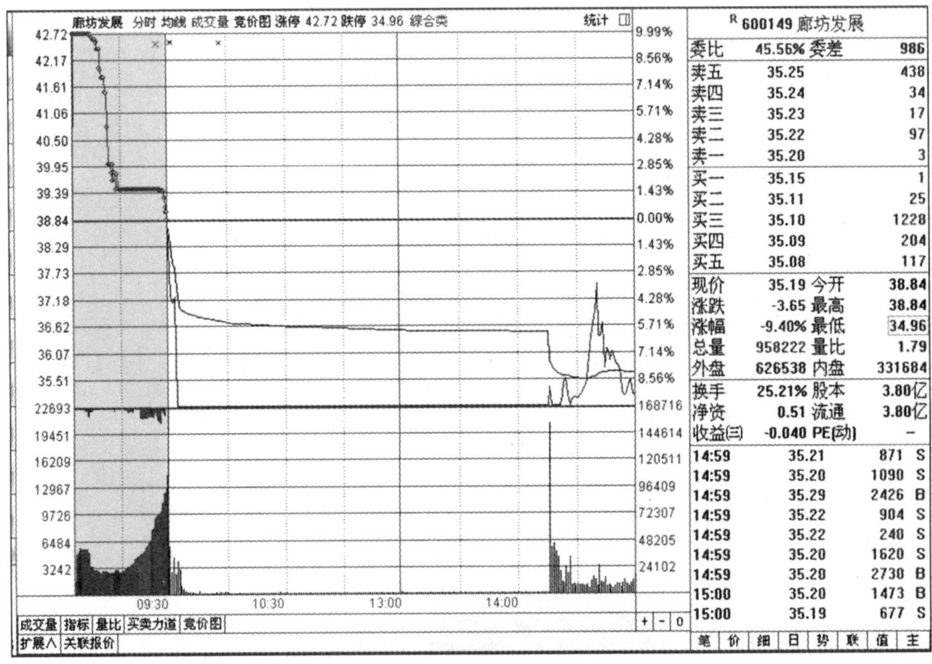


图 8－26　廊坊发展分时图

大阴线：指高开低走、跌幅超过5%的阴线；通常有两种，一种是跳空高开收长阴，另一种是跳空低开收长阴。

大阴线下跌的时间常见4种：开盘后一路下跌；开盘一刻钟后（或20分钟、半小时、一个小时）开始下跌；上午收盘前大跌；尾盘开始跳水下跌。

当股价经过一波上涨之后出现的大阴线，无疑是主力在出货；盘中一旦发现大阴线下跌幅度超过获利止盈幅度，就要在盘中反弹逢高出局，最迟当天收盘前也要出局。

相同类型大阴线的个股还有：

002780 三夫户外——2016年11月2日；

000038 深大通——2016年11月3日；

000567 海德股份——2016年11月4日。

## ★例2　“600321国栋建设”覆盖线——获利止盈

覆盖线：大阴线的变种形态，是因为它的阴线几乎覆盖阳线而得名。在一波大幅上涨后，接着前日的大阳线之后的高开低走，下跌幅度只要超过前阳线的二分之一，就可以看作是覆盖线形态，就可以做空卖出；如阴线收越低，表示卖压愈大；如接近前阳线的开盘位置，这时表示市场卖压甚大，必须坚决地获利止盈。

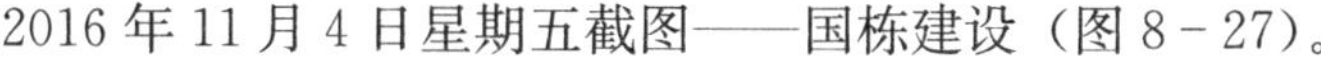

2016年11月4日星期五截图——国栋建设（图8－27）。

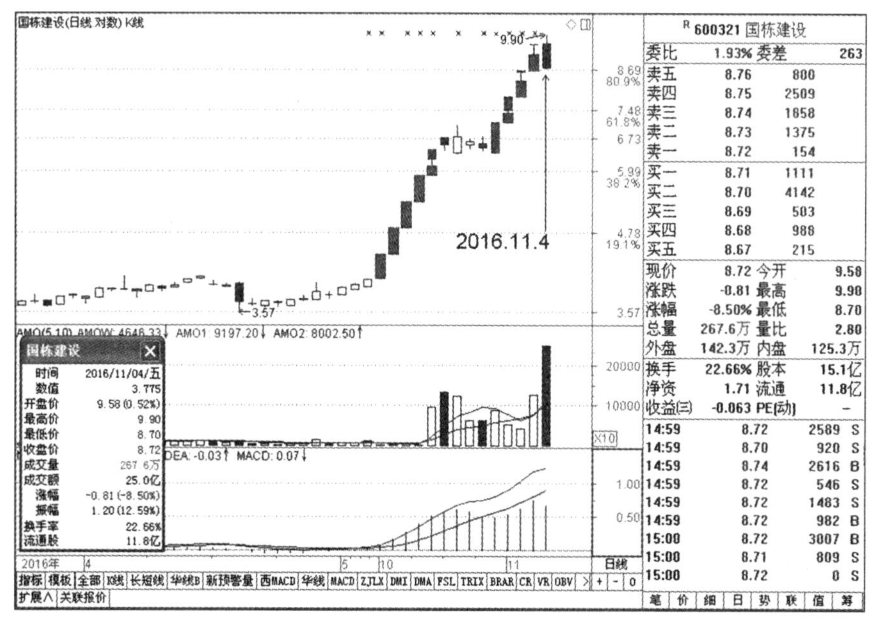


**图8－27　国栋建设走势图**

2016 年 11 月 4 日星期五截图——国栋建设（图 8－28）。

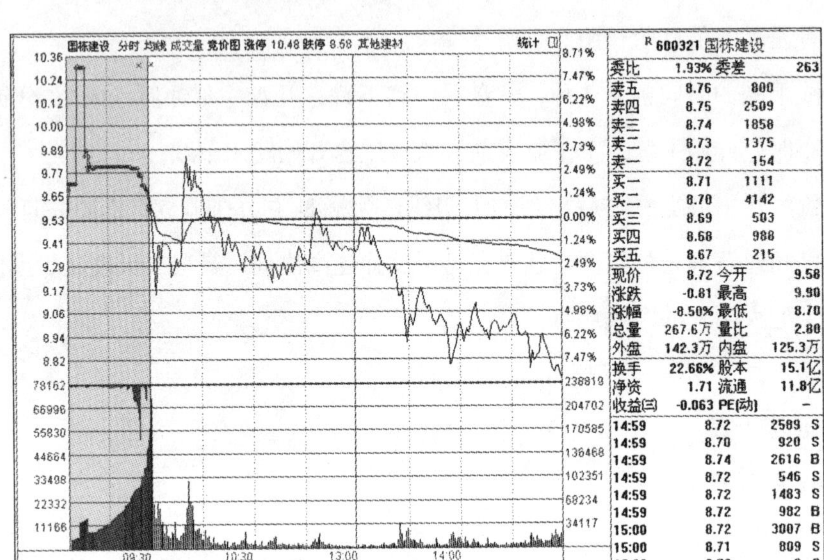


图 8－28　国栋建设分时图

## ★例 3　“002486 嘉麟杰”吊首线——获利止盈

吊首线有阴阳之分，无论阴阳其骗线的意图已经暴露，无非是阳吊首线更具欺骗性，阴吊首线则暴露无遗。具体含义可以参见上一节第二例。

2016 年 11 月 10 日星期四截图——嘉麟杰（图 8－29）。

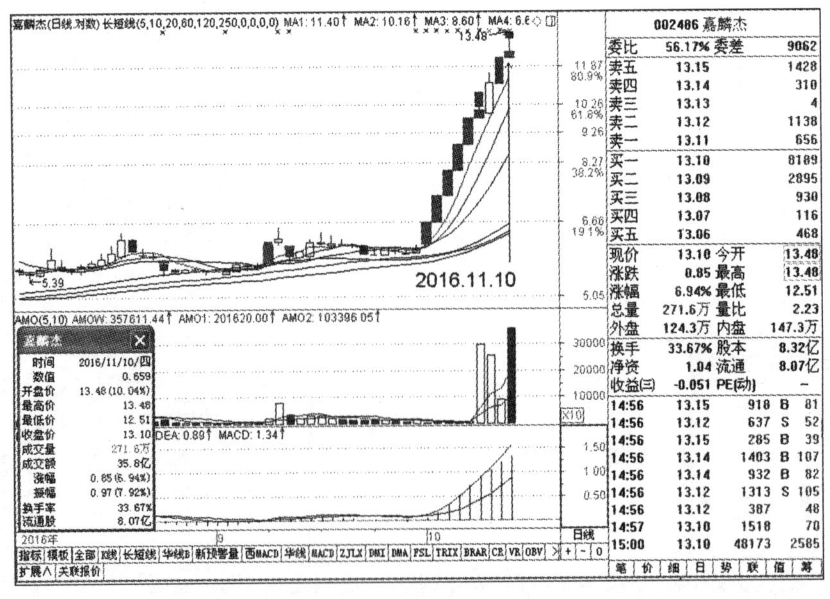


图 8－29　嘉麟杰走势图

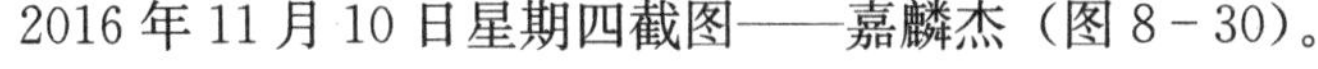

2016 年 11 月 10 日星期四截图——嘉麟杰（图 8 - 30）。

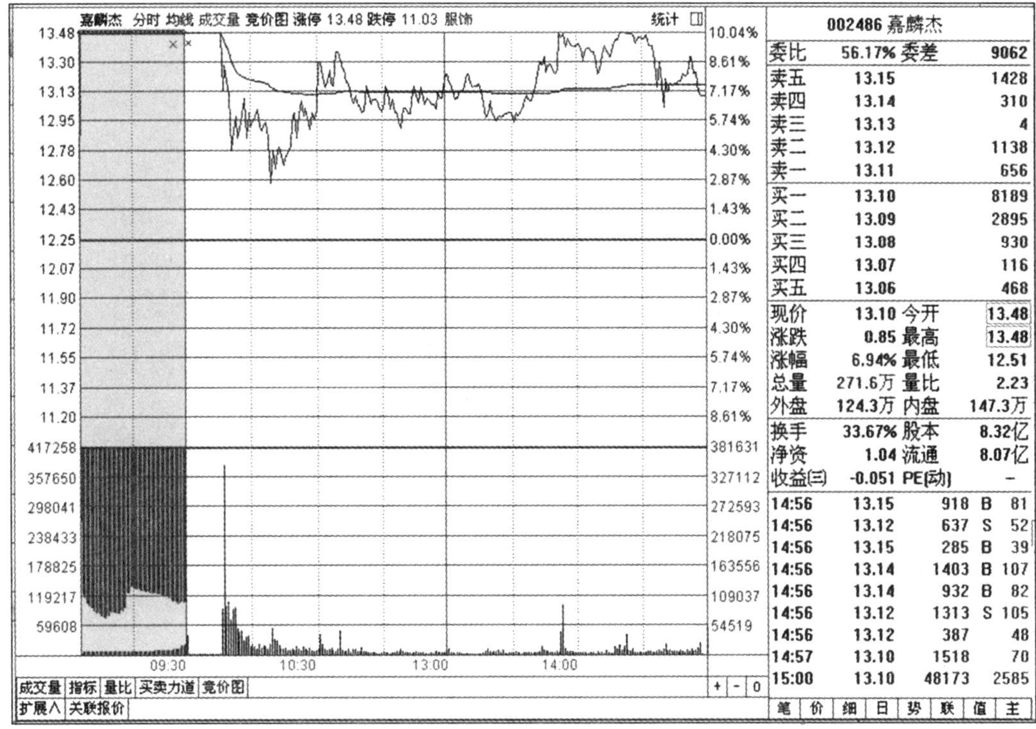


**图 8 - 30　嘉麟杰分时图**

2016 年 11 月 10 日星期四截图（图 8 - 31）。

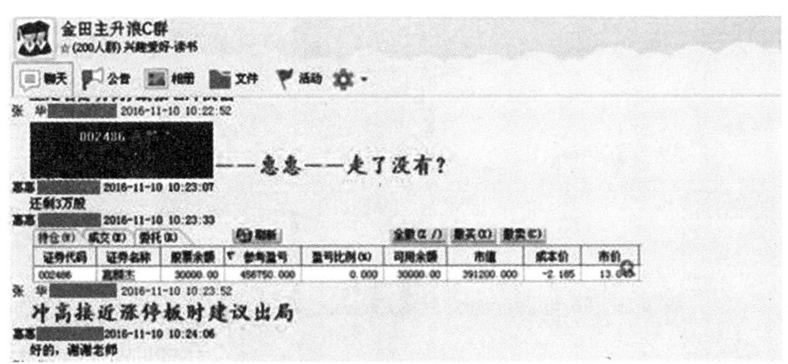


**图 8 - 31　QQ 交流**

2016 年 11 月 11 日星期五截图——嘉麟杰（图 8－32）。

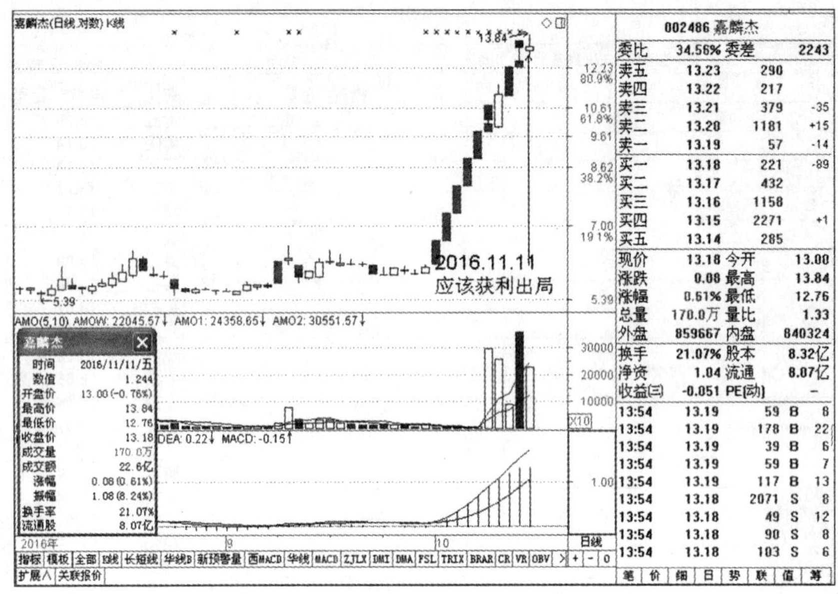


图 8－32　嘉麟杰走势图

## ★ 例 4　“300506 名家汇”射击之星——获利止盈

射击之星具体含义参见上一节第三例。

2016 年 11 月 3 日盘后截图——名家汇（图 8－33）。

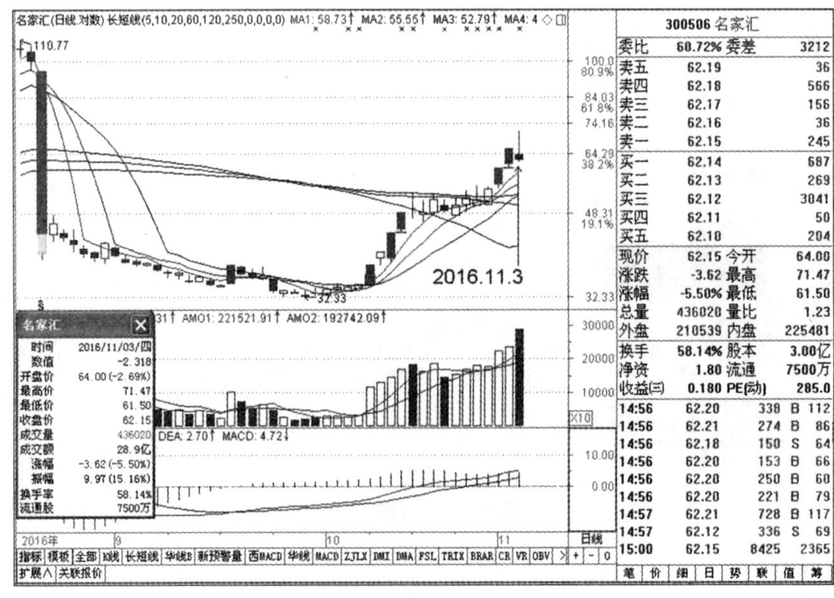


图 8－33　名家汇走势图

2016年11月3日盘后截图——名家汇（图8－34）。

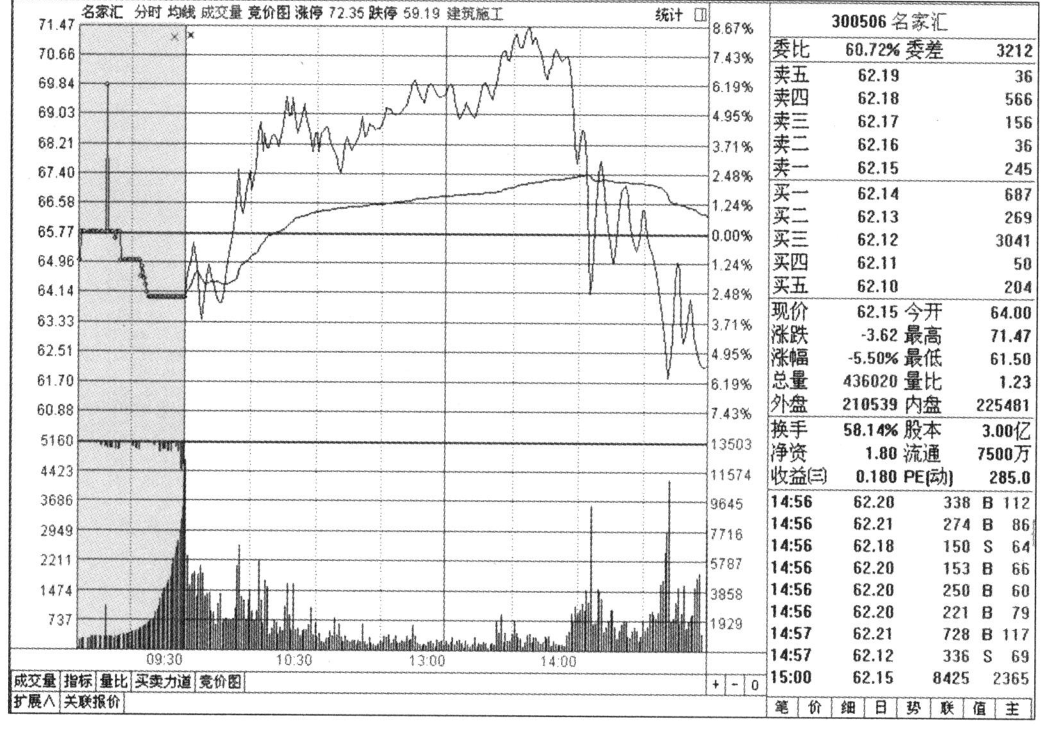


图8－34 名家汇分时图

## ★例5 “000935四川双马”浪高线——获利止盈

2016年11月3日星期四QQ截图（图8－35）。

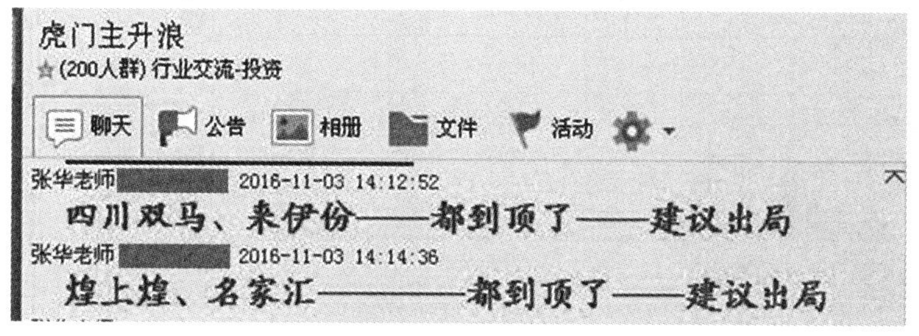


图8－35 QQ截图

浪高线具体含义参见上一节第四例。

2016 年 11 月 3 日星期四截图——四川双马（图 8 - 36）。

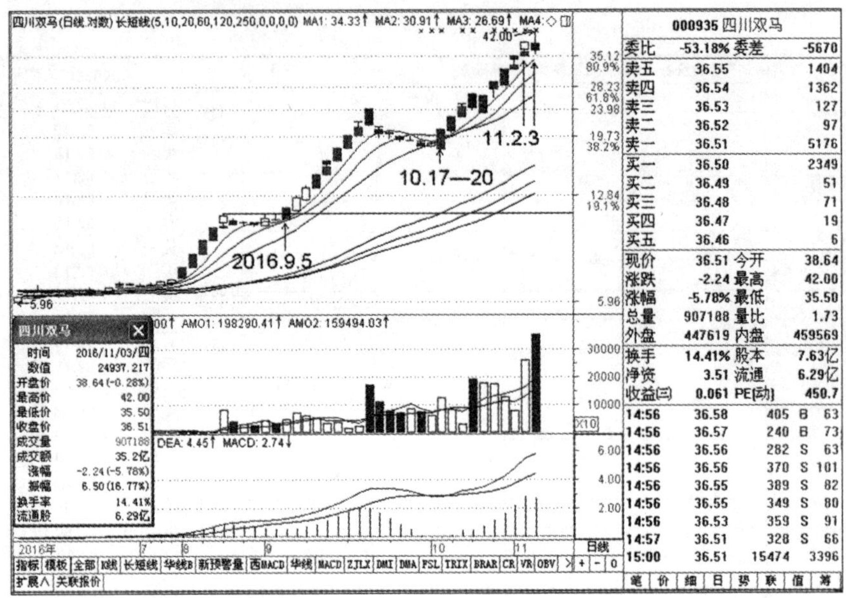


图 8 - 36　四川双马走势图

2016 年 11 月 3 日星期四截图——四川双马（图 8 - 37）。

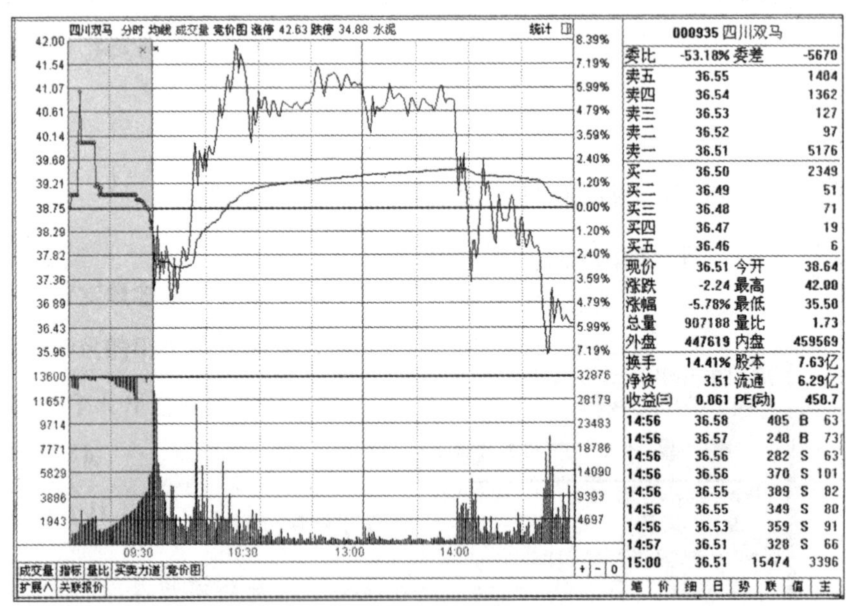


图 8 - 37　四川双马分时图

阴浪高线实例：

603777 来伊份——2016 年 11 月 3 日、11 月 11 日；

002695 煌上煌——2016 年 11 月 3 日。

2016 年 11 月 16 日盘中截图——宝塔实业（图 8－38）。

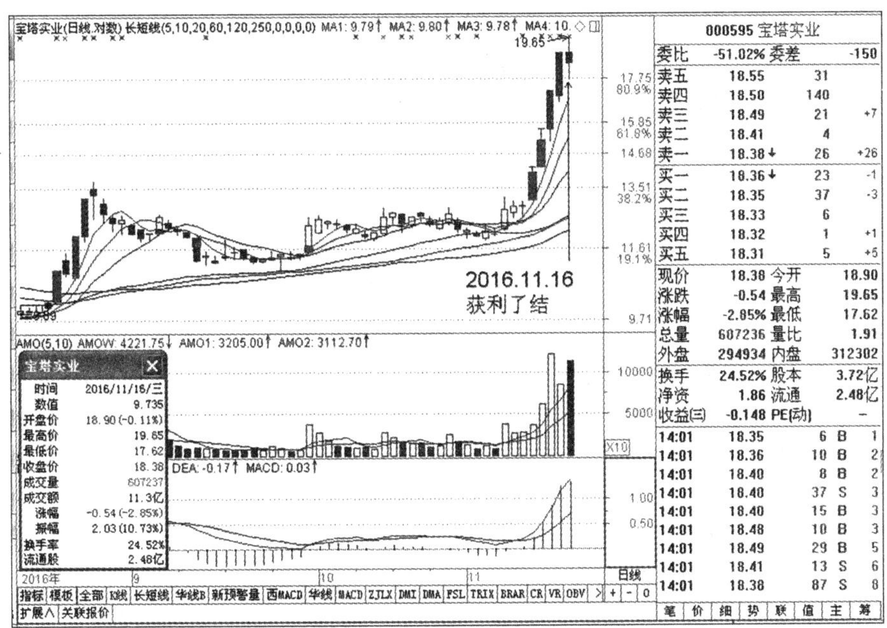


图 8－38　宝塔实业走势图

2016 年 11 月 16 日盘后截图——宝塔实业（图 8－39）。

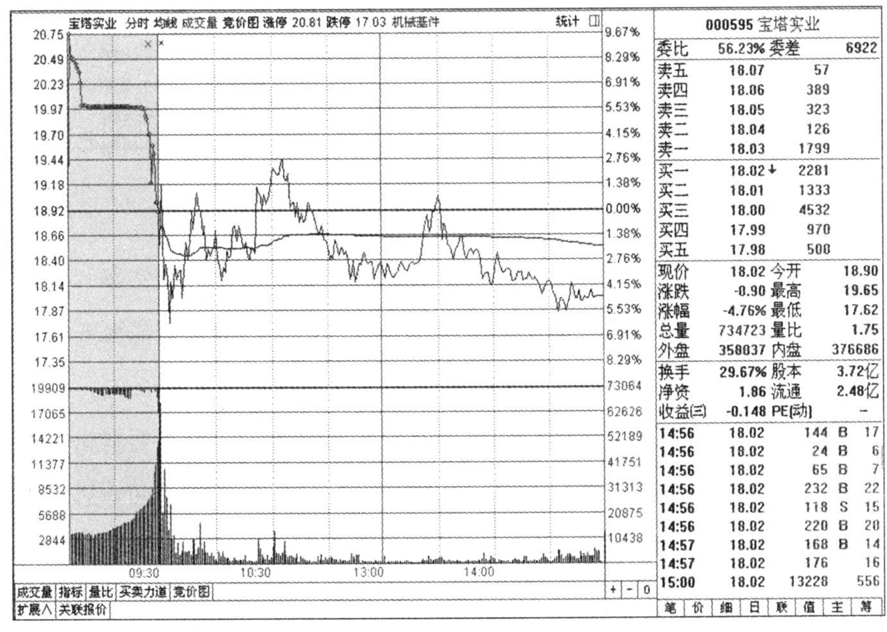


图 8－39　宝塔实业分时图

在11月16日出现浪高线后，宝塔实业进行横向盘整，注意在此期间又出现了“交错线”形态，一阳一阴交错出现；两种形态更加说明这个波段的顶部到了，必须出局回避风险。风险过后，如果再度上涨则可以再度介入，这样避免了上上下下来回坐电梯，也可以使利润最大化。

2016年11月25日星期五盘后截图——宝塔实业（图8-40）。

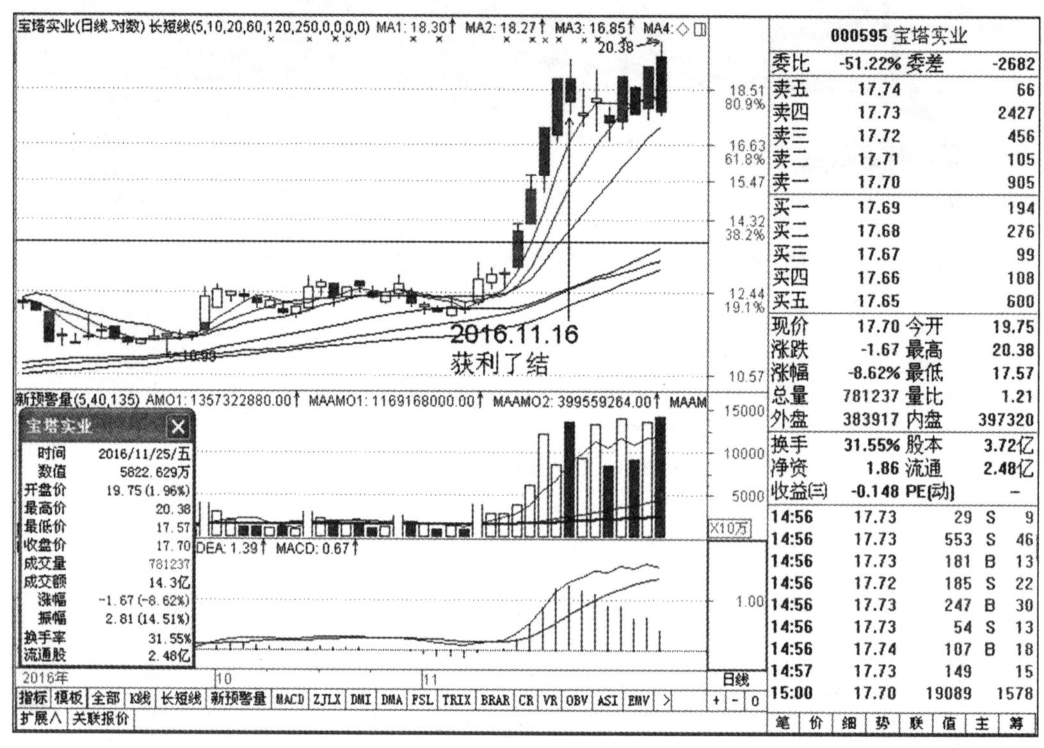


**图8-40 宝塔实业走势图**

## ★例6 “601020 华钰矿业”外孕十字星——获利止盈

外孕十字星具体含义参见上一节第七例。

2016年11月4日星期五盘后截图——华钰矿业（图8-41）。

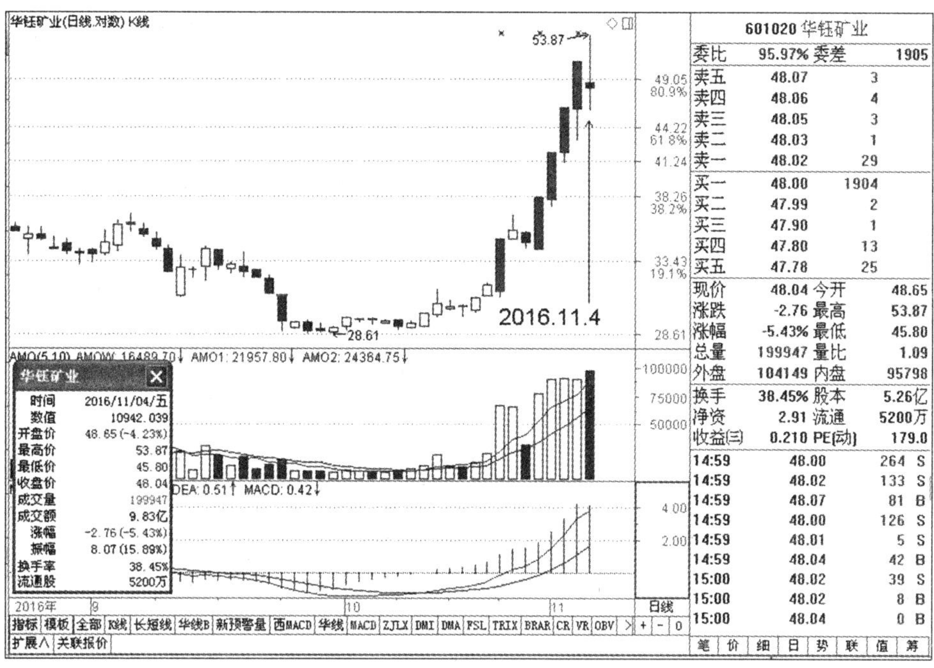


图8-41 华钰矿业走势图

2016年11月4日星期五盘后截图——华钰矿业（图8-42）。

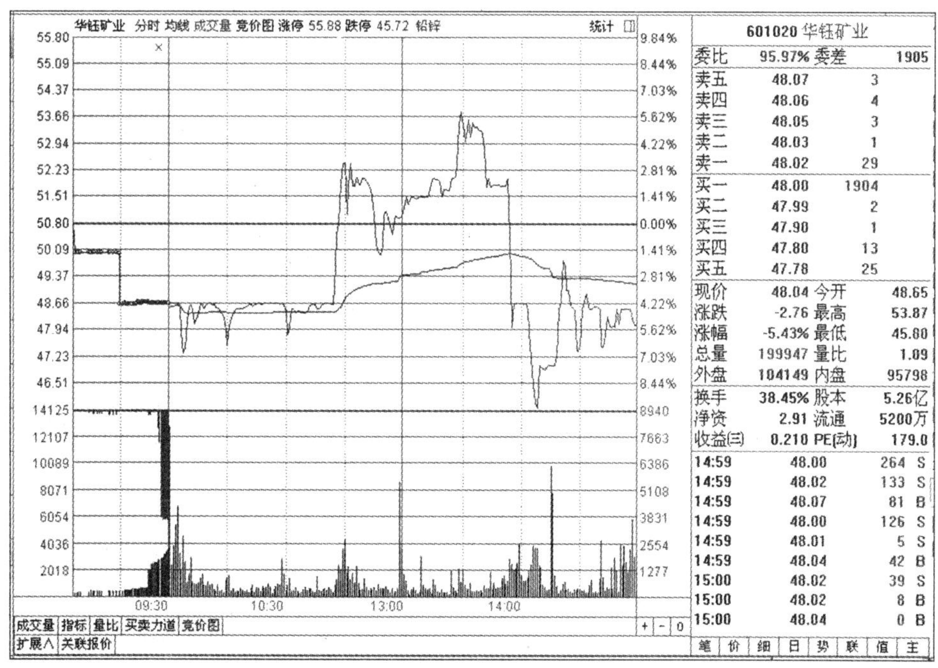


图8-42 华钰矿业分时图

实例：

002782 可立克——2016 年 11 月 3 日（请读者自己复盘）。

### ★例 7　“002813 路畅科技”夜星——获利止盈

2016 年 11 月 14 日，路畅科技跳空低开，形成一个“夜星”形态，盘中会看到，一路下跌抛盘不断；盘中只要你想卖出就能卖出，关键是不懂这种形态的人感觉不到面临的巨大风险。

“夜星”形态的具体含义可以参看《借刀斩牛股》一书第 126 页。

2016 年 11 月 14 日星期一盘中截图——路畅科技（图 8－43）。

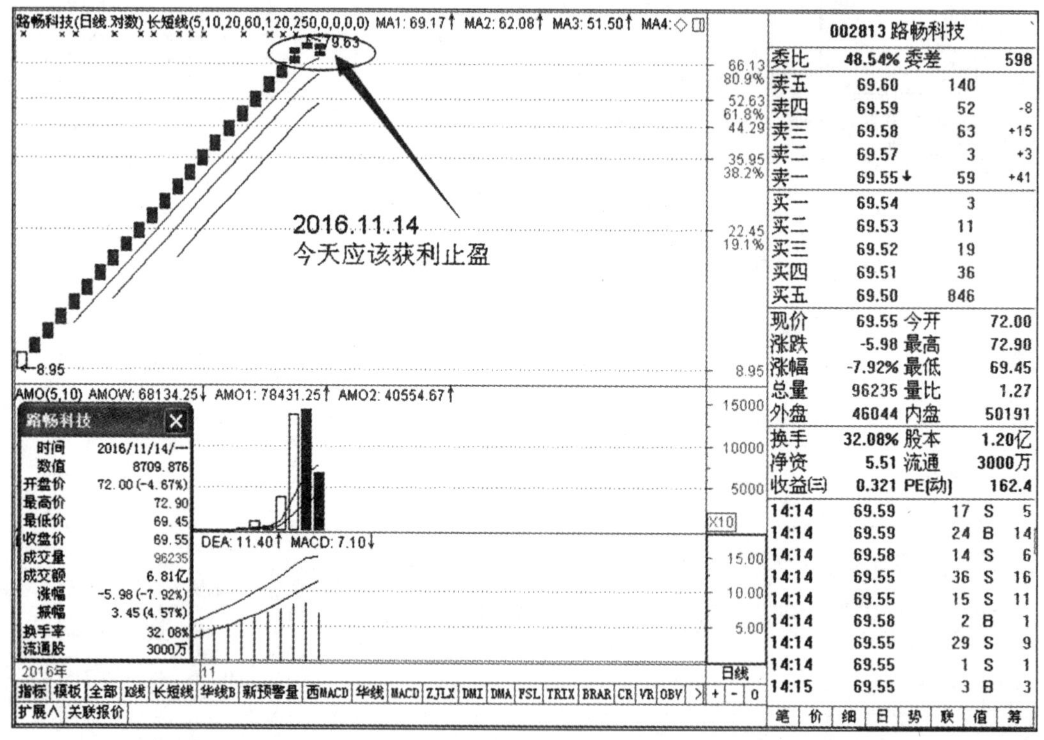


图 8－43　路畅科技走势图

2016 年 12 月 23 日星期五截图——路畅科技（图 8 - 44）。

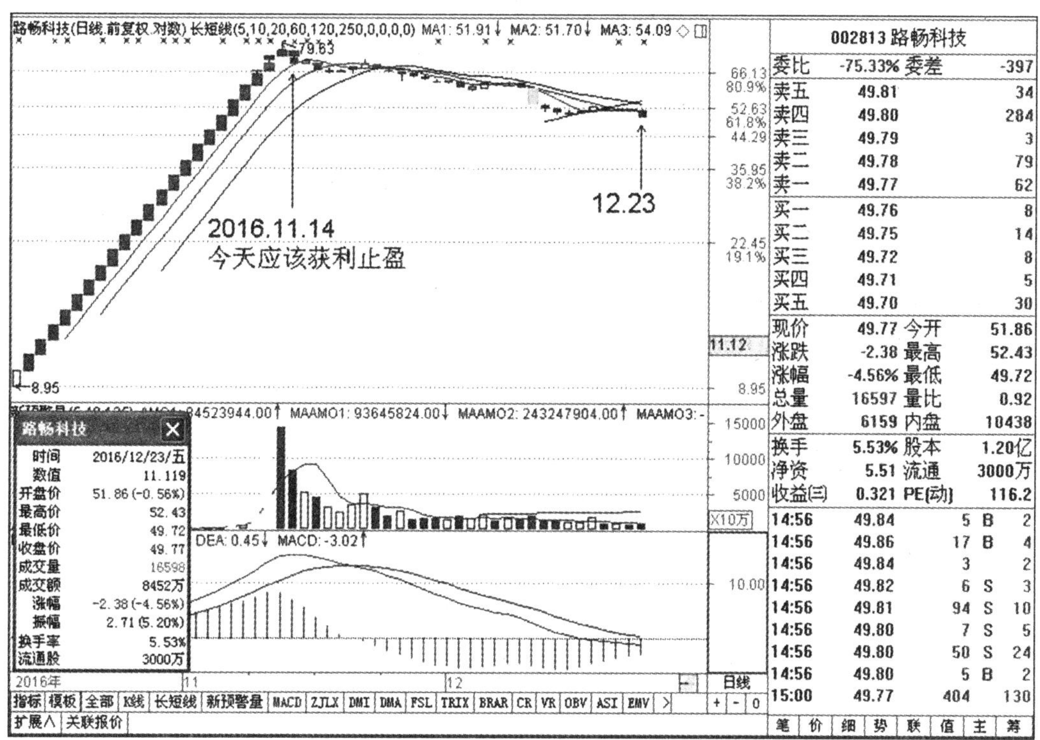


**图 8 - 44　路畅科技走势图**

## 第三节　雄安新区第一波主升浪顶部形态

2017 年 4 月 1 日，新华通讯社受权发布：中共中央、国务院决定设立河北雄安新区。涉及河北省雄县、容城、安新 3 县及周边部分区域的雄安新区，迅速成为海内外高度关注的焦点。设立雄安新区是以习近平同志为核心的党中央作出的一项重大的历史性战略选择。这是继深圳经济特区和上海浦东新区之后又一具有全国意义的新区，是千年大计、国家大事。

2017 年 4 月 5 日星期三，受中共中央、国务院决定设立河北雄安新区消息的影响，雄安概念股开盘集体上演涨停潮，000401 冀东水泥、601992 金隅股份、600340 华夏幸福、000615 京汉股份、002342 巨力索具、601000 唐山港、600266 北京城建等逾 40 只个股纷纷一字封涨停，河北板块个股几乎全线涨停。

从 4 月 5 日至 12 日，雄安新区概念股连涨 6 天，不过从第六天开始，一直连续 5

天雄踞概念板块榜首的雄安新区板块开始退出概念板块排名榜首，下面我们看看该板块从 4 月 12 日开始到 4 月 18 日的第一波主升浪相继见顶的顶部形态 ABCDE。

A. 第六天——雄安新区第一波主升浪顶部形态

2017 年 4 月 12 日星期三，是雄安新区大幅上涨的第六天，开盘前 9:27 我提示如下（图 8－45）。

张华老师 2017-04-12 9:27:18
·注意——雄安新区——大部分股票今天要获利了结
·以上分析，仅供参考！买卖自定，盈亏自负！

张华老师 2017-04-12 10:06:47
建议获利了结：

| 000709 | 河钢股份 | * -0.86 | 5.77 | -0.05 | 5.76 |
|---|---|---|---|---|---|
| 002146 | 荣盛发展 | * 0.00 | 14.05 | 0.00 | 14.05 |
| 603969 | 银龙股份 | * -0.27 | 25.44 | -0.07 | 25.41 |
| 300075 | 数字政通 | -7.55 | 24.50 | -2.00 | 24.45 |
| 600340 | 华夏幸福 | * 6.81 | 46.90 | 2.99 | 46.90 |

百行1 2017-04-12 10:07:55
好的

图 8－45 开盘前分析

盘中 10:57 我再次分析如下（图 8－46）。

张华老师(382559065) 2017-04-12 10:57:36
·建议这些股票今天盘中冲高获利了结：

| 000709 | 河钢股份 | * 3.95 | 6.05 | 0.23 | 6.05 |
|---|---|---|---|---|---|
| 002146 | 荣盛发展 | * 0.28 | 14.09 | 0.04 | 14.09 |
| 603969 | 银龙股份 | * 4.94 | 26.77 | 1.26 | 26.76 |
| 300075 | 数字政通 | -7.74 | 24.45 | -2.05 | 24.44 |
| 600340 | 华夏幸福 | * 1.71 | 44.66 | 0.75 | 44.66 |
| 600550 | 保变电气 | 9.04 | 12.43 | 1.03 | 12.42 |
| 002457 | 青龙管业 | * 7.74 | 18.80 | 1.35 | 18.80 |
| 000600 | 建投能源 | * 5.74 | 15.30 | 0.83 | 15.29 |
| 600480 | 凌云股份 | -6.26 | 27.10 | -1.81 | 27.[illegible] |

·以上分析，仅供参考！买卖自定，盈亏自负！

图 8－46 盘中提示

上午收盘后 11:30 第三次提示如下（图 8－47）。

张华老师 2017-04-12 11:30:53
·今天2017年4月12日，雄安新区部分股票要在盘中冲高获利了结——具体股票。

| 000709 | 河钢股份 | * 7.73 | 6.27 | 0.45 | 6.26 |
|---|---|---|---|---|---|
| 002146 | 荣盛发展 | * 0.07 | 14.06 | 0.01 | 14.06 |
| 603969 | 银龙股份 | * 4.43 | 26.64 | 1.13 | 26.64 |
| 300075 | 数字政通 | -7.85 | 24.42 | -2.08 | 24.42 |
| 600340 | 华夏幸福 | * 1.80 | 44.70 | 0.79 | 44.70 |
| 600550 | 保变电气 | 10.00 | 12.54 | 1.14 | 12.54 |
| 002457 | 青龙管业 | * 10.03 | 19.20 | 1.75 | 19.20 |
| 000600 | 建投能源 | * 5.74 | 15.30 | 0.83 | 15.30 |
| 600480 | 凌云股份 | -6.75 | 26.96 | -1.95 | 26.9[illegible] |

·以上分析，仅供参考！买卖自定，盈亏自负！

图 8－47 盘中第三次分析

2017年4月12日星期三上午收盘截图——河钢股份（图8-48）。

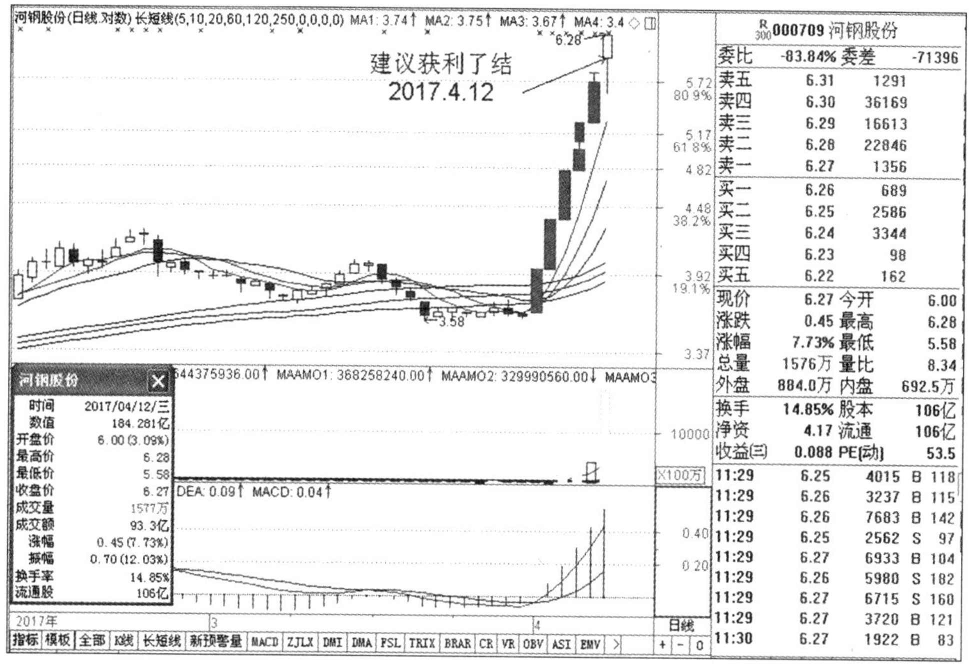


图8-48　河钢股份走势图

2017年4月12日星期三上午收盘截图——荣盛发展（图8-49）。

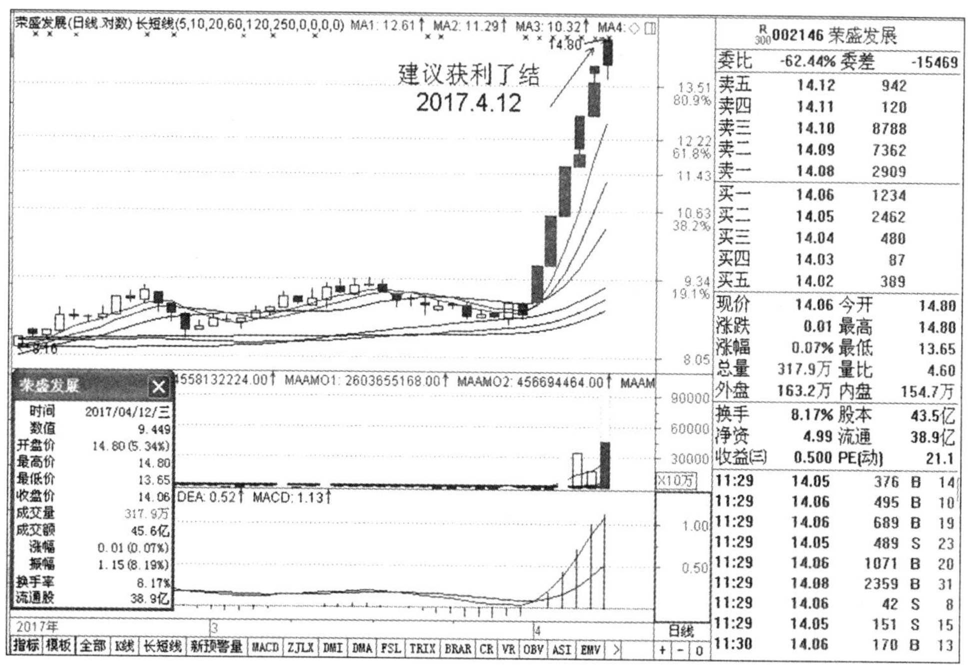


图8-49　荣盛发展走势图

2017 年 4 月 12 日星期三上午收盘截图——银龙股份（图 8－50）。

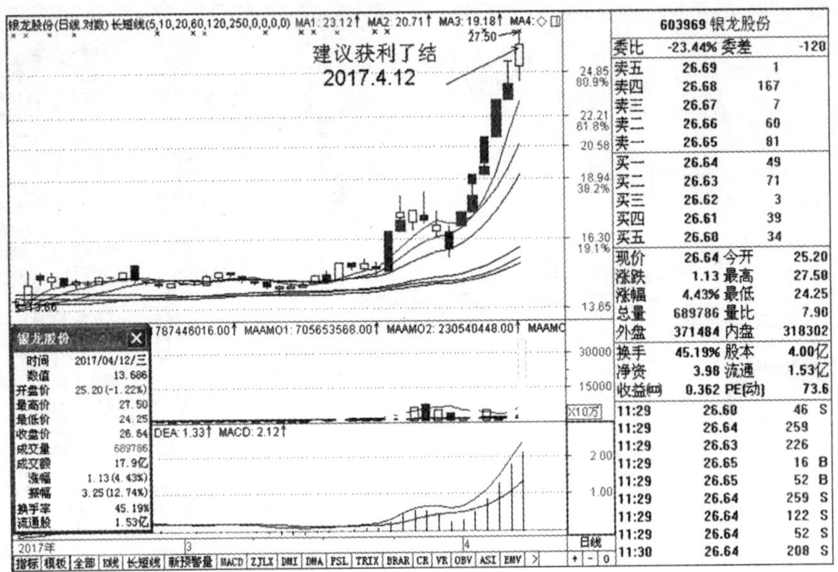


图 8－50 银龙股份走势图

股票在连续上涨之后，盘中高档伴随着巨量，这无疑是主力在出货，这时千万不要被盘中接手强劲的假象所迷惑——这并非好事，而是一种障眼法，此时此刻此地主力出货的概率远远大于其他可能性。

2017 年 4 月 12 日星期三上午收盘截图——华夏幸福（图 8－51）。

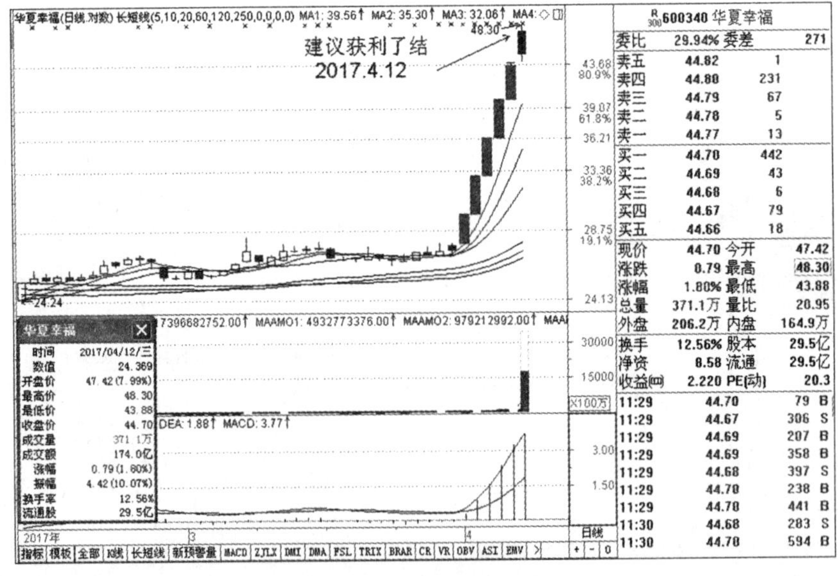


图 8－51 华夏幸福走势图

2017 年 4 月 12 日星期三上午收盘截图——保变电气（图 8－52）。

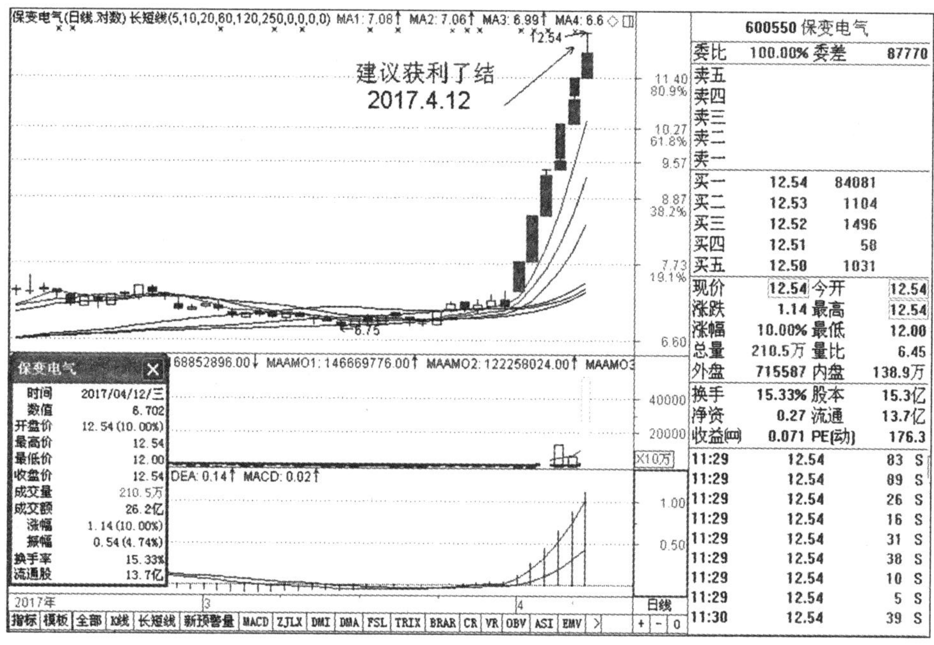


**图 8－52　保变电气走势图**

2017 年 4 月 12 日星期三上午收盘截图——青龙管业（图 8－53）。

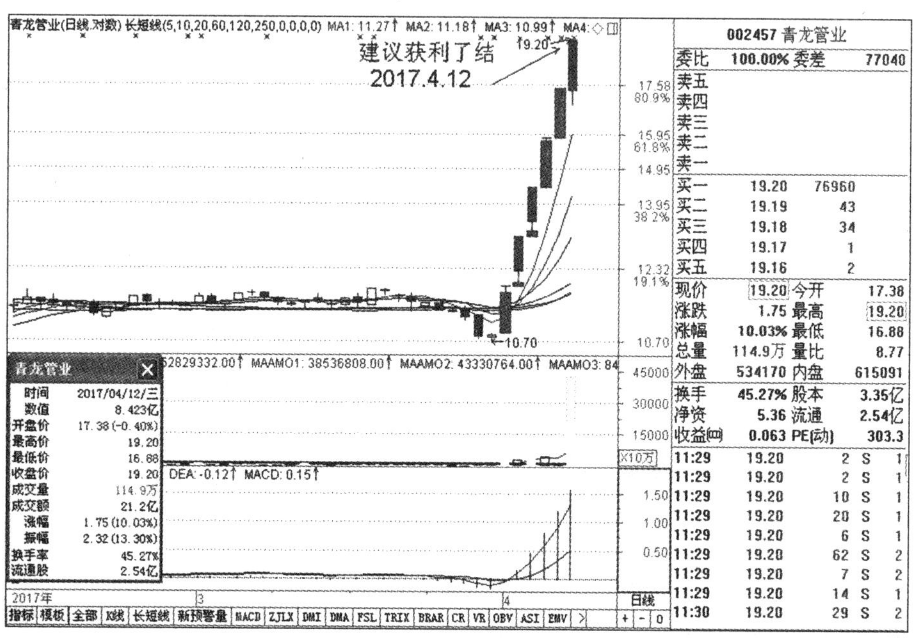


**图 8－53　青龙管业走势图**

2017年4月12日星期三上午收盘截图——建投能源（图8-54）。

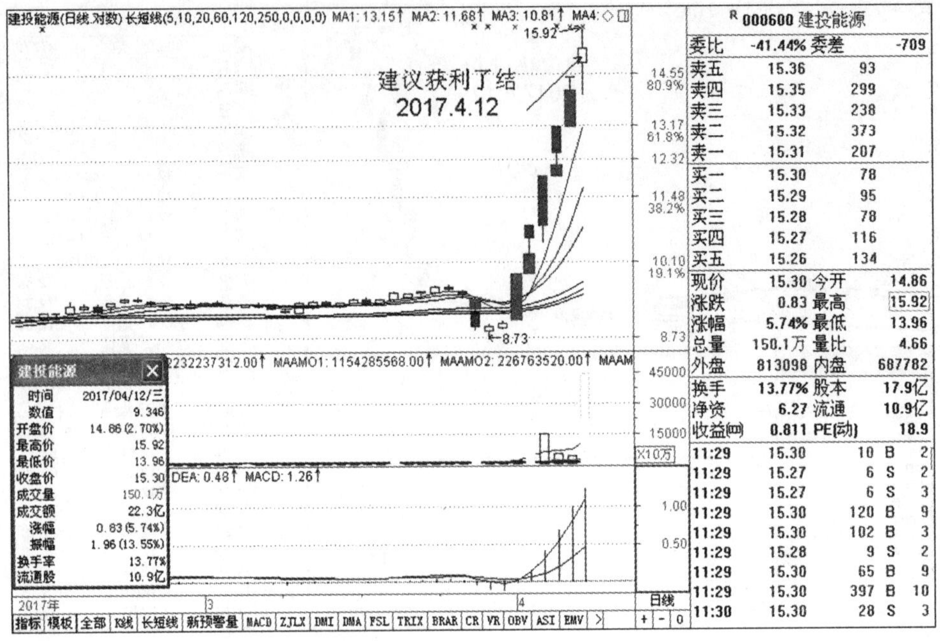


图8-54　建投能源走势图

2017年4月12日星期三上午收盘截图——凌云股份（图8-55）。

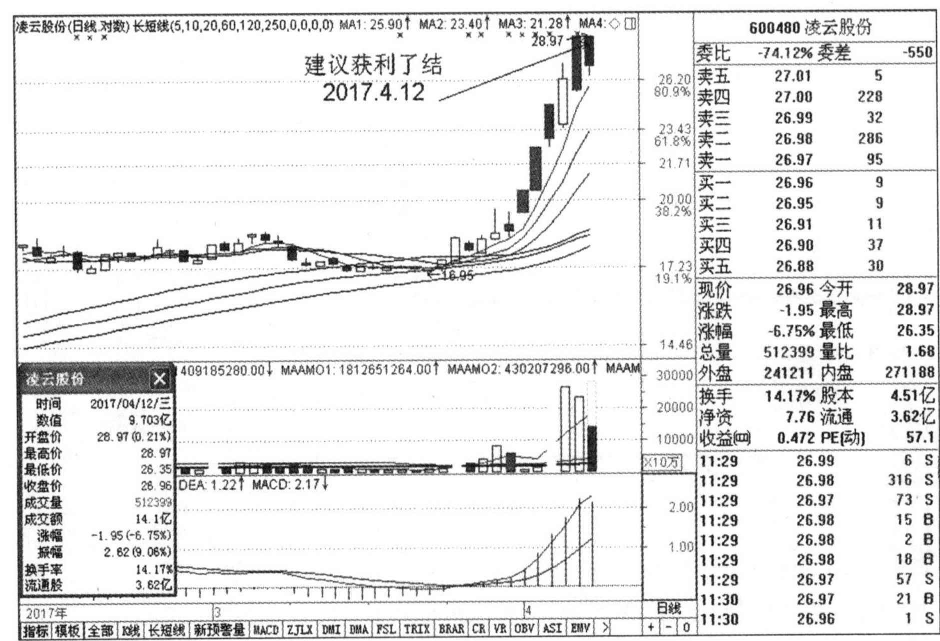


图8-55　凌云股份走势图

2017年4月12日星期三收盘后所提示的股票涨跌幅（图8－56）。

| | | | | | | | | |
|---|---|---|---|---|---|---|---|---|
| 000709 | 河钢股份 | × 2.92 | 5.99 | 0.17 | 5.98 | 5.99 | 2115万 | 242493 |
| 002146 | 荣盛发展 | × 1.07 | 14.20 | 0.15 | 14.19 | 14.20 | 515.1万 | 44391 |
| 603969 | 银龙股份 | × -0.74 | 25.32 | -0.19 | 25.33 | 25.44 | 931744 | 56 |
| 300075 | 数字政通 | -10.00 | 23.85 | -2.65 | – | 23.85 | 692064 | 286 |
| 600340 | 华夏幸福 | × 1.09 | 44.39 | 0.48 | 44.39 | 44.40 | 482.0万 | 830 |
| 600550 | 保变电气 | 10.00 | 12.54 | 1.14 | 12.54 | – | 252.3万 | 224 |
| 002457 | 青龙管业 | × 5.67 | 18.44 | 0.99 | 18.44 | 18.45 | 132.2万 | 12890 |
| 000600 | 建投能源 | × 0.55 | 14.55 | 0.08 | 14.55 | 14.56 | 200.3万 | 17344 |
| 600480 | 凌云股份 | -10.00 | 26.02 | -2.89 | – | 26.02 | 833556 | 6 |

图8－56　收盘涨跌幅

2017年4月12日星期三，沪深两市午后小幅跳水，最终小幅收跌。雄安概念分化严重，尾盘更遭遇资金出逃。

截至收盘，冀东水泥、金隅股份、唐山港、先河环保等继续涨停，首钢股份、长青集团等跌停。

散户跟上了热点、跟上了主力，要想保住利润，看到个股顶部信号出现必须先下车，后面一段的利润留给别人去赚，坚决不能从获利到损失利润，更不能从获利到套牢、甚至到割肉出局！

2017年4月12日星期三收盘截图——雄安新区（图8－57）。

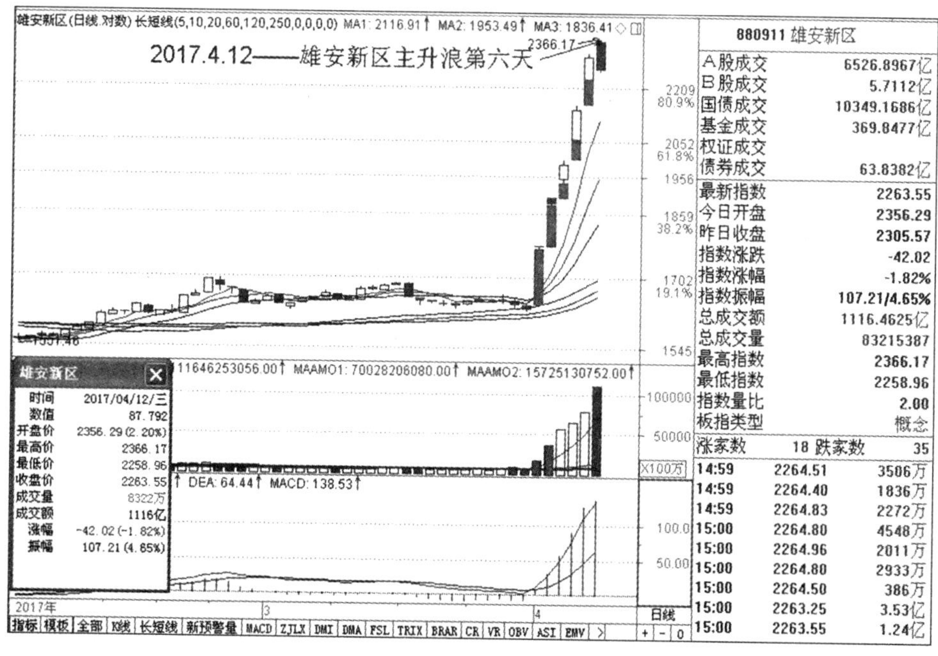


图8－57　雄安新区走势图

2017 年 4 月 12 日星期三，雄安新区收阳的股票 20 只，涨停板股票 14 只（图 8－58）。

全部板块 | 行业板块 | 概念板块 | 风格板块 | 地区板块 | 统计指数

| | 代码 | 名称 | 涨幅% | 现价 | 涨跌 |
|---|---|---|---|---|---|
| 116 | 880581 | 空气治理 | -1.49 | 2442.00 | -36.85 |
| 117 | 880503 | 皖江区域 | -1.55 | 1081.67 | -17.04 |
| 118 | 880563 | 食品安全 | -1.60 | 2200.97 | -35.84 |
| 119 | 880933 | 智能医疗 | -1.69 | 1081.96 | -18.63 |
| 120 | 880940 | PPP模式 | -1.72 | 718.17 | -12.56 |
| 121 | 880916 | 国产软件 | -1.75 | 1349.86 | -24.11 |
| 122 | 880546 | 卫星导航 | -1.76 | 2319.89 | -41.50 |
| 123 | 880525 | 铁路基建 | -1.82 | 1806.02 | -33.48 |
| 124 | 880911 | 雄安新区 | -1.82 | 2263.55 | -42.02 |
| 125 | 880938 | 污水处理 | -2.16 | 1372.43 | -30.28 |
| 126 | 880575 | 地热能 | -2.18 | 2186.81 | -48.80 |
| 127 | 880542 | 水利建设 | -2.24 | 1837.82 | -42.16 |
| 128 | 880578 | 建筑节能 | -2.30 | 2390.48 | -56.17 |
| 129 | 880529 | 次新股 | -2.50 | 6425.48 | -164.73 |
| 130 | 880949 | 智慧城市 | -2.63 | 994.92 | -26.88 |
| 131 | 880594 | 丝绸之路 | -2.69 | 1925.64 | -53.15 |
| 132 | 880931 | 装饰园林 | -2.73 | 1359.55 | -38.20 |
| 133 | 880934 | 海外工程 | -2.91 | 1114.54 | -33.46 |

| | 雄安新区(58) | 涨幅% | 现价 | 量比 | 涨速% | 流通市值 |
|---|---|---|---|---|---|---|
| 1 | 首创股份 | 10.03 | 7.57 | 1.48 | 0.00 | 364.92亿 |
| 2 | 唐山港 | 10.03 | 7.79 | 3.06 | 0.00 | 312.84亿 |
| 3 | 京汉股份 | 10.02 | 24.49 | 1.64 | 0.00 | 86.77亿 |
| 4 | 河北宣工 | 10.01 | 44.30 | 9.93 | 0.00 | 87.71亿 |
| 5 | 先河环保 | 10.00 | 27.38 | 1.25 | 0.00 | 80.96亿 |
| 6 | 金隅股份 | 10.00 | 8.25 | 0.77 | 0.00 | 671.98亿 |
| 7 | 保变电气 | 10.00 | 12.54 | 3.86 | 0.00 | 172.17亿 |
| 8 | 渤海股份 | 9.99 | 36.10 | 3.20 | 0.00 | 44.49亿 |
| 9 | 冀东水泥 | 9.99 | 24.77 | 14.77 | 0.00 | 333.69亿 |
| 10 | 冀东装备 | 9.99 | 20.70 | 2.52 | 0.00 | 46.99亿 |
| 11 | 韩建河山 | 9.98 | 25.78 | 0.51 | 0.00 | 37.99亿 |
| 12 | 东旭蓝天 | 9.97 | 15.77 | 3.45 | 0.00 | 73.27亿 |
| 13 | 中化岩土 | 9.97 | 15.33 | 12.46 | 0.00 | 95.39亿 |
| 14 | 巨力索具 | 9.97 | 13.79 | 4.19 | 0.00 | 119.37亿 |
| 15 | 青龙管业 | 5.67 | 18.44 | 5.04 | -0.32 | 46.81亿 |
| 16 | 河钢股份 | 2.92 | 5.99 | 5.59 | -0.16 | 635.95亿 |
| 17 | 日出东方 | 2.46 | 9.57 | 2.47 | 0.31 | 76.56亿 |
| 18 | 华夏幸福 | 1.09 | 44.39 | 13.61 | 0.22 | 1311.70亿 |
| 19 | 荣盛发展 | 1.07 | 14.20 | 3.73 | 0.70 | 552.24亿 |
| 20 | 建投能源 | 0.55 | 14.55 | 3.11 | -0.06 | 158.60亿 |
| 21 | 嘉寓股份 | – | – | 0.00 | – | 60.26亿 |
| 22 | 华北高速 | – | – | 0.00 | – | 54.61亿 |
| 23 | 京蓝科技 | – | – | 0.00 | – | 53.37亿 |
| 24 | 通合科技 | -0.06 | 80.00 | 1.09 | 2.80 | 22.59亿 |

**图 8－58　雄安新区上涨股票**

2017 年 4 月 12 日星期三，雄安新区收阴的股票 34 只，跌停板的股票 18 只（图 8－59）。

全部板块 | 行业板块 | 概念板块 | 风格板块 | 地区板块 | 统计指数

| | 代码 | 名称 | 涨幅% | 现价 | 涨跌 |
|---|---|---|---|---|---|
| 116 | 880581 | 空气治理 | -1.49 | 2442.00 | -36.85 |
| 117 | 880503 | 皖江区域 | -1.55 | 1081.67 | -17.04 |
| 118 | 880563 | 食品安全 | -1.60 | 2200.97 | -35.84 |
| 119 | 880933 | 智能医疗 | -1.69 | 1081.96 | -18.63 |
| 120 | 880940 | PPP模式 | -1.72 | 718.17 | -12.56 |
| 121 | 880916 | 国产软件 | -1.75 | 1349.86 | -24.11 |
| 122 | 880546 | 卫星导航 | -1.76 | 2319.89 | -41.50 |
| 123 | 880525 | 铁路基建 | -1.82 | 1806.02 | -33.48 |
| 124 | 880911 | 雄安新区 | -1.82 | 2263.55 | -42.02 |
| 125 | 880938 | 污水处理 | -2.16 | 1372.43 | -30.28 |
| 126 | 880575 | 地热能 | -2.18 | 2186.81 | -48.80 |
| 127 | 880542 | 水利建设 | -2.24 | 1837.82 | -42.16 |
| 128 | 880578 | 建筑节能 | -2.30 | 2390.48 | -56.17 |
| 129 | 880529 | 次新股 | -2.50 | 6425.48 | -164.73 |
| 130 | 880949 | 智慧城市 | -2.63 | 994.92 | -26.88 |
| 131 | 880594 | 丝绸之路 | -2.69 | 1925.64 | -53.15 |
| 132 | 880931 | 装饰园林 | -2.73 | 1359.55 | -38.20 |
| 133 | 880934 | 海外工程 | -2.91 | 1114.54 | -33.46 |

| | 雄安新区(58) | 涨幅% | 现价 | 量比 | 涨速% | 流通市值 |
|---|---|---|---|---|---|---|
| 38 | 雏鹰农牧 | -9.77 | 5.54 | 0.79 | 0.00 | 108.86亿 |
| 39 | 北京城建 | -9.83 | 16.69 | 1.11 | 0.00 | 253.19亿 |
| 40 | 乐凯胶片 | -9.83 | 17.42 | 1.10 | 0.17 | 64.17亿 |
| 41 | 建新股份 | -9.97 | 7.86 | 1.33 | 0.00 | 26.46亿 |
| 42 | 东方能源 | -9.97 | 17.87 | 0.77 | 0.00 | 59.55亿 |
| 43 | 冀凯股份 | -9.98 | 26.51 | 0.59 | 0.00 | 52.84亿 |
| 44 | 宝硕股份 | -9.98 | 17.94 | 1.48 | 0.00 | 74.00亿 |
| 45 | 金牛化工 | -9.99 | 12.35 | 0.69 | 0.00 | 84.02亿 |
| 46 | 四通新材 | -9.99 | 39.38 | 3.10 | 0.00 | 24.57亿 |
| 47 | 凌云股份 | -10.00 | 26.02 | 1.37 | 0.00 | 94.12亿 |
| 48 | 天津港 | -10.00 | 16.56 | 1.35 | 0.00 | 277.34亿 |
| 49 | 数字政通 | -10.00 | 23.85 | 1.70 | 0.00 | 64.20亿 |
| 50 | 棕榈股份 | -10.00 | 12.78 | 1.70 | 0.00 | 115.48亿 |
| 51 | 北新建材 | -10.00 | 15.93 | 0.90 | 0.00 | 219.46亿 |
| 52 | 华讯方舟 | -10.00 | 18.63 | 0.94 | 0.00 | 99.01亿 |
| 53 | 万方发展 | -10.00 | 14.76 | 0.89 | 0.00 | 45.67亿 |
| 54 | 乐凯新材 | -10.00 | 45.97 | 1.04 | 0.00 | 34.61亿 |
| 55 | 梅安森 | -10.01 | 30.58 | 0.69 | 0.00 | 34.50亿 |
| 56 | 长青集团 | -10.01 | 29.58 | 1.22 | 0.00 | 66.25亿 |
| 57 | 首钢股份 | -10.01 | 8.54 | 1.40 | 0.00 | 253.34亿 |
| 58 | 万通地产 | -10.04 | 6.00 | 1.62 | 0.00 | 73.01亿 |

**图 8－59　雄安新区跌停股票**

B. 第七天——雄安新区第一波主升浪顶部形态

2017 年 4 月 13 日星期四，昨天提示卖出的股票开盘如图 8－60 所示。

| | | | | | | | | | |
|---|---|---|---|---|---|---|---|---|---|
| 000709 | 河钢股份 | | -0.67 | 5.95 | -0.04 | 5.95 | 5.96 | 443248 | 443248 |
| 002146 | 荣盛发展 | × | -1.76 | 13.95 | -0.25 | 13.95 | 13.96 | 77225 | 77225 |
| 603969 | 银龙股份 | | -3.36 | 24.47 | -0.85 | 24.47 | 24.49 | 20081 | 20080 |
| 300075 | 数字政通 | | -3.27 | 23.07 | -0.78 | 23.07 | 23.08 | 15242 | 15241 |
| 600340 | 华夏幸福 | × | – | – | – | – | – | 0 | 0 |
| 002457 | 青龙管业 | | -4.56 | 17.60 | -0.84 | 17.58 | 17.60 | 40155 | 40155 |
| 000600 | 建投能源 | × | -3.71 | 14.01 | -0.54 | 14.01 | 14.05 | 37001 | 37001 |
| 600480 | 凌云股份 | | -4.69 | 24.80 | -1.22 | 24.80 | 24.81 | 17322 | 17321 |

图 8－60　开盘涨跌幅

2017 年 4 月 13 日星期四，开盘前我分析提示如下（图 8－61）。

张华老师　8:56:58

2017年4月13日星期四：

昨天，是雄安新区概念股炒作的第六天，该板块个股分化严重，尾盘更遭遇资金出逃。

今天雄安新区概念股的炒作已经进入第七天——下列13个强势股又会有部分个股将会出现顶形态，建议盘中冲高及时获利了结。

| | | | | | | | | | |
|---|---|---|---|---|---|---|---|---|---|
| 600008 | 首创股份 | × | 10.03 | 7.57 | 0.69 | 7.57 | – | 313.7万 | 2188 |
| 601000 | 唐山港 | × | 10.03 | 7.79 | 0.71 | 7.79 | – | 742960 | 10 |
| 000615 | 京汉股份 | × | 10.02 | 24.49 | 2.23 | 24.49 | – | 9072 | 136 |
| 000923 | 河北宣工 | × | 10.01 | 44.30 | 4.03 | 44.30 | – | 290629 | 1330 |
| 300137 | 先河环保 | × | 10.00 | 27.38 | 2.49 | 27.38 | – | 29391 | 733 |
| 601992 | 金隅股份 | × | 10.00 | 8.25 | 0.75 | 8.25 | – | 137748 | 10 |
| 600550 | 保变电气 | | 10.00 | 12.54 | 1.14 | 12.54 | – | 252.3万 | 224 |
| 000605 | 渤海股份 | × | 9.99 | 36.10 | 3.28 | 36.10 | – | 231996 | 22372 |
| 000401 | 冀东水泥 | × | 9.99 | 24.77 | 2.25 | 24.77 | – | 301335 | 406 |
| 000856 | 冀东装备 | × | 9.99 | 20.70 | 1.88 | 20.70 | – | 17570 | 708 |
| 603616 | 韩建河山 | × | 9.98 | 25.78 | 2.34 | 25.78 | – | 16386 | 1 |
| 002542 | 中化岩土 | × | 9.97 | 15.33 | 1.39 | 15.33 | – | 436753 | 4412 |
| 002342 | 巨力索具 | × | 9.97 | 13.79 | 1.25 | 13.79 | – | 147914 | 1007 |

以上分析，仅供参考！买卖自定，盈亏自负！

图 8－61　开盘前分析

2017 年 4 月 13 日星期四，证监会要求 16 只股票停牌自查——我们开盘前分析的 13 只股票，除 600008 首创股份外，其余 12 只全部停牌自查（图 8－62）。

全部板块 | 行业板块 | 概念板块 | 风格板块 | 地区板块 | 统计指数

| | 代码 | 名称 | 涨幅%↓ | 现价 | 涨跌 |
|---|---|---|---|---|---|
| 116 | 880585 | 风沙治理 | -0.33 | 1680.87 | -5.56 |
| 117 | 880568 | 生物质能 | -0.35 | 1916.03 | -6.66 |
| 118 | 880549 | 海工装备 | -0.35 | 1542.33 | -5.42 |
| 119 | 880926 | 固废处理 | -0.35 | 1396.79 | -4.96 |
| 120 | 880580 | 智能交通 | -0.36 | 2987.40 | -10.67 |
| 121 | 880941 | 跨境电商 | -0.37 | 555.76 | -2.05 |
| 122 | 880934 | 海外工程 | -0.37 | 1110.43 | -4.11 |
| 123 | 880586 | 土地流转 | -0.37 | 1776.67 | -6.60 |
| 124 | 880529 | 次新股 | -0.40 | 6399.79 | -25.69 |
| 125 | 880542 | 水利建设 | -0.41 | 1830.25 | -7.57 |
| 126 | 880587 | 聚氨酯 | -0.43 | 1821.23 | -7.83 |
| 127 | 880591 | 上海自贸 | -0.49 | 2087.82 | -10.19 |
| 128 | 880917 | 央企改革 | -0.49 | 2019.46 | -9.91 |
| 129 | 880578 | 建筑节能 | -0.50 | 2378.41 | -12.07 |
| 130 | 880550 | 保障房 | -0.62 | 2369.08 | -14.71 |
| 131 | 880573 | 摘帽概念 | -0.64 | 2641.01 | -16.92 |
| 132 | 880911 | 雄安新区 | -1.10 | 2238.69 | -24.86 |
| 133 | 880594 | 丝绸之路 | -1.26 | 1901.30 | -24.34 |

| | 雄安新区(58) | 涨幅%↓ | 现价 | 量比 | 涨速% | 流通市值 |
|---|---|---|---|---|---|---|
| 1 | 东旭蓝天 | 0.63 | 15.87 | 48.58 | 0.00 | 73.73亿 |
| 2 | 碧水源 | 0.51 | 19.75 | 1.24 | 0.00 | 389.07亿 |
| 3 | 首创股份 | 0.40 | 7.60 | 65.35 | 0.00 | 366.37亿 |
| 4 | 沧州明珠 | 0.35 | 25.92 | 1.00 | 0.00 | 159.26亿 |
| 5 | 特锐德 | 0.23 | 17.73 | 0.46 | 0.00 | 149.93亿 |
| 6 | 韩建河山 | – | – | 0.00 | – | 37.99亿 |
| 7 | 金隅股份 | – | – | 0.00 | – | 671.98亿 |
| 8 | 唐山港 | – | – | 0.00 | – | 312.84亿 |
| 9 | 保变电气 | – | – | 0.00 | – | 172.17亿 |
| 10 | 华夏幸福 | – | – | 0.00 | – | 1311.70亿 |
| 11 | 先河环保 | – | – | 0.00 | – | 80.96亿 |
| 12 | 嘉寓股份 | – | – | 0.00 | – | 60.26亿 |
| 13 | 中化岩土 | – | – | 0.00 | – | 95.39亿 |
| 14 | 巨力索具 | – | – | 0.00 | – | 119.37亿 |
| 15 | 河北宣工 | – | – | 0.00 | – | 87.71亿 |
| 16 | 华北高速 | – | – | 0.00 | – | 54.61亿 |
| 17 | 冀东装备 | – | – | 0.00 | – | 46.99亿 |
| 18 | 京蓝科技 | – | – | 0.00 | – | 53.37亿 |
| 19 | 京汉股份 | – | – | 0.00 | – | 86.77亿 |
| 20 | 渤海股份 | – | – | 0.00 | – | 44.49亿 |
| 21 | 冀东水泥 | – | – | 0.00 | – | 333.69亿 |
| 22 | 冀凯股份 | -0.11 | 26.48 | 0.57 | 0.00 | 52.78亿 |
| 23 | 中储股份 | -0.41 | 9.76 | 0.94 | 0.00 | 181.52亿 |
| 24 | 乐凯胶片 | -0.52 | 17.33 | 1.97 | 0.00 | 63.83亿 |

图 8-62　雄安新区停牌自查股票

2017 年 4 月 13 日星期四，青龙管业盘中冲上涨停板，建议获利了结（图 8-63）。

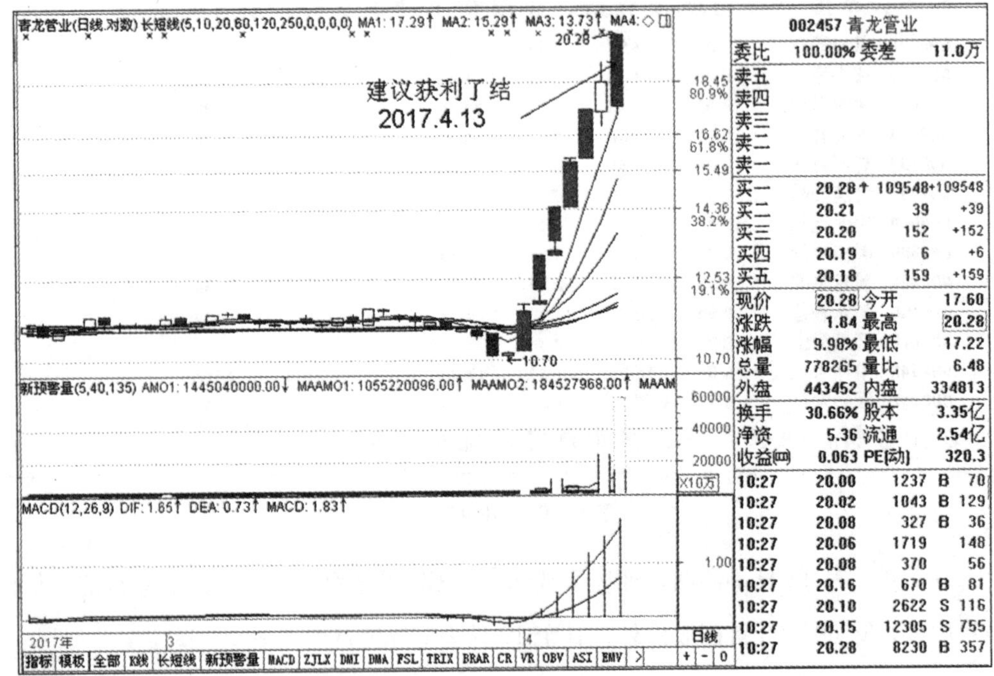


图 8-63　青龙管业走势图

2017 年 4 月 13 日星期四盘中截图——青龙管业（图 8－64）。

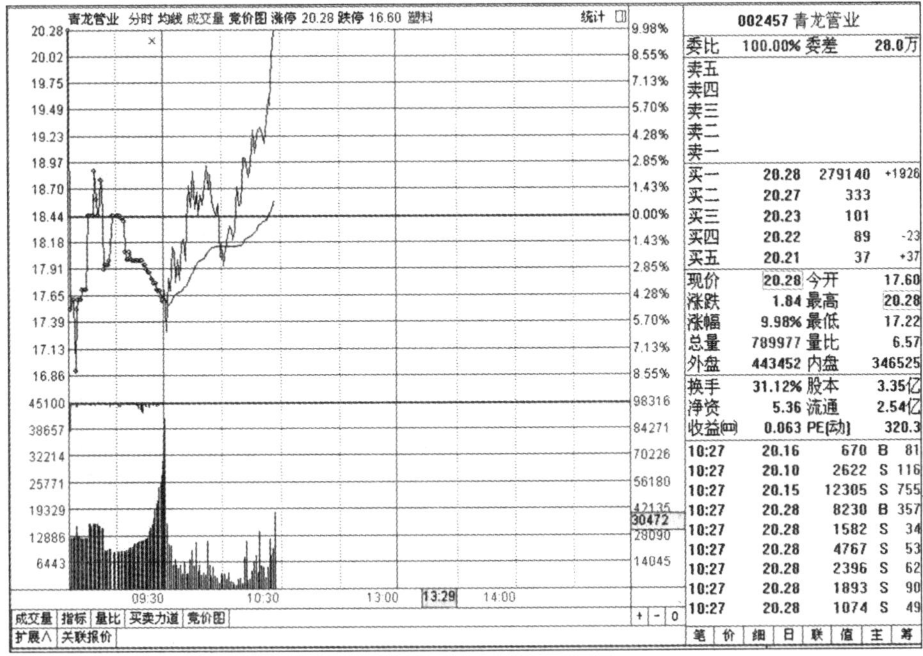


图 8－64　青龙管业分时图

2017 年 4 月 13 日星期四，首创股份盘中冲上涨停板，建议获利了结（图 8－65）。

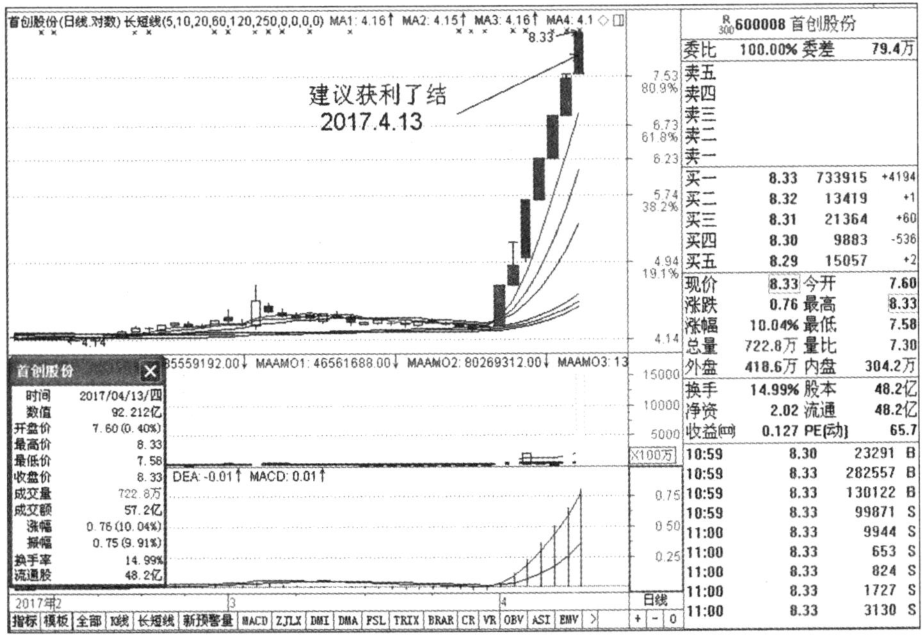


图 8－65　首创股份走势图

2017 年 4 月 13 日星期四，首创股份盘中冲上涨停板，建议出局一半（图 8－66）。

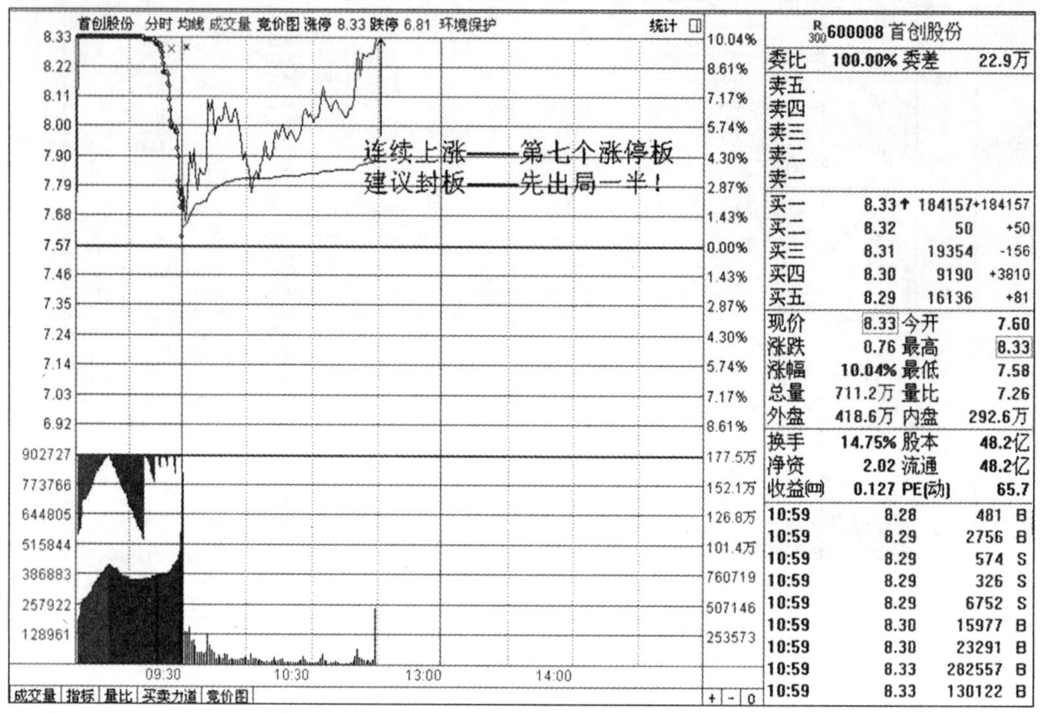


图 8－66　首创股份分时图

2017 年 4 月 13 日星期四盘中分析截图（图 8－67）。

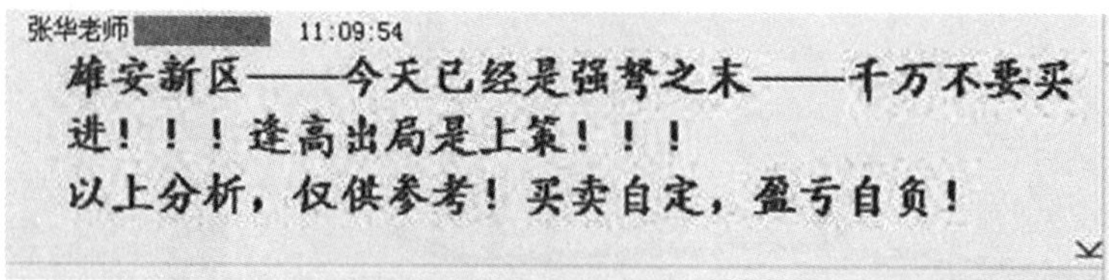


图 8－67　盘中分析

2017 年 4 月 13 日星期四收盘截图——雄安新区（图 8－68）。

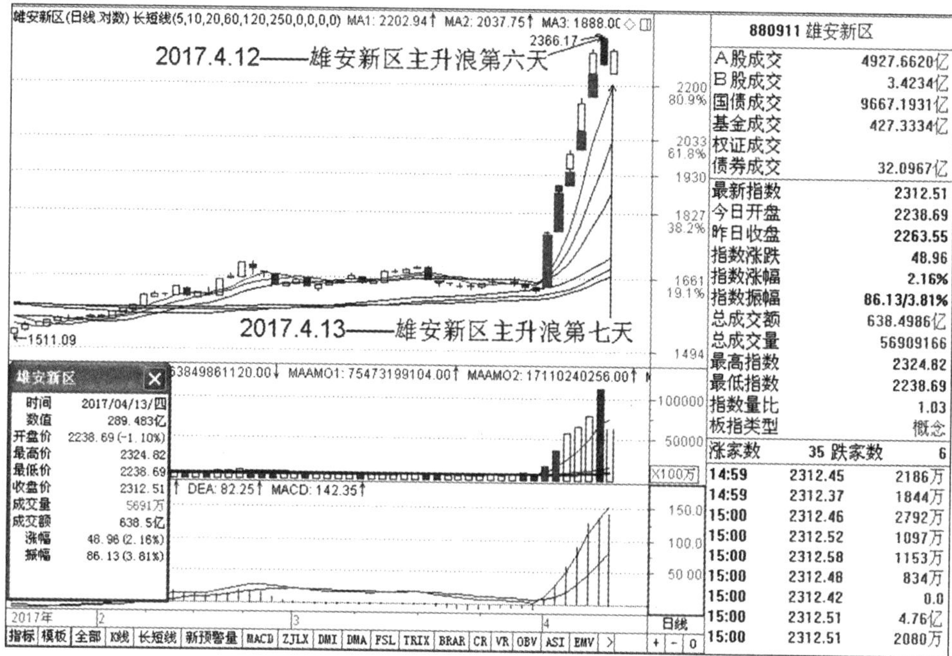


**图 8－68　雄安新区走势图**

2017 年 4 月 13 日星期四收盘截图——雄安新区个股（图 8－69）。

| | 代码 | 名称 | 涨幅%↓ | 现价 | 涨跌 |
|---|---|---|---|---|---|
| 1 | 880570 | 海水淡化 | 3.51 | 2418.99 | 82.05 |
| 2 | 880581 | 空气治理 | 2.58 | 2504.97 | 62.97 |
| 3 | 880938 | 污水处理 | 2.47 | 1406.29 | 33.86 |
| 4 | 880911 | 雄安新区 | 2.16 | 2312.51 | 48.96 |
| 5 | 880924 | 海上丝路 | 2.09 | 1443.27 | 29.52 |
| 6 | 880564 | 奢侈品 | 1.73 | 1844.06 | 31.32 |
| 7 | 880922 | 钛金属 | 1.51 | 1519.00 | 22.53 |
| 8 | 880585 | 风沙治理 | 1.50 | 1711.81 | 25.38 |
| 9 | 880926 | 固废处理 | 1.50 | 1422.73 | 20.98 |
| 10 | 880920 | 免疫治疗 | 1.40 | 1472.04 | 20.35 |
| 11 | 880923 | 赛马概念 | 1.27 | 1073.99 | 13.44 |
| 12 | 880949 | 智慧城市 | 1.26 | 1007.49 | 12.57 |
| 13 | 880582 | 风能 | 1.08 | 1612.37 | 17.27 |
| 14 | 880578 | 建筑节能 | 1.06 | 2415.73 | 25.25 |
| 15 | 880599 | 民营医院 | 1.04 | 1626.84 | 16.82 |
| 16 | 880929 | 维生素 | 1.02 | 1373.27 | 13.88 |
| 17 | 880534 | 锂电池 | 1.01 | 1594.85 | 16.00 |
| 18 | 880568 | 生物质能 | 0.99 | 1941.65 | 18.96 |
| 19 | 880940 | PPP模式 | 0.95 | 724.99 | 6.82 |
| 20 | 880919 | 粤港澳 | 0.94 | 1801.04 | 16.71 |
| 21 | 880579 | 生态农业 | 0.94 | 1796.04 | 16.66 |
| 22 | 880595 | 民营银行 | 0.85 | 1717.50 | 14.50 |
| 23 | 880558 | 节能 | 0.83 | 2194.95 | 18.07 |

| | 雄安新区(58) | 涨幅%↓ | 现价 | 量比 | 涨速% | 流通市值 |
|---|---|---|---|---|---|---|
| 1 | 庞大集团 | 10.08 | 4.15 | 0.36 | 0.00 | 268.92亿 |
| 2 | 首创股份 | 10.04 | 8.33 | 3.76 | 0.00 | 401.56亿 |
| 3 | 乐凯胶片 | 9.99 | 19.16 | 0.71 | 0.00 | 70.57亿 |
| 4 | 青龙管业 | 9.98 | 20.28 | 1.77 | 0.00 | 51.48亿 |
| 5 | 宝硕股份 | 9.98 | 19.73 | 0.99 | 0.00 | 81.39亿 |
| 6 | 雏鹰农牧 | 9.93 | 6.09 | 0.89 | 0.00 | 119.66亿 |
| 7 | 建投能源 | 8.93 | 15.85 | 1.67 | 1.08 | 172.77亿 |
| 8 | 碧水源 | 8.35 | 21.29 | 1.10 | -0.04 | 419.41亿 |
| 9 | 日出东方 | 6.17 | 10.16 | 3.80 | 0.00 | 81.28亿 |
| 10 | 沧州明珠 | 5.23 | 27.18 | 0.60 | -0.22 | 167.00亿 |
| 11 | 建新股份 | 4.96 | 8.25 | 1.05 | -0.48 | 27.78亿 |
| 12 | 银龙股份 | 4.46 | 26.45 | 2.00 | 0.72 | 40.37亿 |
| 13 | 首开股份 | 3.75 | 13.56 | 0.58 | -0.22 | 304.02亿 |
| 14 | 北京城建 | 3.59 | 17.29 | 0.61 | 0.00 | 262.30亿 |
| 15 | 空港股份 | 3.23 | 16.63 | 0.52 | 0.06 | 49.89亿 |
| 16 | 中储股份 | 3.16 | 10.11 | 0.53 | 0.09 | 188.03亿 |
| 17 | 万方发展 | 3.12 | 15.22 | 0.54 | 0.13 | 47.09亿 |
| 18 | 河钢股份 | 2.67 | 6.15 | 1.88 | -0.16 | 652.94亿 |
| 19 | 津滨发展 | 2.22 | 6.46 | 0.72 | -0.30 | 104.47亿 |
| 20 | 中国动力 | 2.11 | 36.23 | 0.48 | 0.11 | 192.52亿 |
| 21 | 华讯方舟 | 1.93 | 18.99 | 0.45 | 0.10 | 100.92亿 |
| 22 | 棕榈股份 | 1.88 | 13.02 | 0.91 | 0.07 | 117.65亿 |
| 23 | 冀凯股份 | 1.81 | 26.99 | 0.36 | -0.11 | 53.80亿 |
| 24 | 长城汽车 | 1.46 | 13.91 | 0.49 | 0.21 | 838.46亿 |

**图 8－69　雄安新区上涨个股**

C. 第八天——雄安新区第一波主升浪顶部形态

2017 年 4 月 14 日星期五，开盘之前 7:54 我分析道：

今天是雄安新区第一波主升浪上涨的第八天。主升浪上涨的幅度，一方面取决于管理层的态度，另一方面取决于主力资金的流向。

如果管理层在火上浇油，主升浪会越涨越高；如果管理层在火上浇水，主升浪将会很快见顶。昨天（2017.4.13）雄安新区 12 只一字涨停板的股票集体停牌，今天龙头股“600008 首创股份”也停牌了——是水是火？不言自明。

如果参与主升浪的主力资金大量出逃，也会使主升浪面临灭顶之灾——目前，参与雄安新区炒作部分股票的主力已经在大量出逃——如“603969 银龙股份”、“600480 凌云股份”、“300428 四通新材”、“300075 数字政通”等股票……

可以预言，雄安新区的第一波主升浪已经到顶；大面积停牌的股票复牌之日将会天崩地裂……是走是留、好自为之。

2017 年 4 月 14 日星期五开盘前分析（图 8－70）。

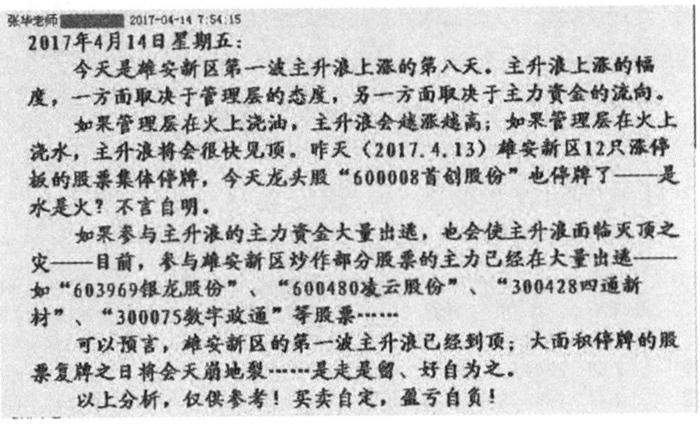

张华老师 2017-04-14 7:54:15

2017年4月14日星期五：

今天是雄安新区第一波主升浪上涨的第八天。主升浪上涨的幅度，一方面取决于管理层的态度，另一方面取决于主力资金的流向。

如果管理层在火上浇油，主升浪会越涨越高；如果管理层在火上浇水，主升浪将会很快见顶。昨天（2017.4.13）雄安新区12只涨停板的股票集体停牌，今天龙头股“600008首创股份”也停牌了——是水是火？不言自明。

如果参与主升浪的主力资金大量出逃，也会使主升浪面临灭顶之灾——目前，参与雄安新区炒作部分股票的主力已经在大量出逃——如“603969银龙股份”、“600480凌云股份”、“300428四通新材”、“300075数字政通”等股票……

可以预言，雄安新区的第一波主升浪已经到顶；大面积停牌的股票复牌之日将会天崩地裂……是走是留、好自为之。

以上分析，仅供参考！买卖自定，盈亏自负！

**图 8－70　盘前分析**

2017 年 4 月 14 日星期五，大盘指数、雄安新区及点评个股收盘涨幅幅度如下（图 8－71）。

| 代码 | 名称 | 涨幅% | 现价 | 涨跌 | 买价 | 卖价 | 总量 |
|---|---|---|---|---|---|---|---|
| 999999 | 上证指数 | -0.91 | 3246.07 | -29.89 | – | – | 2.15亿 |
| 399001 | 深证成指 | -1.26 | 10519.86 | -134.22 | – | – | 2.19亿 |
| 399005 | 中小板指 | -1.15 | 6774.89 | -78.69 | – | – | 8019万 |
| 399006 | 创业板指 | -1.20 | 1887.46 | -23.02 | – | – | 3251万 |
| 880911 | 雄安新区 | -1.37 | 2280.81 | -31.70 | – | – | 4903万 |
| 000709 | 河钢股份 | × -5.53 | 5.81 | -0.34 | 5.80 | 5.81 | 1147万 |
| 002146 | 荣盛发展 | × -2.04 | 13.91 | -0.29 | 13.90 | 13.91 | 303.6万 |
| 603969 | 银龙股份 | -5.52 | 24.99 | -1.46 | 25.02 | 25.03 | 509784 |
| 300075 | 数字政通 | -2.78 | 23.40 | -0.67 | 23.39 | 23.40 | 447608 |
| 000600 | 建投能源 | × -5.93 | 14.91 | -0.94 | 14.90 | 14.91 | 123.5万 |
| 002457 | 青龙管业 | 1.58 | 20.60 | 0.32 | 20.60 | 20.61 | 116.2万 |

**图 8－71　大盘指数、雄安新区、点评个股涨跌幅**

抓住了主升浪、骑上了大黑马，赚了钱请留点“爱心”给后面的人去赚。千万不要认为你卖出了股票就应该跌，你卖出了股票没有跌，然后心不甘地再追进去，事后往往证明你接到了最后一棒，站在了高山顶上。

2017年4月14日星期五——上证指数（图8-72）。

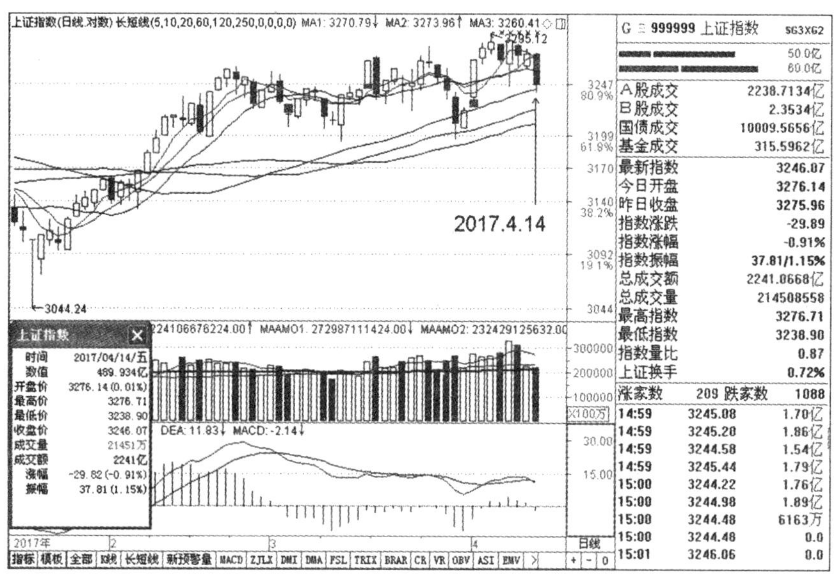


图8-72　上证指数走势图

2017年4月14日星期五——雄安新区（图8-73）。

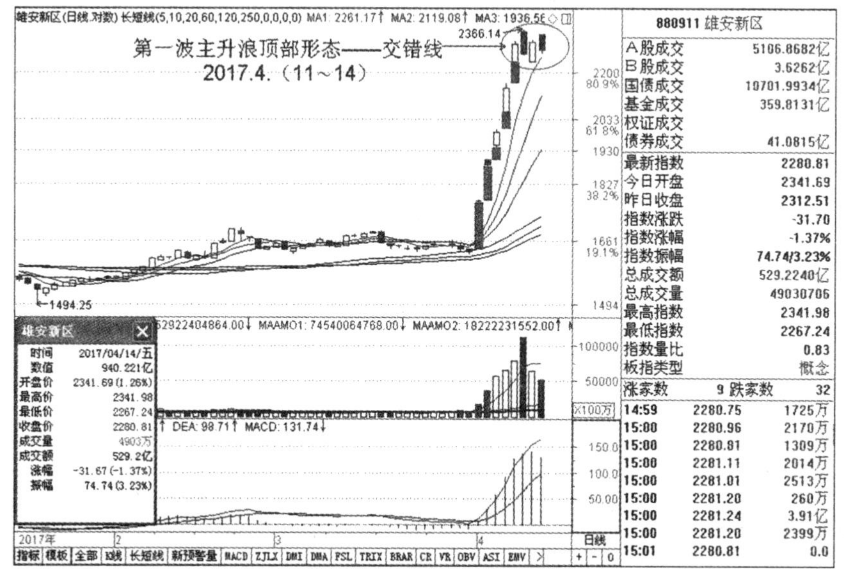


图8-73　雄安新区走势图

交错线——暂观，参见《借刀斩牛股》第62页。

2017年4月14日星期五——河钢股份（图8－74）。

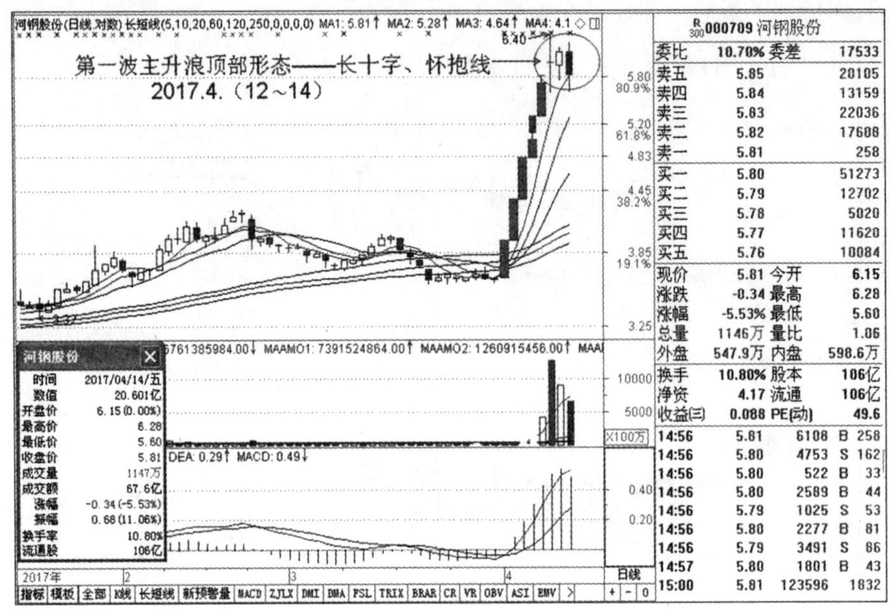


图8－74 河钢股份走势图

十字星、怀抱线——卖出信号，参见《借刀斩牛股》第11页、第24页。

2017年4月14日星期五——荣盛发展（图8－75）。

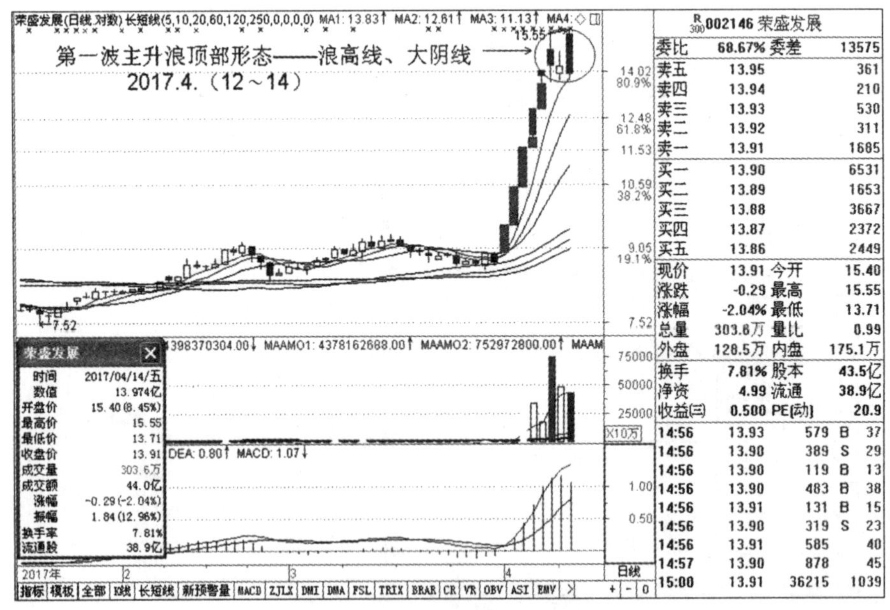


图8－75 荣盛发展走势图

大阴线、浪高线——卖出信号，参见《借刀斩牛股》第 7 页、第 69 页。

2017 年 4 月 14 日星期五——建投能源（图 8－76）。

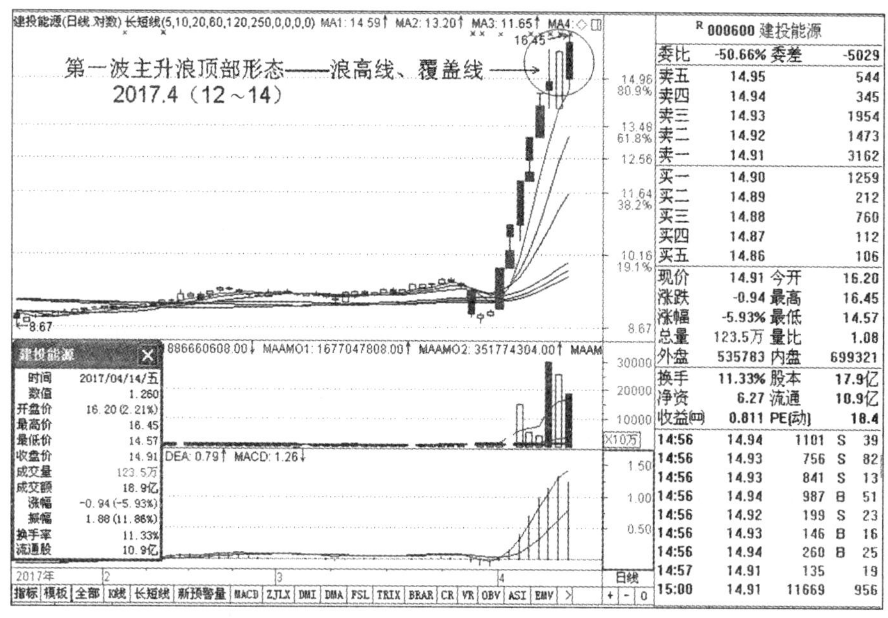


图 8－76　建投能源走势图

覆盖线、浪高线——卖出信号，参见《借刀斩牛股》第 9 页、第 69 页。

2017 年 4 月 14 日星期五——银龙股份（图 8－77）。

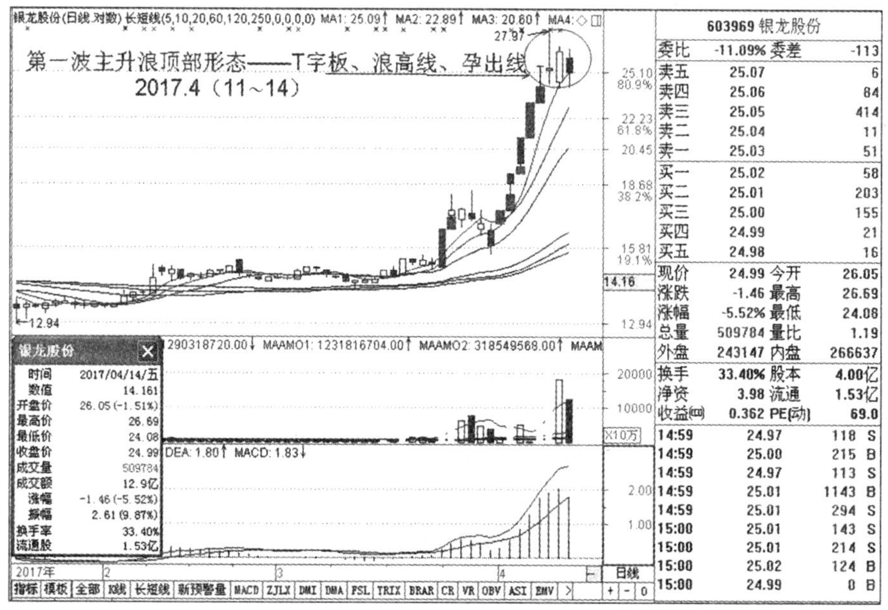


图 8－77　银龙股份走势图

浪高线、孕出线——卖出信号，参见《借刀斩牛股》第 69 页、第 36 页。

2017 年 4 月 14 日星期五——数字政通（图 8－78）。

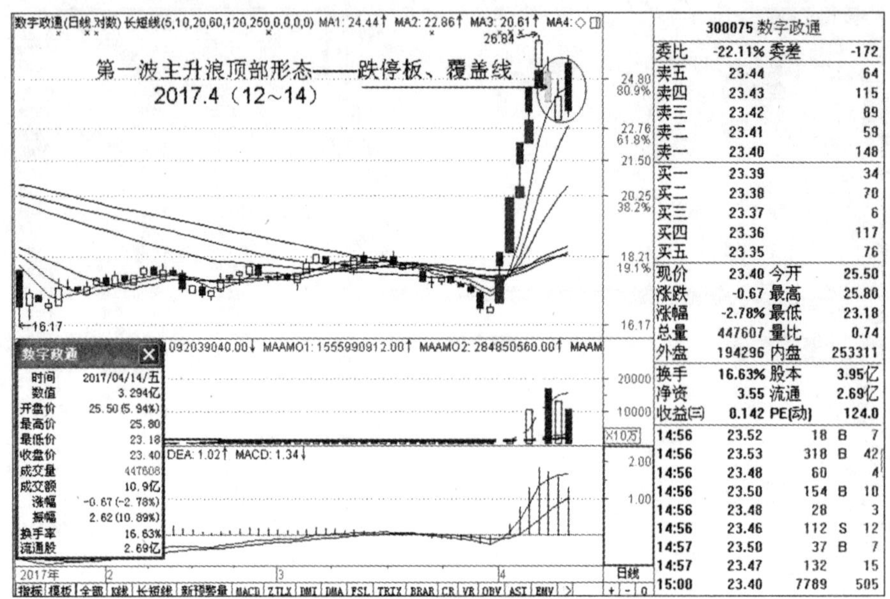


图 8－78 数字政通走势图

覆盖线——卖出信号，参见《借刀斩牛股》第 9 页。

2017 年 4 月 14 日星期五——青龙管业（图 8－79）。

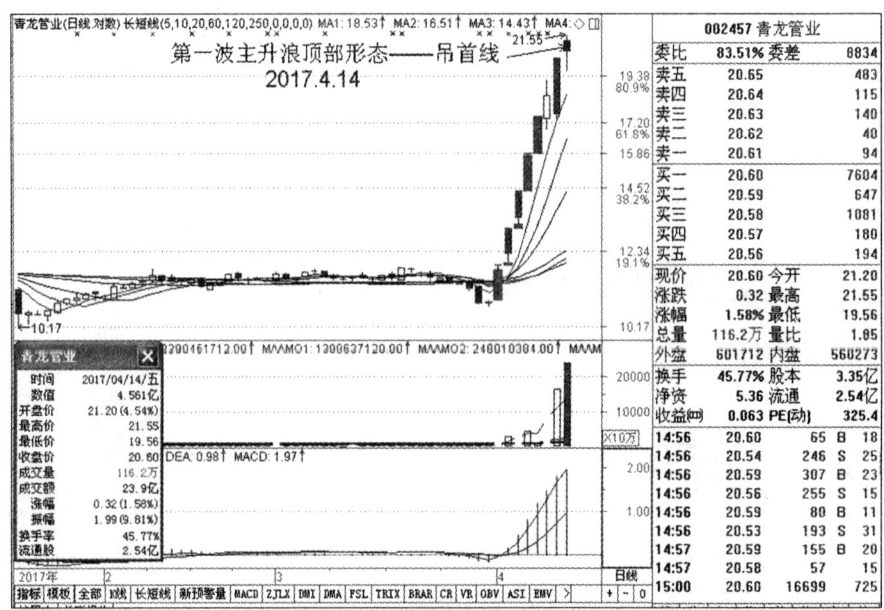


图 8－79 青龙管业走势图

吊首线——卖出信号，参见《借刀斩牛股》第55页。

在这里我们看到青龙管业连续放出了天量，这里的天量天价无疑是一波主升浪的顶部，这里的天量无疑是主力在抛。

2017年4月14日星期五，在牛气冲天QQ群谈到600008首创股份时的聊天截图（图8-80）。

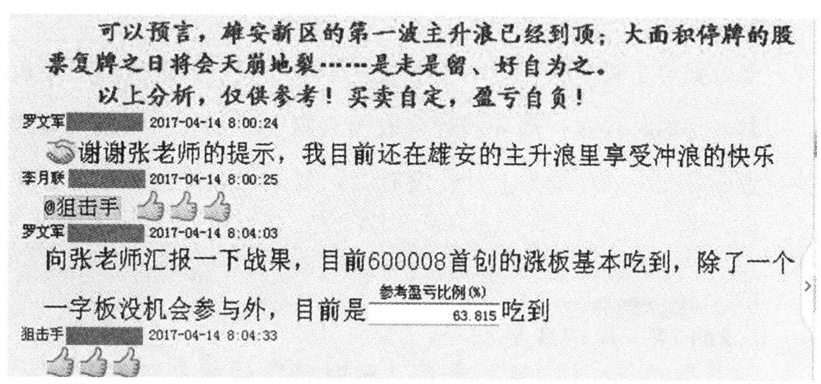

可以预言，雄安新区的第一波主升浪已经到顶；大面积停牌的股票复牌之日将会天崩地裂……是走是留、好自为之。
以上分析，仅供参考！买卖自定，盈亏自负！
罗文军 2017-04-14 8:00:24
谢谢张老师的提示，我目前还在雄安的主升浪里享受冲浪的快乐
李月联 2017-04-14 8:00:25
@狙击手
罗文军 2017-04-14 8:04:03
向张老师汇报一下战果，目前600008首创的涨板基本吃到，除了一个一字板没机会参与外，目前是 参考盈亏比例(%) 63.815 吃到
狙击手 2017-04-14 8:04:33


**图8-80　盘中交流**

2017年4月14日星期五——盘中交流（图8-81）。

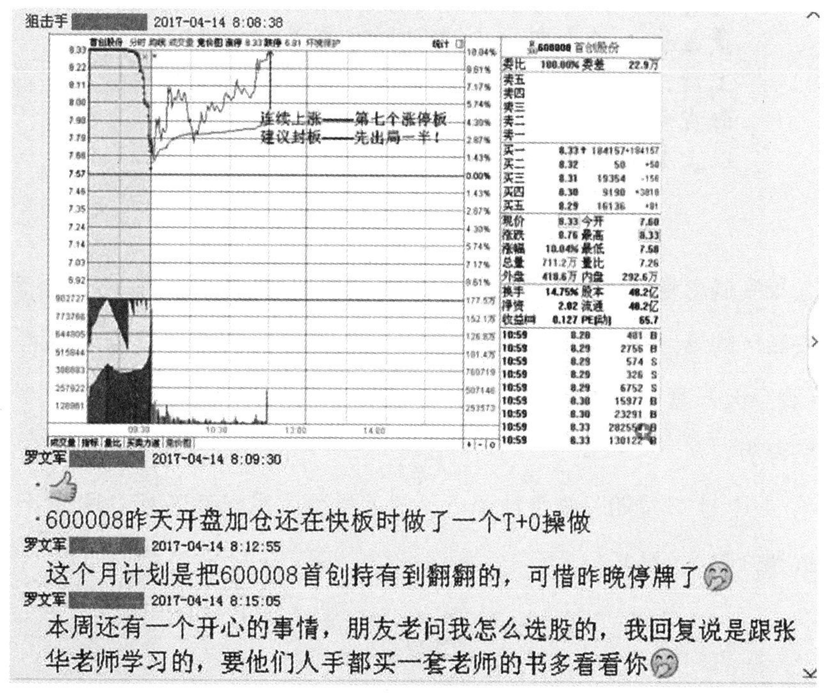


**图8-81　盘中交流**

朋友们，学习，必须刻苦地学习。即使你目前还没有 100 万，但也要学习，通过学习练就能挣到 1000 万的能力。

D. 第九天——雄安新区第一波主升浪顶部形态

2017 年 4 月 17 日星期一，开盘前我对雄安新区复牌股票的分析如下（图 8－82）：

上周四（4 月 13 日）十几只同时停牌的雄安概念股今天集体复牌，复牌后这些个股将如何走？

按常规，部分强势个股会有一至两个甚至三个涨停板，但这里的涨停板通常具备出货性质，引君入瓮的时候多；部分弱势个股当天则会见到大阴线或覆盖线、长十字等。建议持有者最好三十六计走为上计；没有者，观望为上策，千万不要冲动地误入“白虎堂”。

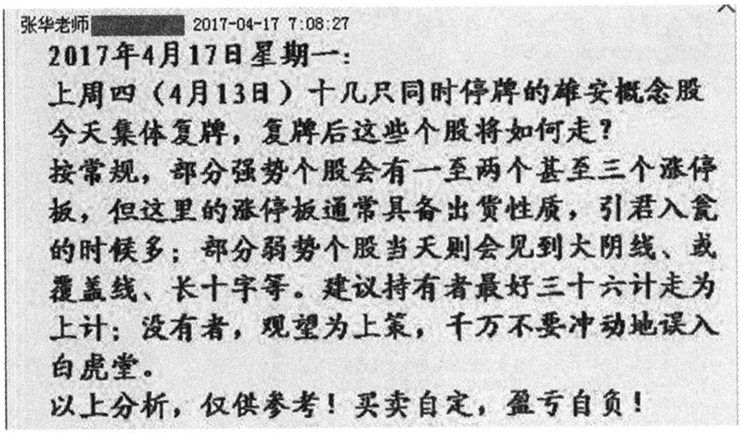

张华老师 2017-04-17 7:08:27
2017年4月17日星期一：
上周四（4月13日）十几只同时停牌的雄安概念股今天集体复牌，复牌后这些个股将如何走？
按常规，部分强势个股会有一至两个甚至三个涨停板，但这里的涨停板通常具备出货性质，引君入瓮的时候多；部分弱势个股当天则会见到大阴线、或覆盖线、长十字等。建议持有者最好三十六计走为上计；没有者，观望为上策，千万不要冲动地误入白虎堂。
以上分析，仅供参考！买卖自定，盈亏自负！

图 8－82　盘前分析

当天，雄安概念复牌个股开盘后即产生两极分化，既像我 4 月 14 日开盘前预言的那样“雄安新区的第一波主升浪已经到顶；大面积停牌的股票复牌之日将会天崩地裂”，也像我今天开盘前分析的那样“部分强势个股会有一至两个甚至三个涨停板”，弱势个股跌停板。

2017 年 4 月 17 日星期一收盘截图——四大指数、雄安新区及 4 月 12 日开始日提示卖出的股票（图 8－83）。

| 代码 | 名称 | 涨幅% | 现价 | 涨跌 | 买价 | 卖价 | 总量 |
|---|---|---|---|---|---|---|---|
| 999999 | 上证指数 | -0.74 | 3222.17 | -23.90 | - | - | 2.13亿 |
| 399001 | 深证成指 | -0.66 | 10450.86 | -69.00 | - | - | 1.94亿 |
| 399005 | 中小板指 | -0.28 | 6756.20 | -18.69 | - | - | 6798万 |
| 399006 | 创业板指 | -1.02 | 1868.28 | -19.18 | - | - | 3428万 |
| 880911 | 雄安新区 | -3.81 | 2193.96 | -86.85 | - | - | 7814万 |
| 000709 | 河钢股份 | × -8.61 | 5.31 | -0.50 | 5.31 | 5.32 | 896.6万 |
| 002146 | 荣盛发展 | × -7.40 | 12.88 | -1.03 | 12.88 | 12.89 | 247.6万 |
| 603969 | 银龙股份 | -9.28 | 22.67 | -2.32 | 22.74 | 22.75 | 389936 |
| 300075 | 数字政通 | 3.68 | 24.26 | 0.86 | 24.25 | 24.26 | 466792 |
| 000600 | 建投能源 | × -9.99 | 13.42 | -1.49 | - | 13.42 | 719541 |
| 002457 | 青龙管业 | 2.67 | 21.15 | 0.55 | 21.14 | 21.15 | 106.7万 |

**图8－83　收盘涨跌幅度**

2017年4月17日星期一复牌15只股票，我们关注的11只个股当天两极分化，5只上涨，其中3只涨停板，唯有先河环保一字板没有打开；6只下跌，其中5只跌停板。当天，雄安概念股，廊坊发展、巨力索具、唐山港等16只个股跌停板（图8－84）。

| 代码 | 名称 | 涨幅%↓ | 现价 | 涨跌 | 买价 | 卖价 | 总量 |
|---|---|---|---|---|---|---|---|
| 601992 | 金隅股份 | × 10.06 | 9.08 | 0.83 | 9.08 | - | 1693万 |
| 300137 | 先河环保 | × 10.01 | 30.12 | 2.74 | 30.12 | - | 169.8万 |
| 000856 | 冀东装备 | × 10.00 | 22.77 | 2.07 | 22.77 | - | 711940 |
| 603616 | 韩建河山 | 8.38 | 27.94 | 2.16 | 27.75 | 27.96 | 745730 |
| 000615 | 京汉股份 | × 7.39 | 26.30 | 1.81 | 26.29 | 26.30 | 238.3万 |
| 000401 | 冀东水泥 | × -4.48 | 23.66 | -1.11 | 23.65 | 23.66 | 364.5万 |
| 002542 | 中化岩土 | × -9.98 | 13.80 | -1.53 | - | 13.80 | 862994 |
| 000923 | 河北宣工 | ×-10.00 | 39.87 | -4.43 | - | 39.87 | 256105 |
| 000605 | 渤海股份 | ×-10.00 | 32.49 | -3.61 | - | 32.49 | 220852 |
| 002342 | 巨力索具 | ×-10.01 | 12.41 | -1.38 | - | 12.41 | 176.3万 |
| 601000 | 唐山港 | ×-10.01 | 7.01 | -0.78 | - | 7.01 | 484.8万 |

**图8－84　收盘涨跌幅度**

朋友们，雄安新区概念股的这一波炒作，把中国股市的特性表现得淋漓尽致，齐刷刷地涨、齐刷刷地停牌、齐刷刷地复牌。显而易见，大市的炒作，不是任何人能决定的，在这一波的炒作中，即使价值投资也显得苍白无力……没有价值甚至动态市盈率是负的，也能拉出6～7个涨停板，形成一波主升浪。如河北宣工、韩建河山，甚至没有在雄安投资的上市公司（4月13日停牌的15家上市公司，在核查后，多数上市公司表示，雄安新区的设立与自身关系不大），一旦沾上了雄安概念的边，主力也会把它炒得天翻地覆。相信当时身在市场的散户在这一波的炒作中，一定会深深地体验到了什么叫“顺势者昌、逆势者亡”。

2017 年 4 月 17 日星期一截图——河北宣工（图 8-85）。

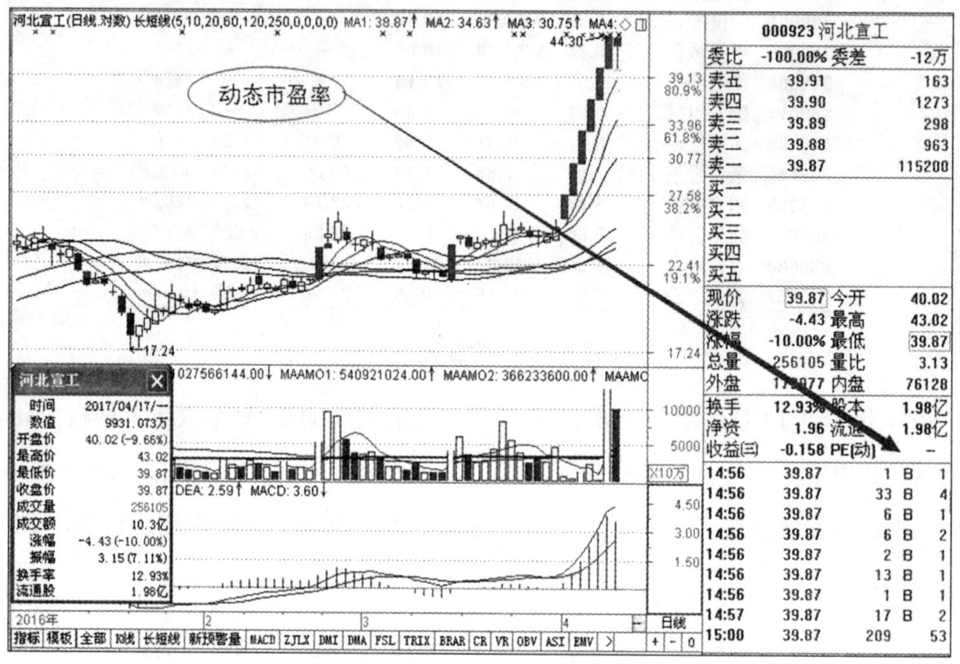


图 8-85 河北宣工走势图

2017 年 4 月 17 日星期一截图——韩建河山（图 8-86）。

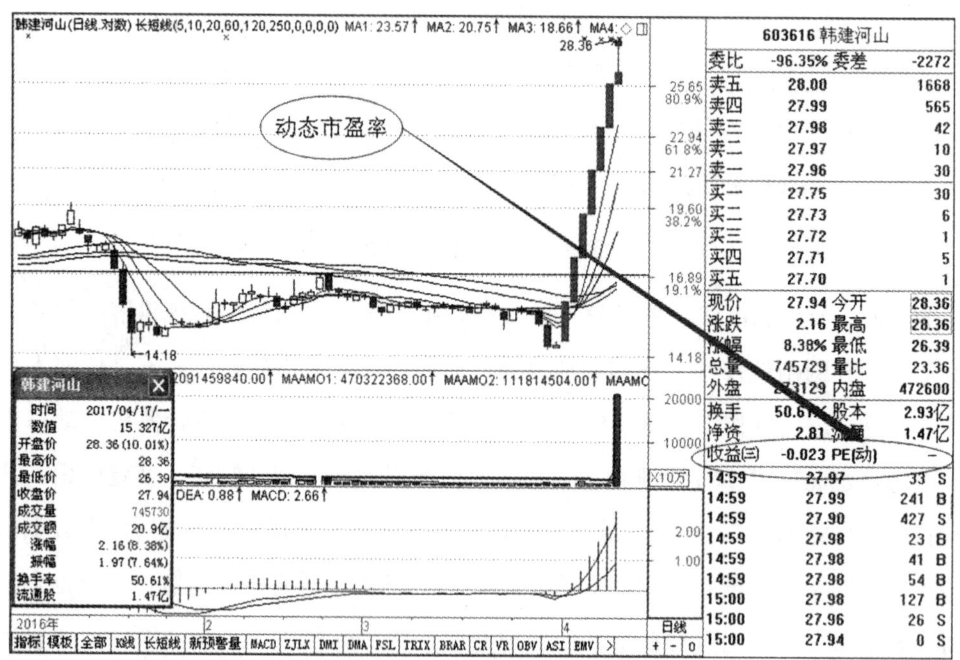


图 8-86 韩建河山走势图

E. 第十天——雄安新区第一波主升浪顶部形态

2017年4月18日星期二开盘前我分析如下（图8－87）。

张华老师 2017-04-18 9:09:29

2017年4月18日星期二：

昨天2017年4月17日星期一复牌15只股票，我们关注的11只个股当天两极分化，5只上涨，其中三只涨停板，唯有先河环保一字板没有打开；6只下跌，其中5只跌停板。

当天雄安概念股，廊坊发展、巨力索具、唐山港等16只个股跌停板。

今天密切关注先河环保……不是买进，而是看如何见顶。

以上分析，仅供参考！买卖自定，盈亏自负！

图8－87　盘前分析

在4月18日盘中，我们看到000856冀东装备、300137先河环保分别拉出了复牌后的第二个涨停板，在先河环保拉出复牌后的第二个涨停板时，我的建议是出局一半（图8－88）。

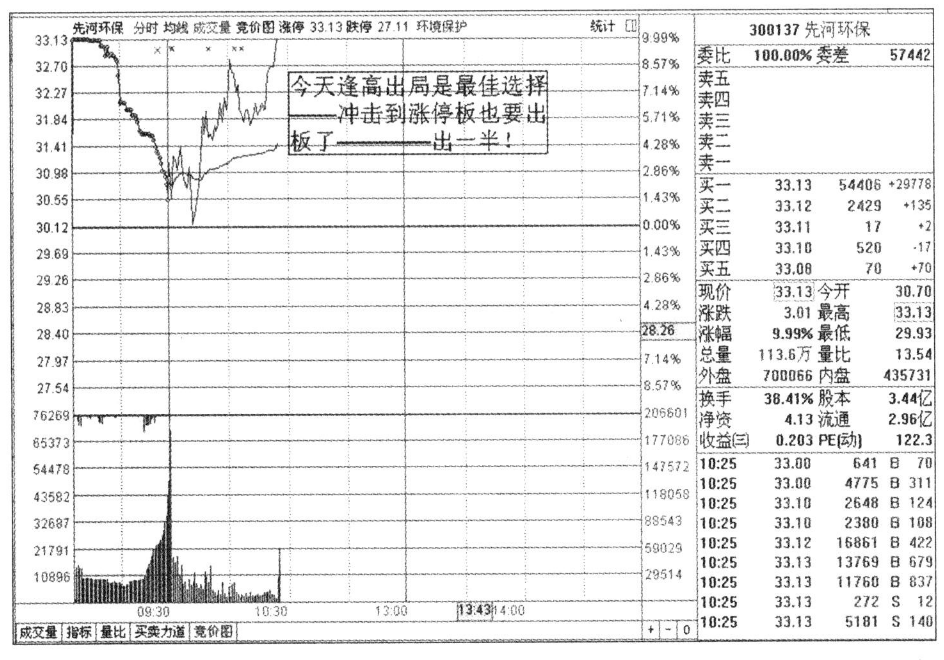


图8－88　先河环保分时图

4月18日临近收盘，先河环保已经无力封板，顶部形态已经出现，此时此种形态必须清仓了结（图8－89）。

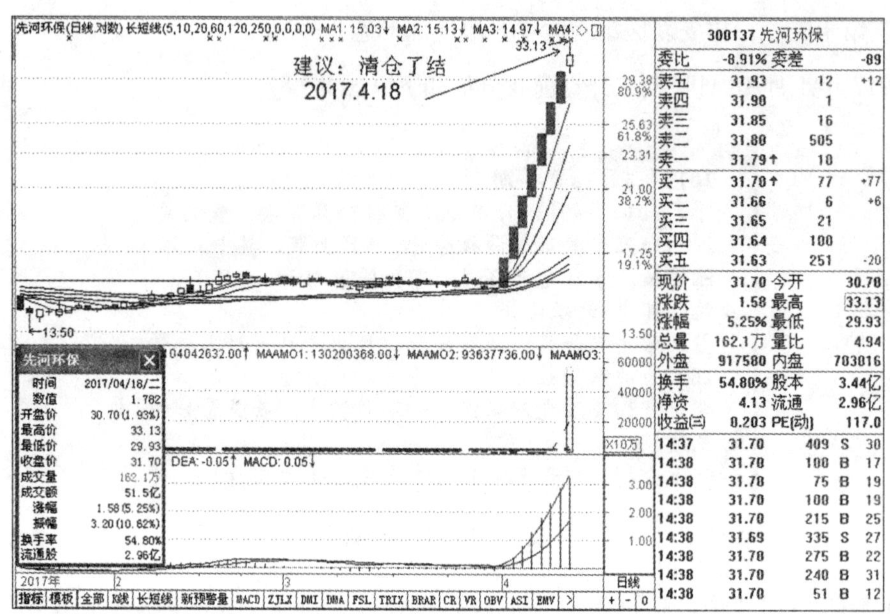


图 8－89 先河环保走势图

2017 年 4 月 18 日星期二盘中截图——雄安新区分时图（图 8－90）。

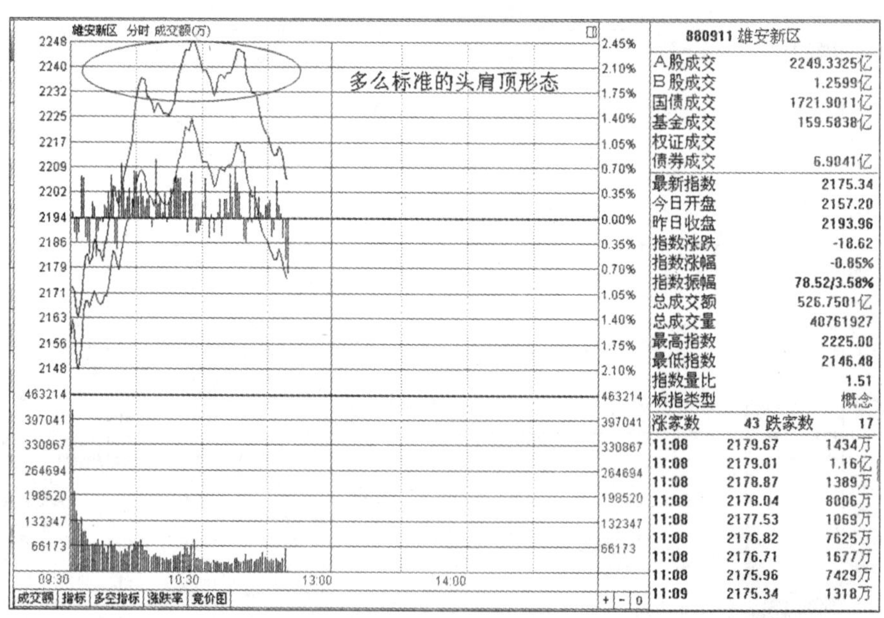


图 8－90 雄安新区分时图

顶部末期分时图上的头肩顶就是主力盘中诱多骗线的杰作，也是散户最后逢高出局的良机——只要盘中冲高，就要不失时机地获利了结。千万不要以为热点回暖、头脑发热再次出击！

2017年4月18日星期二下午2:00过后，韩建河山再次拉升突破当天盘中高点，但从分时图来看，是一次诱多形态，在K线图上形成上升最后的怀抱线形态（图8-91）——这也是顶部K线形态，见《借刀斩牛股》第151页。

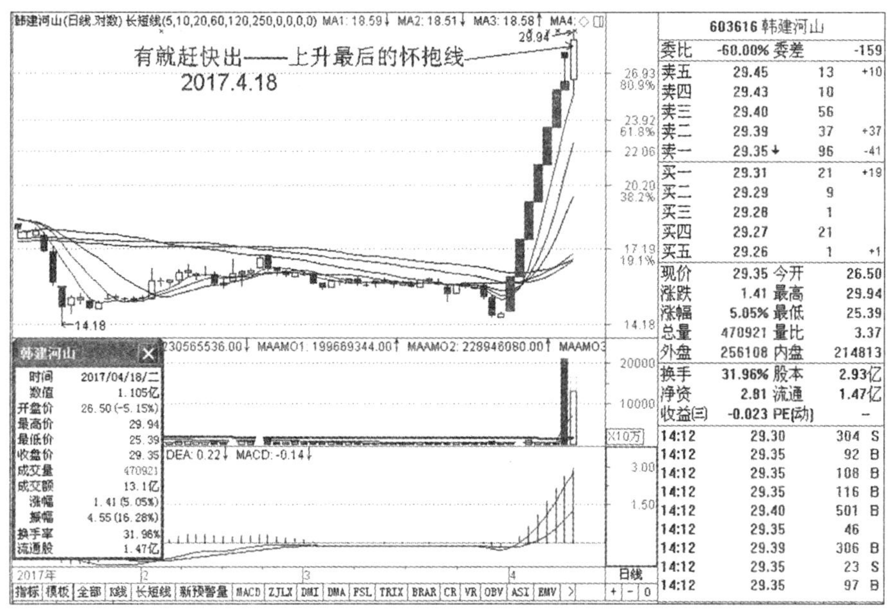


图8-91　韩建河山走势图

2017年4月18日星期二收盘截图——京汉股份（图8-92）。

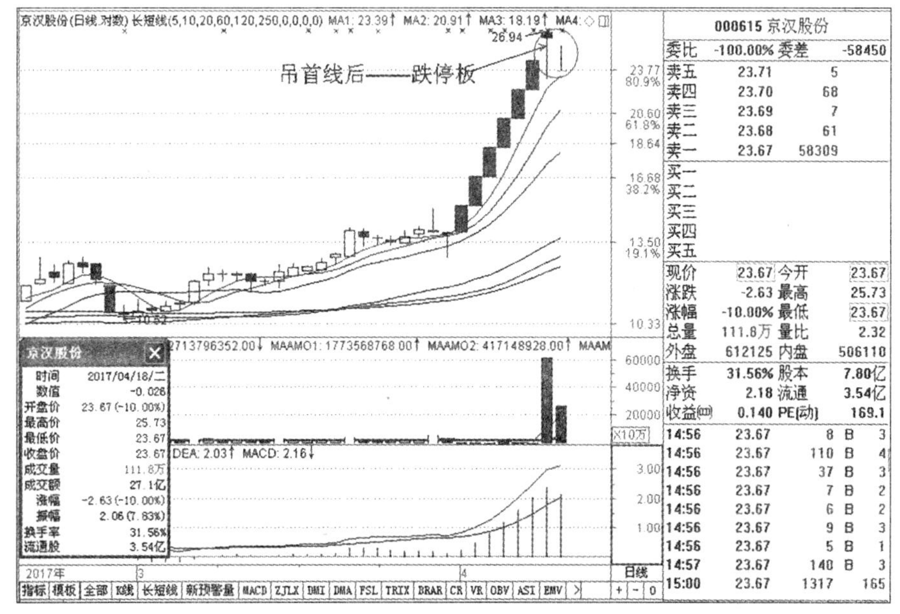


图8-92　京汉股份走势图

2017 年 4 月 18 日星期二收盘截图——雄安新区（图 8－93）。

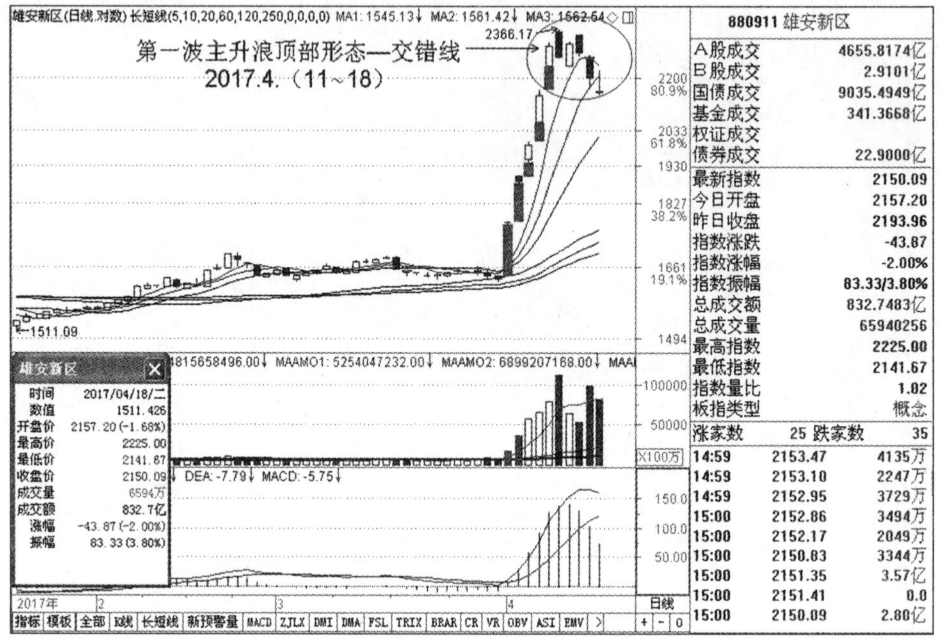


图 8－93　雄安新区走势图

2017 年 4 月 18 日星期二收盘截图——雄安新区（图 8－94）。

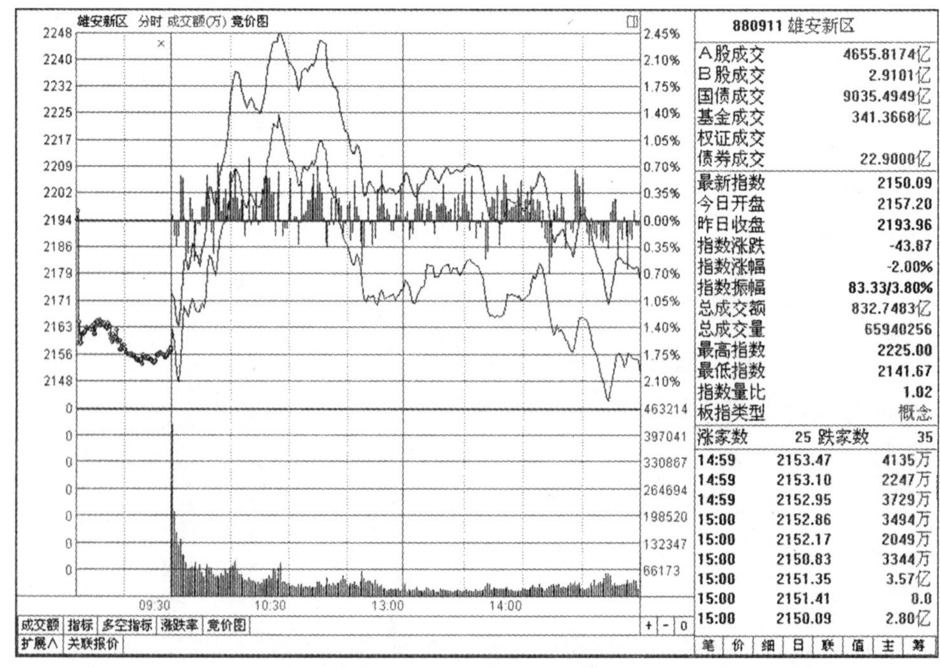


图 8－94　雄安新区分时图

2017 年 4 月 18 日星期二收盘截图——四大指数涨跌幅（图 8 - 95）。

| 代码 | 名称 | 涨幅% | 现价 | 涨跌 | 买价 | 卖价 | 总量 |
|---|---|---|---|---|---|---|---|
| 999999 | 上证指数 | -0.79 | 3196.71 | -25.46 | – | – | 1.89亿 |
| 399001 | 深证成指 | -0.38 | 10411.44 | -39.42 | – | – | 1.84亿 |
| 399005 | 中小板指 | -0.28 | 6736.96 | -19.24 | – | – | 6839万 |
| 399006 | 创业板指 | -1.07 | 1848.20 | -20.08 | – | – | 3271万 |

**图 8 - 95　四大指数涨跌幅**

我们关注的 12 只股票复牌后唯有冀东装备、先河环保拉出了第二个涨停板，但先河环保未能封死涨停板，只有冀东装备复牌后的第二板封住了（次日三次冲击到涨停板），其他 9 只则见顶回落（图 8 - 96）。

| 代码 | 名称 | 涨幅%↓ | 现价 | 涨跌 | 买价 | 卖价 | 总量 | 现量 |
|---|---|---|---|---|---|---|---|---|
| 000856 | 冀东装备 | × 10.01 | 25.05 | 2.28 | 25.05 | – | 435154 | 8515 |
| 300137 | 先河环保 | × 2.92 | 31.00 | 0.88 | 30.99 | 31.00 | 172.0万 | 14521 |
| 603616 | 韩建河山 | × 2.54 | 28.65 | 0.71 | 28.60 | 28.62 | 568551 | 48 |
| 600550 | 保变电气 | 0.00 | 12.54 | 0.00 | – | – | 0 | 0 |
| 601992 | 金隅股份 | × -4.74 | 8.65 | -0.43 | 8.55 | 8.59 | 849.5万 | 20 |
| 601000 | 唐山港 | × -5.56 | 6.62 | -0.39 | 6.62 | 6.63 | 344.6万 | 1338 |
| 000605 | 渤海股份 | -7.69 | 29.99 | -2.50 | 29.99 | 30.00 | 272642 | 5065 |
| 002342 | 巨力索具 | × -8.22 | 11.39 | -1.02 | 11.39 | 11.40 | 177.8万 | 29594 |
| 000401 | 冀东水泥 | × -8.28 | 21.70 | -1.96 | 21.70 | 21.71 | 198.0万 | 30008 |
| 600008 | 首创股份 | × -9.96 | 7.50 | -0.83 | – | 7.50 | 622.2万 | 18 |
| 002542 | 中化岩土 | -10.00 | 12.42 | -1.38 | – | 12.42 | 129.9万 | 2033 |
| 000615 | 京汉股份 | ×-10.00 | 23.67 | -2.63 | – | 23.67 | 111.8万 | 1317 |
| 000923 | 河北宣工 | -10.01 | 35.88 | -3.99 | – | 35.88 | 481988 | 2779 |

**图 8 - 96　部分复牌个股涨跌幅**

朋友们，虽然雄安新区第一波主升浪到顶了，但雄安新区概念股的炒作并没有结束。新华社已经披露了雄安新区三步走的建设时间表。具体来说，2020 年一个新城的雏形将初步显现。雄安新区骨干交通路网基本建成，起步区基础设施建设和产业布局框架基本形成。2022 年，在北京冬奥会举办时与京津冀主要城市联系进一步紧密，与北京中心城区错位发展，起步区基础设施全部建设完成，新区核心区基本建成。2030 年，一座绿色低碳、信息智能、宜居宜业的现代化新城显露活力，成为具有较强竞争力和影响力、人与自然和谐共处、闻名遐迩的城市新星。

可以预言，雄安新区相关题材——建筑、基建、建材、环保、交通运输、绿色低碳、信息智能以及雄安系列品牌金融机构银行、证券、保险等金融总部或者区域总部落户雄安——市场对其炒作不会结束。在这千载难逢的大好机会里，做好波段操作，必然会让参与其中的投资者赢在股市、赢在雄安，赢在主升浪的巧取豪夺之中。

## 股市箴言

• 持有的个股上涨超过3%后，就可以设止盈了，股价回落危及3%盈利时要获利止盈。其后股价上涨，止盈点要不断上移，可以按最高价下跌5%～7%幅度设止盈，涨幅不断升高，则不断提高止盈价。

• 事实胜于雄辩！

• 认真地研究本书，严格地遵守“三大纪律八项注意”，直到你掌握了“涨停板战法”包含的所有理念；当你坚定了自己的信念，就能够避开与此冲突的理念。

• 本书告诉你的理念，你必须始终坚信，让它扎根于你的大脑，变成你习惯性的思考。千万不能让与这些理念相悖的思想、观点进入你的脑海，否则，在操作中你会犹豫、会左右为难、无所适从，从而失去机会。

• 一个交易者如果没有正确的理念、技术、纪律就没有好的劳动成果。我的牛散之道公式为：

理念40%+技术20%+纪律40%=成功

• 当您掌握了牛散最神奇的纪律，今天的你就不是昨天的你；你一定能够获得成功，马上行动起来你才会创造出一个有意义的人生。

• 没有人会阻碍你成为牛散，唯一可以阻碍的人就是你自己。

• 本书的内容将摧毁你所有的错误想法，让你踏上一条改变自己的道路，使处于股道迷途中的人迎来新的曙光。

• 这本书既是“牛散”的交易纪律，也是想成为牛散的每个散户的交易纪律。如果你在交易中能够切实地执行牛散的“三大纪律八项注意”，你得到的不仅仅是股票中的涨停板与主升浪，或许你将得到你人生中的“涨停板与主升浪”。如果你在交易中违背了它，等待你的不仅仅是资金的亏损。

• 当我们共同走到这本书结尾，你的变化连你自己都想不到，你将走上通往主升浪之路，你在交易中获得成就感，是一种无法描述的愉快感。想成为股市里的牛散——想跻身于千万富翁的行列将不再是梦。能不能实现这个目标，全在你自己！你就是自己命运的主人。

• 这本书会完全改变你的交易理念、技术、纪律；会给你带来财富、成功和幸福；而这一切没有别人可以替代，只能依靠你自己。

## 小结

### 你就是自己命运的主人

学习经典、牢记经典——这才是炒股的正道；千万不要走上研究“技术指标”的歪门邪道！

从这三节的实例中我们可以看到，2016年6月至2017年6月1年的震荡市，股市里3000多只个股虽然主升浪的股票比例很小，但只要你掌握了获利止盈的技术，在一波主升浪之后，在波段顶部获利止盈还是可为的。

你能够理解到本书告诉你的一切，并完完全全地运用到你的操作中去，通过耐心的实践、实践、再实践，你就会发现，你已经改变了。**当你掌握了牛散最神奇的纪律，今天的你就不是昨天的你；你一定能够获得成功，马上行动起来你才会创造出一个有意义的人生。**

记住：**从几万做到百万、从百万做到千万、从千万做到上亿，三个台阶要一个台阶一个台阶地攀登；这才是做人生的主升浪——这个目标你必须非常清楚。**

读完本书，请你假设你现在已经成为股市里的“牛散”。请你为自己写一份自传，这份自传要记录你从一个对股市一无所知的菜鸟到“牛散”的全过程。

请你通过这一过程展开想象，想到什么就写什么，不用限制篇幅与数量。通过这份自传，你可以看到要成为一位“牛散”所具备的各种素质，以及你有怎样的理想，怎样实现这样的过程。写下来就是你的奋斗目标。**能不能实现这个目标，全在你自己！你就是自己命运的主人。**

## 思考（致富）题

1. 阳线顶部K线形态有多少种？
2. 阴线顶部K线形态有多少种？
3. 你人生主升浪的目标是什么？

# 后　记

炒股是一项综合性的脑力劳动，在劳动中既要研究国际国内的政治、经济、军事、文化以及时事政策、特殊的突发事件，又要研究管理层的导向、盘中主力的意图，还要看懂技术形态，遵守操作纪律。没有正确的理念、技术、纪律，就没有好的劳动成果。

《主升浪之交易纪律》是我写的第六本书，感谢四川人民出版社王定宇主任及相关所有工作人员的辛勤劳动，使这本原名《主升浪之巧取豪夺》的书在更名后能够再次顺利出版。

这本书主要论述交易纪律，当然也涉及交易理念和交易技术。我前五本书分别是《狙击涨停板》《猎取主升浪》《借刀斩牛股之酒田战法解析》《借刀斩牛股之79种经典形态》,《主升浪之快马加鞭》。这六本书自成体系，各有侧重，构成了“涨停板战法”系列作品，全面论述了“涨停板战法”的交易理念、交易技术、交易纪律。

“涨停板战法”的理念是：研究涨停板背后的因素，狙击涨停板波段操作，目标就是猎取主升浪。

“涨停板战法”的技术则由均线、价格、成交量、筹码、盘口、基本面六个部分组成；这六个部分提炼了技术分析的精华，买进卖出位置形态极佳。

“涨停板战法”的纪律由炒股的“三大纪律和八项注意”组成；不遵守纪律的军队打不了胜仗，同样不遵守纪律的股民也赚不到大钱。

新手往往看重技术，以为只要技术好就能赚钱，其实不然，没有正确的理念、严明的纪律，技术再好也赚不到大钱。

我的发现可以用公式这样表达：

理念 40％＋技术 20％＋纪律 40％＝成功。

理念正确，技术过硬、纪律严明，才能笑傲股市。你想掌握“涨停板战法”、笑傲股市、走向成功吗？请仔细研读反复思考这六本书的理念、技术和纪律，不要走马观花地阅读！

在这里感谢每位读者朋友对我几本书的厚爱，我愿意与大家分享刻骨铭心的经验体会乃至新的发现，愿每位读者都能笑傲股市、能在股市赢得属于自己的劳动果实。同时要告诉读者朋友，我没有授权任何人以我的名义招生、授课，我没有在任何网站销售过课程讲义、课程视频——若有纯属假冒，千万别上当受骗！我和我的律师保留对任何侵权行为的法律追究。

在这里感谢我小学、中学、大学的老师：苟俊林、高怀锡、席德华、冯镇山、关继廉等对我的教育、指导、帮助。

在这里感谢深圳的冯书记、肖文虎、罗文军、刘鹏、武丹、肖文威……以及书中所引用案例那些隐姓埋名的朋友对我写作的支持与帮助。

在这里感谢浙江大学经济学院沈松老师、北京大学民营经济学院郭瑞老师对《涨停板与主升浪》课程的安排与组织。

在这里感谢李雪娇、何蕴恒、马杰、周吉厚、何崇彦、王凯峰、屈小锋、卢西强、刘娟，喻有德、袁明生、赵西贵、陈志会、苟益祖、康秋生、韩国锋、苟忠信、胡百柱、马西平、权毅、陈建、王振勇、王培元等领导和同事对我工作的支持与帮助。

在这里感谢李雪梅、张腊梅、张亚梅、张译元、张译匀、李日兴、李二会、马祥、赵刚、李瑞、李东、李德、李刚、李锋、闫玉锋等亲朋好友对我工作的支持与帮助。

最后，感恩我父母的养育之恩、岳父母的扶助之恩。

在此，祝每位读者朋友都能够狙击涨停板，在猎取主升浪的道路上借刀斩牛股、快马加鞭、巧取豪夺。

**张 华**

**2017 年 7 月于上海·国际财富中心**